COLLECTION DE TEXTES
POUR SERVIR A L'ÉTUDE ET A L'ENSEIGNEMENT DE L'HISTOIRE

LETTRES
DE
GERBERT

(983-997)

PUBLIÉES

AVEC UNE INTRODUCTION ET DES NOTES

PAR

JULIEN HAVET

PARIS
ALPHONSE PICARD, ÉDITEUR
Libraire des Archives nationales et de la Société de l'École des Chartes
82, RUE BONAPARTE, 82

—

1889

LETTRES DE GERBERT

(983-997)

MACON, IMPRIMERIE PROTAT FRÈRES

COLLECTION DE TEXTES
POUR SERVIR A L'ÉTUDE ET A L'ENSEIGNEMENT DE L'HISTOIRE

LETTRES
DE
GERBERT
(983-997)

PUBLIÉES

AVEC UNE INTRODUCTION ET DES NOTES

PAR

Julien HAVET

PARIS
ALPHONSE PICARD, ÉDITEUR
Libraire des Archives nationales et de la Société de l'École des Chartes
82, Rue Bonaparte, 82

1889

INTRODUCTION

GERBERT ET SES LETTRES

> *Cum studio bene vivendi semper conjunxi studium bene dicendi.*
> GERBERT, lettre 44 (p. 42).

I.

VIE DE GERBERT [1].

Gerbert, *Gerbertus* ou *Girbertus* [2], naquit dans la France centrale [3], vers 940 à 945 [4], d'une famille obscure et pauvre [5]. Il fut

---

1. La biographie de Gerbert a été écrite par plus d'un auteur. Si j'ai cru devoir recommencer cette tâche, c'est qu'ayant daté autrement que mes devanciers la plupart des lettres de Gerbert, j'ai été amené, par là même, à comprendre autrement qu'eux bien des détails de sa vie.
2. Ces deux formes sont employées indifféremment dans le plus ancien manuscrit des lettres (L). Raoul Glaber écrit *Gerbertus* (Bibl. nat., ms. lat. 10912, fol. 6), Helgaud *Girbertus* (Bouquet, X, p. 99), Richer toujours *G.* ou *G⁹*. Les souscriptions tachygraphiques des bulles de Silvestre II se prêtent aux deux lectures. L'une et l'autre formes se rencontrent fréquemment au x⁰ siècle dans les cartulaires de Brioude et de Sauxillanges en Auvergne, de Conques en Rouergue, de Beaulieu en Limousin, qui ont été publiés par MM. Doniol, G. Desjardins et Deloche.
3. « Aquitanus genere » (Richer, III, 43); « natione Aquitanus » (catalogue des papes, dans Watterich, p. 68); voir ci-après, p. 14, note 1. D'après la chronique de Saint-Géraud d'Aurillac (Mabillon, *Vetera Analecta*, II, p. 237), le personnel de ce monastère se recrutait en grande partie dans le Rouergue et le Quercy; plusieurs des abbés qui s'y succédèrent étaient originaires de ces provinces. Les raisons qu'on a données en Auvergne (Déribier-du-Chatelet, *Dictionnaire statistique, etc., du Cantal*, Aurillac, 1852-1857, gr. in-8°, V, p. 353), pour fixer la naissance de Gerbert dans un village des environs d'Aurillac, à Belliac (Cantal, commune de Saint-Simon), n'ont rien de sérieux : on a trouvé, dit-on, à Belliac, une maison « d'environ deux siècles d'ancienneté », dite *la maison du Pape*, et, dans des titres de 1547 et de 1655, les mentions d'une maison nommée *del Pontif* et d'un bois *de Gerbert*. Mais le nom de Gerbert a été très répandu dans cette région et le sens des noms de *maison du Pape* ou *del Pontif* n'est rien moins que clair.
4. Quand il quitta Aurillac, c'est-à-dire quelques années avant 970, il était encore *adolescens* (« in quo utpote adolescens cum adhuc intentus moraretur », Richer, III, 43); à Reims, où il arriva vers 972, il faisait plus tard dire aux clercs de cette ville qu'ils le connaissaient *a puero* (lettre 179, p. 161). D'autre part, en 997, il parlait déjà de sa vieillesse et de sa fin prochaine (lettre 208, p. 196).
5. « Obscuro loco natum » (chronique d'Aurillac, dans Mabillon, ibid.). Le

élevé à Aurillac, dans le monastère bénédictin de Saint-Géraud [1], gouverné par l'abbé Géraud de Saint-Céré [2]. Il y apprit la « grammaire », c'est-à-dire le latin [3]; il eut pour maître le moine Raimond [4], qui plus tard succéda à Géraud comme abbé [5]. C'est probablement à Aurillac qu'il prononça ses vœux monastiques [6].

Vers 967 [7], Borrel, comte de Barcelone et duc de la Marche d'Espagne, province qui faisait alors partie de la France [8], vint en pèlerinage à Aurillac [9]. L'abbé Géraud lui demanda s'il y avait dans son pays des savants versés dans les sciences [10]; sur sa réponse affirmative, il pria le duc d'emmener Gerbert et de le faire instruire. Borrel chargea de ce soin Atton, évêque de Vich [11]. Gerbert acquit, pendant son séjour en Espagne, une connaissance approfondie des mathématiques [12]. Peut-être, grâce au voisinage

---

nom de son père, *Agilbertus*, ne nous a été conservé que par un catalogue des papes (Watterich, p. 68); celui de sa mère est inconnu. Le silence qu'il garde sur l'un et l'autre dans ses lettres donne lieu de croire qu'il les avait perdus avant la date où elles commencent (983). Il parle deux fois de ses parents collatéraux; quelques-unes d'entre eux étaient religieux à Aurillac (lettre 194, p. 185). Ce qu'il dit d'eux indique qu'ils étaient pauvres (lettre 11, p. 9) et d'humble condition (lettre 194, p. 185).

1. « In coenobio sancti confessoris Geroldi a puero altus » (Richer, III, 43); « sanctissimus ordo meus altor, informator » (lettre 45, p. 44). L'abbaye de Saint-Géraud avait été fondée à la fin du IXe siècle, en l'honneur de saint Pierre et de saint Clément, par un seigneur d'Aurillac, Géraud, qui mourut en odeur de sainteté et dont elle prit le nom (*Acta sanctorum octobris*, VI, 300; Bouquet, IX, p. 21, 144, 478, 724).
2. Voir p. 12, note 5.
3. « Grammatica edoctus est » (Richer, III, 43).
4. P. 13, note 2.
5. En 986 (p. 82, notes 2 et 3).
6. « Professione regularis vitae patris Benedicti monachus factus » (Helgaud, dans Bouquet, X, p. 99). — Gerbert conserva toute sa vie beaucoup d'attachement pour la maison où s'était passée son enfance; voir ses lettres 16 (p. 12), 17 (p. 13), 45 (p. 43), 46 (p. 44), 70 (p. 66), 91 (p. 82), 92 (p. 84), 163 (p. 144), 194 (p. 184). Selon la chronique d'Aurillac, « multa bona contulit coenobio et misit munera Raimundo sodali, videlicet libros grammaticorum et expositiones in Hieronymum et Ambrosium. »
7. Borrel devint duc de la Marche d'Espagne en 967 (Bouquet, IX, p. 69). On va voir que Gerbert quitta la Marche à la fin de l'année 970, après y avoir séjourné assez longtemps pour y apprendre à fond les mathématiques.
8. C'est à peu près le territoire qui a été connu plus tard sous le nom de Catalogne. Il avait été conquis par Charlemagne; il cessa de faire partie de la France, en fait, au XIIe siècle, et, en droit, en 1258 (Longnon, *Atlas historique de la France*, p. 54, 55, 229). Au Xe siècle, presque tout le reste de la péninsule ibérique était occupé par les Musulmans.
9. Richer, III, 43.
10. « An in artibus perfecti in Hispaniis habeantur » (Richer, ibid.).
11. Richer, ibid. — Vich, *Vicus Ausona*, est dans la province de Barcelone, au nord de cette ville. Atton ou Hatton en était évêque au moins depuis 960 (Büdinger, p. 19).
12. « Juvenem qui mathesim optime nosset » (Richer, III, 45); « in mathesi se satis posse » (ibid.).

des Musulmans qui occupaient le reste de la péninsule, quelque chose de l'enseignement des mathématiciens arabes avait-il passé dans les écoles chrétiennes de la Marche [1].

Quelques années plus tard, Borrel alla à Rome et emmena avec lui Atton et Gerbert (970) [2]. Le but de son voyage était d'obtenir du pape Jean XIII l'érection de l'évêché de Vich en archevêché, ce qui lui fut accordé [3]. Le pape vit Gerbert, remarqua ses connaissances mathématiques et le signala à l'empereur Otton I [4], qui était alors en Italie. Otton obtint que Gerbert restât à sa cour pour enseigner les mathématiques aux élèves qu'il lui confierait (971) [5]. Atton mourut quelques mois après à Rome et Borrel retourna seul en Espagne [6].

Moins curieux d'enseigner ce qu'il savait que d'apprendre ce qu'il ne savait pas encore, Gerbert dit à Otton I qu'à la vérité « il savait assez bien les mathématiques, mais qu'il désirait apprendre la logique [7] », ou, comme nous dirions, la philosophie. Il trouva bientôt le moyen de satisfaire ce désir. Il était depuis environ un an en Italie [8], quand arriva à la cour impériale un archi-

---

[1]. Les historiens des mathématiques ne sont pas d'accord sur la part qui peut revenir, soit à Gerbert dans le progrès de ces sciences en Europe, soit aux Arabes dans la méthode de Gerbert; voir Weissenborn, *Gerbert* (1888), p. 234-239, et Nagl, dans les *Sitzungsberichte der phil.-hist. Classe der kais. Akad. der Wissenschaften*, CXVI (Vienne, 1888), p. 861-923. On ne peut, toutefois, s'empêcher de remarquer : 1° que, pour apprendre les mathématiques, Gerbert alla les étudier dans la seule province de France qui fût en contact immédiat avec les Musulmans; 2° qu'il y trouva des maîtres capables de les lui enseigner, tandis qu'en Italie et en France elles étaient complètement ignorées, « musica et astronomia in Italia tunc penitus ignorabantur » (Richer, III, 44), « musicam multo ante Galliis ignotam » (ibid., 49); 3° qu'après son retour il écrivait à diverses personnes pour demander des livres de mathématiques venant d'Espagne (lettres 17, 24 et 25, p. 14, 19 et 20) et qu'un de ces livres est indiqué expressément comme une traduction (lettre 24, p. 19) ; de quelle langue pouvait-il être traduit, sinon de l'arabe ?

[2]. Richer, III, 43. La date est donnée par la bulle n° 3746 de Loewenfeld; voir la note suivante.

[3]. Jaffé, n°° 2871, 2872; Loewenfeld, n°° 3746, 3747, 3748 et 3749.

[4]. « Ottoni regi Germaniae et Italiae » (Richer, III, 44). C'est Otton I et non son fils Otton II; en effet, les mots « vobis, patri, avo », dans la lettre 183 de Gerbert (p. 171), impliquent qu'il avait été quelque temps au service d'Otton I, ce qui ne peut s'entendre d'aucune autre époque de sa vie.

[5]. « Qui mathesim optime nosset suosque strenue docere valeret... Non adeo in docendo ibi moratus est » (Richer, III, 44).

[6]. L'évêque Atton fut tué à Rome le 22 août 971 (Richer, III, 44, titre du chapitre; Florez, *España sagrada*, XXVIII, p. 100). — Gerbert forma à plusieurs reprises le projet de retourner en Espagne, mais il n'y donna jamais de suite; voir lettres 45 (p. 43) et 72 (p. 68).

[7]. « Qui de arte sua interrogatus, in mathesi se satis posse, logicae vero scientiam se addiscere velle respondit » (Richer, III, 44).

[8]. Pendant ce séjour, il soutint plusieurs fois des discussions avec d'autres savants, en présence du jeune empereur Otton II; celui-ci « non semel disputantem audierat » (Richer, III, 56).

diacre de Reims, envoyé en ambassade par le roi Lothaire; c'était un certain G.[1], qui passait pour un grand philosophe[2]. Gerbert demanda et obtint la permission de l'accompagner à son retour en France[3]; ils arrivèrent ensemble à Reims vers 972[4]. Gerbert donna à son compagnon des leçons de mathématiques et reçut de lui en échange des leçons de philosophie. Mais l'archidiacre se laissa rebuter par la difficulté des règles de la musique, étude qu'on rangeait alors parmi les branches des mathématiques. En philosophie, au contraire, le jeune moine ne tarda pas à en savoir autant que son maître[5]. Ainsi se complétait son instruction dans toutes les branches du savoir humain.

Ses connaissances variées attirèrent sur lui l'attention de l'archevêque de Reims[6], Adalbéron, prélat pieux et éclairé, qui travaillait avec zèle à maintenir dans le clergé de son diocèse l'ordre et la discipline[7]. Ce fut le principe d'une amitié qui dura autant que la vie de l'archevêque et qui tint une grande place dans l'existence de Gerbert.

Il y avait alors dans toute église cathédrale une école placée sous l'autorité de l'évêque et dirigée par un clerc qu'on appelait l'écolâtre, *scolasticus*. Adalbéron nomma Gerbert écolâtre de Reims[8]. Il eut tout lieu de se féliciter de ce choix. Le jeune maître introduisit

---

1. « G. Remensium archidiaconus » (Richer, III, 45), probablement l'archidiacre *Gerannus*, qui a signé les actes du concile provincial tenu au Mont-Notre-Dame en Tardenois, au mois de mai 972 (D'Achery, *Spicilegium*, in-fol., II, 571).
2. « In logica clarissimus habebatur » (Richer, III, 45).
3. « Cujus adventu juvenis exhilaratus, regem adiit atque ut G. committeretur optinuit » (Richer, ibid.).
4. Adalbéron, archevêque de Reims, alla à Rome en 971 : le jour de Noël, 25 décembre 971 (« in die natalitia Domini », Richer, III, 25), il célébra la messe en présence du pape Jean XIII, et il obtint deux bulles, pour les monastères de Saint-Remi et de Mouzon, qui furent expédiées par la chancellerie pontificale le 23 avril 972 (Jaffé, n°˙ 2883, 2884; Loewenfeld, n°˙ 3761, 3762). Dans le sixième mois après ce voyage (Richer, III, 30), ayant reçu ces bulles, il tint un concile provincial, au Mont-Notre-Dame en Tardenois, mai 972 (D'Achery, ibid.; Bouquet, IX, p. 327). Richer rapporte l'arrivée de Gerbert à Reims (III, 43) entre ce concile (III, 30, 31) et la mort d'Otton I°˙, 7 mai 973 (III, 67).
5. « A quo etiam logicae scientiam accipiens, in brevi admodum profecit. G. vero, cum mathesi operam daret, artis difficultate victus, a musica rejectus est » (Richer, III, 45).
6. « G. interea studiorum nobilitate predicto metropolitano commendatus, ejus gratiam pre omnibus promeruit » (Richer, III, 45).
7. Richer, III, 22-42.
8. « Unde et ab eo rogatus, discipulorum turmas artibus instruendas ei adhibuit » (Richer, ibid.); « G. quondam scolasticus » (lettre 7, p. 5, et lettre 12, p. 9).

dans son enseignement, tout à la fois, des méthodes nouvelles [1] et des notions ignorées avant lui [2]. Sa réputation se répandit dans l'Europe entière et les élèves affluèrent de toutes parts [3]. Il passa ainsi dix ou onze années, les plus tranquilles et probablement les plus heureuses [4] de sa vie (972-982). Un seul incident de cette période nous est connu; il tourna à sa gloire et hâta sa fortune.

Au fond de l'Allemagne, à Magdebourg, un maître nommé Otric s'était rendu célèbre [5]. La réputation des cours de Gerbert lui porta ombrage. Il envoya à Reims un émissaire chargé d'écouter les leçons de l'écolâtre et de lui faire savoir ce qu'il aurait entendu (vers 979) [6]. L'envoyé s'acquitta mal de sa mission et rapporta inexactement l'enseignement de Gerbert sur un détail de scolastique [7]; Otric crut son rival en faute et se hâta de publier son erreur. Mais l'empereur Otton II, qui régnait seul depuis la mort de son père (7 mai 973), connaissait le savoir de Gerbert : il l'avait vu et entendu quelques années auparavant en Italie [8] (971-972); il eut peine à le croire capable de l'erreur qu'on lui attribuait et il résolut de mettre son talent à l'épreuve. L'année suivante, se rendant en Italie, accompagné d'Otric, il

---

1. « Quem ordinem librorum in docendo servavit » (Richer, III, 46); « cum ad rhethoricam suos provehere vellet, id sibi suspectum erat, quod sine locutionum modis, qui in poetis discendi sunt, ad oratoriam artem ante pervenire non queat. Poetas igitur adhibuit » (ibid., 47); « ratio vero astronomiae... cum pene intellectibilis sit, tamen non sine admiratione quibusdam instrumentis ad cognitionem adduxit. Inprimis enim mundi speram ex solido ac rotundo ligno argumentatus, minoris similitudine majorem expressit » (ibid., 50; cf. lettre 148, p. 131); « in geometria vero non minor in docendo labor expensus est. Cujus introductioni abacum... effecit » (Richer, III, 54), etc.
2. « Inde etiam musica... », « ante Galliis ignotam, notissimam effecit » (Richer, III, 49).
3. « Fervebat studiis, numerusque discipulorum in dies accrescebat. Nomen etiam tanti doctoris ferebatur non solum per Gallias, sed etiam per Germaniae populos dilatabatur. Transiitque per Alpes ac diffunditur in Italiam usque Thirrenum et Adriaticum » (Richer, III, 55). — Parmi ses élèves, on compte Robert, fils de Hugues Capet et plus tard roi de France (Helgaud, dans Bouquet, X, p. 99). Mais ce prince, né vers 974 (Richer, IV, 87), ne suivit probablement les cours de Gerbert à Reims que lors du second séjour de celui-ci en cette ville, à partir de 984.
4. « G. quondam liber » (lettre 1, p. 1); « satius esset me solum apud Gallos », etc. (lettre 2, p. 2); « studia nostra tempore intermissa, animo retenta » (lettre 10, p. 13), etc.
5. Richer, III, 55; Thietmar, III, 8, et VI, 26; Vie de saint Adalbert, dans Pertz, Script., IV, p. 582, ch. 3, et p. 597, ch. 5.
6. Un an (Richer, III, 57) avant la dispute de Ravenne, laquelle eut lieu, comme on va le voir, à la fin de 980 ou au commencement de 981.
7. « Etenim cum mathematicae phisica par atque coaeva a G. posita fuisset, ab hoc mathematicae eadem phisica ut generi species subdita est » (Richer, III, 56).
8. Ci-dessus, p. vii, note 8.

rencontra à Pavie l'archevêque Adalbéron et son écolâtre, qui allaient à Rome, on ne sait pour quelle affaire (décembre 980)[1]. Il les invita à se joindre à sa cour, qui, s'embarquant sur une flottille de barques, descendit le Pô jusqu'à Ravenne. Là eut lieu, par son ordre, en présence d'un grand nombre de savants, une discussion publique entre les deux rivaux[2] (décembre 980 ou janvier 981). Elle dura tout un jour et roula entièrement sur des points de métaphysique. On ne peut en lire le récit, dans la chronique du moine Richer, sans être étonné à la fois de la futilité des questions de mots, qui passaient alors pour des questions de science[3], et de la patience de l'empereur, souverain de trois royaumes[4], qui trouvait des heures à donner à une semblable occupation. Richer ajoute que le succès de la journée fut pour Gerbert, qui réfuta sur tous les points les arguments de son rival. La séance terminée, il retourna à Reims, avec l'archevêque, chargé des présents de l'empereur[5].

Le plus beau de ces présents lui fut donné deux ans plus tard. Otton II l'appela au gouvernement de l'abbaye de Saint-Colomban de Bobbio (*Bobium* ou *Ebobium*), dans les Apennins (983)[6]. C'était un des bénéfices les plus riches de l'Italie[7]. Gerbert, né pauvre, avait le droit d'aimer l'argent, car il en faisait l'usage le plus honorable : sa plus forte dépense était l'accroissement de sa bibliothèque[8]. Il accepta donc et prêta à Otton II un serment de fidélité, le premier de sa vie[9]. Dès lors il dut cesser de se consi-

---

1. Richer, III, 57, et Stumpf, n°ˢ 782-787, d'où il résulte qu'Otton II revint en Italie, pour la première fois depuis la mort de son père, à la fin de 980 : il passa à Pavie le 5 décembre 980 et séjourna à Ravenne au moins du 28 décembre 980 au 28 janvier 981.
2. Richer, III, 57-65.
3. On discuta si les mathématiques, la physique et la théologie sont des sciences égales ou dépendantes l'une de l'autre; si la physiologie est un genre de la physique (« phisiologiam phisicae genus esse »); si toute cause peut être exprimée en un seul mot; et « quid continentius sit, rationale an mortale ».
4. La Germanie ou l'Allemagne, la Lorraine et l'Italie (Appendice, n° II, p. 237).
5. « Ab augusto itaque G. egregie donatus, cum suo metropolitano in Gallias clarus remeavit » (Richer, III, 65).
6. Ci-après, p. 1, note 1, et p. 13, note 4.
7. « Nam quae pars Italiae possessiones beati Columbani non continet? » (lettre 12, p. 9); p. 9, note 7.
8. « Et sicut Romae dudum ac in aliis partibus Italiae, in Germania quoque et Belgica, scriptores auctorumque exemplaria multitudine numorum redemi » (lettre 44, p. 42); cf. lettres 116 (p. 107) et 130 (p. 118).
9. « Nulli mortalium aliquando jusjurandum praebui, nisi divae memoriae O. Cesari » (lettre 159, p. 141). Voir p. 1, note 1, et la note suivante.

dérer comme Français[1]; il reconnut, comme c'était son devoir féodal, pour seul maître et souverain, l'empereur, à qui il avait engagé sa foi. Il resta fidèle à l'allégeance ainsi contractée et fut toute sa vie un des serviteurs les plus dévoués et les plus désintéressés de la maison impériale[2].

C'était un poste de confiance que lui avait donné Otton II. L'abbé de Bobbio était un personnage politique : il portait le titre de comte[3] et avait des vassaux qui devaient le service militaire[4]. Aussi, l'empereur, qui n'avait qu'une foi médiocre dans ses sujets italiens, exigea que Gerbert résidât dans son abbaye[5]. Il obéit à cet ordre, mais il ne partit pas sans esprit de retour; il comptait bien rentrer en France un jour ou l'autre[6]. Il ne prit même pas avec lui ses livres : il les laissa à Reims, enfermés dans des coffres dont il n'emporta en Italie que les clefs[7].

A Bobbio, il trouva le plus grand désordre. Les biens de l'abbaye étaient dilapidés[8]. Son prédécesseur, l'abbé Pétroald[9], qui appartenait à une famille influente[10], s'était fait des amis en affermant à bas prix les terres du monastère à de petits seigneurs du voisinage[11]; destitué par l'empereur et réduit au rang des moines, il avait conservé la jouissance d'une partie de la mense abbatiale, et Otton II recommandait à Gerbert de respecter ses actes[12]. Le Français, habitué à la discipline exacte des monastères d'Aurillac et de Reims[13], ne put prendre son parti de ces irrégularités. Avec plus de fougue que de politique, il revendiqua les

---

1. Peut-être ce changement lui coûta-t-il d'abord; dans ses lettres écrites de Bobbio, il semble avoir quelques mots de regret pour la France; « satius esset me solum apud Gallos egere » (lettre 2, p. 2); « si patriam sequor », « in palatio exulare » (lettre 11, p. 9).
2. « An in Franția velut miles succenturiatus pro castris Caesaris » (lettre 87, p. 36); « domina mea Th. imperatrix » (lettre 91, p. 83), etc.; voir p. XIII, note 3.
3. P. 13, note 1.
4. Lettres 16 (p. 13), 45 (p. 43), 91 (p. 83).
5. « Si cum gratia domini mei fieri posset, » etc. (lettre 2, p. 2); « si patriam sequor, sanctissimam fidem relinquo » (lettre 11, p. 9), etc.
6. P. 6, note 5, et p. 44, note 5.
7. Lettre 3 (p. 6, note 6).
8. Lettres 2-5 (p. 2-5), 12 (p. 9).
9. P. 3, note 2.
10. « Parentibus positis in eadem trutina » (lettre 3, p. 3).
11. « Nescio quibus codicibus quos libellos dicunt » (lettre 2, p. 2); lettres 3 (p. 3), 6 (p. 5), 12 (p. 10); « quorundam nobilium pauperum caeca cupiditas » (lettre 20, p. 16).
12. Lettre 3 (p. 3).
13. Le monastère de Saint-Géraud d'Aurillac avait compté au nombre de ses abbés saint Odon, le réformateur de Cluny. A Reims, l'archevêque Adalbéron s'était activement occupé de réformer les mœurs du clergé régulier et de le soumettre à une discipline sévère (Richer, III, 25 et suiv.).

biens de l'abbaye [1] et désavoua les baux consentis par Pétroald [2]. Il se fit nombre d'ennemis; plusieurs de ses adversaires avaient des protecteurs puissants, et Gerbert ne tarda pas à se trouver en démêlé avec des personnages considérables, tels que Pierre, évêque de Pavie, qui devint, quelques mois plus tard, pape sous le nom de Jean XIV [3], tels que l'impératrice Adélaïde, veuve d'Otton Ier et mère de l'empereur régnant [4]. Grâce à la toute-puissance d'Otton II, il obtint gain de cause, mais l'irritation, autour de lui, n'en fut que plus grande et se traduisit par des sarcasmes grossiers, dirigés, les uns contre sa personne, les autres contre celle du souverain [5]. Aussi, quand Otton II mourut tout à coup à Rome (7 décembre 983), laissant son trône à un fils de trois ans, Gerbert, alors au palais impérial de Pavie [6], apprit que Bobbio était au pillage et que ses moines ne reconnaissaient plus son autorité [7]. Ni le pape ni la vieille impératrice Adélaïde, qu'il avait offensés tous les deux, ne devaient être disposés à intervenir en sa faveur [8]; l'autre impératrice, la Grecque Théophano [9], veuve d'Otton II et mère du nouveau roi Otton III, avait des soins plus pressants. Gerbert revint en France, n'emportant de sa dignité d'abbé que le vain titre [10] et le souvenir (premiers mois de 984) [11].

Il avait passé moins d'un an à Bobbio [12]. Il avait eu tout juste le temps de jeter un coup d'œil sur la bibliothèque du monastère et de constater qu'il s'y trouvait des livres de science qui l'intéressaient vivement [13]; il n'avait pu les faire copier ni probablement les lire. Cinq ans plus tard, ce regret l'obsédait encore et il écri-

---

1. Lettre 4 (p. 3 et 4).
2. Lettres 3 (p. 3), 6 (p. 5), 19 (p. 16), etc.
3. Lettre 5 (p. 4).
4. Lettre 6 (p. 5).
5. Lettres 11 et 12 (p. 8-10).
6. P. 8, note 6, et p. 11, note 2.
7. Lettres 15, 16, 18, 19 (p. 12-15).
8. Voir ses lettres au pape et à l'impératrice : lettre 14 (p. 11) et lettre 20 (p. 16).
9. P. 18, note 1.
10. « G. solo nomine officii Ebobiensis caenobii abbas » (lettre 14, p. 11).
11. Cette date résulte à la fois des lettres de Gerbert et des termes d'un diplôme impérial du 1er octobre 998 : « Eandem abbatiam jampridem per XV annos ab eodem reverendissimo abbate viduatam... » (Margarinus, II, p. 58; Stumpf, n° 1168).
12. « Unius anni tria diversa imperia super te » (lettre 19, p. 15); il me semble impossible de comprendre autrement cette phrase, bien que des interprétations différentes aient été proposées (Büdinger, p. 70, note 218; Olleris, p. 518; E. de Barthélemy, p. 130).
13. Lettre 8 (p. 6 et 7).

vait à deux reprises en Italie pour obtenir des copies des précieux volumes [1].

Rentré à Reims, il reprit ses fonctions d'écolâtre [2]; mais désormais la politique lui donna autant d'occupation que l'étude. Il était devenu le vassal de l'empereur en recevant de lui l'abbaye de Bobbio; il ne se crut délié de son devoir ni par la perte du bienfait, ni par la mort du bienfaiteur. Il pensa qu'il devait au petit roi Otton III et à sa mère Théophano la même fidélité qu'à Otton II [3]. L'archevêque Adalbéron partageait ces sentiments, quoique, extérieurement, sa position fût tout autre. Archevêque de Reims et grand chancelier de France, c'est du roi de France qu'il était vassal avant tout, c'est lui qu'il devait reconnaître pour son principal seigneur [4]; mais, sorti d'une famille noble, il ne pouvait, aussi facilement que le roturier Gerbert, oublier sa naissance. Sa famille était une des premières du royaume de Lorraine, l'un des États qui composaient alors la monarchie des rois de Germanie; son frère, le comte Godefroi, était compté au nombre des meilleurs serviteurs d'Otton II [5]. Il avait commencé lui-même par être chanoine dans une ville de Lorraine, à Metz [6], et, à Reims encore, son pouvoir spirituel et temporel s'étendait des deux côtés de la frontière : une partie de son diocèse [7] et deux de ses châteaux, Mouzon et Mézières [8], étaient en Lorraine. Il avait reçu des bienfaits d'Otton Ier [9] et l'on a vu

---

1. Lettres 130 (p. 117) et 161 (p. 143).
2. « Studiaque nostra... repetimus » (lettre 16, p. 13).
3. « Dominam meam Teuphanu... quam semper cupio bene valere, et cum filio feliciter imperare » (lettre 37, p. 35); « ego quidem cui ob beneficia Ottonis multa est fides circa herilem filium » (lettre 39, p. 37); « inter hostium cuneos solus repertus sum vestrarum partium » (lettre 52, p. 48); « Italia excessi, ne cum hostibus Dei ac filii senioris mei divae memoriae O. quolibet modo cogerer paciscî » (lettre 92, p. 84); « nulli mortalium aliquando jusjurandum praebui, nisi divae memoriae O. Cesari. Id ad dominam meam Th. ac filium ejus O. augustum permansse ratus sum » (lettre 159, p. 141), etc.
4. « Domini mei » (lettre 54, p. 51); « senior meus rex Lotharius » (lettre 57, p. 54); « nostris », c'est-à-dire les Français (lettre 58, p. 56).
5. En 978, Otton II ayant envahi momentanément la France, Godefroi, par un sage conseil, sauva la retraite de l'armée impériale; il eut occasion, dans la même campagne, d'afficher son dévouement envers l'empereur (Bouquet, VIII, p. 283).
6. « Ex Mettensium collegio » (Richer, III, 22).
7. « Non solum diocoesis (province), verum etiam parochia (diocèse) mea inter duo regna sub duobus regibus habetur divisa » (Hincmar, cité par Du Cange, Diocesis).
8. Voir lettres 89 (p. 80, note 5) et 94 (p. 86).
9. « Multa circa nos Ottonum beneficia » (lettre 27, p. 21).

qu'il avait été reçu avec honneur à la cour d'Otton II¹. Ainsi, l'un et l'autre, l'archevêque comme l'écolâtre, tout en habitant une ville française, avaient les yeux tournés du côté de la Germanie et s'intéressaient surtout à ce qui se passait dans le royaume voisin.

Or, le trône et la vie du jeune Otton III² étaient menacés par un prince turbulent et sans scrupule, Henri ou Hézilon, duc de Bavière, cousin germain d'Otton II, qui s'était déjà rendu coupable, dix ans auparavant, d'une tentative de révolte contre l'empereur³. A la nouvelle de la mort d'Otton II, qui ne fut connue en Allemagne que vers les derniers jours de décembre 983 ou les premiers jours de janvier 984, Henri profita de l'absence de l'impératrice-mère Théophano, alors en Italie, pour réclamer la tutelle du jeune roi et s'assurer de sa personne. Le dimanche de Pâques, 23 mars 984, il réunit à Quedlimbourg une assemblée de quelques seigneurs dévoués et se fit saluer par eux du nom de roi⁴. Cette tentative criminelle indigna le plus grand nombre des seigneurs de Germanie et de Lorraine; ils unirent leurs efforts pour défendre les droits de l'enfant impérial et de l'impératrice. Adalbéron et Gerbert embrassèrent cette cause avec ardeur. L'archevêque avait, par son rang et sa naissance, une grande autorité en Lorraine et en Allemagne; Gerbert possédait un talent d'écrivain apprécié de tous ses contemporains, une langue châtiée et vigoureuse, une éloquence à la fois fière et habile. Ils unirent ces deux forces : des lettres écrites au nom de l'archevêque, mais rédigées par Gerbert, furent adressées à divers grands personnages d'outre-Meuse, pour exciter leur zèle contre l'usurpateur⁵. Il est difficile, quand on les lit, de croire qu'elles aient pu rester sans effet. En même temps, Adalbéron déterminait le roi de France, Lothaire, mari d'une sœur d'Otton II, à se déclarer le tuteur et le protecteur d'Otton III, son neveu⁶. Henri fut effrayé et céda : il rendit le petit Otton à sa mère et à sa grand'mère, les

---

1. Ci-dessus, p. x.
2. Il avait été élu roi du vivant de son père, par la diète de Vérone, en juin 983 (Giesebrecht, p. 84; Wilmans, p. 2). Il fut couronné à Aix-la-Chapelle, le 25 décembre suivant, après la mort d'Otton II (7 décembre), mais avant que la nouvelle de cette mort fût arrivée en Allemagne (Giesebrecht, p. 109; Wilmans, p. 3).
3. Giesebrecht, p. 17.
4. P. 18, note 5.
5. Lettres 26 (p. 20), 27 (p. 21), 30 (p. 24), 32 (p. 29), 33 (p. 32), 34 (p. 33); « ad cujus auxilium me quamplurimos declamatorie, ut nosti, exacuisse, Gallia testis est » (lettre 37, p. 35-36).
6. P. 18, note 6.

impératrices Théophano et Adélaïde, rappelées d'Italie en toute hâte par leurs fidèles (juin 984), et il conclut avec elles, à Worms (octobre 984), une paix par laquelle il semblait se désister définitivement de ses prétentions [1].

Ce n'était qu'une feinte. La paix était à peine conclue que Henri engageait des négociations avec Lothaire et lui offrait, en échange de son appui, l'abandon de la Lorraine à la France. Le roi de France, séduit par une proposition aussi avantageuse, prit rendez-vous avec Henri pour Vieux-Brisach, sur la rive droite du Rhin, le 1er février 985 [2]. Gerbert, qui avait un système d'informations admirablement organisé [3], fut instruit du complot et se hâta d'avertir ses amis de Lorraine [4]. Il employa d'abord ses soins pour assurer à Otton III, contre Henri et Lothaire, l'alliance du plus puissant seigneur français, Hugues, duc de France, que les modernes appellent Hugues Capet [5]. Cette tentative, mal secondée, échoua [6], mais on obtint du moins que Hugues restât neutre, et c'était beaucoup. Lothaire, arrivé à Brisach, n'y trouva pas Henri; le duc de Bavière reculait encore une fois : le roi de France, sans se décourager, entreprit seul la conquête de la Lorraine (février-mars 985). Il assiégea la place de Verdun, la prit, la perdit presque aussitôt, puis la reprit. La seconde fois qu'il s'en empara, il fit prisonniers les défenseurs de la ville, l'élite de la noblesse lorraine : le comte Godefroi, frère de l'archevêque Adalbéron; Frédéric, fils de Godefroi; Sigefroi, son oncle, etc. Il laissa une garnison dans Verdun et emmena les prisonniers en France, où il les confia à la garde de deux de ses vassaux, Eudes de Vermandois, comte de Blois, et Héribert II, comte de Troyes, oncle du comte Eudes. Ceux-ci les enfermèrent dans un château situé sur la Marne (mars 985) [7].

Gerbert obtint de ces deux comtes la permission de visiter les prisonniers. Comment cette permission lui fut accordée, c'est ce qu'on a peine à comprendre, car il ne faisait pas mystère de sa fidélité envers l'impératrice [8]. Quoi qu'il en soit, il put pénétrer

---

1. P. 35, note 3.
2. P. 37, note 4.
3. Büdinger, p. 67, 68.
4. Lettre 39 (p. 37).
5. Lettre 41 (p. 39-40).
6. P. 40, note 2; lettres 48 (p. 46) et 51 (p. 48).
7. P. 45, note 1.
8. « Noveritis etiam reges Francorum nos non aequis oculis intueri, eo quod de vestra fidelitate eis contraria sentiamus » (lettre 52, à Théophano, p. 40).

dans le château où étaient enfermés les comtes lorrains et les entretenir sans témoin. Godefroi le chargea d'écrire de sa part à sa femme, à ses fils, à ses amis, à Théophano. A tous il n'adressait qu'une même recommandation : continuez la lutte sans relâche; ne vous mettez pas en peine du sort des prisonniers; « faites sentir aux ennemis qu'ils n'ont pas pris Godefroi tout entier! » Rien n'est plus généreux que le sentiment qui a dicté ces avis; rien n'est plus entraînant que le langage dans lequel Gerbert a su le rendre. Ces lettres doivent certainement compter parmi les plus belles et les plus intéressantes de son recueil [1].

L'archevêque Adalbéron ne pouvait, comme Gerbert, avouer publiquement ses sentiments. Attaché naturellement à la cause de son frère et de ses neveux, tout dévoué au fond du cœur à l'impératrice [2], il devait officiellement servir leur ennemi, le roi de France [3]. Il usa d'une dissimulation qui ne trompa Lothaire qu'à moitié. Celui-ci lui dictait des lettres qu'il devait adresser aux prélats de Lorraine; l'archevêque obéissait, puis il faisait écrire en cachette par Gerbert d'autres lettres qui démentaient les premières [4]. Il ne pouvait se dispenser de fournir au roi son suzerain un contingent de troupes pour la garnison de Verdun; mais il n'exécutait pas ses ordres et il le payait de mauvaises raisons [5]. S'il avait des nouvelles à faire passer à l'ennemi, c'était Gerbert qui les mandait en son propre nom, pour ne pas compromettre son maître [6]. Lothaire, jusqu'à la fin de sa vie, soupçonna la trahison de l'archevêque [7], mais celui-ci, habilement secondé par son écolâtre [8], trouva moyen de ne pas donner prise à la police royale [9].

---

1. Lettres 47-52 (p. 45-49).
2. Lettres 52 (p. 49), 59 (p. 57-58), 63 (p. 61).
3. Lettres 53 (p. 49-50), 57 (p. 54-55), 61 (« salvo honore regio », p. 60).
4. « In quibus nihil eorum quae voluerit scripsit, sed quae tyrannus extorserit oscitavit » (lettre 49, p. 47); « priorem epistolam pro solo imperio domini mei me vestrae paternitati misisse minime celare volo » (lettre 54, p. 51).
5. Lettre 53 (p. 49-50).
6. Lettres 58, 59 (p. 55-58).
7. Lettres 52 (p. 49), 57 (p. 54), 59 (p. 57-58).
8. Voir le mémoire justificatif adressé par l'archevêque au roi Lothaire (lettre 57, p. 49-50). Ce morceau fut composé par Gerbert, qui en tint la minute secrète : ce n'était pas pour cacher l'existence du mémoire, qui avait dû être remis au roi; c'était donc pour cacher la part qu'il y avait prise. Adalbéron ne pouvait avouer à la cour de France qu'il avait pour confident intime un vassal et un partisan déclaré de la cour germanique (p. xv, note 8).
9. Voir ce qui sera dit des lettres secrètes (ci-après, IV).

Lothaire mourut le 2 mars 986[1]; il eut pour successeur son fils Louis V, associé à son trône depuis 979. Adalbéron et Gerbert se crurent un instant les maîtres. La mère du nouveau roi, Hemma, veuve de Lothaire, était fille de la vieille impératrice Adélaïde et tante d'Otton III[2]; toutes ses sympathies étaient pour l'Allemagne. Le jour même de la mort de Lothaire, elle rappela à la cour l'archevêque de Reims[3], fit ou laissa élargir plusieurs des prisonniers lorrains[4] et prit Gerbert pour secrétaire[5]. Elle commença des négociations, pour la paix, avec la cour impériale[6]. Mais le nouveau roi s'aperçut bientôt que sa mère servait les ennemis du royaume[7]; il rompit avec elle[8] et avec ses conseillers. Adalbéron, menacé par les troupes royales dans sa ville métropolitaine, ne sauva sa vie qu'en donnant des gages de sa soumission[9]. Il fut cité à comparaître par-devant la cour du roi, sous l'accusation de trahison[10]. Les négociations pour la paix se poursuivaient cependant, et Gerbert trouvait encore moyen de s'y employer activement[11], mais elles n'aboutissaient pas à un résultat définitif[12]. Un accident brusqua les choses : Louis V fit une chute à la chasse et mourut à Senlis, le 21 ou le 22 mai 987, quatorze mois après son père[13].

Par suite de cette mort, le trône se trouvait vacant et personne n'était désigné pour l'occuper. Le couronnement seul, à cette époque, faisait le roi, et il n'y avait pas de roi couronné. La naissance désignait le frère de Lothaire, Charles, duc de la Lorraine inférieure; l'archevêque Adalbéron préféra appeler au trône le puissant duc de France, Hugues, cousin germain de Lothaire par les femmes[14]. Le coup fut exécuté avec une promptitude merveilleuse. Au lendemain des obsèques royales, une assemblée des seigneurs de la cour, *principes*, présidée par le duc, acquitta l'archevêque de l'accusation portée contre lui; quelques jours plus

---

1. P. 67, note 7.
2. P. 5, note 1; p. 26, note 5; tableau II, p. 27.
3. Lettre 73 (p. 69).
4. Lettre 71 (p. 67).
5. Lettre 74 (p. 69).
6. Lettre 74 (p. 70).
7. « Francis, unde non sperant, contraria parato » (lettre 97, p. 90).
8. « Spes in filio fuit. In hostis factus est » (lettre 97, p. 89).
9. P. 80, lettre 89 et notes 2-4.
10. Richer, IV, 3, 4.
11. Lettres 100, 101 (p. 91-94).
12. Lettre 101 (p. 94).
13. P. 94, note 5; Richer, IV, 5.
14. Voir le tableau I, entre les p. 26 et 27.

tard, une autre assemblée des mêmes seigneurs, présidée par l'archevêque, conféra la royauté au duc. Dix jours après la mort de Louis V, Hugues était couronné à Noyon (1ᵉʳ juin 987) et, cinq semaines après, sacré à Reims (3 juillet). La dynastie capétienne était fondée [1].

Cette révolution fut en apparence l'œuvre d'Adalbéron, au fond celle de Gerbert. Un mot échappé à sa plume, deux ans plus tard (989), nous le révèle. Adalbéron était mort; Charles, cherchant à reconquérir le trône dont on l'avait privé, avait occupé Reims : Gerbert fut dénoncé à la colère du prétendant, comme celui, dit-il, « qui défaisait et qui faisait les rois [2]. » Ainsi l'archevêque de Reims, en cette affaire, avait agi, comme toujours, d'accord avec l'écolâtre et sous son inspiration.

Or, Gerbert était, on l'a vu, uniquement dévoué à la famille des Ottons. Si donc il jugea bon de faire Hugues roi de France, c'est qu'il crut que l'Allemagne y trouverait son compte. Ses motifs ne sont pas difficiles à deviner. Charles, qui tenait d'Otton III son duché de la Lorraine inférieure, ne s'était pas montré bon vassal. Il s'était associé aux efforts tentés par Lothaire pour réunir la Lorraine à la France et pour mettre Henri de Bavière sur le trône de Germanie [3]. S'il devenait roi de France, il continuerait probablement la guerre et serait d'autant plus désireux d'annexer la Lorraine, que ce serait le moyen de réunir son duché à son royaume. Hugues, au contraire, avait donné à l'Allemagne des gages de sa bonne volonté. Pendant la dernière guerre, au lieu d'aider ses souverains, Lothaire et Louis V, à lutter contre l'étranger, il avait observé envers eux une neutralité menaçante [4]. D'autre part, son fils unique, Robert, alors âgé d'environ treize ans, était l'élève de Gerbert [5], et celui-ci pouvait espérer agir sur le père par l'influence du fils. Enfin, pour parvenir au trône, le duc serait sans doute trop heureux d'en passer par tout ce qu'on lui demanderait; il ne s'agissait que de lui dicter des conditions. Ces conditions furent la paix définitive avec l'Allemagne, l'élargissement du comte Godefroi, la renonciation à toute entreprise sur la frontière de l'est [6].

---

1. P. 95, note 4; Richer, IV, 5-12.
2. « Qui reges deponerem, regesque ordinarem » (lettre 163, p. 145).
3. Lettre 58 (p. 56, note 6).
4. Lettre 58 (p. 56).
5. Ci-dessus, p. ix, note 3.
6. « Hugues Capet », dit M. Gabriel Monod, « est monté sur le trône avec l'appui des Allemands et le prix de leur alliance a été l'abandon de toute

Godefroi fut mis en liberté trois semaines après le couronnement de Hugues [1]. Les hostilités cessèrent entièrement entre les deux pays, les communications redevinrent libres, et l'archevêque Adalbéron, débarrassé du souci des affaires publiques, put annoncer l'intention de faire un pèlerinage en Allemagne [2]. Le royaume de Lorraine, que les rois de France et de Germanie n'avaient cessé de se disputer pendant un siècle, fut définitivement acquis aux Allemands. Le nom même de ce royaume tomba promptement en oubli, et il vint un temps où les riverains de la Meuse purent dire de bonne foi qu'ils étaient du « royaume d'Allemagne [3] ». Gerbert, en écartant du trône de France les derniers descendants de Charlemagne, avait donc bien servi son pays d'adoption. Il faut descendre trois siècles après Hugues Capet, jusqu'à Philippe le Hardi et à Philippe le Bel, pour trouver des rois qui aient sérieusement tenté de nous rendre quelque chose de la Lorraine carolingienne.

L'archevêque et l'écolâtre de Reims se montrèrent d'ailleurs les serviteurs fidèles du roi qu'ils avaient choisi. Hugues eut recours au talent d'écrivain de Gerbert et lui confia la rédaction de plusieurs lettres importantes [4]. Parmi celles qui nous sont parvenues, il en est une par laquelle le roi demande aux deux empereurs de Constantinople, pour Robert, son fils, la main d'une princesse byzantine : on ne sait si l'initiative de ce projet, qui n'eut pas de suite, vint de Hugues ou de Gerbert [5]. Une autre promet des secours à Borrel, duc de la Marche d'Espagne, menacé par les Musulmans, qui lui avaient enlevé, deux ans auparavant, la ville de Barcelone [6] : Gerbert, qui avait vécu à la cour de ce duc et qui lui devait son éducation scientifique [7], ne fut probablement pas étranger à la résolution prise par le roi en sa faveur. Ce projet ne put non plus s'exécuter; mais il fournit à

---

revendication sur la Lorraine » (*Revue historique*, 10ᵉ année, tome XXIX, septembre-octobre 1885, p. 233).
  1. Le 16 ou le 17 juin 987 (p. 95, note 4).
  2. Lettre 106 (p. 98).
  3. En 1288, dans une enquête faite à Verdun-sur-Meuse, les témoins déclarent que la Biesme, affluent de l'Aisne, près de Verdun, « depart le roialme de France et le roialme d'Alemengne et l'empire ... et est li roialmes d'Alemengne et l'empire par desai le dit ru de Byeme devers Verdun, et li roialmes de France par delai le dit ru » (*Bibliothèque de l'École des chartes*, XLII, 1881, p. 408).
  4. Lettres 107 (p. 98), 112 (p. 102), 120 (p. 109), etc.
  5. Lettre 111 (p. 101); p. 102, note 2.
  6. P. 67, note 1, et lettre 112 (p. 102).
  7. Ci-dessus, p. vi.

Hugues, sous le prétexte des dangers qu'il allait courir en personne, l'occasion d'associer à son trône son fils Robert et de lui assurer ainsi sa succession[1]. Le jeune prince, élève de Gerbert, fut couronné à Orléans le 25 décembre 987 et sacré à Reims le 1er janvier 988[2].

Sur ces entrefaites, le duc Charles résolut de faire valoir ses droits ou ses prétentions à la couronne (988). Il réussit à lever quelques troupes et marcha sur Laon, capitale des derniers rois carolingiens. Cette ville avait pour seigneur son évêque, un homonyme de l'archevêque de Reims, Adalbéron, surnommé Ascelin ou Azolin; là résidait aussi la reine Hemma, veuve de Lothaire. L'évêque et la reine étaient en mauvais termes avec le duc, qui les avait accusés d'entretenir des relations criminelles[3]. Charles entra par surprise dans la ville, emprisonna Hemma et Ascelin, amassa des provisions, compléta les travaux de fortification de la place et s'y établit solidement. Les deux rois, Hugues et Robert, se décidèrent, après quelques hésitations, à aller l'y assiéger[4]. L'archevêque Adalbéron, comme seigneur de Reims, dut fournir son contingent et prendre part à l'expédition[5]. Il y eut deux sièges la même année (988), tous deux sans succès[6]; Gerbert assista au premier[7]. Ses lettres sont du nombre des documents qui nous permettent de suivre, avec assez de détail, quelques-uns des incidents de cette campagne inutile[8].

L'hiver suivant, l'archevêque tomba malade; il mourut à Reims le 23 janvier 989[9]. Le roi Hugues présida lui-même à ses funérailles et s'occupa de lui donner un successeur[10]. Le droit d'élection appartenait théoriquement au clergé et au peuple du diocèse et aux évêques de la province[11], mais en fait la volonté royale était toute-puissante[12]. Le poste qu'il s'agissait de remplir était un des premiers dans l'ordre ecclésiastique; et la qualité

---

1. Richer, IV, 12.
2. P. 101, note 6.
3. Richer, III, 66; lettre 31 (p. 26, note 5); lettre 97 (p. 89).
4. Richer, IV, 14-18.
5. Lettres 121 (p. 110), 124, 125 (p. 113), 131 (p. 118), 135 (p. 122), 137 (p. 123).
6. P. 105, note 1.
7. « Labore obsidionis in Kar. defatigatus » (lettre 123, p. 112); lettre 124 (p. 113).
8. Lettre 121 (p. 110, note 1), etc.
9. P. 105, note 1.
10. Richer, IV, 24.
11. Lettre 155 (p. 138).
12. Richer, IV, 24, 26-28; lettre 154 (p. 136, 137).

de grand chancelier du royaume, qui y était jointe, lui donnait en outre une importance considérable en politique[1]. Gerbert était partagé entre la douleur, que lui causait la perte de son maître et de son ami[2], et l'ambition, éveillée par la vue du magnifique avenir qui semblait s'ouvrir devant lui[3]. Adalbéron l'avait, assurait-il, désigné pour lui succéder[4], et il pouvait légitimement espérer que le roi déférerait à ce vœu; ne lui devait-il pas sa couronne? Hugues fut à la fois maladroit et ingrat. Malgré un avertissement très sensé, que Gerbert lui fit donner par un neveu de l'archevêque mort, Adalbéron, évêque de Verdun[5], il s'imagina faire acte de bonne politique en conférant l'archevêché vacant à un fils naturel de Lothaire, le jeune Arnoul[6]. Il crut par là diviser la famille carolingienne et s'assurer l'appui d'Arnoul contre le prétendant Charles, son oncle; il devait être bientôt détrompé. Quant à Gerbert, quelle qu'ait été sa déception, il sut rester maître de lui-même. Loin de montrer le moindre mauvais vouloir contre son rival, il resta attaché à sa personne, comme il l'avait été à celle de son prédécesseur. Il dressa lui-même l'acte de l'élection[7] et il rédigea plusieurs lettres pour le compte de son nouveau maître[8]. Seulement, désespérant décidément de faire son chemin à Reims, il écrivit à ses amis à la cour impériale, rappela ses loyaux services envers la famille des Ottons et sollicita une récompense, quelle qu'elle fût[9]. Mais il ne fut pas plus heureux auprès de Théophano qu'auprès de Hugues. Il dut prendre son parti de rester abbé de Bobbio de nom, de fait simple écolâtre de Reims.

L'archevêque Arnoul, soit préméditation, soit entraînement, ne tarda pas à trahir, au profit du prétendant son oncle, les rois à qui il avait juré fidélité[10]. Il prit soin seulement de garder les apparences et d'avoir l'air d'être la victime du crime dont il se rendait coupable. Vers août 989, une nuit, Charles arriva avec des troupes sous les murs de Reims. Un prêtre nommé Adalger, qui avait les ordres d'Arnoul, prit sous l'oreiller de celui-ci les clefs de la ville et ouvrit les portes au duc. La ville fut pillée,

---

1. Lettre 154 (p. 137, note 1).
2. Lettres 152 (p. 134), 153 (p. 135), 163 (p. 144).
3. Lettre 150 (p. 132, 133).
4. « Et quod pater A. me successorem sibi designaverat » (lettre 152, p. 134).
5. Lettre 154 (p. 137).
6. Richer, IV, 25-28.
7. Lettre 155 (p. 137-139).
8. Lettres 156, 157 (p. 139), 160 (p. 142), etc.
9. Lettres 158, 159 (p. 140-142).
10. Voir le texte de son serment, p. 137, note 4.

l'archevêque arrêté et emmené prisonnier à Laon[1]. Gerbert, dénoncé au prétendant comme l'auteur de la révolution capétienne, craignit pour sa vie[2]; il songea à fuir[3], on l'en empêcha[4]. Ici se place un incident singulier, une défaillance surprenante chez cet esprit en d'autres temps si ferme, cette âme si loyale : Arnoul ayant levé le masque et s'étant déclaré ouvertement partisan de Charles[5], Gerbert le suivit dans sa défection. Il continua de lui servir de secrétaire; dans les lettres qu'il écrivit par son ordre, il se mit à combattre avec vivacité la cause des princes qui avaient fait son maître archevêque et qu'il avait lui-même faits rois[6]. Il n'a laissé à personne le soin de qualifier cette aberration : peu de temps après, revenu de son erreur, il s'accusa franchement de s'être fait « le chef des entreprises les plus criminelles[7] », d'avoir joué le rôle d' « organe du diable, en déclamant pour le mensonge contre la vérité[8] ». Si l'on cherche quels motifs peuvent, non justifier, mais expliquer son égarement, on a le choix entre plusieurs conjectures. Peut-être les dangers qu'il venait de traverser[9], joints à une maladie contractée pendant les grandes chaleurs de l'automne précédent[10], avaient-ils un moment troublé la lucidité de son jugement; peut-être un scrupule de fidélité envers l'archevêque son maître[11], ou la crainte d'avoir attenté aux droits de la naissance, en écartant le fils de Lothaire du trône de son père[12], contribuèrent-ils à l'entraîner; peut-être, par quelque manœuvre habile, Arnoul ou Charles surent-ils lui faire croire qu'en les servant, il servirait mieux ses vrais maîtres, ceux à qui le liait son unique serment[13], le jeune roi de Germa-

---

1. P. 144, note 2; lettre 217 (p. 205); Richer, IV, 32-36.
2. Lettre 163 (p. 144-145).
3. « Et an sedes nobis sint permutandae, pervigili cura deliberamus » (lettre 162, p. 144).
4. « Pars praedae maxima fui » (lettre 163, p. 145).
5. « Karolo exinde in omnibus favit » (Richer, IV, 36).
6. Lettres 164, 165 (p. 145-148); cf. lettre 168 (p. 150).
7. « Non socius vitiorum, sed princeps dijudicarer maximorum scelerum » (lettre 172, p. 152).
8. « Nec ob amorem K. ver Ar. passus sum diutius fieri organum diaboli, pro mendatio contra veritatem declamitando » (ibid.).
9. Lettres 162, 163 (p. 143-145).
10. Lettres 123 (p. 112) et 162 (p. 144).
11. « Cui autem (Arnulfo), plus quam oportuit, fidele obsequium exhibui » (concile de Mouzon, Olleris, p. 246).
12. Lettre 164 (p. 146); cf. Richer (IV, 39) : « Utrimque non mediocriter dubitatum est, cum Karolus rei militaris inopiam haberet, regem vero animus sui facinoris conscius contra jus agere argueret, cum Karolum paterno honore spoliaverit atque regni jura in sese transfuderit. »
13. Ci-dessus, p. x, note 9.

nie Otton III et l'impératrice-régente Théophano[1]. Quoi qu'il en soit, on le compta un instant au nombre des membres, pour ne pas dire des chefs, du parti rebelle.

Ce ne fut qu'un instant. Pendant sa défection même, des scrupules le tourmentaient[2]. Des amis se chargèrent de le faire rentrer en paix avec sa conscience. A quelques lieues de Reims s'élevait un château, Roucy, habité par deux proches parents des derniers Carolingiens : Gislebert, comte de Roucy, et son frère Brunon, évêque de Langres, tous deux fils d'une sœur de Lothaire et du duc Charles, cousins de l'archevêque Arnoul[3]. L'évêque Brunon se trouvait placé, par la trahison d'Arnoul, dans une situation très pénible, car il avait eu l'imprudence, quelques mois auparavant, de se porter garant, envers les rois Hugues et Robert, de la fidélité de son cousin[4]. Il eut une entrevue avec Gerbert au château de Roucy; il lui fit voir le péril de la voie où il s'engageait et il le décida à revenir au parti des rois[5]. Gerbert, soulagé d'un grand poids[6], quitta Reims et écrivit à l'archevêque Arnoul une lettre de rupture, *libellus repudii*, à la fois très honnête et très habile[7] : car il sut presque toujours allier ces deux qualités. Il se rendit à la cour des rois[8], qui résidaient alors à Senlis[9], et il écrivit à ses amis, pour leur annoncer son retour à la bonne cause, des lettres où éclate une joie sans mélange[10]. Hugues lui rendit toute sa confiance[11]. Il le chargea de rédiger, au nom d'un concile provincial assemblé par ses ordres à Senlis, une sentence d'anathème contre les complices d'Arnoul et de Charles[12], ainsi qu'une lettre adressée au pape Jean XV, pour implorer son intervention contre le prélat infidèle (vers juillet-août 990)[13].

La trahison d'un archevêque avait fait perdre à Hugues Capet la

---

1. Arnoul, nommé archevêque, s'était rapproché de la cour de Germanie; Hugues s'était opposé à ce rapprochement (lettre 160, p. 142, et notes 3 et 7 de la même page).
2. « Principes scelerum facti sumus » (lettre 107, p. 149).
3. P. 130, notes 1, 5; p. 151, note 3.
4. Concile de Verzy, 5 (Olleris, p. 178).
5. Lettre 171 (p. 152).
6. « Magno curarum pondere in momento temporis alleviatum » (lettre 170, p. 151).
7. Lettre 178 (p. 158-159).
8. « Nunc ergo regiam incolo aulam » (lettre 172, p. 152).
9. P. 152, note 2, et p. 156, note 3.
10. Lettres 172, 173 (p. 152, 153).
11. Lettres 171, 173, 175, 177 (p. 151-157).
12. P. 156, note 3; cf. lettre 176 (p. 155).
13. Concile de Verzy, 26 (Olleris, p. 202).

ville de Reims; la trahison d'un évêque fit retomber entre ses mains à la fois l'archevêque et la ville, en même temps que le chef de toute la rébellion, le prétendant Charles. Ce nouveau traître fut Adalbéron ou Ascelin, évêque de Laon : après une réconciliation feinte avec le duc Charles, après s'être lié envers lui par les serments les plus solennels, il le livra aux troupes royales et ouvrit à celles-ci les portes de Laon. Cette perfidie s'accomplit dans la nuit du dimanche des Rameaux au lundi de la semaine sainte (29-30 mars 991). Arnoul fut pris avec son oncle. Le duc, sa femme, ses enfants et l'archevêque furent envoyés en prison à Orléans [1]. La guerre civile se trouvait terminée sans coup férir; mais on peut dire, sans faire tort, semble-t-il, à Hugues Capet, qu'il fut plus redevable de ce succès à son heureuse fortune qu'à sa prudence ou à son habileté.

Un concile national fut assemblé pour juger l'archevêque. Il siégea au monastère de Saint-Basle, à Verzy, près de Reims, le 17 et le 18 juin 991. Gerbert nous en a laissé une relation détaillée [2], écrite quatre ans plus tard (995) [3], probablement d'après des notes sténographiques prises par lui-même au cours des séances [4] : car il avait acquis, en Italie, la pratique d'un système de tachygraphie en usage parmi les notaires de la péninsule [5]. La culpabilité d'Arnoul ne pouvait être mise en question; l'accusé l'avoua lui-même. On ne souleva de doutes que sur un point de droit : un concile national pouvait-il juger un prélat sans y avoir été expressément autorisé par le pape? Les évêques se prononcèrent pour l'affirmative; mais deux abbés, Romulfe, de Sens, et Abbon, de Saint-Benoît-sur-Loire, sentant l'intérêt du clergé régulier à défendre les droits du saint-siège, qui avait souvent accordé aux monastères l'exemption de l'autorité diocésaine, soutinrent l'incompétence du concile. Les évêques invoquaient l'ancienne discipline de l'Église, l'état d'anarchie et de barbarie

---

1. P. 159, note 3; Richer, IV, 41-49.
2. Publiée pour la première fois par les centuriateurs de Magdebourg, *Decima Centuria ecclesiasticæ historiæ* (Bâle, 1567, in-fol.), col. 457-515; et réimprimée quatre fois : *Synodus ecclesiæ Gallicanæ habita Durocortori Remor. sub Hugone A. et Roberto* (Francfort, 1600, pet. in-8°); Pertz, *Script.*, III, p. 658-686; Varin, *Archives administratives de Reims*, I, p. 100-175; Olleris, p. 173-236.
3. P. 183, note 4.
4. Guénin, *les Notes tironiennes* (Versailles, 1895, extrait du tome XIV des *Mémoires de la Société des sciences morales de Seine-et-Oise*, in-8°), p. 30-32.
5. Académie des inscriptions et belles-lettres, *Comptes rendus des séances*, 4° série, XV (1887), p. 357.

où était tombée Rome, l'ignorance des papes de ce siècle ; les défenseurs de la doctrine ultramontaine trouvaient des arguments en faveur de leur cause dans un recueil apocryphe, composé au milieu du siècle précédent et déjà fort répandu dans la chrétienté, les Fausses Décrétales. Les évêques, forts de leur nombre et surtout de l'autorité des rois, qui tenaient au châtiment du traître, l'emportèrent et prononcèrent la dégradation d'Arnoul. On lui fit signer un acte de démission et dépouiller les insignes de sa dignité, puis on le renvoya en prison. Gerbert fut élu archevêque à sa place.

C'était le but suprême de son ambition depuis plusieurs années : ce fut le principe des plus grandes tribulations de sa vie. On s'empressa de dénoncer au pape l'injure que lui avait faite, disait-on, le concile de Verzy, en jugeant et en condamnant un archevêque sans son concours, injure aggravée par les termes fort irrespectueux dans lesquels l'un des prélats, Arnoul, évêque d'Orléans, avait parlé de la cour de Rome. Le saint-siège commença aussitôt contre le nouvel archevêque une campagne de procédure canonique, qui dura six ans, sans aboutir à un résultat définitif. Gerbert, qui était plein de zèle pour les études sérieuses, n'avait aucun goût pour la chicane. Il fut écœuré de voir son temps se perdre et ses forces s'user à défendre une place qu'il croyait avoir légitimement conquise. « J'aimerais mieux, écrivait-il, me battre contre des gens armés que de disputer sur des questions de loi[1]. » Il montra d'ailleurs, dans cette lutte, toute sa netteté de pensée, sa rectitude de raisonnement, sa fermeté de caractère, et, si les lettres de cette période, où il est trop souvent question d'une querelle de personnes, n'attachent pas le lecteur au même degré que celles des années précédentes, elles ne font pas moins d'honneur à celui qui les a écrites. Celles qui ont trait aux affaires courantes de son administration spirituelle montrent un prélat pénétré de ses devoirs, soucieux du maintien de la discipline, protecteur impartial des fidèles de tout rang soumis à son autorité métropolitaine et confiés à sa sollicitude pastorale[2].

Un religieux italien, Léon, abbé de Saint-Boniface de Rome, fut chargé, comme légat du pape, de l'examen des charges portées contre Arnoul. En 992, il vint, non pas en France, mais en

---

1. « Estque tolerabilior armorum colluctatio quam legum disceptatio » (lettre 194, p. 184).
2. Lettres 195, 198-203, 206, 207, 209 (p. 185, 188-195, 197).

Lorraine, à Aix-la-Chapelle, où il assembla un concile d'évêques lorrains et allemands[1]. Ce fut là seulement, assure-t-il, qu'il apprit la déposition d'Arnoul[2]. Il retourna auprès du pape et lui rapporta l'état de l'affaire; le souverain pontife cita à sa cour à Rome les rois Hugues et Robert et les évêques français. Cette citation n'eut naturellement aucun effet[3]. Un second concile fut tenu dans les États d'Otton III, à Ingelheim, près de Mayence (994)[4]; le légat n'osait évidemment venir, en France même, attaquer une sentence portée avec l'assentiment du roi de France. Les évêques allemands se prononcèrent alors formellement contre le concile de Verzy et demandèrent au pape de casser la condamnation d'Arnoul[5].

Jean XV, enhardi par ce premier succès, essaya de frapper un coup de rigueur. Il excommunia Gerbert et les évêques français qui avaient déposé Arnoul[6]. Mais il rencontra une vigoureuse résistance. Gerbert protesta contre la sentence du pape et engagea ses confrères à n'en pas tenir compte[7]. Un concile national, assemblé à Chelles et dirigé par lui, sous la présidence du jeune roi Robert, décréta formellement qu'on ne doit pas obéir au pape, quand il donne des ordres injustes, que la condamnation d'Arnoul avait été régulièrement prononcée et qu'elle serait maintenue[8] (995?).

Jean XV comprit que son autorité serait impuissante contre des prélats dirigés et soutenus par leur roi. Il tenta alors un nouvel expédient, celui de réunir, sur la frontière des royaumes de Hugues et d'Otton III, un concile où seraient appelés les évêques des deux pays. Il espérait sans doute trouver, avec l'appoint des prélats de Lorraine et d'Allemagne, une majorité contre Gerbert, et il comptait que ceux de France ne pourraient refuser

---

1. Wilmans, p. 58.
2. « At ubi Aquis venimus, jam eum depositum invenimus » (Olleris, p. 243).
3. « Nobis vero reversis, domum (*lisez* domnus) apostolicus vos Romam invitavit, nec tamen ad eum venire voluistis » (ibid.); cf. Concile de Mouson, Olleris, p. 245; et la lettre 188 (p. 174), qui est peut-être une réponse à cette citation.
4. Wilmans, p. 60.
5. « Per idem tempus cum a Germanorum episcopis domno Johanni papae per epistolas saepenumero suggestum foret ut Gerberti... promotionem abdicaret et Arnulfi abdicationem preter jus factam indignaretur » (Richer, IV, 95).
6. Lettre 192 (p. 179-182); p. 179, note 4.
7. « A sacrosanctis et misticis suspendere vos nolite... Contempnenda inlegalis judicatio » (lettre 192, p. 182).
8. Richer, IV, 89; p. 177, note 2.

d'obéir à la décision d'un concile auquel ils auraient pris part. Le légat Léon revint en Gaule et convoqua le concile à Mouzon[1], localité située dans le diocèse de Reims et dans le royaume de Lorraine, sur la frontière de celui de France. Mais Hugues déjoua le plan du pape, en défendant à ses évêques de se rendre à l'appel du légat[2]. Gerbert, seul des prélats français[3], fut présent au concile et y plaida sa cause, dans un discours dont il nous a conservé le texte (2 juin 995)[4]. On ne décida encore rien et on se borna à ordonner la réunion d'un autre concile, à Reims, pour le 1er juillet suivant. On voulait que Gerbert, en attendant la décision définitive, se considérât comme suspendu du ministère ecclésiastique. Il consentit seulement, par esprit de conciliation, à s'abstenir, jusqu'au 1er juillet, de célébrer la messe[5].

Le concile projeté pour cette date siégea-t-il en effet à Reims, ou à Senlis, ou ailleurs encore[6]? Décida-t-il quelque chose? On n'en sait rien. Tout ce qu'on peut dire, c'est que, l'année suivante (996), l'affaire était toujours en suspens. Gerbert, alors, profitant d'un voyage du roi Otton III, qui se rendait en Italie pour y recevoir la couronne impériale, se joignit à sa cour et alla directement expliquer sa cause au pape. Mais, au cours de ce voyage, Jean XV mourut et fut aussitôt remplacé par un parent d'Otton III, Grégoire V. Personne n'osa parler, devant ce nouveau pape, contre un favori de l'empereur, qui faisait partie de sa suite et qui lui servait de secrétaire[7]; faute d'accusateur, le procès ne put encore être jugé[8]. Il fut renvoyé à un nouveau concile, qui devait s'assembler, à Rome probablement, en 997.

Sur ces entrefaites, Hugues Capet mourut (24 octobre 996)[9]. Gerbert perdait en lui son meilleur défenseur. Le jeune roi

---

1. Richer, IV, 95, 99.
2. Richer, IV, 96, 99.
3. « Qui solus de Gallia ad concilium venerit » (Olleris, p. 250).
4. Olleris, p. 245.
5. Olleris, p. 249, 250; Richer, IV, 107.
6. Il avait été décidé qu'il siégerait à Reims; mais, dans un passage du manuscrit de Richer, aujourd'hui effacé, Pertz, en 1839, a cru lire : « Tempore statuto *Silvanecti* sinodus episcoporum collecta est » (Richer, immédiatement après IV, 107). Enfin, un discours composé par Gerbert, et qui paraît se rapporter à ce concile, nous est parvenu avec ce titre et cet *explicit*, dont on n'a pu, jusqu'ici, déterminer le sens : « Oratio episcoporum habita in concilio *Causeio*, in praesentia Leonis abbatis legati papae Johannis » (Olleris, p. 251; ci-après, p. 162, note); « Explicit concilium *Causeium* » (Olleris, p. 256).
7. P. 200, note 3.
8. « G. Romam ratiocinaturus vadit, ac ibi ratione papae data, cum nullus accusaret, alia sinodus indicitur » (Richer, derniers paragraphes).
9. Pfister, p. 50.

Robert était son élève, mais il était aussi l'ami d'Abbon, abbé de Saint-Benoît-sur-Loire, qui s'était fait au concile de Verzy l'avocat convaincu d'Arnoul et du saint-siège. De plus, Robert avait besoin du pape, car il voulait épouser une de ses parentes, la comtesse Berthe, et il devait craindre que le mariage ne fût attaqué à Rome, comme il le fut en effet un peu plus tard. Gerbert, précisément, consulté sur ce projet de mariage, s'y était formellement opposé, au nom des lois de l'Église[1]. Il comprit qu'il ne devait plus compter sur l'appui de la cour. On le voit pour la dernière fois en France, semble-t-il, à un concile tenu à Saint-Denis, à la fin de mars 997[2] : puis, se sentant entouré d'ennemis au sein même de sa ville métropolitaine de Reims[3], il alla chercher un refuge en Allemagne, à la cour d'Otton III[4].

Ce prince avait échangé depuis un an le titre de roi contre celui d'empereur[5]. Il était âgé de dix-sept ans; il affichait une grande ardeur pour l'étude. Il fut heureux d'accueillir, pour la seconde fois, un savant aussi célèbre[6]; il s'empressa de l'attacher à sa personne et de lui donner les moyens de mener auprès de lui une existence tranquille et honorable[7]. Puis, à la fin de l'année 997, comme les troubles suscités par le fameux Crescentius appelaient l'empereur à Rome, il emmena encore Gerbert avec lui en Italie[8].

Arrivés au delà des monts, ils apprirent que le roi Robert, cédant aux réclamations du pape, dont l'abbé Abbon s'était fait l'interprète officieux, avait laissé Arnoul sortir de prison (novembre 997)[9]. Cette mesure annonçait clairement l'intention de lui rendre son archevêché; c'était pour Gerbert un avertissement d'avoir à chercher fortune ailleurs. L'empereur ne le laissa

---

1. « Berta Rotberto nubere volens, G. consulit ac ab eo confutatur » (Richer, derniers paragraphes).
2. Lettre 209 (p. 197, note 6).
3. « Memini etiam meos conspirasse non solum milites, sed et clericos, ut nemo mecum comederet, nemo sacris interesset » (lettre 181, p. 165).
4. « G. cum Rotberti regis perfidiam dinosceret, Ottonem regem frequentat » (Richer, derniers paragraphes). Richer met ce fait après la mise en liberté d'Arnoul (novembre 997); les lettres nous apprennent qu'il est antérieur (p. 163, note 1; p. 166, note 1; p. 198, note 2, etc.).
5. Il fut couronné à Rome le jeudi 21 mai 996 (p. 200, note 3; lettre 215, p. 202).
6. Lettre 186 (p. 171).
7. Il lui donna le domaine de Sasbach, au nord-est de Strasbourg : « ut magnifice[r] magnifice magnificum Sasbach contulistis » (lettre 183, p. 168, 169); cf. lettre 181 (p. 165).
8. P. 181, note 1; p. 166, note 3; p. 237, note 3.
9. Richer, derniers paragraphes; Pfister, p. 54.

pas chercher longtemps. Il lui paya enfin, d'une façon princière, les services qu'il avait si longtemps rendus gratuitement, au temps de la régence de Théophano. Il lui donna l'archevêché de Ravenne, une des premières dignités ecclésiastiques de l'Italie. Le pape s'empressa de ratifier un choix qui pouvait faciliter singulièrement la solution du différend relatif au siège de Reims, et Gerbert fut installé officiellement dans son nouvel archevêché (avril 998)[1].

Toutefois, on n'osa encore rétablir tout à fait Arnoul sur son siège : on n'aurait pu le faire sans condamner Gerbert et le concile de Verzy, et on ne le voulait ou on ne le pouvait pas. De là un nouvel atermoiement. Le pape autorisa Arnoul à reprendre à titre provisoire l'exercice des fonctions archiépiscopales, en attendant que sa cause fût jugée[2].

Gerbert ne fut qu'environ un an archevêque de Ravenne. On sait peu de chose de sa vie et de ses actes pendant cette année. Il remit l'ordre dans le monastère de Bobbio, dont il était toujours abbé, et il se fit officiellement restituer, par un diplôme de l'empereur, les biens usurpés pendant son absence[3]. Toujours préoccupé de la régularité et de la discipline, il ne s'en tint pas à cette mesure, qui n'aurait intéressé que lui; il profita de son influence pour mettre des bornes à la dilapidation des biens d'église. Il se rappelait combien l'avaient choqué, quinze ans auparavant, les baux à longue durée par lesquels l'abbé son prédécesseur avait aliéné à vil prix les biens du monastère. Il fit décréter, par un concile d'Italie et par l'empereur, qu'à l'avenir les baux consentis par un évêque ou par un abbé, touchant les propriétés de son évêché ou de son abbaye, n'auraient de valeur que durant la vie de cet évêque ou de cet abbé[4]. Un autre concile, composé des évêques suffragants de la métropole de Ravenne, fut tenu sous sa présidence; les résolutions qui y furent arrêtées portent aussi la marque de son zèle pour la discipline ecclésiastique[5]. Ajoutons qu'il mit sa signature, à la suite de celle du pape Grégoire V, au

---

1. Jaffé, n° 2971; Loewenfeld, n° 3883.
2. « Gregorius papa tandiu permittit Arnulfo officium sacerdotale, donec in temporibus racionabiliter aut legibus adquirat aut legibus amittat » (Richer, derniers paragraphes).
3. Diplôme impérial du 1er octobre 998 : Margarinus, II, p. 58; Stumpf, n° 1168.
4. Constitution impériale du 20 septembre 998 : Olleris, p. 261 Stumpf, n° 1166.
5. Ravenne, dimanche 1er mai 998 : Olleris, p. 257.

bas d'une sentence d'excommunication portée contre son ancien élève, le roi Robert, coupable d'avoir épousé, contrairement aux canons, la comtesse Berthe, sa parente [1].

L'année suivante, Grégoire V mourut (février 999)[2], et Otton III, qui disposait du trône pontifical, le donna à Gerbert [3]. C'était une fortune sans doute bien inespérée. Moins de quatre ans auparavant, dans une lettre apologétique adressée à un prélat lorrain, Wildérod, évêque de Strasbourg, il se demandait avec étonnement comment il avait pu être élevé au siège archiépiscopal de Reims; une telle dignité lui semblait fort au-dessus de lui : « Si l'on demande comment cela s'est fait, disait-il, j'avoue que je n'en sais rien; je ne sais, dis-je, comment un pauvre, un exilé, sans naissance et sans fortune, a pu être préféré à tant d'hommes riches et de haute naissance... [4] » Qui eût pu prévoir alors qu'il était à la veille de devenir le premier évêque de l'univers, et qu'on verrait, en sa personne, la science et la vertu s'asseoir sur ce trône de saint Pierre, où il s'était plaint si hautement de ne voir siéger que l'ignorance et la corruption [5]?

Il prit le nom de Silvestre [6] et il fut consacré à Rome, probablement en présence d'Otton III, le dimanche des Rameaux, 2 avril 999 [7]. Il fut pape pendant quatre ans, d'avril 999 à mai 1003. Pendant ces quatre ans, l'histoire de sa vie se confond avec celle de l'Église et n'entre plus dans le cadre de cette Introduction. On trouvera la liste de ses actes dans les *Regesta* de Jaffé [8], le récit de tous les faits importants de son pontificat dans l'ouvrage de M. Olleris [9]. Quelques-uns de ces faits seulement doivent être indiqués ici.

Grégoire V ne s'étant prononcé définitivement ni pour ni contre Arnoul, ce fut à Silvestre II de décider de son sort. La

---

1. Jaffé-Loewenfeld, p. 494; Pfister, p. 55.
2. Jaffé-Loewenfeld, p. 494, 495.
3. « Obtulit hoc Cesar tertius Otto sibi » (épitaphe de Gerbert, par Sergius IV, Olleris, p. CLXXXVII).
4. Lettre 217 (p. 229).
5. Concile de Verzy, 28 (Olleris, p. 204-207).
6. Sur le choix de ce nom, voir ci-après, p. XXXIII, note 3.
7. Il mourut le 12 mai 1003, après quatre ans, un mois et neuf jours de pontificat (Jaffé-Loewenfeld, p. 496), ce qui donne, pour la date de sa consécration, le dimanche 2 avril, en ne comptant, dans la durée du pontificat, ni le jour de la consécration ni celui de la mort. Si l'on comptait ces deux jours, on serait obligé d'admettre que cette solennité eut lieu le mardi, ce qui n'est pas vraisemblable.
8. Jaffé, n°° 2986-3013; Loewenfeld, n°° 3900-3940.
9. Olleris, p. CLXVII-CLXXXVIII.

générosité lui défendait d'accabler son rival; sa conscience lui défendait d'absoudre un criminel justement condamné. Avec son habileté et son honnêteté ordinaires, il trouva moyen de mettre d'accord sa générosité et sa conscience et en même temps de rendre définitivement la paix à l'église de Reims. Dans une lettre hautaine [1], adressée à Arnoul lui-même, il déclara que ce prélat avait été, il est vrai, condamné « pour certains méfaits », *quibusdam excessibus*, mais que le saint-siège a, entre autres prérogatives, le droit de grâce souveraine, qui lui permet de « relever ceux qui sont tombés », *lapsos erigere*. En vertu de ce droit et usant de pitié, *Romanae pietatis munere*, il jugeait bon de venir au secours de l'archevêque déchu : il le rétablissait dans sa dignité première, il lui permettait de reprendre, avec ses insignes, l'exercice de son autorité diocésaine et métropolitaine, il défendait à toute personne de jamais lui reprocher sa condamnation, « quelques reproches qu'il puisse recevoir de sa conscience », *etiamsi conscientiae reatus accurrat*. En un mot, il lui rendait tout, fors l'honneur; mais la sentence prononcée par les pères de Verzy demeurait intacte. Si Arnoul avait du cœur (ce qui est douteux), il dut se sentir encore plus humilié de recouvrer son archevêché dans ces conditions que de l'avoir perdu. Il le jugea néanmoins bon à reprendre; il le garda même longtemps, car il vécut encore vingt-deux ans : il mourut archevêque de Reims, le 5 mars 1021, dix-huit ans après Silvestre II [2].

On n'a connu longtemps les détails de toute cette affaire que par des chroniqueurs, non contemporains, qui les avaient mal rapportés [3]. On a cru, sur la foi de ces chroniqueurs, que Grégoire V avait cassé les actes du concile de Verzy, qu'il avait destitué Gerbert de l'archevêché de Reims pour le rendre à Arnoul, que Gerbert n'était plus rien, au moment où Otton III lui donna l'archevêché de Ravenne. On sait aujourd'hui [4] que tout cela est faux, mais l'impression acquise sous l'empire des idées anciennes subsiste : de nos jours encore, des écrivains catholiques ont cru ne pouvoir donner à l'assemblée de Verzy que le nom de « conciliabule ou faux concile [5] », et à Gerbert celui d'« archevêque de Reims » qu'à la condition d'ajouter :

---

1. Appendice, n° IV (p. 239).
2. *Gallia christiana*, IX, col. 63.
3. Bouquet, X, p. 118, 220, 222, etc.
4. Par l'ouvrage de Richer, découvert par Pertz en 1833 et publié en 1839.
5. « Conciliabulum sive pseudo synodus » (Varin, *Arch. admin.*, I, p. 100).

« intrus[1] ». Si, par ces mots, les auteurs qui les ont employés n'ont voulu exprimer que leur opinion personnelle, libre à eux; mais, s'ils ont voulu faire acte de soumission aux décrets du saint-siège, ils se sont trompés. Le saint-siège ne s'est jamais prononcé, ni sur la validité des actes du concile de Verzy[2], ni sur la légitimité de l'élection de Gerbert[3]. Ces questions sont encore aujourd'hui de celles auxquelles s'applique le second des trois principes qu'on attribue à saint Augustin : *In dubiis libertas*[4].

Il a été question plus haut de l'irritation qu'avait causée à Gerbert, au moment de sa nomination à Bobbio, l'administration irrégulière de son prédécesseur, le moine Pétroald[5]. Devenu pape, il montra qu'il savait oublier ses ressentiments : il donna ou fit donner par Otton III au même Pétroald l'abbaye qui redevenait vacante; un diplôme impérial définit et confirma les droits du nouvel abbé[6].

On n'a pas oublié non plus l'odieuse trahison d'Adalbéron ou Ascelin, évêque de Laon, qui avait livré Charles de Lorraine à Hugues Capet, au moment même où le duc lui donnait toute sa confiance[7]. Cette perfidie avait profité à Gerbert, puisqu'elle avait eu pour conséquence la condamnation et la déchéance d'Arnoul; mais l'avantage qu'il en avait tiré ne l'avait pas empêché d'en sentir toute l'infamie. Pendant son pontificat, une plainte

---

1. « Archevêque lui-même, intrus à Reims, légitime à Ravenne » (Marius Sepet, dans la *Revue des questions historiques*, VII, 1869, p. 442).
2. A moins qu'on ne veuille voir une ratification implicite de ces actes dans la mention qu'on en fait, sans les censurer, la bulle de Silvestre II pour Arnoul; ce qui ne serait pas insoutenable.
3. Dans l'épitaphe de Silvestre II, composée par le pape Sergius IV, on lit :
Primum Gerbertus meruit Francigena sedem
Remensis populi metropolim patriae
(Olleris, p. CLXXXVI). Ces mots impliquent, semble-t-il, que Sergius IV considérait Gerbert comme ayant été légitimement archevêque de Reims. Mais ce texte n'est qu'une œuvre littéraire et non une constitution pontificale.
4. « In necessariis unitas, in dubiis libertas, in omnibus caritas. » C'est une citation qu'on entend répéter sous le nom de saint Augustin, mais je ne sais si on pourrait la retrouver textuellement dans ses œuvres. — Un écrivain catholique, M. l'abbé Lausser, a fait usage de cette liberté dans un sens favorable à Gerbert. Dans une thèse présentée à la Faculté de théologie de Paris (*Gerbert, étude historique sur le x° siècle*, Aurillac, 1866, in-8°), il a inscrit, parmi les *Propositions à soutenir devant la Faculté* (p. 377), les deux articles suivants : « La déposition d'Arnoul par le concile de Saint-Basles fut canonique. — La promotion de Gerbert sur le siège archiépiscopal de Reims est inattaquable au point de vue du droit commun adopté au x° siècle. »
5. P. XI, XII.
6. 3 novembre 999 : Margarinus, II, p. 60; Stumpf, n° 1202.
7. P. XXIII, XXIV.

du roi Robert contre l'évêque de Laon, dont le sujet n'est pas connu d'ailleurs, lui fournit l'occasion de donner cours à son indignation contre le traître. Il manda Ascelin par-devant lui à Rome et il ne laissa pas à sa chancellerie le soin de libeller la citation. Cette lettre[1] est d'un ton peu ordinaire dans les actes officiels, et qui ne s'explique que par le mépris que l'ancien écolâtre de Reims devait nourrir depuis de longues années à l'égard du misérable Ascelin.

Il est dit, dans cette lettre, que la plainte du roi Robert est parvenue aux mains du pape et de l'empereur, *apostolicis et imperialibus oblata est manibus*[2]. Ce n'est pas évidemment qu'elle fût adressée à l'empereur, à qui le roi de France n'avait rien à demander. L'explication de ces mots est dans certains projets chimériques, qu'avaient formés ensemble un empereur trop jeune et un pape trop savant. Pénétrés des souvenirs de l'antiquité, Otton III et Silvestre II avaient rêvé de restaurer l'ancien empire romain, non pas celui des Césars païens, mais celui de Constantin le Grand[3]. Ils voulaient faire de l'univers chrétien une monarchie unique, que l'empereur et le pape, égaux par l'étendue territoriale de leur puissance, auraient gouvernée d'un commun accord[4]. Aussi les actes de cette époque mentionnent-ils fréquemment l'action commune d'Otton III et de Silvestre II[5]. C'est ainsi que le pape avait jugé bon de soumettre à Otton III la plainte de Robert, comme si le roi avait été le sujet de l'empereur. Ce n'est pas le seul exemple de ses efforts pour favoriser les empiétements de l'empire sur les droits du roi de France. Une autre fois, il amena deux sujets français, le comte Ermengaud de Barcelone, fils de son ancien protecteur Borrel, et l'évêque Arnoul de Vich, successeur de son ancien maître Atton, à discuter leurs droits respectifs devant Otton III et à s'humilier devant la majesté impériale[6]. On a coutume de dire que Silvestre II fut le premier pape français : il est vrai qu'il fut le premier pape né en France, mais il s'en faut bien qu'il ait apporté dans son gouver-

---

1. Appendice, n° V (p. 241).
2. P. 241.
3. Le nom même que Gerbert avait choisi en prenant possession du saint-siège était une allusion à ce rêve : saint Silvestre Ier fut pape (314-335) au temps de l'empereur Constantin (306-337). C'est sous son pontificat que siégea le concile de Nicée (325).
4. Wilmans, p. 133-140; Olleris, p. CLXX-CLXXIII.
5. Wilmans, p. 134, notes 1, 8; Stumpf, n°° 1183, 1191, 1200, 1201, 1202, 1250, 1254, 1294; Jaffé-Loewenfeld, p. 496-499.
6. Wilmans, p. 134, note 3.

nement des sentiments français. Il était devenu le sujet d'Otton II en acceptant Bobbio, celui d'Otton III en acceptant Ravenne; si Hugues Capet l'avait attaché momentanément en lui donnant Reims, Robert l'avait délié en le lui reprenant injustement; enfin, la faveur seule de l'empereur l'avait fait souverain pontife. Il se montra, sur le trône de saint Pierre, aussi dévoué à la maison impériale qu'aurait pu l'être un pape né en Allemagne.

La mort mit vite un terme aux rêves du prince et du pontife. Otton III fut emporté par une maladie soudaine, le 23 janvier 1002, avant d'avoir accompli sa vingt-deuxième année [1]. Silvestre II mourut seize mois après lui, à Rome, le 12 mai 1003 [2]. Il fut enterré à Saint-Jean-de-Latran, où une épitaphe fut placée sur son tombeau, quelques années plus tard, par l'un de ses successeurs, le pape Sergius IV (1009-1012) [3].

Gerbert a été jugé très diversement. Au moyen âge, la légende a fait de lui un adepte des nécromanciens musulmans, un sorcier, un suppôt du diable [4]. Parmi les modernes, quelques-uns lui ont rendu justice [5], d'autres se sont plu à répéter contre lui les accusations d'intrigue, de duplicité, de vénalité, de trahison [6]. A ces attaques que rien ne justifie, on est heureux de pouvoir opposer l'autorité d'un savant dont le nom est vénéré de tous les érudits, Étienne Baluze. Dans un fragment qu'il avait préparé pour le placer en tête d'une vie de Gerbert, l'historien de Tulle s'était appliqué chaleureusement à défendre le moine d'Aurillac. Si ce morceau eût été publié, il eût peut-être ramené l'opinion. Malheu-

---

1. Wilmans, p. 130.
2. Jaffé-Loewenfeld, p. 501.
3. Olleris, p. CLXXXVI-CLXXXVIII; Jaffé-Loewenfeld, p. 501.
4. Cette légende a pris un très grand développement. Certains auteurs assurent que Gerbert avait appris la magie chez les Arabes de Cordoue, qu'il s'éleva au pontificat avec le secours du diable, que, dans son repentir, il ordonna de dépecer son corps après sa mort, qu'on voyait les parois de son tombeau suer et qu'on entendait ses os s'entrechoquer à la veille de la mort des papes, etc. Voir Olleris, p. CLXXXVIII-CXCVIII.
5. Bzovius, *Silvester II*; J.-M. Suares, *Vindiciæ Silvestri II pontificis maximi* (Lyon, 1658, in-4°); J.-C. Spoerl, *Eximius in medio aevo philosophus Gerbertus*, etc. (thèse, Altdorf, 1720, in-4°); le R. P. H. Colombier, dans les *Études religieuses, historiques*, etc., par des Pères de la Compagnie de Jésus, janvier-avril 1869, p. 83, 248, 604, etc.
6. Wilmans, p. 170 (« die Duplicität seiner Gesinnung »), 172 (« den Verdacht der schwärzesten Treulosigkeit »... « einem so unbeständigen und sittlich haltungslosen Charakter »), etc.; Clouet, *Histoire de Verdun*, I, p. 358, 361, etc.; Olleris, p. CCII, CCIII, et dans les *Études* de la Compagnie de Jésus, mars 1869, p. 452 et suiv., etc.

reusement Baluze n'eut pas le temps d'écrire cette biographie et sa protestation est demeurée inconnue. « Quand j'ai vu, écrivait-il, que mon compatriote, l'Aquitain Gerbert, qui a occupé avec gloire pendant plusieurs années le siège de Rome, était représenté par les écrivains, tant de notre pays que de l'étranger, comme un homme sans conscience, un pervers, un perfide, un traître, un enchanteur, un possédé du démon, à peine un chrétien, j'ai été, je l'avoue, grandement contristé et j'ai déploré sa destinée misérable : le seul avantage qu'il aura tiré d'avoir consacré sa vie entière aux lettres et à l'étude, ce sera donc d'avoir fourni un prétexte aux ignorants et aux superstitieux pour l'accuser, parce qu'il en savait plus que le vulgaire ! Il faut plaindre le sort de ceux qui s'élèvent au-dessus du commun : il ne leur est permis d'être savants et instruits qu'au prix de leur réputation d'hommes de bien... Pour moi, j'entreprends de raconter la vie de Gerbert, et je me propose de montrer en lui un homme plein de bonté, de raison, de piété, de sagesse, de courage, un homme éminent dans les sciences, un homme enfin dont la mémoire mérite d'être conservée et honorée [1]. »

On a vu suffisamment, par le récit de la vie de Gerbert, qu'il ne fut ni un traître ni un perfide. Quoi de plus digne d'estime, au contraire, que la foi inébranlable qu'il garda au jeune Otton III et

---

1. « Nescio quonam meo fato fieri dicam ut Aquitani mei virtutibus suis robusque bene et sapienter gestis clarissimi, sed quorum facta vulgarium quorundam ac malevolorum scriptorum mendaciis et artibus obscurata damnataque sunt, mea opera meoque studio purgandi veniant ab inveteratis vulgi opinionibus eo robustioribus quo vetustioribus.... Sane cum animadverterem Gerbertum Aquitanum, qui Romanam cathedram tenuit per aliquot annos cum summa laude, ita à nostris hominibus exterisque vulgò depingi ac si vir fuisset profligatæ conscientiæ, homo improbissimus, perfidus, desertor, necromanticus et spiritu diabolico plenus, ac tantum non Christianus (sic), fateor commotum me animo vehementer fuisse ac doluisse miseram illius sortem, cui nulli ferè usui fuisse videtur acta in bonis studiis et artibus omnis ætas, quàm ut occasionem daret imperitiis ac superstitiosis hominibus existimandi illum fuisse malum hominem quia plus vulgo sapere videbatur. Miseram enimvero conditionem præstantissimorum virorum, quibus non licet esse doctis ac eruditis citra jacturam famæ et existimationis suæ ! Quare peramanter amplector atque deosculor candidum illum ac veri amantem animum illustris viri Josephi Mariæ Suaresii nuper episcopi Vasionensis, qui ante aliquot annos edito libello Gerbertum palam ac publicè vindicare studuit adversus iniquas stolidi populi traditiones. Cùm autem ejus vestigia premere non solùm licitum sed etiam decorum esse putem, isque lucubrationem suam sic instituerit ut vitam clarissimi conterranei nostri per omnes ætates describeret, nos sequemur hunc ordinem, simul ostensuri bonum, gravem, pium, sapientem, fortem, præstantem optimis artibus, denique dignum memoria virum fuisse Gerbertum. » (Bibl. nat., ms. Baluze 120, fol. 48 et 33.)

à Théophano sa mère, à qui le liait seulement le souvenir d'un serment prêté à l'occasion d'un bienfait dont il ne restait plus rien? Il fut faible une fois seulement, quand, trop soumis à son maître l'archevêque Arnoul, il passa avec lui, pour un instant, au parti de la rébellion contre Hugues. Mais on sait combien son égarement fut court et avec quel empressement il revint à la bonne cause; les troubles de conscience qui l'agitèrent alors témoignent suffisamment contre ceux qui voudraient prétendre qu'il n'avait pas de conscience. Pourtant aucun serment, aucune promesse ne le liait personnellement à Hugues. En dehors de cet incident, il fut toujours fidèle au parti qu'il avait une fois embrassé. On ne peut alléguer contre lui un seul fait d'inconstance ou de versatilité. — Ceux qui parlent de sa duplicité pensent, soit au rôle suspect que joua son ami l'archevêque Adalbéron pendant la guerre de Lothaire contre l'Allemagne, soit à deux lettres contradictoires qu'il écrivit, dit-on, presque en même temps, au nom de deux ennemis passionnés, le duc Charles de Lorraine et l'évêque Thierry de Metz[1]. Pour le premier point, c'est sur Adalbéron que doit peser le blâme. Celui-ci, grand dignitaire de la couronne de France, pouvait mériter le nom de traître quand il servait clandestinement l'Allemagne contre son souverain. Mais Gerbert, qui était vassal d'Otton III, faisait son devoir en travaillant pour son maître; aussi ne s'en cachait-il pas[2]. Quant au second point, le reproche est vraiment curieux : car il semble que les auteurs qui critiquent ces deux lettres devraient les avoir lues, puisqu'ils en parlent; mais comment auront-ils pu les lire sans s'apercevoir que la langue et le style de l'une d'entre elles suffisent à prouver qu'elle n'est pas de Gerbert?

Gerbert, dit-on encore, fut « remuant et ambitieux[3] »; il « n'aimait pas à perdre son temps et sa peine, il en réclamait le prix avec une hardiesse d'expressions qui blesse les moins délicats[4] »; il avait « un cœur où le dévouement était tarifé[4] ». — Remuant, oui, certes; il se « remua » avec une prodigieuse activité, à partir de la mort d'Otton II, pour le service de ses souverains Otton III et Théophano. Sur un signe de l'impératrice, il quittait ses élèves et son école de Reims, il se mettait en route

---

1. Lettres 31 et 32 (p. 25-31).
2. Ci-dessus, p. xv, note 8.
3. Clouët, *Histoire de Verdun*, I, p. 358.
4. Olleris, p. cciii.

pour l'Italie¹ ou pour l'Allemagne². « Rien ne l'arrêtait, ni privations, ni fatigues par les temps les plus rigoureux, ni dangers de toute nature³. » Mais ce zèle, loin d'être blâmable, ne peut mériter que des éloges. — Ambitieux, il pouvait l'être sans crime, car il ne lui était sans doute pas défendu d'avoir conscience de ce qu'il valait; mais le fut-il vraiment autant qu'on veut bien le dire? « Avec la fidélité de Gerbert, » a-t-on écrit très justement, « il faut admirer son désintéressement; car dans toute cette période (de la mort d'Otton II à l'avènement de Hugues Capet), c'est à peine si l'on trouve un mot de sollicitation. Le combat n'était pas fini : il ne trouvait pas qu'il fût encore temps de réclamer sa récompense⁴. » Il ne songea à la demander qu'un an après l'avènement de Hugues, après la délivrance du comte Godefroi, après la paix définitive entre la France et l'Allemagne, après qu'il eut, en un mot, bien fait les affaires de l'empire en France; et son ambition n'allait qu'à obtenir un évêché en Lorraine, s'il s'en trouvait un vacant⁵. Frustré de cet espoir, il attendit un an encore avant de solliciter de la cour de Germanie un bienfait quelconque : il crut alors pouvoir rappeler les services qu'il avait rendus gratuitement depuis cinq ans⁶. N'obtenant toujours rien, il se le tint pour dit et il ne demanda plus rien. Voilà l'homme à qui on reproche une ambition insatiable. De bonne foi, le reproche est-il fondé?

On a parlé de sa « sécheresse de cœur »; on a prétendu qu'il « n'eut pas d'amis⁷ ». Sa vie et ses lettres prouvent le contraire. Il partagea jusqu'à la fin la bonne et la mauvaise fortune de l'archevêque Adalbéron de Reims et lui fut dévoué au point de s'aveugler sur ses défaillances morales⁸. Il n'oublia jamais ses anciens maîtres d'Aurillac, l'abbé Géraud et le moine Raimond; il ne cessa de leur écrire et de s'épancher avec eux, en termes émus, sur les troubles qui agitaient son âme⁹. Par amitié pour Constantin, écolâtre de Saint-Benoît-sur-Loire, il entreprit une

---

1. P. 13, note 4.
2. Lettre 91 (p. 83); cf. p. 81, note 3; p. 91, note 3; p. 93, note 1.
3. Olleris, p. LXXV.
4. Colombier, dans les *Études*, janvier 1869, p. 110.
5. Lettres 117 et 118 (p. 107, 108).
6. Lettres 158 et 159 (p. 140, 142).
7. Olleris, p. CCIII.
8. Cf. ci-dessus, p. XVI et XXXVI.
9. Ci-dessus, p. VI, note 6; voir surtout deux belles lettres à Raimond, n° 45 (p. 43) et n° 194 (p. 184).

campagne active contre un abbé de cette maison, dont l'écolâtre tenait l'élection pour irrégulière [1]. Pour le même ami, il s'arrachait à ses préoccupations et rédigeait des explications sur les points de science qui l'embarrassaient [2]. Abbé de Bobbio, celui qu'on accuse de sécheresse de cœur faisait partager à ses parents pauvres, au risque de sa réputation, la fortune qui lui était échue [3]. Écolâtre de Reims, il intervenait entre un abbé trop rigoureux et un moine fugitif, s'efforçant à la fois de fléchir la sévérité du premier et de ramener le second à l'obéissance [4]. Archevêque de Reims et menacé de perdre son archevêché, ayant par conséquent grand besoin de protecteurs, il bravait le risque de se faire des ennemis pour réprimer avec énergie les excès de pouvoir de ses suffragants contre quelques pauvres clercs [5]. Pape, il se fit remarquer par la libéralité avec laquelle il distribuait ses aumônes [6]. En tout temps, il se montra très large dans l'emploi de l'argent qu'il avait amassé à force de travail [7] : pour se procurer des copies des œuvres des auteurs anciens, il dépensait sans compter [8]; il laissait aux copistes le soin de fixer le prix qu'il leur plairait d'exiger [9]. En un mot, il fut toujours bon et généreux, autant que loyal et intègre.

Enfin, dans toutes les charges dont il fut successivement revêtu, on ne saurait, je crois, citer un seul acte de son autorité ou de son influence qui ne lui ait été dicté uniquement par le sentiment de son devoir, par le zèle pour la justice ou par le souci du bien public. N'est-ce pas là le plus bel éloge qu'on puisse faire d'un prélat, d'un pontife, du favori d'un empereur?

---

1. Lettres 69, 80, 86-88, 95, 142, 143; p. 65, note 5, et p. 66, note 1.
2. Appendice, n° III (p. 238); Boubnov, p. 23-25, 315-318.
3. « *Taceo de me*, quem novo locutionis genere equum emissarium susurrant, uxorem et filios habentem, propter partem familiae meae de Frantia recollectam » (lettre 11, p. 9).
4. Lettre 67 (p. 64).
5. Lettres 198, 203, 206 (p. 188-195).
6. « Ad apostolatum Petri apostoli sanctissimi feliciter conscendens, multa in eo virtutum operatus est insignia, et praecipue in eleemosyna sancta, quam fortiter tenuit, dum fideliter vixit » (Helgaud, dans Bouquet, X, p. 99).
7. « Proprio labore » (lettre 178, p. 159); il était probablement payé de ses leçons à Reims, au moins par quelques-uns de ses élèves.
8. « Scriptores auctorumque exemplaria multitudine nummorum redemi » (lettre 44, p. 42).
9. Lettres 44 (p. 42), 116 (p. 106, 107), 130 (p. 118).

II.

LES LETTRES DE GERBERT.

Gerbert a laissé des ouvrages de mathématiques [1], de philosophie [2], de théologie [3], quelques poésies [4], plusieurs mémoires relatifs à son différend avec son prédécesseur Arnoul, au sujet de l'archevêché de Reims [5], quelques actes de son administration archiépiscopale à Ravenne [6], un assez bon nombre de bulles pontificales [7] et un recueil de lettres antérieures à son pontificat.

Ce dernier recueil fait seul l'objet de la présente publication.

Il comprend une série de lettres composées par Gerbert et adressées à divers destinataires, non pas seulement en son nom, mais encore au nom de plusieurs autres personnes. Ses contemporains savaient qu'il était passé maître dans l'art d'écrire ; quand on avait une lettre délicate à faire, on s'adressait à lui. L'archevêque de Reims, Adalbéron, fut un de ceux qui mirent le plus souvent son talent à contribution. Les lettres écrites au nom de ce prélat, de la reine Hemma, du roi Hugues, etc., sont confondues dans le recueil avec sa correspondance personnelle. On y trouve aussi quelques petites pièces de vers [8], les relations de deux conciles relatifs à l'affaire de l'archevêché de Reims [9] et la copie de quelques lettres qui n'avaient pas été écrites par Gerbert, mais qui l'intéressaient à divers titres [10].

---

1. *De abaco computi*, Olleris, p. 309 ; *De numerorum divisione*, ibid., p. 349 (cf. Appendice, n° III, p. 238) ; *Geometria*, ibid., p. 403 ; lettre à Adalbold, sur le calcul de l'aire des triangles, ibid., p. 477 ; à Constantin, sur la sphère, ibid., p. 479 ; au même Constantin, sur divers sujets, Boubnov, p. 315-316.
2. *De rationali et ratione uti*, Olleris, p. 297 (cf. Appendice, n° II, p. 236).
3. *Sermo de informatione episcoporum*, Olleris, p. 269 ; *De corpore et sanguine Domini*, ibid., p. 279.
4. Olleris, p. 293 (cf. n°s 75-78, p. 70-72, et n° 90, p. 82) ; Boubnov, p. 321, 326, 327.
5. Concile de Verzy (p. xxiv, note 2) ; Concile de Mouzon, Pertz, *Script.*, III, p. 690, et Olleris, p. 245 ; *Oratio episcoporum habita in concilio Causeio*, Pertz, *Script.*, III, p. 691, et Olleris, p. 251 ; lettre à Wildérod, évêque de Strasbourg, ci-après, n° 217, p. 203.
6. Olleris, p. 257, 261.
7. Olleris, p. 145-172 ; Boubnov, p. 321, 323, 329-338. Cf. Jaffé, n°s 2986-3013 ; Loewenfeld, n°s 3900-3940.
8. N°s 75-78, 90 (p. 70-72, 82).
9. Le concile de Mouzon et l'*Oratio in concilio Causeio* (ci-dessus, note 5). Ces deux morceaux n'ont été reçus dans le recueil des lettres par aucun des éditeurs et j'ai suivi leur exemple.
10. Lettres 31, 143, 186, 218 (p. 25, 127, 171, 230).

Quelques lettres nous sont parvenues en dehors du recueil; ce sont, pour la plupart, des traités scientifiques rédigés sous forme épistolaire [1]. On ne les compte pas habituellement au nombre des lettres proprement dites, non plus que les bulles émanées de Silvestre II pendant son pontificat. Une seule pièce, donnée, dans le manuscrit qui l'a conservée, à part de la correspondance, doit s'ajouter au recueil des lettres historiques; c'est la lettre que Gerbert écrivit à Wildérod, évêque de Strasbourg, vers 995, pour défendre ses droits au siège de Reims, contre les prétentions de son prédécesseur déposé, Arnoul [2].

On a reconnu depuis longtemps l'intérêt exceptionnel qu'offrent les lettres de Gerbert. Ce qui en fait la valeur, ce ne sont pas seulement les renseignements de fait qu'on peut en tirer sur tel ou tel détail de l'histoire; c'est surtout l'impression vive qu'elles donnent du temps et du milieu où elles ont été écrites. Dans les récits à la fois secs et confus des chroniqueurs du moyen âge, les personnages de l'histoire n'apparaissent souvent que comme des noms propres, qui ne représentent à la pensée aucune idée nette; leur personne, leur caractère, leurs sentiments nous échappent. En lisant Gerbert, au contraire, nous nous sentons transportés au milieu de ses contemporains. Nous les voyons vivre et agir, nous les entendons parler; nous partageons ses sentiments d'inimitié pour les uns, de sympathie pour les autres; nous nous associons à ses inquiétudes; nous formerions volontiers avec lui des vœux pour le triomphe de sa cause, si nous ne nous souvenions à temps que sa cause est souvent celle de l'étranger contre notre pays.

S'il a le secret d'attacher ainsi ses lecteurs, c'est que, chose trop rare au moyen âge, Gerbert est un écrivain. Il avait fait une étude approfondie de l'antiquité latine, non pas seulement parce qu'il lisait tout, pour tout savoir [3], mais parce qu'il avait compris que la lecture des bons auteurs était le moyen d'apprendre à écrire et à parler de façon à persuader [4]; dans un siècle ignorant et bar-

---

1. Boubnov, p. 21-27.
2. Lettre 217 (p. 203).
3. « Proinde in otio, in negotio, et docemus quod scimus, et addiscimus quod nescimus » (lettre 44, p. 42). — Toutefois, il avait peu lu les Pères de l'Église; quand il les cite, c'est de seconde main, d'après Hincmar (lettre 217, p. 207 et suivantes).
4. « Cum studio bene vivendi semper conjunxi studium bene dicendi, quamvis solum bene vivere praestantius sit eo quod est bene dicere, curisque regiminis absoluto alterum satis sit sine altero. At nobis in re publica

bare, il eut foi dans le pouvoir du talent et de l'éloquence, et bien lui en prit, puisque c'est à son talent qu'il dut sa fortune. A l'école des classiques, de Cicéron surtout, il acquit, d'abord une langue qui a presque toute la pureté du latin antique, ensuite l'art de composer, de mettre en relief les points essentiels de sa pensée, de trouver des expressions toujours fortes et jamais outrées, de dire en très peu de mots tout ce qu'il faut et juste ce qu'il faut. Il excelle par ces qualités, et ses lettres sont, on peut le dire, dans leur genre, des modèles achevés. Elles méritent d'occuper l'attention, non seulement des historiens, mais aussi de tous les amateurs de style vif et nerveux.

Mais, si l'on s'accorde à proclamer le mérite de ces lettres, on est d'accord aussi pour en déplorer l'obscurité. Cette obscurité tient à plusieurs causes, dont quelques-unes ne pourront jamais être complètement écartées. « Dans beaucoup de cas, l'auteur fait allusion aux faits sans en parler explicitement; et ces faits, connus de son correspondant, sont souvent ignorés par nous. D'autres fois, ses lettres ne contiennent que quelque mots insignifiants et sont simplement destinées à fixer des rendez-vous, où les affaires importantes seront discutées de vive voix[1]. » Mais plusieurs autres difficultés, qui ont arrêté les érudits, ne devront plus les embarrasser à l'avenir.

On n'a connu jusqu'ici qu'un texte assez incorrect des lettres. L'édition de Du Chesne, dont on s'est servi pendant plus de deux siècles, contient un bon nombre de fautes. Celle de M. Olleris, qui a paru en 1867, offre des leçons meilleures, tirées d'un manuscrit ancien, celui de Leyde, que le nouvel éditeur a collationné le premier. Mais un autre manuscrit, conservé à Rome, à la bibliothèque Vallicellane, a échappé à l'attention de M. Olleris comme à celle de ses devanciers. Or, ce manuscrit donne seul le texte correct et clair de plusieurs passages, qui sont inintelligibles dans toutes les éditions. Il est déjà possible, grâce à ce secours et à une révision plus attentive des autres textes, d'offrir aux curieux un Gerbert beaucoup plus lisible que celui qu'ils ont eu jusqu'ici à leur disposition[2].

---

occupatio utraque necessaria. Nam et apposite dicere ad persuadendum, et animos furentium suavi oratione ab impetu retinere, summa utilitas. Cui rei praepar[a]ndae bibliothecam assidue comparo » (lettre 44, p. 42).

1. G. Monod, dans la *Revue historique*, XXVIII, 1885, p. 245.
2. Ci-après, III. — La valeur du manuscrit de la Vallicellane a été bien mise en lumière par M. Boubnov (p. XLII, note 3).

On s'est plaint justement de rencontrer, dans plusieurs des lettres de Gerbert, quelques passages chiffrés, qui résistaient à toute tentative d'interprétation. Aujourd'hui, la clef de ces chiffres est découverte, et les lettres où se trouvent ces passages peuvent être lues tout entières [1].

Enfin, ce qui désespérait surtout les lecteurs de Gerbert, c'était de ne trouver dans les lettres aucune indication précise de date, de ne pouvoir dire, ni l'époque à laquelle chacune a été écrite, ni même l'ordre dans lequel il convient de les lire. On verra que cette difficulté aussi est résolue et qu'il est possible de fixer, à quelques mois près et souvent avec plus de précision encore, la date de chaque lettre [2].

III.

LES MANUSCRITS ET LES ÉDITIONS.

Le recueil des lettres de Gerbert [3] nous a été conservé :
Par des manuscrits (*L*, *V*);
Par des publications du xvi⁰ et du xvii⁰ siècle, qui ont été faites d'après des manuscrits aujourd'hui perdus (*M*, *D*, Nicolas Vignier);
Par des collations de la même époque, qui représentent les mêmes manuscrits perdus (*L*¹, *B*).

L : Leyde (Pays-Bas), bibliothèque de l'Université, manuscrit de Vossius, lat. 4°, n° 54. — On a réuni dans ce volume plusieurs fragments de date diverse. La partie primitive comprend 103 feuillets [4] de parchemin, couverts d'une écriture du xi⁰ siècle et

---

1. Ci-après, IV.
2. Ci-après, V.
3. L'histoire du texte de ce recueil n'a été essayée par aucun des éditeurs. Elle a été ébauchée, en quelques traits sommaires, mais précis, par M. le comte Riant (*Inventaire*, p. 31, 36) et traitée en grand détail, tout récemment, dans un livre d'un rare mérite, qui a pour auteur M. Nicolas Boubnov, de l'Université de Saint-Pétersbourg. Ce livre est malheureusement écrit en langue russe, ce qui m'en a rendu la lecture très difficile et la rendra sans doute telle pour beaucoup de personnes. Il a paru tandis que le présent volume était sous presse. J'ai eu le plaisir de me rencontrer avec le savant russe sur les points les plus importants; j'indiquerai ceux où je me sépare de lui et ceux sur lesquels je lui ai dû quelques renseignements nouveaux.
4. On verra plus loin (à propos de la publication de Vignier) qu'il y avait probablement au xvi⁰ siècle un 104⁰ feuillet, perdu depuis.

portant aujourd'hui les n°ˢ 1-40, 107-112, 41-97. Elle contient les ouvrages suivants, qui sont tous de Gerbert : — fol. 1-40 et 107-112, Concile de Verzy [1]; — fol. 41-52, lettre à Wildérod (n° 217)[2]; — fol. 52-81, lettres 1-38, 40, 42-46, 53, 67-88, 91 (incomplète), 92, 93, 95, 96, 99, 101-110, 112-116, 117 (incomplète), 118-135, 136 (incomplète), 138-146, 148-180; — fol. 82-84, Concile de Mouzon [3]; — fol. 84-87, Oratio in concilio Causeio [3]; — fol. 87-97, lettres 181-212.

Jusqu'au XVI° siècle, ce manuscrit paraît avoir appartenu à l'abbaye de Saint-Mesmin, monasterium Miciacense, près d'Orléans [4]. Ce monastère eut pour abbé, à la fin du X° siècle ou au commencement du XI°, un religieux nommé Constantin, qui était du nombre des amis de Gerbert [5]. Il est donc vraisemblable que le manuscrit L a été copié pour lui [6]. Comme Gerbert y est appelé pape [7], il faut que la copie ait été exécutée au plus tôt en 999. Elle n'a pas été faite sous ses yeux, car un certain nombre de passages que les copistes n'ont pas su lire, et dont il aurait pu facilement, s'il eût été là, leur donner l'explication, ont été laissés en blanc [8]. L'hypothèse la plus probable est que, pendant son pontificat, Silvestre II avait envoyé de Rome à son ami Constantin ces divers ouvrages, que l'abbé de Saint-Mesmin en aura pris copie avant de les renvoyer et que le manuscrit L est cette copie faite à Saint-Mesmin, du temps même de Silvestre II [9].

---

1. P. XXIV, note 2.
2. J'indique toujours les lettres par les numéros qu'elles portent dans la présente édition. — La lettre 217 n'a été conservée et n'est connue que par le manuscrit L, où elle est transcrite, comme on le voit, à part du recueil de la correspondance de Gerbert.
3. Voir ci-dessus, p. XXXIX, note 5, et ci-après, p. 162, en note.
4. Loiret, commune de Saint-Hilaire-Saint-Mesmin. — En 1600, le Concile de Verzy, la lettre à Wildérod et deux autres lettres (n°ˢ 192 et 188 de mon édition) furent publiés à Francfort-sur-le-Mein, d'après le manuscrit L, avec la mention : « Ex vetustissimo Codice Miciacensis quondam monasterii » (Boubnov, p. 42, note 1).
5. P. XXXVIII, notes 1 et 2.
6. Boubnov, p. 42, 43. — Au bas du fol. 29 verso, on lit le nom d'un copiste : « Stabilis monachus scripsit. »
7. « Incipit prologus synodi Remensis G. papae » (fol. 1); « Explicit sinodus Remensis Girberti papae » (fol. 36); « Incipit exemplar epistolarum Girberti papae » (fol. 52); Boubnov, p. 76-79.
8. Voir ci-après, IV.
9. En ce cas, ce manuscrit serait d'un certain intérêt comme monument paléographique, car la date s'en trouverait déterminée à un très petit nombre d'années près : il serait de 999 au plus tôt, de 1003 au plus tard. — Si, au contraire, on répugnait à admettre que l'écriture en pût être aussi ancienne, il faudrait penser qu'il a été copié, dans le courant du XI° siècle, sur le manuscrit exécuté pour Constantin, lequel serait perdu. — Le manuscrit L ou

On ne sait par quelle voie, probablement peu légitime [1], ce manuscrit sortit de Saint-Mesmin dans la seconde moitié du XVIe siècle. Depuis lors, il a eu pour possesseurs : Pierre Pithou [2], qui mourut en 1596; son frère François [3], qui mourut en 1621; François Du Chesne [4], qui le vendit, entre 1650 et 1657, à la reine Christine de Suède; Isaac Vossius, bibliothécaire de Christine [5], qui mourut en 1689; enfin l'Université de Leyde, qui l'acheta, avec le reste des livres de Vossius, après la mort de celui-ci, et à qui il appartient aujourd'hui [6].

V : Rome, bibliothèque Vallicellane, G 94. — Ce volume fait partie des papiers du cardinal César Baronius, auteur des *Annales Ecclesiæ*, mort en 1607. Il se compose d'une collection de cahiers de papier, in-4°, qui contiennent, de diverses mains du XVIe ou du commencement du XVIIe siècle, toutes sortes de documents historiques copiés pour le cardinal. Les lettres de Gerbert occupent les fol. 87-114. Elles sont numérotées de 1 à 159. Les n°s 1-147 répondent aux n°s 2-152 de la présente édi-

---

son original a dû être connu de Gauzlin, abbé de Saint-Benoît-sur-Loire de 1005 à 1030 et archevêque de Bourges, car une profession de foi que fit publiquement cet archevêque en 1022 (*Mémoires de la Société archéologique de l'Orléanais*, II, p. 303) est copiée sur la lettre 180 de Gerbert, conservée par ce seul manuscrit (Boubnov, p. 43, note 6). On ne voit pas pourquoi M. Boubnov, qui a eu le mérite de découvrir cet emprunt, le met sur le compte non de Gauzlin, mais de son biographe André, et semble accuser celui-ci d'avoir altéré la vérité.

1. Pierre Pithou ayant été accusé de déprédations commises au préjudice de la bibliothèque de l'abbaye de Corbie (Delisle, *le Cabinet des manuscrits*, II, p. 133), M. Boubnov (p. 44, note 8) le soupçonne avec vraisemblance de s'être rendu coupable, à Saint-Mesmin, de quelque méfait analogue.
2. On reconnaît son écriture dans les notes qui couvrent les marges des fol. 60-97 (ci-après, *L*¹). Pierre Pithou communiqua le manuscrit *L*, avant 1577, à Papire Masson, et, avant 1579, à Nicolas Vignier (Boubnov, p. 45-47, notes 12, 13, et p. 112, note 11). Il fut aussi communiqué, par lui ou par son frère François, aux libraires de Francfort-sur-le-Mein qui s'en servirent pour publier, en 1600, dans un intérêt de polémique protestante, le Concile de Verzy, la lettre à Wildérod et deux autres lettres irrespectueuses pour le saint-siège (ci-dessus, p. XLIII, note 4; Boubnov, p. 45).
3. Un feuillet d'une écriture du XVIIe siècle, aujourd'hui compris dans les papiers de Baluze à la Bibliothèque nationale (vol. 129, fol. 18), contient une collation partielle de l'édition *M* avec un exemplaire qui y est appelé « Ms. Fr. Pith. ». Cette collation ne peut laisser aucun doute sur l'identité de l'exemplaire ainsi désigné et de *L* (Boubnov, p. 129, 130).
4. Fils d'André Du Chesne (ci-après, *D*). — André lui-même n'a jamais connu le manuscrit *L*.
5. On dit qu'il s'appropria une partie des livres de la reine de Suède, pour se payer de l'argent qu'elle lui devait. — C'est peut-être Vossius qui a fait revêtir le manuscrit de la reliure qu'il porte aujourd'hui, en maroquin rouge plein, à petits fers, avec tranches dorées.
6. Tous ces faits sont établis par M. Boubnov (p. 47-49).

tion¹; puis viennent, sous les n°ˢ 148-159, les lettres 186, 187, 213-216, 181 (incomplète), un fragment d'une lettre d'Abbon relative à Gerbert et enfin les lettres 218-220.

Le texte de ces lettres avait été envoyé à Baronius, de Paris, entre 1602 et 1605, par son ami Nicolas Le Fèvre, *Nicolaus Faber*². Celui-ci possédait, en effet, une copie des lettres de Gerbert; Baluze, qui l'a eue entre les mains, la désigne par les mots *schedæ Fabri*³; on ne sait ce qu'elle est devenue après Baluze. Le manuscrit *V* est une copie des *schedæ Fabri*; il en reproduit, non seulement le texte, mais aussi les notes marginales ou autres, ajoutées à ce texte de la main de Nicolas Le Fèvre⁴.

Les *schedæ Fabri* étaient une copie, faite par Nicolas Le Fèvre ou pour lui⁵, d'après un manuscrit ancien, que Le Fèvre avait collationné et qu'il appelait *v. c.*, c'est-à-dire *vetus codex*⁶. Cet ancien manuscrit, que j'appellerai *P*⁷, devait être à peu près contemporain de Gerbert, car il contenait des passages figurés

---

1. Parfois deux lettres ont été réunies mal à propos sous un seul numéro; parfois, au contraire, une lettre a été divisée en deux.
2. Dans le tome X de ses *Annales*, publié en 1602, Baronius dit des lettres de Gerbert : « Quibus hactenus frui non licuit » (p. 927); dans le tome XI (1605), au contraire, il parle d'un recueil « centum quinquaginta novem epistolarum ab ipso scriptarum ante Rhemensem adeptum archiepiscopatum, quas legimus ad nos Parisiis missas ab amico Nicolao Fabro » (p. 14), et il publie des extraits de ces lettres, en les citant sous les numéros qu'elles portent dans *V*. — Nicolas Le Fèvre fut précepteur de Louis XIII et mourut en 1612.
3. Bibliothèque nationale, ms. de Baluze 129, fol. 22 : « Gerbertus ex schedis Fabri » (cf. Boubnov, p. 131-134).
4. Sur la lettre 92, à propos des mots *abbatis R.* (ce devrait être à propos du nom de l'écolâtre Constantin), Baluze (ibid.) a noté : « Ad quem ipse Gerbertus scripsit librum de numeris, ut Faber adnotat in margine »; or, les mots « Ad quem ipse Gerbertus scripsit librum de numeris » se retrouvent dans la marge de *V* (fol. 102 v°), en regard de la fin de la lettre 92. Sur la lettre 159 de Masson (181 de mon édition), qui se termine dans Masson aux mots *minas superaddit epistola*, Baluze écrit (ibid.) : « Post ultima verba hæc addit Faber : Plura non habuit v. c. Ex sequentibus tamen fragmentis apparet hanc epistolam imperfectam esse. » Cette note de Le Fèvre se retrouve également dans *V*; voir ci-après, p. 165, note e. — Selon M. Boubnov (p. 118), ce serait Le Fèvre qui aurait fait faire la copie *V* pour l'envoyer à Baronius. Je crois plutôt qu'il envoya en communication ses *schedæ* et que Baronius les lui renvoya après en avoir fait prendre cette copie par un secrétaire à ses gages. En effet, l'écriture de *V* est certainement italienne et le format est celui des autres copies faites pour Baronius, réunies dans le même volume.
5. Tel est, semble-t-il, le sens des mots *schedæ Fabri*.
6. En regard d'un certain nombre de passages corrompus ou obscurs, on lit, sur les marges de *V* : « ita v. c. », c'est-à-dire : « ita vetus codex ».
7. C'est M. Boubnov qui a proposé de le désigner par cette lettre, parce qu'il pense que ce manuscrit appartenait à Papire Masson; ce n'est pas tout à fait certain (p. XLVII, note 3).

par des signes tachygraphiques dont l'usage a cessé peu après le commencement du xie siècle; Le Fèvre avait reproduit ou fait reproduire la forme de ces signes et le copiste de *V* les a également imités d'après les *schedæ Fabri* [1].

Le texte de *P* s'arrêtait au milieu de la lettre 181 de la présente édition, aux mots *superaddit epistola* (p. 165). Le Fèvre avait ajouté, dans ses *schedæ*, un autre fragment de la même lettre et les quatre pièces qui terminent *V* (lettre d'Abbon et nos 218-220); il avait trouvé ces cinq morceaux dans un ouvrage imprimé, la *Bibliothèque historiale* de Nicolas Vignier, dont il sera parlé plus loin [2].

Le manuscrit *P*, comme sa copie, les *schedæ Fabri*, est perdu; mais une autre copie et une collation nous en ont été conservées (*M* et *L* [1]).

M : *Epistolæ Gerberti, primo Remorum, dein Ravennatum archiepiscopi, postea Romani pontificis Silvestri secundi. Quibus accessit decretum electionis eius, anno Domini 998. Epistolæ Ioannis Saresberiensis*, etc., etc. *Nunc primum in lucem editæ è bibliotheca Papirii Massoni, Foresii, in Senatu Parisiensi Aduocati. Auspiciis antistitum et cleri Galliæ* (Paris, 1611, in-fol.; signé : *Io. Massonus, S. Baiocensis ecclesiæ archidiaconus*, etc.). — Cette édition, donnée l'année même de la mort de Papire Masson, d'après un manuscrit de sa bibliothèque, par son frère Jean, contient les lettres qui ont ici les nos 1-89, 91-152, 186, 187, 213-216, 181 (jusqu'à *superaddit epistola*) et la lettre à Constantin, no III de l'Appendice; plus, en dehors de la série générale, avant la page 1, le no V du même Appendice. Si l'on met à part ces deux dernières pièces, que Masson a ajoutées, l'une d'après un ouvrage auquel elle sert de préface [3], l'autre d'après une copie

---

1. Voir ci-après, IV.
2. Voir p. 165, note 2. La seconde partie de la lettre 181, la lettre d'Abbon et les lettres 218, 219, 220 sont citées dans la *Bibliothèque historiale* (que la note du manuscrit *V* appelle « *historia Gallica* », c'est-à-dire histoire écrite en français), II, p. 634-638. M. Boubnov (p. 123) suppose sans nécessité que ces lettres se trouvaient dans *P*. Les quelques différences sans importance qu'offrent, pour ces cinq morceaux, les textes de *V* et de Vignier s'expliquent suffisamment par des corrections conjecturales de Le Fèvre ou des négligences du copiste de *V*.
3. Voir p. 238, note 1, et p. 239, note 2; la copie du manuscrit Baluze 129, fol. 128, provient des papiers des frères Masson (ibid., fol. 126 verso; Boubnov, p. 142-143). Jean Masson, à la suite de cette lettre, a mis une note ainsi conçue (p. 72 de son édition) : « Hæc Epistola præficitur libello suo de Numerorum divisione, cujus initium est, De Simplici : Si multiplicaveris singularem numerum per singularem, dabis unicuique digito singularem, et omni articulo decem, diserte scilicet et conversim, etc. »

trouvée après l'impression du reste du volume [1], on voit que la composition de cette édition est à très peu de chose près la même que celle des *schedæ* de Le Fèvre (non compris les cinq derniers morceaux ajoutés par Le Fèvre d'après Vignier), telles qu'elles nous sont connues par la copie de Rome (*V*); *M* a seulement, en plus que *V*, la lettre n° 1, et, en moins, les trois vers qui forment le n° 90 [2]. Il faut en conclure que *M* dérive de l'original des *schedæ*, du vieux manuscrit *P*. Le manuscrit de Papire Masson était donc, soit *P*, soit une copie de *P* [3].

L'examen des variantes du texte confirme cette conclusion : dans les lettres communes aux trois textes *L*, *V*, *M*, là où *L* et *V* ont des leçons différentes, la leçon de *M* est le plus souvent conforme à celle de *V* [4].

Le texte *M* fourmille, en outre, de fautes de lecture sans nombre, qui rendent en beaucoup d'endroits le texte à peu près inintelligible [5].

D : *Historiæ Francorum Scriptores*, etc., *opera ac studio Andreæ Du Chesne geographi regii, tomus II* (Paris, 1636, in-fol.), p. 789-844. — Cette édition comprend deux séries de lettres, dont l'une occupe les pages 789 à 827, l'autre les pages 828 à 844.

La première série, composée de 161 numéros, porte en tête

---

1. Ci-après, p. XLIX.
2. Masson a pu omettre à dessein le n° 90, parce que ce n'est pas une lettre proprement dite et qu'il ne paraît même pas, à première vue, former un sens complet. Quant à la lettre 1, elle devait manquer déjà (on ne sait pourquoi) dans les *schedæ Fabri*, car on verra plus loin que Du Chesne et Baluze ont eu sous les yeux ces *schedæ* et ne semblent pas l'y avoir trouvée; voir la note suivante.
3. Selon M. Boubnov, c'était le manuscrit *P* lui-même, et on peut alléguer en faveur de cette opinion que, si Papire a possédé ce manuscrit, il est tout naturel que Le Fèvre (comme on l'a vu) et Pierre Pithou (comme on le verra plus loin) en aient eu connaissance; car tous deux étaient ses amis (Boubnov, p. 47, note 13). — En sens inverse, l'omission de la lettre 1 dans les *schedæ Fabri* (voir la note précédente) peut faire supposer que cette lettre, écrite au haut de la première page de *P*, s'était trouvée, quand furent faites ces *schedæ*, déchirée ou maculée au point d'être illisible : en ce cas, l'édition *M*, qui contient cette lettre, devrait dériver d'une copie faite avant cet accident, et par conséquent le manuscrit de Papire, employé en 1611 pour la publication de Jean, serait cette copie et non l'original *P*. Il faudrait alors renoncer à savoir qui possédait cet original.
4. On peut voir dans le livre de M. Boubnov (p. 192-206 et 211-215) le relevé détaillé de ces variantes, disposé sur deux colonnes en regard, dont l'une donne les leçons de *L* et l'autre celles de *V* et *M*.
5. La plupart de ces fautes n'ont pas été signalées dans les variantes de la présente édition; voir les exemples dans Boubnov (p. 109, 126, 138). Dans la première des deux hypothèses exprimées ci-dessus (note 3), ces fautes auraient été commises par Jean Masson; dans la seconde hypothèse, il pourrait les avoir trouvées dans la copie dont il se serait servi.

cette mention : *Ex editione Joannis Baptistæ Massoni Papirii fratris, quæ MS. Codicis ope mendis quamplurimis, quibus scatebat, est repurgata.* C'est donc une réimpression de l'édition M, revue et corrigée, d'après un manuscrit que Du Chesne ne désigne pas [1].

Les corrections que Du Chesne a faites au texte de Masson tendent généralement à le rapprocher de celui de V, non seulement là où ce dernier texte est meilleur, mais encore dans quelques passages où M se trouve avoir la bonne leçon et V une faute [2]. Le manuscrit dont s'est servi Du Chesne était donc plus étroitement apparenté avec V qu'avec M. Or, V est une copie des *schedæ Fabri*, et ces *schedæ* une copie de P, original de M. Ce sont donc les *schedæ Fabri* elles-mêmes que Du Chesne, comme le copiste de V, aura eues sous les yeux.

Une autre remarque confirme cette supposition. Les *schedæ Fabri*, à en juger par V, copie de ces *schedæ*, ne contenaient pas la lettre 1. Or, précisément, pour cette lettre, Du Chesne n'a rien changé au texte de Masson, lequel pourtant n'est pas moins fautif dans la lettre 1 que dans les suivantes et n'aurait pas eu moins besoin de correction.

Il est vrai que les *schedæ Fabri* contenaient à la fin quatre pièces que D n'a pas reproduites, la lettre d'Abbon et les n° 218-220. Mais, comme une note de Le Fèvre avertissait expressément que ces lettres n'étaient pas dans le vieux manuscrit, Du Chesne a pu trouver que l'authenticité n'en était pas suffisamment garantie et qu'il était plus prudent de ne pas les reproduire.

Du Chesne n'a d'ailleurs emprunté aux *schedæ Fabri* que les corrections qui lui ont plu; souvent il a préféré conserver les leçons, même vicieuses, de M. Son édition offre donc un mélange de leçons qui lui sont communes avec M et d'autres qui lui sont communes avec V [3].

---

1. Du Chesne, dans cette série, donne en plus que Masson : 1° le n° 90 de la présente édition; 2° ce qui manque dans Masson au texte de la lettre 181 (ci-après, p. L). Il n'a pas donné de numéro à la première de ces additions, de manière à conserver les chiffres de Masson jusqu'au n° 159, qui répond à mon n° 181. Par suite d'une erreur dont on ignore l'origine, en complétant cette dernière lettre, il l'a divisée en deux; il a donné à la seconde partie le n° 160. La lettre à Constantin (n° III de mon Appendice), qui portait chez Masson le n° 160, est ainsi devenue chez Du Chesne le n° 161.
2. Voir par exemple lettre 6 (p. 5), note *c*; lettre 27 (p. 21), note *d*; lettre 32 (p. 30), note *e*; lettre 38 (p. 36), note *a*; lettre 40 (p. 38), note *d*; etc. Dans tous ces passages, les leçons de M, étant confirmées par L, sont certainement préférables à celles de VD.
3. Boubnov, p. 108, 109.

La seconde série porte en titre : *Epistolæ aliæ Gerberti. Nunc primùm ex Ms. Exemplari Jacobi Sirmondi Societ. Jesu in lucem editæ*. Elle comprend 55 lettres, savoir, celles qu'on trouvera ici sous les n⁰ˢ 155-180, 182-185, 189-191, 193-212, et V et IV de l'Appendice. Ces deux dernières ont été tirées par Du Chesne, l'une (n° IV) d'un manuscrit de Saint-Remi de Reims (aujourd'hui perdu)[1], l'autre (n° V) d'une addition tardive de Masson, qui l'avait ajoutée à son édition d'après une copie trouvée dans les papiers de son frère et faite elle-même d'après un manuscrit d'Alexandre Pétau (aujourd'hui à la bibliothèque du Vatican, fonds de la reine Christine, n° 733)[2]. Les 53 autres, que Du Chesne dit avoir prises dans un manuscrit du P. Jacques Sirmond, se trouvent toutes dans *L*, où elles se suivent dans le même ordre que dans Du Chesne[3]. Le texte d'André Du Chesne, comparé avec celui de *L*, n'offre, pour ces lettres, d'autres différences que des fautes de copie ou des corrections conjecturales, la plupart fausses[4]; et, parmi les fautes, quelques-unes témoignent de l'emploi de l'exemplaire *L* lui-même[5]. Le manuscrit de Sirmond était donc une copie de la dernière partie de *L*, et l'édition de Du Chesne,

---

1. Boubnov, p. 12; ci-après, p. 239, note 3.
2. Boubnov, p. 11; ci-après, p. 241, note 1.
3. Du Chesne a omis les lettres 188 et 192, parce qu'elles avaient été publiées par les éditeurs protestants de Francfort, dans le volume intitulé *Synodus ecclesiæ Gallicanæ*, en 1600, et qu'en les reproduisant il aurait craint d'offenser le saint-siége. Quant aux lettres 181, 186 et 187, elles figuraient déjà dans sa première série, sous les n⁰ˢ 159-160, 153 et 154.
4. Une seule de ces variantes, qui a été relevée par M. Boubnov, semble d'abord ne pouvoir s'expliquer ainsi : lettre 173 (p. 153), on lit dans Du Chesne : « quo ante perditionem urbis et post perditionem abire contenderim »; ces mots, dit M. Boubnov, manquent dans *L*. La vérité est, non qu'ils y manquent, mais qu'ils ont été écrits dans la marge supérieure et que le couteau du relieur en a enlevé la plus grande partie (p. 153, n° 173, note a), en sorte qu'il est facile de ne pas les voir. Il en reste assez pour permettre de constater : 1° qu'ils étaient écrits de la même main que le reste du manuscrit; 2° qu'au lieu de *perditionem* il faut lire, deux fois, comme l'avait conjecturé M. Boubnov, *proditionem*. Ainsi, tout ce que prouve la présence de ces mots dans Du Chesne, c'est qu'à l'époque où a été faite la copie dont il s'est servi, le manuscrit *L* n'avait pas encore été rogné comme il l'a été depuis (p. XLIV, note 5). — Lettre 180 (p. 162, ligne pénultième), Du Chesne donne *synodos quatuor* au lieu de *sinodos VI*. C'est une fausse correction, inspirée par un passage de la lettre à Wildérod (p. 208, 3ᵉ alinéa, ligne 8; Boubnov, p. 87, note 3). La bonne leçon est celle de *L*, *sinodos VI*; Gerbert a pris ce chiffre dans Hincmar (voir p. 162, note 1).
5. Par exemple, lettre 155 (p. 139, ligne 7), Du Chesne omet le mot *fraus*: or, dans *L*, les lettres de ce mot ont été mal formées et il est assez difficile de le lire. — Lettre 172 (p. 152, ligne 4 de la lettre), au lieu de *stimulante*, Du Chesne donne *famulante*; dans *L*, précisément, les trois lettres *sti*, au commencement de ce mot, ont été tracées de telle façon qu'il est facile de les prendre pour une *f* et un *a*; etc.

qui dérive de cette copie, n'a, quant à cette série de lettres, aucune valeur pour l'établissement du texte[1].

Les lettres 181, 186 et 187 se trouvant, à la fois, dans *P* et dans *L*, Du Chesne en a eu sous les yeux trois copies : *M* et les *schedæ Fabri* (copies de *P*) et le manuscrit de Sirmond (copie de *L*). Il a laissé ces lettres dans la première série, à la place où elles figuraient dans l'édition de Masson, mais il a mêlé, dans le texte qu'il en a donné, des leçons empruntées à ces trois copies, et il a complété, d'après le manuscrit de Sirmond, le texte de la lettre 181.

Ainsi, *D* nous offre : pour la lettre 1, une copie de *M*; pour la lettre 90, une copie des *schedæ Fabri*; pour les lettres 2-89, 91-152, 213-216, un mélange arbitraire du texte de *M* et de celui des *schedæ Fabri*; pour les lettres 155-180, 182-185, 189-191 et 193-212, une copie de *L*; enfin, pour les lettres 181, 186 et 187, un mélange arbitraire de *M*, des *schedæ* et de *L*. L'édition d'André Du Chesne a rendu un grand service, car c'est la seule où, pendant plus de deux siècles, on ait pu lire un texte intelligible des lettres de Gerbert. Mais aujourd'hui, on le voit, pour la constitution d'un texte critique, elle est à peu près inutile.

Vignier : *La Bibliothèque historiale, de Nicolas Vignier, de Bar sur Seine, medecin et historiographe du roy*, etc., *tome second* (Paris, 1587, in-fol.). — L'auteur de ce livre, lié d'amitié avec Pierre Pithou, avait eu par lui communication du manuscrit de Saint-Mesmin (*L*)[2]. C'est sans doute d'après ce manuscrit qu'il a

---

1. M. Boubnov pense, au contraire, que le manuscrit de Sirmond était un exemplaire ancien, distinct de *P* et de *L*, et, comme eux, à peu près contemporain de Gerbert; il l'appelle le manuscrit *S*. Selon lui, deux autres copies de ce manuscrit *S* nous ont été conservées dans deux manuscrits du XVII⁰ siècle: l'un à Rome, bibliothèque Barberini, n⁰ XXXII, 67; l'autre à Cheltenham, bibliothèque de sir Thomas Phillipps (maintenant Berlin, Bibliothèque royale), n⁰ 1718, ancien Clermont 512. Je n'ai pas vu ces deux manuscrits, mais, déjà, avant d'avoir lu ce qu'en dit M. Boubnov (p. 92-103), j'avais été très obligeamment et très amplement renseigné sur l'un par M. Lucien Auvray, alors membre de l'École française de Rome, et sur l'autre par M. le D⁰ Samuel Loewenfeld, de l'Université de Berlin. Or, ces deux manuscrits contiennent exactement les mêmes morceaux que *L* et dans le même ordre, de la lettre 155 à la lettre 212. Ils ont en général les mêmes leçons que *D*, et notamment les fautes signalées dans les deux notes précédentes. Je ne puis donc y voir que deux copies du manuscrit de Sirmond, qui a servi à Du Chesne, et dans ce manuscrit de Sirmond qu'une copie partielle de *L*. Aussi n'ai-je cru devoir tenir aucun compte des variantes de ces deux manuscrits et de la 2⁰ série de *D*. Ceux qui voudront connaître ces variantes pourront consulter le relevé qui en a été donné par M. Boubnov, p. 82-83, 85-91.

2. Boubnov, p. 46, note 12.

cité d'assez nombreux extraits de la correspondance de Gerbert, alors inédite[1]. Mais, parmi les fragments qu'il a cités, trois ne se retrouvent ni dans *L*, ni ailleurs[2]; ce sont ceux qu'on verra ici sous les n°s 218, 219, 220. Où Vignier les a-t-il pris? On ne peut faire là-dessus que des conjectures. La plus vraisemblable est que *L* contenait alors un feuillet qui se sera perdu depuis et que ces trois fragments se trouvaient sur ce feuillet[3]. En effet, la lettre (n° 212), par laquelle se termine le dernier feuillet (fol. 97) de la partie primitive de *L*, n'est pas complète : la fin du texte a été transcrite dans la marge par une main du xiie siècle et répétée, probablement d'après cette première transcription, de la main de Pierre Pithou[4]. Le feuillet suivant, où devait avoir été écrite cette fin, avait sans doute été lacéré au xiie siècle, au moment où fut faite cette transcription; mais on peut supposer qu'un fragment de ce feuillet mutilé subsistait encore au temps de Nicolas Vignier et n'aura tout à fait disparu qu'un peu plus tard[5]. Par leur date, les lettres 218-220 paraissent devoir se placer presque immédiatement après la lettre 212 et lui faire suite[6]. La lacération qui a enlevé les derniers restes du feuillet perdu a dû avoir lieu après la communication du manuscrit à Vignier (vers 1579), mais avant l'époque où fut prise la copie de Sirmond (commencement du xviie siècle?), laquelle s'arrêtait à la lettre 212[7].

Les trois morceaux conservés par Vignier peuvent donc être considérés comme un utile complément du manuscrit *L*. Il est

---

1. Les lettres citées par Vignier sont les n°s 5, 20, 75, 179, 181, 182, 185, 217 (*Bibliothèque historiale*, II, p. 620, 634-640). Les lettres 179, 182, 185, 217 et la fin de 181 n'ont pu lui être fournies que par *L*, car elles ne se trouvent pas ailleurs.
2. Ils se trouvent dans *V*, mais *V* les a tirés des *schedæ Fabri* et les *schedæ* elles-mêmes les avaient tirées de la *Bibliothèque historiale* (ci-dessus, p. xlvi, note 2).
3. M. Boubnov fait la même hypothèse d'un feuillet arraché, mais il suppose (p. 123) que ce feuillet appartenait à *P* et non à *L*; il est obligé, par conséquent, d'admettre que Vignier a connu à la fois *P* et *L* (p. 46, note 12, et p. 112, note 11). L'hypothèse que je propose est plus simple.
4. Voir lettre 212 (p. 199), note *a*.
5. Un accident semblable s'est produit dans un manuscrit de Saint-Benoît-sur-Loire (aujourd'hui Bibl. nat., lat. 2858), qui contient les lettres de Loup de Ferrières. Le fol. 36 de ce manuscrit n'était que mutilé quand le recueil de ces lettres fut copié et publié par Papire Masson, au xvie siècle; il avait entièrement disparu, semble-t-il, dès 1636, quand Du Chesne donna une nouvelle édition du même recueil, et, en tout cas, il n'en reste rien aujourd'hui (Desdevises du Dezert, *Lettres de Servat Loup*, dans la *Bibliothèque de l'École des hautes études*, 77e fascicule, 1888, p. 6).
6. Ci-après, IV; p. 230, note 3, et p. 231, note 3.
7. Ci-dessus, p. xlix et p. l, note 1.

regrettable que Vignier ne les ait copiés, à ce qu'il semble, ni complètement, ni correctement; nous n'avons aucun moyen d'améliorer son texte.

*L*¹, *L*². — On trouve sur les marges et entre les lignes du manuscrit *L* un grand nombre de notes de diverses écritures, la plupart modernes. Les plus nombreuses sont de la main de Pierre Pithou[1]; je désigne celles-ci par *L*¹, les autres par *L*².

Les notes de Pierre Pithou ont pour but de signaler les lacunes qu'il avait constatées en comparant *L* avec un autre manuscrit. Cet autre manuscrit contenait les lettres qui manquent à *L* : Pithou a signalé ces lettres en les indiquant chacune, dans la marge, par leur titre ou leurs premiers mots[2]. Il a ajouté, d'après le même manuscrit, des titres à un certain nombre de lettres, auxquelles *L* n'en donnait pas[3]. Il a complété la fin d'une lettre (n° 136), pour laquelle *L* donne un texte tronqué[4]. Mais il n'a rien trouvé à annoter sur la série des lettres qui manquent dans *V* et dans *M* et qui forment la seconde série de *D* (n°ˢ 155-212). De ces diverses particularités, il résulte que le manuscrit consulté par Pithou était parent des textes *V* et *M*; et, comme Pithou en a plusieurs fois tiré des leçons meilleures que celles de *V* et de *M*[5], il y a lieu de croire que c'était l'original même de ces deux textes, le vieux manuscrit *P*, aujourd'hui perdu. Les notes *L*¹ constituent donc une collation partielle de ce vieux manuscrit, collation qui, tout incomplète qu'elle est (elle se borne à un petit nombre de mots en tête de quelques-unes seulement des lettres), fournit plusieurs leçons utiles.

Les notes que je désigne par *L*² sont plus rares et pour la plupart sans valeur. Une seule mérite d'être relevée. En regard de la lettre 91, qui est incomplète dans *L*, une main de la fin du

---

1. Comparez les autographes de Pierre Pithou conservés à la Bibliothèque nationale, manuscrits de Dupuy, n° 700, fol. 58, 59, et n° 702, fol. 102 et suivants.
2. Boubnov, p. 64.
3. Boubnov, p. 65.
4. Lettre 136 (p. 123), notes *k* et *l*; cf. *Académie des inscriptions, Comptes rendus*, 4ᵉ série, XV (1887), planche I, F.
5. Lettre 50 (p. 47), note *a* (*Mathildae* est une forme insolite, que Pithou n'eût pas imaginée s'il ne l'eût trouvée dans le ms.; *Mathildi* est une correction de Le Fèvre et de Masson); lettre 56 (p. 53), note *b* (cf. lettres 64 et 68, p. 62 et 65); lettre 111 (p. 101), note *a*, etc. — Dans la lettre 136 (note précédente), Pithou a copié un passage en notes tachygraphiques, et ces notes sont mieux reproduites chez lui que dans *V* et *B* : c'est que *V* et *B* ont copié les *schedæ Fabri* et que Pithou a copié leur original *P*.

xvi° siècle a écrit : « Desunt quædam », et une autre main de la même époque a ajouté : « quæ habentur in cod. Ranchini[1] ». Les Ranchin étaient une famille de robe, du Languedoc, d'où sont sortis, au xvi° et au xvii° siècle, plusieurs lettrés et bibliophiles. Cette note semble indiquer que le manuscrit P a appartenu à l'un d'eux; mais on ne peut dire auquel[2].

B : Paris, Bibliothèque nationale, manuscrits de Baluze, n° 129, fol. 76-112, 123, 124. — Les feuillets 76-112 de ce volume comprennent un exemplaire du texte imprimé de Masson (*M*), sur lequel Baluze a marqué de sa main un assez grand nombre de corrections; les feuillets 123 et 124 contiennent une double copie des signes tachygraphiques employés dans quelques passages des lettres[3]. Baluze ne dit pas de quel manuscrit il a tiré et ces corrections et ces passages chiffrés, mais il est facile de suppléer à son silence : c'est certainement de la copie de Nicolas Le Fèvre, faite d'après le manuscrit *P*, qu'il cite ailleurs sous le nom de *schedæ Fabri*[4] (et qui est, comme on l'a vu, l'original de *V* et l'un des originaux de *D*). En effet : — 1° nous savons que Baluze a eu ces *schedæ* entre les mains[5]; — 2° les variantes qu'il a données en marge du texte *M* s'accordent le plus souvent avec les leçons de *V* et de *D*, même aux endroits où l'accord de *L* et de *M*, donnant ensemble une autre leçon, prouve que celle de *V* et de *D* est mauvaise[6]; — 3° Baluze n'a rien corrigé à la lettre 1, qui manquait, comme on l'a vu, dans les *schedæ Fabri*[7]; — 4° la copie des signes tachygraphiques, faite par Baluze, présente la ressemblance la plus étroite avec celle qui se trouve dans *V*[8].

Les notes de Pithou et de Baluze contiennent, d'ailleurs, outre ce qu'ils ont tiré des manuscrits, un certain nombre de

---

1. Manuscrit *L*, fol. 65 v°; cf. Boubnov, p. 65-66.
2. Voir Ch. Pradel, *Notice sur la vie du poète [Jacques de] Ranchin (1616-1692)*, dans les *Mémoires de l'Académie des sciences, etc., de Toulouse*, 8° série, IX, 1887, p. 402-428 ; Delisle, *le Cabinet des manuscrits*, I, p. 365, note 9; Boubnov, p. 66. — Un des Ranchin, Guillaume, paraît avoir été lié avec Nicolas Le Fèvre (Boubnov, p. 68, note 46).
3. Voir un fac-similé de ces deux feuillets, *Académie des inscriptions, Comptes rendus*, 4° série, XV (1887), pl. II, III.
4. Selon M. Boubnov (p. 136-141), Baluze se serait servi du manuscrit *P* lui-même. J'indique les raisons pour lesquelles je crois qu'il a connu seulement la copie de Le Fèvre.
5. P. xlv, note 3.
6. Voir les exemples cités, p. xlviii, note 2.
7. Ci-dessus, p. xlvii, notes 2 et 3, et p. xlviii.
8. Voir ci-dessus, p. lii, note 5.

conjectures qu'ils ont faites de leur chef[1]. Baluze a tiré aussi quelques corrections, soit de l'édition de Du Chesne (*D*)[2], soit, indirectement, du manuscrit des Pithou (*L*)[3]. Il n'y a naturellement pas à tenir compte de ces deux catégories d'annotations.

En résumé, les matériaux dont nous disposons pour l'établissement du texte des lettres de Gerbert se répartissent en deux familles, qui se rattachent à deux manuscrits anciens[4], l'un et l'autre contemporains ou presque contemporains de l'auteur : *L* et *P*.

Le manuscrit *L*, qui provient de Saint-Mesmin, près d'Orléans, existe aujourd'hui à Leyde, sauf un feuillet mutilé dès le xiie siècle et arraché tout à fait vers l'an 1600, mais dont le contenu nous a été en partie conservé par la *Bibliothèque historiale* de Nicolas Vignier. Une copie partielle de *L*, faite vers le commencement du xviie siècle, a appartenu au P. Jacques Sirmond et a été reproduite dans l'édition d'André Du Chesne (*D*, 2e série), ainsi que dans deux manuscrits, l'un de Rome (Barberini), l'autre de Cheltenham (aujourd'hui à Berlin). Possédant l'original *L*, on doit négliger ces copies.

L'autre manuscrit ancien, *P*, est perdu. Il existait encore au xvie siècle, mais on ne sait dans quelle bibliothèque il se trouvait. On n'en connaît le texte que par des copies ou des extraits modernes, savoir : — *L*[1], notes écrites en marge de *L* par Pierre Pithou, qui a reproduit, d'après *P*, seulement les premiers mots ou les titres d'un petit nombre de lettres ; — *M*, édition de Jean Masson, faite en 1611, d'après *P* ou une copie de *P* ; — et les *schedæ Fabri*, copie de Nicolas Le Fèvre, perdue aussi, mais

---

1. Boubnov, p. 65, 140.
2. C'est d'après cette édition, sans doute, qu'il a commencé à compléter (fol. 111) la lettre 159 de Masson, 181 de mon édition.
3. Quelques variantes de ce manuscrit lui étaient fournies par une collation partielle (très incomplète) du xviie siècle, qui se trouve dans ses papiers (ci-dessus, p. xliv, note 3 ; Boubnov, p. 137).
4. M. Boubnov (p. 147) a relevé, dans le catalogue des manuscrits que possédait, au xiie siècle, l'abbaye de Cluny, la mention (n° 289) d'un exemplaire du recueil des lettres de Gerbert : « volumen in quo continentur epistole plurime ad diversos Girberti » (Delisle, *le Cabinet des manuscrits*, II, p. 469, et *Inventaire des manuscrits de la Bibliothèque nationale, fonds de Cluni*, 1884, p. 354). On ne sait ce que ce manuscrit est devenu. C'est peut-être le même que *P*. — Plusieurs bibliothèques d'Europe renferment des manuscrits dans lesquels on a transcrit isolément telle ou telle des lettres de Gerbert. Sur ces manuscrits, que, pour la plupart, j'ai le regret de n'avoir pas vus, on peut consulter Boubnov, p. 151-157 et 165. Pour les lettres 31-33, j'ai donné en note les variantes du manuscrit lat. 11127 de la Bibliothèque nationale, qui est, selon M. Delisle, de la fin du xe siècle.

représentée par une copie intégrale, *V* (Rome, Vallicellane), faite à Rome pour Baronius entre 1602 et 1605, et par les variantes qu'en ont tirées, pour corriger *M*, André Du Chesne (*D*, 1re série) et Baluze (*B*).

Les éditions totales ou partielles qui ont été données du recueil de Gerbert, en dehors de celles qui ont déjà été mentionnées, sont les suivantes [1] :

Synodus ecclesiæ Gallicanæ, etc. [2] (Francfort, 1600, petit in-8°). — Cette publication comprend seulement, à la suite du Concile de Verzy, imprimé d'après le manuscrit *L*, trois lettres tirées du même manuscrit (nos 217, 192, 188).

Marg. de la Bigne, *Magna Bibliotheca veterum patrum*, t. X (Cologne, 1618, in-fol.), p. 615-635; — autre édition (Paris, 1644, in-fol.), t. III, col. 687-754. — Réimpressions de l'édition de Jean Masson (*M*).

Despont, *Maxima Bibliotheca veterum patrum*, t. XVII (Lyon, 1677, in-fol.), p. 669-691. — Réimpression de l'édition de Cologne, 1618, complétée, seulement quant à la lettre 181 (159-160), d'après celle de Du Chesne (*D*).

Recueil des historiens des Gaules et de la France, commencé par dom Martin Bouquet, continué par d'autres bénédictins, t. IX (Paris, 1757, in-fol.), p. 272-292, et t. X (1760), p. 387-428. — Ce n'est qu'un choix de lettres, reproduites d'après Du Chesne (*D*) et mises dans un autre ordre.

J.-P. Migne, *Patrologiæ Cursus completus*, 2e série (latine), t. CXXXIX (Paris, 1853, in-4°), col. 201-264. — Cette édition reproduit celle de Du Chesne (*D*), avec une numérotation continue pour les deux séries. Les lettres écrites au nom d'Adalbéron ont été omises dans ce volume et imprimées au tome CXXXVII de la même collection, col. 505-518.

Œuvres de Gerbert, pape sous le nom de Sylvestre II, collationnées sur les manuscrits, précédées de sa biographie, suivies de notes critiques et historiques par A. Olleris (Clermont-Ferrand et Paris, 1867, in-4°). — En faisant connaître le premier les variantes du manuscrit de Leyde (*L*) et le texte de deux lettres jusqu'alors inédites (nos 153 et 154), M. Olleris a rendu un grand service. Mais on lui a reproché avec raison d'avoir bouleversé

---

1. Je ne parle pas des ouvrages dans lesquels on a inséré, sous forme de citation, le texte de quelques lettres de Gerbert. Il y en a un grand nombre.
2. P. xxiv, note 2.

l'ordre des lettres, sous prétexte d'en donner un classement chronologique [1].

Signalons enfin deux traductions françaises des lettres de Gerbert. L'une, donnée par M. Louis Barse, dans le second des deux volumes qu'il a publiés sous ce titre : *Lettres et Discours de Gerbert*, etc. (Riom, 1847, in-16), trahit une connaissance par trop insuffisante de la langue latine. L'autre est due à M. Édouard de Barthélemy, qui l'a placée à la suite de son livre intitulé : *Gerbert, étude sur sa vie et ses ouvrages* (Paris, 1868, in-18). Celle-ci est assez fidèle, mais on souhaiterait, pour rendre le latin de Gerbert, un français plus vif.

IV.

LES DEUX RÉDACTIONS DU RECUEIL.
LES PARTIES SECRÈTES.

On ne peut pas attribuer le recueil des lettres de Gerbert à un compilateur, qui aurait recherché entre les mains des divers correspondants de l'auteur les lettres qu'ils avaient reçues de lui et les aurait rassemblées en collection. Au xe ou au xie siècle, cette recherche, qu'il aurait fallu faire à la fois dans plusieurs pays éloignés les uns des autres, en France, en Lorraine, en Allemagne, en Italie, en Espagne, aurait dépassé les forces d'un homme [2]. D'ailleurs, beaucoup de ces lettres, simples billets d'affaires, n'avaient plus, au bout de peu de temps, ni sens ni valeur; quelle apparence que les destinataires les eussent conservées? Beaucoup aussi, on l'a vu, avaient été rédigées par Gerbert, non pour lui-même, mais pour diverses autres personnes, l'archevêque Adalbéron, la reine Hemma, le roi Hugues, etc. Elles ne portaient pas son nom; ceux-là mêmes à qui elles étaient adressées ne savaient pas qu'il en était l'auteur : qui aurait su le reconnaître après plusieurs années? Lui seul le savait; lui seul a pu former le recueil où on les trouve.

Dans deux de ses lettres, il annonce à ses correspondants qu'il

---

[1]. « Au lieu de respecter », dit M. Riant, « l'ordre des manuscrits et des précédents éditeurs, M. Olleris a cherché à ranger les lettres chronologiquement; ce travail, fait à la légère, n'a abouti qu'à un bouleversement pur et simple et à une édition de l'usage le plus incommode » (Riant, *Inventaire*, p. 37, note 33).

[2]. Boubnov, p. 3.

LES DEUX RÉDACTIONS. LVII

leur envoie la copie d'une lettre antérieure [1]. Il gardait donc des doubles des lettres qu'il écrivait. Ces doubles, pour être conservés commodément, ne devaient pas être écrits sur des feuilles volantes; ils devaient former un cahier ou registre, de format portatif.

Enfin, comme ses lettres étaient des morceaux d'un style recherché, toujours travaillés avec beaucoup de soin, il n'est pas possible de croire qu'il les ait improvisées au courant de la plume : il faisait certainement des brouillons. Selon toute apparence, ce sont ces brouillons qu'il écrivait sur un cahier et auxquels il recourait quand il voulait retrouver le texte d'une ancienne lettre. Le recueil qui nous est parvenu dérive évidemment de ce cahier de brouillons [2]. Les deux anciens manuscrits, *L* et *P*, sont deux copies partielles de ce cahier [3].

Entre ces deux textes, celui du manuscrit *L*, tel que nous le connaissons, et celui du manuscrit *P*, tel qu'on peut le restituer d'après les copies existantes, on remarque trois différences principales :

1° *P* contenait des passages en écriture tachygraphique, *L* n'en contient pas;

2° Chacun des deux textes comprend un certain nombre de lettres qui manquent dans l'autre;

3° Dans un assez grand nombre de passages, l'ordre et le choix des mots sont autres dans *P* que dans *L*.

Les lettres qui contiennent des passages en écriture tachygraphique ou sténographique [4] sont au nombre de treize [5]. Cette

---

1. « Exemplar prioris epistolae nostrae nunc mittimus » (lettre 146, p. 129); « exemplar prioris epistolae remittimus » (lettre 161, p. 143). Cf. Boubnov, p. 4, 363.
2. Écrivant des brouillons, Gerbert a omis le plus souvent les formules de suscription et d'adieu, au commencement et à la fin des lettres. Il ne les a guère écrites que quand il a jugé à propos de leur donner une tournure exceptionnelle. Dans toutes les lettres où ces formules manquent, le lecteur doit les suppléer par la pensée.
3. Je suis, sur tous ces points, d'accord avec M. Boubnov.
4. Sur cette écriture, voir mes deux mémoires lus à l'Académie des inscriptions et belles-lettres en 1887, *l'Écriture secrète de Gerbert* et *la Tachygraphie italienne du Xe siècle* (*Académie des inscriptions*, etc., *Comptes rendus*, 4e série, XV, p. 94-112, 351-374; et à part, chez Alphonse Picard, 2 brochures in-8°, avec planches). Voir aussi Boubnov, p. 262-290, 349-354, 365-366. Au moment où je lisais à l'Académie mon premier mémoire, M. Boubnov, de son côté, donnait, dans une partie de son livre déjà imprimée, mais non publiée, une théorie et un déchiffrement de l'écriture secrète de Gerbert; je n'en ai eu connaissance qu'en 1888, quand son livre a paru. Là encore, nous nous sommes rencontrés sur les points les plus importants, nous nous séparons sur plusieurs détails.
5. Lettres 120, 121, 122, 124, 125, 127, 128, 129, 133, 136, 137, 147, 216. Dans

écriture n'est pas la tachygraphie classique, celle qui avait été en usage dans l'antiquité, puis au temps des Mérovingiens et des Carolingiens, et qu'on désigne sous le nom de *notes tironiennes*. C'est une tachygraphie syllabique, qui ne paraît avoir été employée qu'en Italie[1] et dans la seconde moitié du xe siècle. Gerbert l'apprit probablement au temps de son séjour à la cour d'Otton Ier, en Italie, en 971 et 972. Il s'en est servi encore, pendant son pontificat, pour signer quelques-unes de ses bulles.

Toutes les copies de *P* n'ont pas reproduit les signes tachygraphiques : Masson, dans son édition, les a remplacés par des lettres majuscules, qui n'offrent aucun sens, et Du Chesne n'a pas corrigé cette faute. Mais on en trouve des copies, faites avec soin, dans *V* et dans *B*, ce qui prouve qu'ils avaient été reproduits dans la copie de Nicolas Le Fèvre (*schedæ Fabri*). Un seul passage a été copié, par Pierre Pithou, en marge du manuscrit *L*, directement d'après le vieux manuscrit (*P*)[2].

Dans *L*, les passages tachygraphiques ont été, soit laissés en blanc, soit simplement omis. En outre, dans les lettres qui se trouvent dans *L* seulement et qui manquent dans *P*, on remarque un certain nombre de phrases interrompues par des blancs plus ou moins longs et restées incomplètes[3]. Parfois, en marge de ces endroits, le copiste a tracé quelques traits peu distincts, qui rappellent très vaguement l'écriture tachygraphique de Gerbert et dont il est impossible de tirer un sens[4]. Là encore se trouvaient, sans doute, dans l'autographe, des signes tachygraphiques, que le copiste de *L* n'a pas su reproduire. Ce copiste ne connaissait donc pas ces signes; en effet, on a vu que *L* fut probablement transcrit en France, à Saint-Mesmin, et cette écriture n'était usitée qu'en Italie. Le copiste de *P*, au contraire, les a reproduits; si donc il ne connaissait pas assez cette notation par lui-même pour en opérer le déchiffrement, il vivait dans un milieu où l'on était familier avec la forme des caractères qui la

---

la lettre 114 (*Comptes rendus*, ibid., p. 109, 365), c'est probablement par erreur que Balaze a cru voir un signe tachygraphique.

1. M. Boubnov conteste ce point (p. 366), parce qu'on trouve quelques caractères, appartenant au même système tachygraphique, dans un manuscrit qui, dit-il, n'est pas italien (Bibl. nat., lat. 6620, fol. 57 verso). Mais, dans ce manuscrit, ces caractères n'ont été employés que pour la transcription d'un traité de Gerbert. On peut supposer qu'ils ont été copiés d'après son autographe. Il reste donc vrai que cette écriture, en dehors de l'emploi qu'en a fait Gerbert, ne paraît pas avoir été en usage ailleurs qu'en Italie.

2. Lettre 136 (p. 123), note *l*; p. LII, notes 4 et 5.
3. Lettre 179 (p. 161), note *b*; lettre 190 (p. 177), notes *d*, *e*, *f*; etc.
4. Lettre 192 (p. 182), note 2, etc.; fac-similés, Boubnov, p. 269, 270.

composaient. C'est peut-être une raison de supposer que le manuscrit *P* aura été écrit en Italie ; on verra plus loin quelles présomptions peuvent fortifier cette hypothèse.

La présence des signes tachygraphiques dans *P* et l'omission des passages correspondants dans *L* prouvent que ces passages étaient écrits au moyen des mêmes signes dans l'original commun, le cahier autographe des brouillons de Gerbert. Mais il n'y a aucune raison de supposer qu'ils aient été écrits de la même façon dans les lettres mêmes, expédiées par Gerbert à ses correspondants[1]. Ceux-ci, qui n'étaient pas Italiens, n'auraient pas su les lire. Quant à l'hypothèse d'après laquelle cette écriture aurait rempli l'office d'une cryptographie conventionnelle, dont Gerbert se serait servi pour mander des secrets à ses amis, après leur avoir révélé confidentiellement son système, elle tombe devant le fait qu'on trouve cette prétendue cryptographie dans des lettres échangées entre plus de dix correspondants divers, parmi lesquels étaient des chefs d'armée en guerre l'un contre l'autre, comme le roi Hugues et le prétendant Charles de Lorraine.

Si l'on demande les motifs qui auront déterminé Gerbert à se servir de cette tachygraphie dans les brouillons de ses lettres, on peut en supposer deux : quelquefois, peut-être, il aura cherché simplement à écrire plus vite ; le plus souvent, il aura voulu soustraire certains mots ou certains noms propres à la curiosité de ceux qui auraient pu s'emparer de son cahier.

La comparaison de plusieurs documents analogues a permis, malgré les imperfections des copies *V* et *B*, de déchiffrer la plupart des passages en écriture tachygraphique qui se trouvent dans la correspondance de Gerbert. Toutefois, ce déchiffrement n'offre pas une certitude absolue. Aussi, dans la présente édition, les mots déchiffrés ont été imprimés entre crochets ; le lecteur est averti par là de ne les accepter qu'avec réserve[2].

Le tableau suivant permet de voir au premier coup d'œil quelles sont les lettres qui sont communes aux deux textes *L* et *P* et

---

1. *Comptes rendus*, ibid., p. 110, 111. L'opinion contraire est soutenue par M. Boubnov, p. 278-289.
2. M. Boubnov a lu à peu près comme moi les passages secrets des lettres 121, 124, 125 (titre), 128, 129 ; j'ai adopté sa lecture pour celui de la lettre 216. Il a proposé d'autres lectures aux lettres 120 (*Hugonis* au lieu de *Hu. regis*), 122 (.......... *episcoporum Laudunensis* au lieu de *nepos meus episcopus Verdunensis*), 127 (il repousse *Gibuino*, sans rien proposer à la place de ce nom) et 133 (*Ildrico* au lieu de *Gibuino* ; Ildric aurait été, selon lui, un second nom d'Hervé, évêque de Beauvais). Il n'a donné aucun déchiffrement pour les lettres 125 (texte), 136, 137 et 147.

celles qui ne se trouvent que dans l'un ou l'autre. Il indique en même temps l'ordre selon lequel elles se succèdent dans les deux textes. Les lettres sont désignées par les numéros de cette édition.

TEXTE L.	TEXTE P (VM).
Lettres 1-38	Lettres 1-38
» »	— 39
— 40	— 40
» »	— 41
— 42-46	— 42-46
» »	— 47-52
— 53	— 53
» »	— 54-66
— 67-88	— 67-88
» »	— 89, 90
— 91 (incomplète)	— 91 (complète)
— 92, 93	— 92, 93
» »	— 94
— 95, 96	— 95, 96
» »	— 97, 98
— 99	— 99
» »	— 100
— 101-110	— 101-110
» »	— 111
— 112-116	— 112-116
— 117 (incomplète)	— 117 (complète)
— 118-135	— 118-135
— 136 (incomplète)	— 136 (complète)
» »	— 137
— 138-146	— 138-146
» »	— 147
— 148-152	— 148-152
— 153-180	» »
Concilium Mosonse	» »
Oratio in concilio Causeio	» »
Lettre 181 (complète)	» » (voir plus bas)
— 182-185	» »
— 186, 187	— 186, 187
— 188-212 [1]	» »
» »	— 213-216
» » (voir plus haut)	— 181 (incomplète)

En ce qui concerne l'ordre des lettres, on voit qu'une seule, le n° 181, occupe un rang différent dans les deux colonnes du

---

1. Si l'on admet l'hypothèse émise p. LI, on devra ajouter, immédiatement après ces lettres, les trois fragments cités par N. Vignier (n°ˢ 218-220).

tableau; sauf cette exception unique, dont il faudra tout à l'heure chercher la cause, l'ordre de *P* s'accorde exactement avec celui de *L*. On devait s'attendre à ce résultat : *P* et *L* ont suivi tous deux l'ordre du cahier autographe. La différence principale entre ces deux textes consiste donc dans les omissions de l'un et de l'autre. Mais les omissions de *L* n'ont pas le même caractère que celles de *P*. Ce dernier texte omet toute une moitié du recueil, depuis la lettre 153, à l'exception seulement de deux lettres assez courtes et d'un fragment d'une troisième. Les lettres ou fractions de lettres qui manquent dans *L*, au contraire, ne forment pas un groupe ; elles sont dispersées dans toute la collection et semblent avoir été choisies une à une.

Cette dernière circonstance a frappé l'attention de plusieurs auteurs et leur a suggéré une hypothèse spécieuse. Les lettres qui manquent dans *L* sont, a-t-on dit, des lettres politiques[1], elles contiennent des détails sur le rôle joué par Gerbert en France, particulièrement de 984 à 987 : ces détails auront paru dangereux ou compromettants et l'on aura cru prudent de les supprimer[2]. Adalbéron et Gerbert, résidant en France, avaient servi secrètement l'Allemagne contre deux rois de France, Lothaire et Louis V ; il ne fallait pas que cela fût publié quand Gerbert, archevêque de Reims et grand chancelier de France, sollicitait l'appui des Français et de leur roi Hugues contre son compétiteur Arnoul. Le manuscrit *L* serait donc une édition du recueil des lettres de Gerbert, édition que l'auteur lui-même aurait expurgée, pour la publier en France, au temps de son archiépiscopat[3].

Mais, quand Gerbert servait l'Allemagne contre les rois de France, ces rois étaient les deux derniers Carolingiens et son parti les combattait avec l'appui ou au moins l'acquiescement tacite de Hugues, alors duc de France : pourquoi se serait-il caché d'avoir été de ce parti, quand plus tard Hugues, devenu roi, vivait en bonne intelligence avec l'Allemagne ? Voici, par

---

1. « Le seul manuscrit ancien qui nous reste, celui du fonds de Vossius à Leyde...... embrasse à la fois les deux séries, mais retranche de l'une trente et de l'autre quatre lettres, la plupart politiques, pour ne conserver que ce que j'appellerai les lettres *rhétoriques* » (Riant, *Inventaire*, p. 37).
2. « La main d'un ami ne les aurait-elles pas éliminées de ce recueil ? On sait (?) que Richer jette un voile dans son histoire sur cette période de la vie de son maître, qui n'eût pas été fâché sans doute d'en laisser ignorer les détails à la postérité » (Olleris, p. ix).
3. Tel est le système soutenu par M. Boubnov (p. 228-238).

exemple, la lettre 48, écrite en 985, qui avait pour unique objet de persuader à des sujets d'Otton III que Hugues, sous le règne nominal de Lothaire, était déjà roi de fait et que son alliance était des plus précieuses : il n'y avait pas là de quoi compromettre Gerbert auprès de Hugues. La lettre 57 est un plaidoyer destiné à prouver qu'il n'était pas vrai que l'archevêque Adalbéron trahît le roi de France (985); qui pouvait trouver à redire à cela, après que l'archevêque, poursuivi sous cette inculpation de trahison, avait été acquitté par un jugement de la cour de France, assemblée sous la présidence de Hugues? D'autre part, si Gerbert avait voulu retrancher de son recueil les passages qui témoignaient de ses liens avec l'Allemagne, y aurait-il laissé la lettre 53, où l'archevêque Adalbéron, chargé de commander, au nom de Lothaire, la garnison de Verdun, laissait voir sa mauvaise volonté à exécuter les ordres du roi? la lettre 79, où il accablait d'invectives les habitants de Verdun, parce qu'ils n'avaient pas voulu se soumettre à Otton III? la lettre 159, où il proclamait bien haut qu'il n'avait jamais prêté de serment qu'au seul Otton II et qu'il n'attendait de récompense que de l'impératrice sa veuve? la lettre 160, où, par sa plume, l'archevêque Arnoul se plaignait que l'ordre du roi de France l'éloignât de la cour de l'impératrice? Enfin, s'il avait fait des coupures dans son recueil en vue d'une publication en France, au moment où il défendait son archevêché contre Arnoul, déposé et condamné pour trahison, n'aurait-il pas supprimé avant tout les lettres 164 et 165, qui témoignaient de sa complicité momentanée avec le traître?

Les lacunes du texte *L* doivent s'expliquer autrement. Les lettres qui manquent dans ce texte sont celles qui ont paru dangereuses, non au moment où l'on copiait le recueil, mais au moment même où elles étaient écrites; ce sont celles qui auraient compromis Adalbéron et Gerbert, non auprès de Hugues, mais auprès de Lothaire et de Louis V. Dans la lettre 39, par exemple, Gerbert donne avis à un sujet d'Otton III des projets de Lothaire contre la Lorraine et l'invite à s'y opposer; dans la lettre 41, il engage un de ses correspondants à rechercher l'alliance de Hugues contre Lothaire; dans les lettres 47-52, il transmet des messages secrets, adressés aux Lorrains et aux Allemands, ennemis de la France, par des seigneurs lorrains prisonniers des Français; dans la lettre 54, il avoue les ruses par lesquelles Adalbéron et lui s'ingénient à tromper le roi Lothaire. Les lettres suivantes témoignent des relations amicales de l'archevêque de Reims avec des ennemis des deux derniers Carolingiens, l'archevêque de Trèves, la duchesse Béatrix de Lorraine et son fils l'évêque de Metz, l'évêque de Liège, l'impératrice Théophano. Sous Louis V, l'archevêque Adalbéron, frappé de disgrâce par le roi de France, voit sa vie en danger ; il en fait ses plaintes à l'impératrice et lui envoie deux hommes de confiance, chargés de s'entendre avec elle : cette lettre (n° 89) manque dans *L*. La lettre 91, adressée à Raimond d'Aurillac, contient d'abord des félicitations adressées à ce religieux au sujet de son élévation à la dignité d'abbé, ce qui ne pouvait blesser personne ; ensuite viennent des confidences politiques et Gerbert s'avoue franchement dévoué à l'Allemagne contre le roi de France : le début inoffensif est transcrit dans *L*, la suite manque. Les lettres omises ensuite sont le n° 95, où Gerbert conseille à l'archevêque de bien garnir de troupes châteaux de Lorraine, c'est-à-dire ceux où il pourrait se réfugier s'il était menacé par Louis V ; le n° 97, où l'on voit la reine-mère Hemma conspirer avec les Allemands contre son fils Louis V ; le n° 98, où l'évêque de Laon proteste contre une décision du roi Louis qui l'a banni de sa ville épiscopale ; le n° 100, adressé à un prélat du royaume d'Otton III, l'archevêque de Cologne, etc.

Par contre, *L* donne la lettre 53, qu'il aurait été vain de vouloir cacher à Lothaire, puisqu'elle lui était adressée ; la lettre 79, qui témoigne, il est vrai, du dévouement de son auteur à la cause allemande, mais qui fut écrite dans un temps où le gouvernement de Louis V se montrait favorable à cette cause ; la lettre 101, écrite à l'archevêque de Cologne au moment où la paix se faisait entre la France et l'Allemagne, etc.

Ainsi, les lettres que Gerbert, au moment où il les écrivait, avait intérêt à soustraire à la connaissance des autorités royales, n'ont pas été reproduites par le copiste de *L*. Pourtant, elles figuraient, comme les autres, sur son cahier de brouillons, puisqu'elles ont trouvé place, chacune à son rang, dans le texte *P*. Il faut donc qu'elles y aient été écrites de façon à pouvoir être lues par le copiste de *P* et à échapper à celui de *L*. Or, on a vu que le manuscrit *P* devait avoir été exécuté dans un milieu où l'on connaissait la tachygraphie syllabique italienne, tandis que le copiste de *L* n'en avait aucune notion et passait les endroits écrits en caractères tachygraphiques. Il est permis d'en conclure que les lettres qui sont dans *P* et qui manquent dans *L* étaient écrites en tachygraphie dans l'autographe. C'était un bon moyen pour qu'elles ne pussent être lues, si le cahier avait été saisi par les rois Lothaire et Louis V ou par leurs agents : hors de l'Italie, personne ne connaissait ces caractères et ne pouvait en deviner le sens[1].

Il y a deux lettres, les n°[s] 91 et 117, dont le commencement est à la fois dans *L* et dans *P*, la fin dans *P* seulement. Dans chacune de ces deux lettres, la phrase qui forme la transition entre la première partie et la seconde est, dans *L*, mutilée d'une façon assez singulière : certains mots sont transcrits, d'autres omis, de manière à faire un assemblage vide de sens :

TEXTE *L*.

Lettre 91 : Presertim cum sine praesentia credere me fidei militum quia sunt, nec satis sciam utrum exercitum.

Lettre 117 : Et quia omnibus comprovintialibus Italia expulsum.

TEXTE *P*.

Praesertim cum sine praesentia dominae meae Th. credere me non ausim fidei meorum militum, quia Itali sunt, nec satis sciam utrum exercitum ante autumnum in Italiam deducam, *etc.*

Et quia omnibus provincialibus notum, Italia expulsum, sed in fide non ficta praestantem habemus abbatem Gerbertum, *etc.*

Il est aisé de comprendre ce qui s'est passé. Gerbert avait commencé à écrire chacune de ces deux lettres, sur son cahier, en écriture ordinaire. Arrivé à un certain point, il s'est aperçu que ce qu'il écrivait pouvait le compromettre et il a commencé à écrire en tachygraphie quelques mots, *dominae meae Th.*, *non ausim*, *meorum*, *Itali* (lettre 91), *notum* (lettre 117), afin de brouiller la phrase et de la rendre inintelligible; puis il a trouvé que cet expédient n'était pas suffisant et il s'est décidé à écrire tout le reste de la lettre en signes tachygraphiques. Toute autre hypothèse expliquerait difficilement des mutilations d'un caractère aussi particulier.

---

1. Chacune de ces lettres a été signalée, dans la présente édition, par les mots « lettre secrète », placés immédiatement après la date. La circonstance qu'une lettre est secrète n'est pas inutile à connaître pour en bien comprendre le sens; voir par exemple p. 102, note 2. — Il faut probablement retrancher du nombre des passages secrets le dernier alinéa de la lettre 136 et la lettre 137 (p. 123, notes 4 et 6). En effet, l'abréviation *Rq.*, qui figure dans *L* à l'endroit où devraient être ces deux passages, signifie apparemment *Require*, c'est-à-dire « voyez » ou « voir ». Il devait y avoir là, dans le cahier autographe, un renvoi à un paragraphe écrit dans la marge ou sur un feuillet supplémentaire annexé au cahier. Le copiste de *L* a transcrit servilement l'indication de ce renvoi sans en comprendre le sens; celui de *P*, qui travaillait (on va le voir) sous les yeux de Gerbert, ne pouvait s'y tromper.

Un certain nombre de lettres [1] avaient dans *P* des titres, indiquant à qui elles étaient adressées, et n'en ont pas dans *L*. Ces titres aussi devaient être écrits en tachygraphie dans le cahier autographe.

Quant aux lettres elles-mêmes, elles devaient toujours, bien entendu, être rédigées en écriture ordinaire. Ce qui a été dit plus haut des passages qui nous ont été conservés en écriture tachygraphique est applicable ici. Toute la garantie du secret, quant aux originaux, était donc dans la fidélité du messager chargé de les porter. Mais le danger, de ce côté, disparaissait aussitôt que la lettre était arrivée à destination [2]. Au contraire, le cahier de brouillons, qui restait, aurait constitué un danger permanent, sans l'ingénieuse précaution de Gerbert.

Il reste une difficulté. Si les lettres écrites tout entières ou pour la plus grande partie en tachygraphie dans l'autographe ont été transcrites en écriture ordinaire dans le manuscrit *P*, pourquoi les passages tachygraphiques plus courts, dont il a été question ci-dessus, ont-ils été reproduits par le même manuscrit *P* en signes secrets et non en transcription? Il faut supposer qu'au moment où l'on faisait la copie *P*, Gerbert lui-même, ou plus vraisemblablement une autre personne au courant du système d'écriture dont il s'était servi, un Italien par conséquent, aura examiné l'autographe et préparé pour le copiste une transcription des lettres ou portions de lettres écrites en tachygraphie [3]. Les passages plus courts, dispersés dans les autres lettres, auront pu facilement échapper à l'attention de ce reviseur, en sorte qu'il aura oublié d'en donner la transcription et que le copiste aura été réduit à les reproduire tels quels. Ce n'est là qu'une hypothèse; peut-être en trouvera-t-on une meilleure: celle-ci suffit, en tout cas, à résoudre la difficulté.

---

1. Lettres 83, 84, 85, 95, 99, 102, 103, 107, 113, 115, 117, 118, 148 (Boubnov, p. 214). M. Boubnov ajoute à cette liste le n° 135; mais, dans cette lettre, le titre *Archiepiscopo*, omis par *M* comme par *L*, doit être une addition conjecturale faite par Nicolas Le Fèvre. — Au titre de la lettre 112, tous les mots autres que *Hu. Bor.* devaient être en tachygraphie dans l'autographe. — C'est aussi en tachygraphie que devaient être écrits le mot *fratrem* dans la lettre 93 (p. 80, note *c*) et le mot *fratris* dans la lettre 118 (p. 108, note *b*).
2. A moins d'une trahison du destinataire, hypothèse prévue dans la lettre 54 (p. 52, note 1).
3. Ce reviseur paraît s'être trompé, lettre 137, sur le sens du signe qui représentait la première syllabe du nom du comte Sigibert: il a lu cette note, par erreur, à ce qu'il semble, *ceu* au lieu de *si* (p. 123, note *c*). Il s'est probablement trompé aussi dans le déchiffrement des lettres 58 et 59 (p. 56, note 12, et p. 58, note 9).

L'omission des lettres 213-216 dans *L* ne doit pas s'expliquer de la même façon, car Gerbert n'avait aucune raison de les tenir secrètes. Elles paraissent avoir été écrites pendant un même voyage d'Italie, en 996, et nous n'avons aucune autre lettre du temps de ce voyage : peut-être Gerbert n'avait-il pas emporté cette fois-là avec lui son cahier de brouillons et le copiste de *P* aura-t-il pris ces lettres ailleurs pour en grossir son recueil.

Ce manuscrit *P*, pour lequel on prit la peine de transcrire les lettres qui étaient écrites en tachygraphie et d'ajouter au recueil des lettres qui n'en faisaient pas partie, ne fut donc pas, comme *L*, une simple copie, faite loin de l'auteur, par un scribe appliqué à transcrire, du mieux qu'il pouvait, le cahier autographe tel qu'il se présentait : ce fut une édition, préparée et arrangée par les soins de Gerbert lui-même. L'hypothèse d'une omission volontaire, à laquelle il a fallu renoncer quand il s'agissait d'expliquer les lacunes de *L*, devient dès lors très vraisemblable[1] pour celles de *P*. En effet, la série qui a été omise dans le texte *P* (n°s 153-212) comprend les lettres écrites depuis la mort de l'archevêque Adalbéron (989) jusqu'à la fin du séjour de Gerbert en France (997), c'est-à-dire pendant une période de sa vie dont il pouvait se soucier peu de rappeler le souvenir. On le voyait, durant cette période, d'abord serviteur zélé du traître Arnoul, puis son complice, puis, après son élection à l'archevêché de Reims, réduit à défendre sa place contre les prétentions de son compétiteur et sa personne contre l'excommunication du pape. On le voyait, de plus, presque uniquement occupé des affaires de France et des intérêts français. Si, selon une hypothèse émise plus haut[2], le manuscrit *P* a été copié en Italie, ce dut être quand Gerbert s'y trouvait avec Otton III, à partir de 998; attaché à la cour de l'empereur, il pouvait aimer mieux rappeler le temps où il servait Otton II (983), puis le jeune Otton III et sa mère Théophano (984 et années suivantes), que celui où il vivait des bienfaits du roi de France (990-997). Peut-être aussi crut-il plus convenable, par égard pour le pape Grégoire V, parent de l'empereur, de supprimer toute allusion à ses démêlés avec le saint-siège. Il retrancha donc cette partie de son recueil, et, pour représenter les temps postérieurs à la mort de l'archevêque

---

1. Dans cet alinéa, je me retrouve, en général, d'accord avec M. Boubnov (p. 243-244).
2. P. LVIII, LIX.

Adalbéron, il conserva ou ajouta seulement sept lettres : deux qui témoignaient hautement de la faveur et de la bienveillance d'Otton III à son égard (n°° 186 et 187); quatre autres, que l'empereur l'avait chargé de rédiger en son nom (n°° 213-216); et, enfin, le début de la lettre 181. Celle-ci, marquant sa rupture avec la cour de France, était la garantie du lien qui attachait définitivement sa fortune à celle d'Otton III. C'est pourquoi (ou du moins il est permis de faire cette conjecture), au lieu de la laisser au rang que lui assignait sa date, il voulut lui donner une place qui la mît particulièrement en relief; il en fit la dernière du recueil. Ainsi fut constitué le texte *P*, destiné, selon toute probabilité, à être mis sous les yeux d'Otton III.

Cette conclusion est confirmée par l'examen comparatif des leçons du texte *L* et du texte *P*[1].

Beaucoup des variantes qui distinguent ces deux textes ne peuvent s'expliquer par des fautes de copiste; par exemple : dicunt *L*, vocant *P* (lettre 2); feruntur *L*, dicuntur *P* (lettre 3); sancti *L*, beati *P* (lettres 27 et 83), etc.[2]. L'un ou l'autre texte a été volontairement corrigé; l'un ou l'autre est un texte revisé par l'auteur. Or, en général, ce sont les leçons de *L* qui semblent les plus simples ou les plus spontanées. Dans celles de *P*, on sent des modifications introduites, soit par l'inadvertance du copiste, soit, le plus souvent, si je ne me trompe, par un scrupule de correction qui tend à éliminer les plus petites négligences, fût-ce aux dépens du naturel et de la vivacité. C'est un genre de méfait dont un auteur peut se rendre coupable envers ses propres productions, s'il les revise à quelque distance des circonstances qui les lui ont inspirées. Voici divers exemples de ces modifications, dont la plupart semblent devoir être mises au compte de Gerbert lui-même :

Lettre 9 : indigentiam vestram, nostram putamus *L*, indigentiam vestram putamus nostram *P*. — La juxtaposition des mots *vestram* et *nostram* donnait de l'énergie à l'expression; mais on aura pu trouver qu'elle nuisait à la clarté.

---

1. Un relevé complet des variantes de ces deux textes a été donné par M. Boubnov (p. 192-215). — Dans la présente édition, où les leçons de *L* ont été généralement préférées, celles de *P* sont indiquées dans les notes par les lettres *VMD*; quand, au contraire, une leçon de *L* figure en note, c'est celle de *P* (*VMD*) qui a été reçue dans le texte.

2. Voir Boubnov, p. 200; et les transpositions, ci-après, p. 2, *c*; p. 3, *b*; p. 7, lettre 9, *b*, etc.; Boubnov, p. 192-194.

Lettre 70 : cui utinam voto faveat divinitas *L*, cui voto utinam faveat divinitas *P*. — *Cui utinam* était plus vif; *cui voto* et *utinam faveat* sont plus réguliers.

Lettre 72 : vos solum gravia pati putatis, qui quae asperrima caeteris sint ignoratis *L*, quaeque asperrima caeteris sint ignoratis *P*. — *Qui quae* a pu paraître, à juste titre, dur et peu élégant; mais les deux membres de phrase étaient mieux liés.

Lettre 73 : gloriosissimus rex Francorum Lotharius, clarissimum sidus *L*, gloriosissimus rex Lotharius, Francorum clarissimum sidus *P*. — La leçon de *L* était simple; celle de *P* est d'une élégance recherchée, d'ailleurs bien dans le goût de Gerbert.

Lettre 81 : volumina vestrum iter sint comitantia *L*, sint comitata *P*. — Le verbe *comitor* étant déponent, on aura jugé après coup l'emploi du participe passé, au sens actif, plus élégant ou plus correct que celui du participe présent; mais celui-ci était plus juste pour le sens.

Lettre 95 : hactenus ignorantiae[1] nos deviasse sufficiat *L*, hactenus ignorantia, *etc.*, *P*. — Le génitif régi par un adverbe pouvait paraître obscur; mais, en faisant disparaître cette obscurité, on a remplacé une phrase expressive par une phrase plate.

Lettre 116 : divinitate propitia bene valentes, ut amplius valeamus optamus *L*, ut amplius valeatis optamus *P*. — La leçon de *P* est plus polie, celle de *L* plus sincère : celle-ci doit être venue la première à l'esprit de l'auteur.

Lettre 128 : et ut causam doli investigetis, si tamen dolus est *L*, et ut causam doli, si tamen dolus est, investigetis *P*. — La leçon de *L* est plus conforme à l'ordre naturel de la pensée; mais on a dû s'aviser que *tamen*, se rapportant à *doli*, ne devait pas être séparé de ce nom par le verbe *investigetis*, et on a substitué la tournure plus savante et un peu raide de *P*.

Lettre 186 : et in eis (versibus) floruero *L*, viguero *F*. — Ce *floruero* a paru une figure trop hardie.

Le manuscrit *L* donne donc une transcription exacte du texte primitif, tandis que *P* offre un texte revisé, à ce qu'il semble, dans un esprit de correction un peu pédantesque, comme le serait un texte arrangé à l'usage d'un écolier. C'est que *L* représente une simple copie prise sur le cahier autographe, tandis que *P* est une édition préparée par Gerbert, pour son disciple impérial, le jeune Otton III.

---

1. « Jusqu'à ce point d'ignorance. »

Les considérations et les hypothèses qui précèdent peuvent se résumer ainsi :

Gerbert avait un cahier sur lequel il écrivait les brouillons de ses lettres. Le texte *L* offre une copie fidèle de cet autographe, prise à Saint-Mesmin, près d'Orléans, sous le pontificat de Silvestre II (999-1003), pour son ami Constantin, à qui il avait communiqué son cahier; ce texte représente la première rédaction de l'auteur. Le texte *P*, au contraire, est une rédaction revue et abrégée du recueil contenu dans le même cahier, rédaction faite sous les yeux de Gerbert, pour Otton III, en Italie, au plus tôt en 998.

Le cahier autographe contenait les lettres 1-180, le Concile de Mouzon, l'*Oratio in concilio Causeio* et les lettres 181-212 et 218-220; mais les lettres 39, 41, 47-52, 54-66, 89, 90, 94, 97, 98, 100, 111 et 147 tout entières, la seconde moitié des lettres 91 et 117 et quelques parties de diverses autres lettres y étaient écrites en signes tachygraphiques. Le texte *L* a omis tous les passages écrits au moyen de ces signes. Le texte *P* a donné, pour le plus grand nombre de ces passages, une transcription en écriture ordinaire, et, pour quelques-uns seulement, une reproduction des signes mêmes employés par Gerbert[1]. Les lettres 213-216 ne figuraient probablement pas dans le même cahier que les autres. La rédaction *P*, qui les donne seule, a, par contre, retranché du recueil tout ce qui suivait la lettre 152, à l'exception des lettres 186, 187 et du début de la lettre 181[2].

Le texte *P*, perdu, nous est connu par des copies, dont les principales sont le manuscrit *V* et l'édition *M*. Toute leçon commune à *L* et à *V*, ou à *L* et à *M*, est donc commune aux deux rédactions : elle remonte nécessairement au cahier autographe et doit être admise sans hésitation. Si, au contraire, une leçon est dans *L*, une autre dans les diverses copies de *P*, c'est-à-dire une dans la première rédaction, une dans la seconde, il faut distin-

---

1. La fin de la lettre 136 et la lettre 137 étaient écrites pour la plus grande partie, dans le cahier autographe, en écriture ordinaire et contenaient chacune un passage en tachygraphie; elles figuraient, soit en marge, soit sur un feuillet annexé au cahier, et elles ont échappé au copiste de *L* (ci-dessus, p. LXIV, note 1).

2. La lettre 217, dont il n'a pas été question jusqu'ici, ne faisait pas partie du recueil des lettres. C'est un ouvrage à part, qu'on a compris dans la présente édition seulement à cause de sa forme épistolaire. — Le cahier autographe contenait peut-être encore d'autres lettres, qui ne nous seront pas parvenues : si, par exemple, la partie du recueil qui a été retranchée dans *P* contenait des lettres en tachygraphie, *L* les aura passées purement et simplement.

guer deux cas : ou la différence entre les textes *L* et *P* peut s'expliquer par une faute de copie d'un côté ou de l'autre, et alors il faudra préférer celle des deux leçons qui paraîtra intrinsèquement la meilleure [1]; ou la différence semble due à une correction volontaire, et alors la leçon de *L* est celle qui se lisait dans la lettre même, telle que Gerbert l'écrivit, tandis que celle de *P* est une correction faite par lui après coup. Dans ce dernier cas, la leçon de *L* devra être préférée, non seulement au point de vue historique, mais aussi au point de vue littéraire, car Gerbert, en revisant le texte de son recueil, l'a plutôt gâté qu'amélioré.

V.

L'ORDRE ET LA DATE DES LETTRES.

Les lettres de Gerbert ne sont pas datées [2].

Selon la plupart des auteurs, il n'y a aucune relation entre l'ordre dans lequel les manuscrits les donnent et celui des temps où elles ont été écrites. Quand on en a formé le recueil, « on n'a gardé aucun ordre chronologique entre elles [3]. » Cette opinion, accréditée depuis trois siècles [4], a été admise presque unanimement jusqu'aujourd'hui [5].

---

1. Deux variantes de cette classe reviennent très fréquemment : *vel* dans *L*, *et* dans les copies de *P* (*VMD*); *Deus* dans *L*, *Dominus* dans *VMD*. Et *et Dominus* sont probablement des fautes des copistes modernes, qui auront mal compris les abréviations ꝟ (*vel*) et dn̄s (*Deus*). Dans la langue de Gerbert, *Dominus* est synonyme, non de *Deus*, mais de *Christus* ou *Filius Dei*; il répond au français « Notre-Seigneur » (lettre 192, p. 179; lettre 193, p. 183; lettre 207, p. 196; lettre 208, p. 197, etc.). Il résulte de là que, dans les lettres « secrètes », omises par *L* et transmises seulement par *VMD*, le mot *Dominus*, presque partout où il se rencontre, devrait être corrigé en *Deus*.

2. Excepté une seule, la lettre 71, qui porte pour titre : « Stephano diacono urbis Romae, data VI non. martias » (p. 67). M. Boubnov a proposé (p. 363) de détacher les mots *VI non. martias* de ce titre et de les joindre à la première phrase de la lettre; mais le mot *data* rend, à mon avis, cette hypothèse inadmissible.

3. *Histoire littéraire*, VI (1742), p. 593.

4. Déjà Nicolas Vignier, dans le tome II de la *Bibliothèque historiale* (1587), date arbitrairement les lettres qu'il cite d'après *L* et n'a aucun égard à l'ordre du manuscrit.

5. Les continuateurs de dom Bouquet, dans les tomes IX et X du *Recueil des historiens*, ont classé et daté à leur guise les lettres de Gerbert qu'ils ont

Elle ne saurait se concilier avec la théorie émise ici, d'après laquelle le recueil qui nous est parvenu dérive d'un cahier où Gerbert écrivait les brouillons de ses lettres. Dans un cahier de brouillons, les lettres se suivent nécessairement dans l'ordre même où elles ont été composées. Pour lire la correspondance de Gerbert dans l'ordre des dates, il n'y a donc qu'à la lire comme elle se présente. Telle est la conclusion qu'indique le raisonnement *a priori*; telle est celle que j'avais d'abord été tenté d'adopter sans restriction et qui vient d'être soutenue dans un ouvrage récent [1].

Mais un raisonnement *a priori* doit être contrôlé, toutes les fois que cela peut se faire, d'après d'autres indices. Beaucoup des lettres de Gerbert contiennent des données qui permettent de les dater approximativement. Il faut donc examiner si les dates qu'on peut fixer ainsi s'accordent avec le principe du classement chronologique du recueil [2].

On va voir, par cet examen, que ce principe se vérifie, mais non pas d'une manière absolue. Il est vrai pour les 180 premières lettres, tandis que pour les suivantes on est contraint d'admettre l'hypothèse d'une interversion dans le recueil primitif.

Les lettres 1, 2, 10, 11, qui sont adressées à l'empereur Otton II, et les lettres 3, 4, 5, 6, 12 et 13, qui parlent de lui comme du souverain régnant, sont antérieures au 7 décembre 983, date de la mort de cet empereur.

Les lettres 14, 15, 16, 18, 19, 23 font allusion à la perte récente du monastère de Bobbio, d'où Gerbert fut chassé à la fin

---

reproduites. Roger Wilmans, en 1840, a émis l'avis que les lettres devaient se suivre par ordre de dates dans le recueil (Wilmans, p. 144); mais son opinion a été généralement rejetée. Un classement différent de celui de dom Bouquet, mais non moins arbitraire, a été proposé par M. Olleris (p. IX de sa préface; ci-dessus, p. LVI, note 1), un autre par le R. P. Colombier (*Études religieuses*, etc., *de la Compagnie de Jésus*, 4ᵉ série, IV, 1869, p. 299-316, 445-458). Enfin, en 1885, M. G. Monod a encore déclaré se ranger à l'avis des auteurs de l'*Histoire littéraire* (*Revue historique*, XXVIII, p. 247). Voir la note suivante.

1. Par M. Boubnov, dans la première partie de son ouvrage, publiée tandis que ce volume était sous presse. Le savant russe n'admet qu'une exception au principe : la lettre 181, dit-il, étant donnée par les deux textes L et P, à deux places différentes, complète dans le premier, incomplète dans le second, a dû être déplacée en même temps que mutilée par P et est à sa vraie place dans L. Pour tout le reste du recueil, selon lui, l'ordre des manuscrits correspond rigoureusement à l'ordre chronologique (Boubnov, p. 179).

2. M. Boubnov promet cet examen pour la seconde partie de son ouvrage, qui n'a pas encore paru (14 mars 1889).

de 983; la lettre 20, à la mort d'Otton II (7 décembre 983); les lettres 22, 26, 27, 30, 32, 34, 35, aux tentatives de Henri de Bavière pour supplanter le petit roi Otton III (984). Les lettres 14 et 23, adressées au pape Jean XIV, et la lettre 22, où il est parlé de lui, sont antérieures au mois d'avril 984, où ce pontife fut détrôné et emprisonné par l'antipape Boniface VII; les lettres 27 et 34, où Gerbert se plaint des dangers qu'Otton III court entre les mains de Henri de Bavière, sont antérieures au 29 juin 984, date à laquelle le petit roi fut rendu à sa mère, l'impératrice Théophano. Les lettres 31-33 sont écrites du vivant de l'évêque de Metz Thierry, qui mourut le 7 septembre 984. Toutes ces lettres sont donc de la première partie de l'année 984.

La lettre 39 dénonce le complot formé contre Otton III et Théophano par Henri de Bavière et les rois de France Lothaire et Louis V, qui ont, dit cette lettre, pris rendez-vous à Vieux-Brisach, sur le Rhin, pour le 1er février. Ce ne peut être, ni le 1er février 984, date trop rapprochée de la mort d'Otton II (7 décembre 983) pour que le complot eût eu le temps de se former, ni le 1er février 986, date postérieure à la paix définitive entre Henri et Théophano (juin-juillet 985). C'est donc le 1er février 985, et la lettre qui annonce ce projet d'entrevue a dû être écrite vers la fin de 984.

Les lettres 47, 49, 50, 51 et 52 rendent compte des entretiens que Gerbert a eus, le 31 mars, avec les comtes lorrains Godefroi, Sigefroi, etc., prisonniers de Lothaire. Richer nous apprend que ces comtes furent pris à Verdun, l'année qui précéda la mort de Lothaire, c'est-à-dire en 985. Les lettres 47 et 49-52 sont donc du 31 mars ou des premiers jours d'avril 985.

Les lettres 53 et 57 sont adressées au roi Lothaire, qui mourut le 2 mars 986; l'une le montre maître de la place de Verdun, qu'il prit au commencement de 985, l'autre fait allusion à ses prétentions sur la Lorraine, prétentions qu'il déclara vers la même date. Ainsi, ces deux lettres sont de la dernière année de son règne.

Du n° 58 au n° 70, les allusions contenues dans les lettres sont obscures et fournissent peu de données chronologiques. Mais la lettre 71 porte une date précise : elle est du 2 mars 986, jour de la mort du roi Lothaire. Les lettres 73, 74, 75, qui font allusion à cette mort comme à un fait tout récent, sont du même jour ou des jours suivants.

La lettre 89 mentionne des faits du règne de Louis V, fils de

Lothaire, qui nous sont connus par la chronique de Richer. Dans la lettre 91, Gerbert dit qu'il y a près de trois ans qu'il est en France auprès de l'archevêque Adalbéron : or, il était revenu de Bobbio à Reims presque aussitôt après la mort d'Otton II, 7 décembre 983; cette lettre est donc de la seconde partie de l'année 986. En effet, il y est fait mention d'une campagne d'Otton III contre les Slaves, qui eut lieu dans l'été de cette année. La lettre 96 est écrite peu après la mort d'un abbé de Saint-Pierre de Gand, Adalwin, dont le successeur fut élu vers juillet-octobre 986. Dans la lettre 97, il est parlé de la mort de Lothaire et du gouvernement de son fils Louis V; la lettre 101 nomme également le roi Louis et sa mère Hemma. Toutes ces lettres sont donc du règne de Louis V (986-987).

La lettre 107 est écrite au nom du roi Hugues, au début de son règne. Le roi parle de la fidélité que ses sujets lui ont jurée et enjoint à l'archevêque de Sens de lui prêter le même serment avant le 1er novembre. Son avènement étant de juin 987, la lettre a dû être écrite en 987, entre juin et novembre. La lettre 111, écrite au nom du même Hugues, est un peu postérieure : elle donne à Robert, fils de Hugues, le titre de roi, qu'il reçut le 25 décembre 987. La lettre 112 annonce une expédition du roi contre les Sarrasins d'Espagne et parle du jour de Pâques comme d'un terme prochain. Or, nous savons par Richer que le couronnement de Robert, en décembre 987, eut lieu en vue de cette expédition d'Espagne. La lettre 112 est donc de 988, avant Pâques.

A partir de la lettre 115, on rencontre des allusions au soulèvement de Charles de Lorraine contre Hugues, à la captivité de la reine Hemma et de l'évêque Ascelin à Laon et aux sièges que Charles soutint contre les rois dans cette ville (lettres 115, 119-123, 125, 128, 132, 136). D'après Richer, ces évènements eurent lieu après le couronnement de Robert et avant la mort de l'archevêque Adalbéron, c'est-à-dire en 988.

Les lettres 150, 152, 153 mentionnent la mort de cet archevêque (23 janvier 989). La lettre 155 est l'acte d'élection de son successeur Arnoul. La lettre 160 paraît avoir été écrite au nom du nouvel archevêque, peu après son élection; il demande au pape de lui accorder le pallium. Il exprime, en même temps, le regret de ne pouvoir aller en Italie, où il aurait rencontré l'impératrice Théophano, mais il compte voir cette princesse (en Allemagne évidemment, puisqu'il a renoncé au voyage d'Italie) le jour de Pâques. Or, Théophano passa l'hiver de 988-989 en Italie et revint en Allemagne au commencement de 989. Ainsi, la lettre 160 se place entre l'élection de l'archevêque Arnoul, qui est au plus tôt de février 989, et le jour de Pâques, 31 mars 989.

Les lettres 162, 163, 173 mentionnent la prise de Reims par Charles de Lorraine (août 989). Dans les lettres 164 et 165, Gerbert se montre attaché momentanément au parti du prétendant; mais, dans les lettres 172 et 173, il exprime sa joie de s'être arraché à ce parti rebelle, et, dans les lettres 171, 176, 177, on le voit à la cour, à Senlis, honoré de la confiance des rois Hugues et Robert, qui l'emploient à combattre la cause de Charles et d'Arnoul, son complice.

Enfin, Arnoul, pris à Laon en même temps que Charles, est déposé par le concile de Saint-Basle ou de Verzy (juin 991) et Gerbert est élu à sa place archevêque de Reims : la lettre 179 est l'acte de son élection, la lettre 180 est la profession de foi qu'il fit avant de recevoir la consécration.

Jusqu'ici, on le voit, toutes les lettres dont on a pu déterminer la date se suivent rigoureusement selon l'ordre chronologique. Ce n'est évidemment pas l'effet d'un hasard; c'est la preuve que toute cette partie du recueil est bien, comme on devait le supposer, classée par ordre de dates. Il est donc permis d'affirmer que chacune des lettres contenues dans cette partie a été écrite après toutes celles qui la précèdent et avant toutes celles qui la suivent.

Cette conclusion fournit le moyen de fixer des dates encore plus précises. Parmi les lettres qui n'ont pas été mentionnées dans l'énumération précédente, il y en a beaucoup qui ne renferment pas par elles-mêmes de données historiques suffisantes pour fixer l'année où elles ont été écrites, mais qui contiennent des indications approximatives de mois et de jour. En rapprochant ces indications de ce qu'on sait de la date des lettres historiques les plus voisines, il devient aisé de les compléter, et chaque date ainsi précisée resserre les termes extrêmes entre lesquels on peut placer les lettres précédentes et suivantes. Pour faire comprendre cette manière de procéder, il suffit d'en donner un exemple.

La lettre 89, ai-je dit, est du règne de Louis V. Cette donnée, la seule bien certaine que fournisse la lettre elle-même, laisserait environ quinze mois de latitude, du 2 mars 986 au 21 mai 987; il faut la préciser. Remarquons d'abord que, dans une des lettres suivantes, le n° 94, Gerbert expose ce qui s'est passé un 24 septembre : or, cette lettre 94 est elle-même antérieure au 21 mai 987, car on trouve plus loin une autre lettre, le n° 97, qui est encore écrite du vivant de Louis V; le jour mentionné dans la lettre 94 est donc le 24 septembre 986. Mais la lettre 93, adressée au même destinataire que le n° 94, ne mentionne pas encore ce fait qui s'est produit le 24 septembre; on doit en conclure que la lettre 93 est antérieure au 24 septembre 986. A plus forte raison, on en dira autant de la lettre 89. D'autre part, dans une lettre précédente, le n° 86, Gerbert écrit à un moine de Saint-Benoît-sur-Loire de se hâter de venir le voir (*matura ergo iter*), et il lui donne rendez-vous à Reims pour le 17 août. Il n'y a pas très loin de Saint-Benoît à Reims, et la recommandation de se hâter implique un rendez-vous donné à bref délai; la lettre 86 est donc, au plus tôt, du mois de juillet. Comme une lettre précédente, le n° 71, est datée du 2 mars 986, ce mois de juillet ne peut être que celui de 986. Ainsi, on arrive à établir que la lettre 89 ne peut avoir été écrite plus tôt que le mois de juillet 986 ni plus tard que le 23 septembre de la même année; la date en est déterminée à moins de trois mois près. Des raisonnements analogues permettent de fixer, avec une approximation au moins équivalente, la date de toutes les lettres de cette partie du recueil[1].

Après la lettre 180 viennent, dans le manuscrit *L*, le Concile de Mouzon (2 juin 995), l'*Oratio in concilio Causeio* (même date environ?), puis les lettres 181-212. Parmi ces dernières, l'ordre

---

1. Deux lettres, les n°⁵ 29 et 110, contiennent des convocations pour des conciles provinciaux, qui devaient se réunir, l'un le 29 juin, l'autre le 11 décembre : en donnant à ces lettres les dates d'année qu'indique le principe du classement chronologique (983 et 987), on trouve que ces jours sont tous deux des dimanches. On choisissait donc de préférence ce jour-là pour tenir les conciles provinciaux. Deux autres lettres, n°⁵ 48 et 133, indiquent les jours de deux consécrations d'évêques, et ces jours sont tous deux des samedis; voir, à ce sujet, p. 41, note 4. Les lettres 130 et 161 sont adressées à un même destinataire et la seconde mentionne la première en disant qu'elle avait été écrite *praeterita aestate*; or, précisément, d'après le principe de classement adopté ici, la première de ces lettres est d'août ou septembre 988 et la seconde du printemps de 989. Ces résultats fournissent autant de confirmations indirectes de la méthode suivie pour dater les lettres. — Dans un temps où les communications étaient difficiles et rares, on devait tirer, pour le transport des lettres, le plus grand parti possible des occasions qui se présentaient. Aussi, quand on voit dans le recueil plusieurs lettres consécutives adressées en un même lieu ou en un même pays, on doit présumer qu'elles ont été écrites et expédiées en même temps (p. 14, note 8; p. 16, note 1; p. 19, note 8, etc.).

chronologique n'est pas régulièrement suivi. Il est aisé d'en donner la preuve.

Les lettres 181-187 donnent à Otton III les noms d'empereur et de César. Elles sont donc postérieures à son couronnement impérial, qui eut lieu le 21 mai 996. La lettre 188, au contraire, écrite, au nom de Hugues Capet, au pape Jean XV, est d'avant la mort de ce pape, c'est-à-dire au plus tard d'avril 996. Ainsi, cette lettre est antérieure, par sa date, à celles qui la précèdent dans le manuscrit.

Cette même lettre 188 contient une allusion aux réclamations de l'archevêque Arnoul contre la sentence qui l'avait déposé; elle est, par conséquent, postérieure à juin 991. Elle est suivie immédiatement d'une autre lettre (n° 189), écrite au nom de l'archevêque Adalbéron, qui avait précédé Arnoul sur le siège de Reims et qui mourut le 23 janvier 989. Ici encore, l'ordre du manuscrit est donc inverse de celui des dates.

Il y a eu évidemment une interversion. Mais elle a dû porter, selon les vraisemblances, sur des séries de lettres plutôt que sur des lettres isolées. Il faut tâcher de distinguer ces séries.

Les sept lettres 181-187 ne paraissent pas devoir être séparées les unes des autres. Elles sont toutes postérieures au couronnement d'Otton III comme empereur; elles sont toutes du temps où Gerbert s'était fixé auprès de lui en Allemagne. Il est question, dans plusieurs d'entre elles, des mêmes évènements, la campagne d'Otton contre les Slaves (été de 997) et les négociations entre le pape et le roi Robert, qui aboutirent à la mise en liberté de l'archevêque Arnoul (novembre 997). On peut donc croire qu'elles forment une seule série et qu'elles se suivent par ordre de dates, du commencement de l'été de 997 [1] à l'automne de la même année [2].

La lettre 188 paraît être une réponse du roi à la sommation que lui avait faite le pape de venir s'expliquer par-devant lui à Rome (vers 994?) [3]. La lettre 189 semble, autant qu'on peut en juger, avoir été écrite vers 987 [4].

---

1. Voir p. 163, note 1, et p. 166, note 1.
2. P. 168, note 5. — La lettre 187 présente une grande ressemblance avec la préface du traité *De rationali et ratione uti* (Appendice, n° II, p. 236), qui est de l'hiver de 997-998 (p. 237, note 3, et p. 166, note 3); elle doit être de peu de temps antérieure à cet ouvrage.
3. Ci-dessus, p. xxvi.
4. P. 175, note 1.

A partir du n° 190, rien n'empêche d'admettre que l'ordre chronologique reprend et se continue sans interruption jusqu'au n° 212. La lettre 190 est écrite au plus tard vers Pâques de l'année 995; les lettres 193, 194 sont de 995, en été[1]; les lettres 197, 199, encore à peu près de la même date[2]. Les n°ˢ 200-206 n'offrent aucune donnée précise, sinon qu'ils sont du temps où Gerbert gouvernait encore la province ecclésiastique de Reims[3]. Les lettres 207 et 209, qui se rapportent à une même affaire, la rébellion des chanoines de Saint-Martin de Tours contre leur archevêque, sont postérieures à mai 996[4] et antérieures à l'année 998, où Gerbert n'était plus en France; de plus, elles ont été écrites au printemps, avant mai[5] : elles sont donc du commencement de l'année 997[6]. Les lettres 210-212 sont un peu postérieures à celles-ci : elles parlent des dangers que Gerbert courait en France et auxquels il venait d'échapper; c'est qu'elles ont été écrites au moment où Gerbert venait de se réfugier en Allemagne, c'est-à-dire après les premiers mois de 997 (lettre 209) et avant l'été de cette année (lettre 181).

Les lettres 218-220 devaient, on l'a vu plus haut, se trouver autrefois dans le manuscrit L, sur un feuillet qui suivait celui où se lisent les lettres 208 à 212. Par leur date, ces trois lettres font suite à celles-ci et précèdent immédiatement la série 181-187 : elles sont, à ce qu'il semble, écrites d'Allemagne, vers le mois de juin de l'année 997[7].

Ainsi, en écartant provisoirement la lettre 189, et en réunissant les n°ˢ 218-220 au n° 212, qu'ils devaient autrefois suivre de près dans le manuscrit, on voit que, pour remettre dans l'ordre des dates les lettres 181-188, 190-212, 218-220, il suffit de les classer ainsi : 188, 190-212, 218-220, 181-187. La dérogation au principe du classement chronologique se réduit à une simple transposition des sept lettres 181-187. C'est un accident qui ne sort pas des limites d'une vraisemblance très raisonnable[8].

---

1. Lettre 190, p. 176, note 8; lettre 193, p. 183, note 4; lettre 194, p. 185, note 1.
2. Lettre 197, au plus tard d'avril 996, p. 187, note 3.
3. Lettres 200, 203, 206, adressées à des suffragants.
4. P. 195, note 4.
5. P. 198, note 1.
6. En admettant cette date d'année, on trouve que le 9 mai, pour lequel la lettre 209 indique un concile, est un dimanche; voir ci-dessus, p. LXXV, note 10.
7. P. 231, note 3.
8. On peut supposer que quelques feuillets du cahier de brouillons se

Quant à la lettre 189, il n'y a d'autre ressource que de supposer que Gerbert, ou quelque autre, l'aura retrouvée et copiée après coup sur son cahier.

Les nos 213-216, qui manquent dans *L* et paraissent avoir été ajoutés au recueil lors de la rédaction du texte *P*, sont quatre lettres écrites au nom d'Otton III. Deux au moins de ces lettres (nos 215, 216) sont écrites d'Italie, et l'une des deux autres (no 214) traite d'une affaire italienne. On peut donc croire qu'elles ont été composées pendant un même voyage, où Otton et Gerbert se seront trouvés ensemble en Italie. Or, on sait qu'ils y furent tous deux dans l'été de 996, et, précisément, l'une de ces lettres rend compte du couronnement impérial d'Otton III, qui eut lieu cette année-là, à Rome, le 21 mai. On peut donc dater les quatre lettres de cette année [1].

La lettre no 217, qui ne fait pas partie du recueil, fut écrite deux jours avant la lettre 193, c'est-à-dire vers l'été de 995 [2].

D'après cela, le cahier autographe des brouillons de Gerbert, représenté par les textes qui nous sont parvenus, contenait les lettres écrites par lui : 1° depuis le commencement de 983 jusqu'au milieu de 991, c'est-à-dire depuis sa nomination à l'abbaye de Bobbio jusqu'à son élection à l'archevêché de Reims; 2° depuis 994 environ jusqu'à la fin de 997, pendant la lutte qu'il eut à soutenir pour la possession de son archevêché. S'il commença à tenir ce cahier quand il fut nommé abbé de Bobbio, c'est qu'alors, pour la première fois, il devenait, de simple particulier, seigneur temporel, vassal de l'empereur et chargé d'intérêts publics [3]. S'il cessa de le tenir quand il fut élu au siège métropolitain de Reims, c'est que, selon toute apparence, il y avait dans la chancellerie de l'archevêché des employés chargés d'enregistrer les lettres archiépiscopales, en sorte qu'il pouvait se dispenser du soin d'en garder lui-même des doubles. Mais, quand il fut attaqué dans la

---

seront détachés et auront été mal replacés; ou, encore, que Gerbert avait d'abord laissé, au milieu de son cahier, des pages en blanc et qu'il ne se sera décidé à se servir de ces pages que plus tard, quand le reste du cahier aura été rempli, pour y écrire les lettres 181-187.

1. La date de 996 est aussi celle qui s'accorde le mieux avec le contenu des lettres 214 (p. 201, note 5) et 216 (p. 200, note 3, à la fin).
2. P. 203, note 2, et p. 183, notes 3 et 4.
3. Cette explication très vraisemblable est due, pour ce premier point, à M. Boubnov (p. 5).

possession de son siège et menacé d'anathème par la cour de Rome, il put croire préférable de ne plus mettre ses bureaux de moitié dans tout ce qu'il écrivait; il reprit la rédaction de son cahier, qu'il garda, comme toujours, pour lui seul. Puis, nommé à Ravenne, il put de nouveau laisser à sa chancellerie le soin de tenir registre de ses actes. Voilà, si je ne me trompe, pourquoi le cahier, repris vers 994, s'arrête définitivement après 997.

VI.

LA PRÉSENTE ÉDITION.

On trouvera dans ce volume :

1° Les lettres qui composent le recueil de la correspondance de Gerbert, tel que le donnent les manuscrits (n°s 1-216)[1];

2° La lettre à Wildérod, évêque de Strasbourg (n° 217), qui se lit dans l'un des manuscrits (L), mais à part du recueil des lettres[2];

3° Les trois fragments conservés par N. Vignier (n°s 218-220)[3].

On n'y trouvera, en principe, ni les traités scientifiques rédigés sous forme épistolaire, ni les actes pontificaux de Silvestre II[4].

Les lettres du recueil (n°s 1-216) n'ont pas été classées selon le système chronologique proposé dans le paragraphe précédent; ce système, en effet, ne représente qu'une opinion qui m'est personnelle et que je ne devais pas essayer d'imposer. Il m'a paru

---

1. Y compris les courtes pièces de vers qui y sont insérées (n°s 75-78, 90) et les lettres écrites par d'autres que Gerbert (n°s 31, 143, 186), mais non compris le Concile de Mouzon et l'*Oratio in concilio Causeio*, qui se rattachent par leur contenu au Concile de Verzy et qui ont été imprimés à la suite de cet ouvrage dans Pertz, *Script.*, III, p. 690-693. Voir p. xxxix, note 5, et p. 162.
2. Voir p. xl et xliii.
3. Voir p. l. J'ai émis l'hypothèse que ces lettres avaient été tirées par Vignier d'un feuillet perdu de L; mais c'est une hypothèse, et par conséquent je ne devais pas confondre ces fragments avec les textes qui se trouvent effectivement aujourd'hui dans ce manuscrit.
4. Quelques pièces de l'une et l'autre catégorie, pour lesquelles il a paru à propos de faire une exception, ont été réunies dans un Appendice (p. 234).

préférable de suivre l'ordre des manuscrits [1], qui s'accorde, à très peu de chose près, avec celui des éditions anciennes [2].

Les notes-variantes, placées au-dessous des lettres, indiquent d'abord, pour chacune d'entre elles, si elle se trouve à la fois dans les quatre textes L, V, M, D, ou seulement dans un ou plusieurs d'entre eux [3]. Ensuite viennent, annoncées par des lettrines, les variantes non admises dans le texte. Il ne m'a pas paru à propos d'en donner le relevé complet : à quoi bon réimprimer, par exemple, toutes les fautes de lecture qui déparent l'édition de Jean Masson (M)? Les leçons manifestement incorrectes, qui sont données par un seul des trois textes de la famille P (V, M, D), ont été passées sous silence. Les variantes de L^1 et de B, qui ne constituent qu'un choix de leçons relevées plus ou moins arbitrairement par Pithou ou par Baluze, et celles de la 2ᵉ série de D, copie indirecte de L, n'ont été reproduites que lorsqu'elles ont été jugées particulièrement intéressantes. Enfin, les variantes purement orthographiques n'ont pas été mentionnées [4]; l'orthographe du manuscrit de Leyde (L) a été suivie [5], et, à défaut de L, celle des notes de Pithou (L^1) ou du manuscrit de la Vallicellane (V) [6].

---

1. Cet ordre est celui du tableau ci-dessus (p. lx), en omettant la lettre 181 la seconde fois qu'elle se présente, dans le texte P.
2. Voir la concordance ci-après (p. lxxxv).
3. M. le Dʳ W.-N. du Rieu, directeur de la bibliothèque de l'Université de Leyde, et M. Carla, alors bibliothécaire de la Vallicellane, ont bien voulu, sur ma demande, envoyer à Paris les manuscrits de ces deux bibliothèques (L et V); ils ont poussé l'obligeance jusqu'à m'autoriser à les y garder environ deux ans. En joignant à ces ressources celles que m'offrait la Bibliothèque nationale, j'ai eu à ma disposition tous les éléments nécessaires à l'établissement du texte : L, V, M, D, L^1 et B. Sur les manuscrits de la bibliothèque Barberini et de Cheltenham, voir p. l, note 1.
4. Souvent, là où les manuscrits (L, V) donnent seulement l'initiale d'un nom propre, les éditions M et D impriment le nom en toutes lettres. En pareil cas, ce sont certainement les éditeurs qui ont, de leur chef, complété le nom. Ces variantes n'ont pas été notées non plus.
5. Cette orthographe est très inconsistante. On rencontre parfois à deux lignes de distance, ou dans la même ligne, *ecclesia* et *aecclesia*, *amicitia* et *amiticia*, etc. On pourra être choqué de ces contradictions; mais il n'aurait pas été possible de les effacer sans tomber dans l'arbitraire. Le manuscrit L est presque contemporain de la rédaction des lettres : n'y avait-il pas avantage à faire lire Gerbert dans une orthographe qui fût celle de son temps, ou à peu près? — Les abréviations du manuscrit ont été résolues d'après l'analogie des passages où les mêmes mots se trouvaient écrits en toutes lettres. L'abréviation ihs a été rendue par *Jhesus*; on lit *ihesu* en toutes lettres au fol. 52 rᵒ de L, dans la lettre à Wildérod (ci-après, p. 229, ligne 6 du bas). — L'*e* cédillé du manuscrit a été rendu par *ae*. — La ponctuation du manuscrit L a été suivie aussi, non d'une façon absolue, mais dans la mesure où il a paru possible de le faire sans trop heurter nos habitudes.
6. Les æ, œ de ces copies modernes ont été rendus par *ae*, *oe*.

Les notes explicatives, annoncées par des chiffres, sont séparées matériellement des notes-variantes. Elles ont pour objet d'indiquer le numéro de chaque lettre dans les principales éditions précédentes (Masson, Du Chesne, Olleris), d'en faire connaître la date probable, de traduire les noms latins des localités, d'éclaircir les allusions historiques, etc. En raison de l'obscurité exceptionnelle d'un texte souvent très laconique et plein de sous-entendus, je n'ai pas craint de donner à ces explications un assez grand développement.

TITRES DES OUVRAGES

CITÉS EN ABRÉGÉ DANS LES NOTES[1].

AIMOIN, ADREVALD, ANDRÉ, etc. *Les Miracles de saint Benoît*, réunis et publiés, pour la Société de l'histoire de France, par E. de CERTAIN. Paris, 1858, in-8°.

Annales Hildesheimenses, dans PERTZ, *Script.*, III, p. 22-116; et à part (édition de G. WAITZ) : Hanovre, 1878, in-8°.

Annales Quedlinburgenses, dans PERTZ, *Script.*, III, p. 22-90.

BALUZE (Étienne). *Historiæ Tutelensis libri tres*. Paris, 1717, in-4°. — Notes manuscrites sur Gerbert : Bibliothèque nationale, manuscrits de Baluze, n° 120. — Voir MARCA.

BARTHÉLEMY (Édouard DE). *Gerbert, étude sur sa vie et ses ouvrages, suivie de la traduction de ses lettres*. Paris, 1868, in-18. Voir p. LVI.

BEYER (Heinrich), L. ELTESTER et Ad. GOERZ. *Urkundenbuch zur Geschichte der, jetzt die preussischen Regierungsbezirke Coblenz und Trier bildenden mittelrheinischen Territorien*. Coblenz, 1860-1874, 3 vol. in-8°.

BORETIUS (Alfred). *Capitularia regum Francorum*, dans PERTZ, *Legum sectio II*, t. I. Hanovre, 1883, in-4°.

BOUBNOV (Nicolas). Сборникъ писемъ Герберта какъ историческій источникъ. (983-997.) Критическая монографія по рукописямъ. Николая Бубнова. I. Saint-Pétersbourg, 1888, in-8°. Voir p. XLII, note 3.

BOUQUET (dom Martin) et ses continuateurs. *Recueil des historiens des Gaules et de la France*. Paris, 1738-1876, 23 t. in-fol.

BÜDINGER (Max). *Ueber Gerbert's wissenschaftliche und politische Stellung*. I. Kassel, 1851, in-8°.

BZOVIUS (Abraham). *Silvester II Cæsius Aquitanus pont. max.* (Sans lieu. 1628), in-4°.

Concile de Mouzon. Voir p. XXVII et p. XXXIX, note 5.

Concile de Verzy (ou de Saint-Basle). Voir p. XXIV, note 2.

DU CANGE (C. DUFRESNE, sieur). *Glossarium mediæ et infimæ latinitatis*. Édition de G.-A.-L. HENSCHEL. Paris, 1840-1850, 7 t. in-4°.

DU CHESNE (André). *Historiæ Francorum Scriptores*. II. Paris, 1636, in-fol. (Pages 789-804.) Voir p. XLVII.

EWALD (Paul). Voir JAFFÉ.

Gallia christiana in provincias ecclesiasticas distributa. Ouvrage commencé par Denis DE SAINTE-MARTHE (SAMMARTHANUS), continué par les Bénédictins et par M. B. HAURÉAU. Paris, 1715-1865, 16 t. in-fol.

---

1. On n'a fait figurer dans cette liste, ni les classiques anciens, ni les livres de la Bible, ni les ouvrages qui n'ont été cités qu'une ou deux fois et d'une façon suffisamment claire.

OUVRAGES CITÉS.

Gesta episcoporum Cameracensium, dans PERTZ, *Script.*, VII, p. 393-525.

GIESEBRECHT (Wilhelm). *Jahrbücher des deutschen Reichs unter der Herrschaft Kaiser Ottos II.* Berlin, 1840, in-8°. (*Jahrbücher des deutschen Reichs unter dem sächsischen Hause.* Herausgegeben von Leopold RANKE. II. Band, 1° Abtheilung.)

Historiae patriae Monumenta edita jussu regis Caroli Alberti. Turin, 1838 et suiv., in-fol.

JAFFÉ (Phil.). *Regesta pontificum Romanorum ab condita Ecclesia ad annum post Christum natum MCXCVIII.* Berlin, 1851, in-4°. — 2° édition, dirigée par W. WATTENBACH et rédigée par F. KALTENBRUNNER (jusqu'à 590), P. EWALD (590-882) et S. LOEWENFELD (882-1198). Berlin, 1885-1888, 2 t. in-4°.

KALTENBRUNNER (Ferdinand). Voir JAFFÉ.

LOEWENFELD (Samuel). Voir JAFFÉ.

MABILLON (Jean). *Annales ordinis S. Benedicti*, Paris, 1703-1739, 6 t. in-fol. — *Veterum Analectorum tom. I-IV.* Paris, 1675, 4 vol. in-8°; réimprimé en un vol. : Paris, 1723, in-fol.

MANSI (J.-D.). *Sacrorum conciliorum nova et amplissima Collectio.* Florence, 1759-1798, 31 t. in-fol.

MARCA (Pierre DE). *Marca Hispanica sive Limes Hispanicus* (publié par Étienne BALUZE). Paris, 1688, in-fol.

MARGARINUS (Cornelius), *Bullarium Casinense seu Constitutiones summorum pontificum*, etc., *pro congregatione Casinensi*, etc. Venise, 1650-1670, 2 t. in-fol.

MASSON (Jean). *Epistolæ Gerberti, primo Remorum, dein Ravennatium archiepiscopi*, etc. Paris, 1611, in-4°. Voir p. XLVI.

MIGNE (J.-P.). *Patrologiæ Cursus completus, sive Bibliotheca*, etc. *Series prima ou Latina.* Paris, 1844-1864, 221 t. in-4°.

MURATORI (L.-A.). *Rerum Italicarum Scriptores.* Milan, 1723-1751, 25 t. in-fol.

OLLERIS (A.). *Œuvres de Gerbert, pape sous le nom de Sylvestre II, collationnées sur les manuscrits*, etc. Clermont-Ferrand et Paris, 1867, in-4°. Voir p. XLI, LV.

PERTZ (G.-H.) et ses continuateurs. *Monumenta Germaniae historica*, etc., *auspiciis Societatis aperiendis fontibus rerum Germanicarum medii aevi* : — *Scriptores.* Hanovre, 1826 et suiv., in-fol.; — *Legum sectio II.* Hanovre, 1883, in-4°; — *Diplomata regum et imperatorum.* Hanovre, 1879 et suiv., in-4°.

PFISTER (Ch.). *Études sur le règne de Robert le Pieux (996-1031).* Paris, 1885, in-8°. (*Bibliothèque de l'École des hautes études, sciences philologiques et historiques*, 64° fascicule.)

RAOUL GLABER. *Les Cinq Livres de ses Histoires (900-1044)*, publiés par Maurice PROU. Paris, 1886, in-8°. (*Collection de textes pour servir à l'étude et à l'enseignement de l'histoire.*)

RIANT (le comte Paul). *La Donation de Hugues, marquis de Toscane, au Saint-Sépulcre et les établissements latins de Jérusalem au X° siècle*, dans les *Mémoires de l'Institut, Académie des inscriptions et belles-lettres*, t. XXXI, 2° partie, p. 151-195; et à part : Paris, 1884, in-4°. — *Inventaire critique des lettres historiques des croisades*, I-II, dans les *Archives de l'Orient latin*, I (1881), p. 1-224; et à part : Paris, 1880, gr. in-8°.

RICHER. *Historiarum libri quattuor*, dans PERTZ, *Script.*, III, p. 561-657; et à part : — *Histoire de son temps*, etc., avec traduction française, notice et commentaire par J. GUADET. Paris, 1845, 2 t. in-8°; — *Histoire de Richer en quatre livres, publiée par l'Académie de Reims, avec traduction*, etc., par A.-M. POINSIGNON. Reims, 1855, in-8°; — *Richeri Historiarum libri IIII* (édition de G. WAITZ). Hanovre, 1877, in-8°.

OUVRAGES CITÉS.

Sallustius in Tullium, Tullius in Sallustium, compositions apocryphes de l'antiquité. On les trouve, par exemple, dans H. JORDAN, *C. Sallustii Crispi Catilina, Jugurtha*, etc. (Berlin, 1876, in-8°), p. 145-156.

SCHMIDT (C.). *Histoire et Doctrine de la secte des Cathares ou Albigeois.* Paris, 1848-1849, 2 t. in-8°.

SCHOEPFLIN (J.-Daniel). *Alsatia aevi Merovingici*, etc., *diplomatica.* I. Mannheim, 1772, in-fol. — *Alsatia illustrata.* Colmar, 1751-1761, 2 t. in-fol.

SICKEL (Th.). *Die Urkunden der deutschen Könige und Kaiser*, dans PERTZ, *Diplomata regum*, I, II.

STUMPF ou STUMPF-BRENTANO (Karl-Friedrich). *Die Reichskanzler vornehmlich des X., XI. und XII. Jahrhunderts*, etc. Innsbruck, 1865-1883, 3 t. in-8°.

Synodus ecclesiæ Gallicanæ habita Durocortori Remor. sub Hugone A. et Roberto Francor. Reg., etc. Francfort, 1600, petit in-8°. Voir p. XXIV, note 2.

THIEL (Andr.). *Epistolae Romanorum pontificum genuinae et quae ad eos scriptae sunt a S. Hilaro usque ad Pelagium II.* I. Braunsberg, 1868, in-8°.

THIETMAR DE MERSEBOURG. *Chronicon*, dans PERTZ, *Script.*, III, p. 723-871.

Tullius in Sallustium. Voir *Sallustius*.

VAN LOKEREN (A.). *Chartes et Documents de l'abbaye de Saint-Pierre au mont Blandin à Gand.* Gand, 1868-1871, 2 t. in-4°.

VARIN (Pierre). *Archives administratives de la ville de Reims*, 3 tomes; — *Archives législatives de la ville de Reims*, 4 tomes; — *Archives administratives et législatives de la ville de Reims. Table générale des matières*, par M. L. AMIEL. — Paris, 1839-1853, 8 t. en 10 vol. in-4°. (*Collection de documents inédits sur l'histoire de France*, 1re série.)

VIGNIER (Nicolas). *La Bibliothèque historiale.* Tome II. Paris, 1587, in-fol. Voir p. L.

WATTERICH (Paul). *Pontificum Romanorum qui fuerunt inde ab exeunte saeculo IX*, etc., *Vitae ab aequalibus conscriptae.* I. Leipzig, 1862, in-8°.

WILMANS (Roger). *Jahrbücher des deutschen Reichs unter der Herrschaft König und Kaiser Otto's III. 983-1002.* Berlin, 1840, in-8°. (*Jahrbücher des deutschen Reichs unter dem sächsischen Hause.* Herausgegeben von Leopold RANKE. II. Band, 2e Abtheilung.)

CONCORDANCE

DES ÉDITIONS ANCIENNES AVEC LA PRÉSENTE

Masson (p. xlvi) Nos	Du Chesne (p. xlvii) 1re série, nos	Migne (p. lv) Nos	J. Havet Nos
1-56	1-56	1-56	1-56
57-58	57-58	57-58	57
59-90	59-90	59-90	58-89
»	après 90	après 90	90
91-152	91-152	91-152	91-152
153-154	153-154	153-154	186-187
155-158	155-158	155-158	213-216
159	159-160	159-160	181
160	161	161	App. III
	2e série, nos		
»	1-26	162-187	155-180
»	27-30	188-191	182-185
»	31-33	192-194	189-191
»	34-53	195-214	193-212
Avant la p. 1	54	215	App. V
»	55	216	App. IV
»	»	Col. 205	217
»	»	267	192
»	»	159	App. II

CONCORDANCE

DE L'ÉDITION OLLERIS AVEC LA PRÉSENTE

(Voir p. LV et p. LXX, note 5.)

Olleris Nos	J. Havet Nos	Olleris Nos	J. Havet Nos	Olleris Nos	J. Havet Nos
1	App. 1	44	50	89	71
2	104	45	47	90	73
3	106	46	51	91	108
4	109	47	49	92	70
5	126	48	52	93	74
6	96	49-50	57	94	174
7	105	51	48	95	85
8	36	52	58	96	101
9	10	53	59	97	144
10	13	54	81	98	103
11	7	55	25	99	100
12	4	56	46	100	117
13	2	57	45	101	205
14	3	59¹	72	102	175
15	1	60	24	103	97
16	84	61	37	104	98
17	12	62	159	105	29
18	11	63	17	106	93
19	21	64	61	107	102
20	6	65	67	108	140
21	5	66	66	109	114
22	16	67	62	110	129
23	23	68	55	111	131
24	14	69	63	112	91
25	42	70	83	113	146
26	43	71	15	114	141
27	30	72	19	115	92
28	27	73	18	116	169
29	34	74	82	117	116
30	26	75	161	118	44
31	22	76	8	119	137
32	20	77	40	120	138
33	35	78	130	121	64
34	38	79	65	122	56
35	31	80	110	123	68
36	32	81	99	124	134
37	33	82	113	125	107
38	39	83	127	126	112
39	53	84	60	127	111
40	79	85	118	128	120
41	41	86	133	129	119
42	89	87	95	130	128
43	54	88	149	131	122

1. Le nº 58 n'existe pas dans l'édition de M. Olleris.

CONCORDANCE DE L'ÉDITION OLLERIS

Olleris N°⁴	J. Havet N°⁵	Olleris N°⁵	J. Havet N°⁵	Olleris N°⁵	J. Havet N°⁵
132	115	165	189	198	191
133	132	166	165	199	194
134	69	167	164	200	181
135	80	168	178	201	196
136	87	169	172	202	211
137	88	170	212	203	215
138	86	171	173	204	182
139	95	172	158	205	184
140	142	173	170	206	183
141	189	174	171	207	185
142	148	175	177	208	186
143	136	176	154	209	187
144	124	177	179	210	213
145	135	178	180	211	214
146	125	179	188	212	181
147	147	180	197	213	9
148	143	181	200	214	208
149	150	182	199	215	App. IV
150	155	183	202	217	216
151	157	184	201	219	28
152	160	185	195	221	App. V
153	156	186	198		
154	152	187	203	Pages	N°⁵
155	153	188	206	293	75
156	151	189	145	—	76
157	123	190	209	—	78
158	121	191	207	294	77
159	176	192	190	—	90
160	162	193	217	297	App. II
161	163	194	193	349	App. III
162	166	195	204	636	218
163	167	196	192	637	219
164	168	197	210	638	220

TABLEAU

DES MANUSCRITS ET DES PRINCIPALES ÉDITIONS

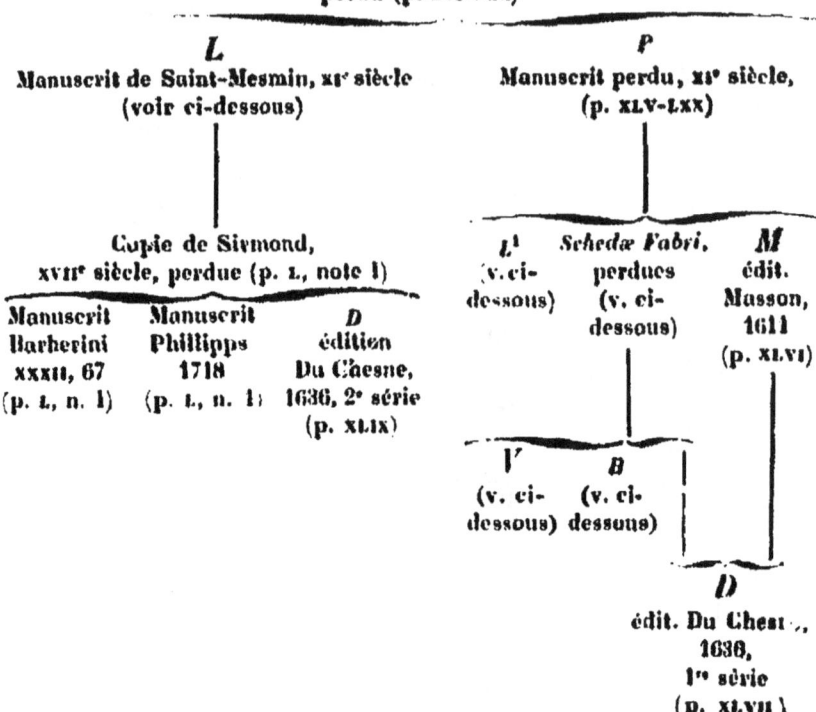

(*L*) Aujourd'hui à Leyde, Voss. lat. 4°, n° 54 (p. XLII-LXX).
(*L¹*) Notes de Pierre Pithou (XVI° siècle), sur les marges de *L* (p. LII).
(*Schedæ Fabri*) Copie faite pour Nic. Le Fèvre, avant 1605 (p. XLV-LIII).
(*V*) Copie faite pour Baronius, entre 1602 et 1605; aujourd'hui à Rome, bibliothèque Vallicellane, G 94, fol. 87-114 (p. XLIV).
(*B*) Notes de Baluze sur les marges et à la suite d'un exemplaire de *M*; Bibliothèque nationale, ms. Baluze 129, fol. 76-112, 123, 124 (p. LIII).

On n'a noté, en règle générale: ni les leçons fautives qui se trouvent dans un seul des textes *VMD*; ni les leçons (intermittentes) de *L¹* et de *B*, ni celles de *D* (2° série), quand elles n'offraient pas un intérêt particulier; ni celles des manuscrits Barberini et Phillipps; ni les variantes orthographiques.

L'orthographe est celle de *L*, et, à défaut de *L*, celle de *L¹* ou de *V*.

ORDRE CHRONOLOGIQUE DES LETTRES.

N°ˢ 1-180, 188, 190-192, 217, 193-199, {200-206 / 213-216}, 207-212, 218-220, 181-187. —
Non classé : n° 189.

INCIPIT EXEMPLAR EPISTOLARUM
GIRBERTI PAPAE,
QUAS AD DIVERSOS COMPOSUIT.

1.

a Domino suo O. Cesari semper augusto, G. quondam liber [1].

Dum regnorum publica perpendo negotia, serenissimi domini mei aures propriis occupare expavesco. Loquatur dominus meus servo suo propriis epistolis solito more, ut ejus servitutis fiat exhibitio. Tollatur ambiguitas epistolarum, quae Caesaris nostri gravitatem, sepe nobis compertam, ac gentibus *b* cognitam, non repraesentant. Denique signum erit nobis vos velle aut nolle, sententia prolata : « Bene », aut : « Non bene ». Quantum enim in nobis est, quod possibile est esse, consequens est nos perficere, si vestrum cognoverimus velle. Dicat *c* domnus Gerbertus *d* episcopus *e* sententiam nostrae innocentiae super Broningo *e*

Incipit, *etc. L.*

1. *LMD.* — *a. MD addunt titulum* Othoni Caesari. — *b.* compertam gentibus *MD.* — *c.* O dicat *MD.* — *d.* dominus Gerehertus *MD.* — *e.* Brouingo *MD.*

---

1. Masson et Du Chesne, n° 1 ; Olleris, n° 15. — Bobbio, premiers mois de 983. — La dignité d'abbé du monastère bénédictin de Saint-Colomban de Bobbio (Italie, province de Pavie, sur la Trebbia) avait été conférée à Gerbert par Otton II (Margarinus, II, p. 58 ; Stumpf, n° 1168), certainement après décembre 980 (Richer, III, 57, 65 ; Stumpf, n°ˢ 782-788 ; Büdinger, p. 60-62, note 178), très probablement dans les premiers mois de 983 (ci-après, lettre 19). Il avait dû, à cette occasion, prêter serment de fidélité à l'empereur et ainsi, pour la première fois de sa vie (lettre 159), aliéner sa liberté. De là les mots *quondam liber, dominus meus, servo suo,* etc. — Otton II, empereur depuis le 25 décembre 967, régnait seul depuis la mort de son père Otton Ier, 7 mai 973. Il mourut le 7 décembre 983.

2. Gerbert, homonyme de notre auteur, chancelier d'Otton II en 977 et 978

et Isimbardo[1]. Dicant Litefredus et Gerardus[1], cur eorum beneficium perceperit Rodulfus[1]. Non dicatur majestatis reus, cui pro Caesare stare semper fuit gloria, contra Caesarem ignominia.

2.

ITEM AD EUNDEM OT.[a][2].

Serenissimis auribus domini mei mallem referre laeta quam tristia. Sed cum videam monachos meos attenuari fame, premi nuditate, tacere quomodo potero? Tolerabile quidem hoc malum, si non etiam simul melior spes foret ablata. Nescio quibus codicibus quos libellos[3] dicunt[b], totum sanctuarium Dei[c] venundatum est, collecta pecunia nusquam repperitur, apothecae et horrea exhausta sunt[d], in marsupiis nichil est. Quid ergo peccator hic facio? si cum gratia domini mei fieri posset, satius esset me solum apud Gallos egere, quam cum tot egentibus apud Italos mendicare[e]. Rainerius Francigena[4] nobis intimus, vestrique honoris cupidus, de statu imperii vestri meae fidei multa commisit vobis referenda, non autem legato credenda, sed nec cartis inserenda, nisi vestro consultu.

2. *L VMD.* — a. Item ad Ottonem *V*, Ad eundem Caesarem *N D.* — b. vocant *VMD.* — c. Domini *VMD.* — d. sed *M*, sunt sed *DD.* — e. mendicare apud Italos *VMD.*

(Stumpf, II, nos 712-727), était évêque de Tortone (Italie) depuis le 5 novembre 979 (ibid., n° 753 a, p. 473, et t. III, p. 320). On ignore la date de sa mort. Bobbio se trouvait peut-être alors compris dans le diocèse de Tortone; voir lettre 3.

1. Personnages inconnus.
2. Masson et Du Chesne, n° 2; Olleris, n° 13. — Bobbio, premiers mois de 983.
3. On appelait ainsi certains baux emphytéotiques; voir le mot dans le Glossaire de Du Cange.
4. Voir lettres 89, 93, 127, 140, 141.

3.

GERBERTO [a] EPISCOPO TERDONENSI [1].

O nostri spes consilii, praesentis mali statum dissimulare stultum [b], loqui invidiosum, ne odio personarum agi videamur. Si licet abbati quibuscumque personis tradere immobilia monasterii libellario nomine, mobilia optentu aelemosinae nostrae [c] linquere [d], si qua forte residua sint [e], eorum heredem fieri monachum specialiter, quo spectat novi abbatis ordinatio? Petroaldi [2] fuisse feruntur [f] omnia, abbatis nulla, et ita esse constat, quoniam nichil nobis relictum est, praeter tecta, et communem usum simplicium elementorum. Epistola domini mei jubet Petroaldum coli, tenere quod tenuit. Duplicatur pondus, parentibus positis in eadem trutina. Vires negotii perpendite, considerate quid amiserim, quid consecutus [g] sim praeter gratiam domini mei. Suscipite onus amici consilio et auxilio, et quid sit faciendum rescribite.

4.

Divi Caesaris [a] G., Bosoni in Christo salutem [3].

Recedant multa verba, et sequamur facta. Sanctuarium Dei [b] nec pecunia nec amicicia vobis damus, nec, si datum

---

3. *L VMD.* — *a.* deest *L*, Gerberdo *L*[2] *V*, Gereberto *MD.* — *b.* stultum est dissimulare *VMD.* — *c.* non *V*, nec *MD.* — *d.* relinquere *VMD.* — *e.* sunt *VMD.* — *f.* fuisse dicuntur *V*, dicuntur fuisse *MD.* — *g.* secutus *VMD.*
4. *L VMD.* — *a.* Divi Caesaris *deest MD.* — *b.* Domini *VB*, Domini mei *MD.*

---

1. Masson et Du Chesne, n° 3; Olleris, n° 14. — Bobbio, premiers mois de 983. — Voir p. 1, note 2.
2. Pétroald, abbé de Bobbio avant Gerbert (d'après cette lettre), moine sous lui et après lui (lettre 15), devint abbé une seconde fois en 999, après l'élévation de Gerbert au pontificat (diplôme impérial du 3 novembre 999, dans Margarinus, II, p. 60; Stumpf, n° 1202).
3. Masson et Du Chesne, n° 4; Olleris, n° 12. — Bobbio, vers mai 983 (voir la note suivante). — Boson n'est pas connu.

est ab aliquo, consentimus. Foenum[1] quod vestri tulerunt, beato Columbano[2] restituite, si experiri non vultis quid possimus cum gratia domini nostri Caesaris, amicorum consilio et auxilio. His conditionibus leges amicitiae non refutamus.

5.

PETRO EPISCOPO PAPIENSI G.[a][3]

Quod abbatiam sancti Columbani habere videmur, Italorum nulli gratias agimus. Si ante dominum nostrum a vobis laudati sumus, non indebitas vobis sepius[b] reddidimus laudes. Mutua exposcitis colloquia, et a rapinis nostrae ecclesiae non cessatis, nostra velut propria militibus dividitis, qui divisa[c] in integrum revocare debuistis. Rapite, praedamini, vires Italiae contra nos concutite, oportunum tempus nacti estis. Dominus noster bellorum certamine occupatur. Nos nec manus paratas eum juvare[4] detinebimus, nec quod ejus officii est temere usurpabimus. Si pace uti poterimus, servitio nostri Caesaris operam dabimus, cum praesentes, tum absentes. Sin, ejus tantum praesentia nostram solabitur inopiam, et quoniam, ut ait[d] : « Nusquam tuta fides[5] », et quia finguntur nec visa nec audita, voluntatem nostram vobis non nisi scriptis aperiemus, nec vestram aliter recipiemus.

5. *L V M D.* — *a.* G. *deest V M D.* — *b. deest M D.* — *c.* diuersa *M D.* — *d. sic L V,* ut ait Poëta *M D.*

1. Il semble que ceci ait dû être écrit vers le mois de mai.
2. Le monastère de Saint-Colomban de Bobbio.
3. Masson et Du Chesne, n° 5; Olleris, n° 21. — Bobbio, vers mai ou juin 983. — Pierre Canepanova ou Canevanova, de Pavie, évêque de sa ville natale depuis 966 et archi-chancelier d'Otton II, devint pape en novembre ou décembre 983, sous le nom de Jean XIV, et fut tué le 20 août 984 (Giesebrecht, p. 91, 115; Wilmans, p. 211; Jaffé-Loewenfeld, I, p. 484, 485); voir lettres 14, 23, 40.
4. Otton II, voulant venger la défaite que lui avaient infligée les Sarrasins en 982 dans l'Italie méridionale, appelait alors aux armes ses sujets italiens (Giesebrecht, p. 85).
5. Virgile, *Énéide*, IV, 373.

6.

G.[a] ADALAIDI [b] REGINAE [a][1].

Dominae suae Adalaidi semper augustae, G.

De beneficiis et libellariis ex parte vestrum[c] velle, ex toto[d] domini nostri C.[2] exsecuti sumus. Recordetur domina mea quid[e] innuerit servo suo, se oraturam pro pluribus aliter quam fieri possit[3]. Ex quo a vobis discessimus, nec Grifonem[f][4], nec ejus nuntium vidimus. Terram quam nostris fidelibus heri concessimus, cras quomodo auferemus? At si omnia quae omnes jubent fiunt, quid hic facimus? et si totum damus, quid tenebimus? Griphoni ubi possimus[5], beneficium nullum concedemus[g].

7.

G. AYRARDO [a][6].

G. quondam scolasticus[7], Ayrardo[b] suo salutem.

Petitionibus tuis annuimus, nostra ut exequaris negotia

---

6. *L V M D.* — *a. deest M D.* — *b.* Adalardi *V, deest M D.* — *c.* nostrum *V D B.* — *d.* voto *M D.* — *e.* quod *V M D.* — *f.* Griphonem *V D,* Epithonem *M.* — *g.* concedimus *V M D.*
7. *L V M D.* — *a. titulus deest V M D.* — *b.* Airardo *V M D.*

---

1. Masson et Du Chesne, n° 6; Olleris, n° 20. — Bobbio, vers mai ou juin 983. — Adélaïde, fille de Rodolphe, roi de Bourgogne, veuve en premières noces de Lothaire, roi d'Italie, en secondes noces de l'empereur Otton Ier et mère d'Otton II, était impératrice et non reine; mais alors on ne distinguait pas toujours avec soin les titres royaux et impériaux : voir par exemple Richer, III, 67.
2. *Caesaris.*
3. « Ne se comprend pas » (Olleris); « peu intelligible » (Éd. de Barthélemy). Le sens est : Vous m'avez annoncé vous même que vous me demanderiez pour vos protégés plus que je ne pourrais accorder; ne vous étonnez donc pas que je sois obligé de vous refuser.
4. Personnage inconnu.
5. « Quand même je le pourrais » ou « en tant qu'il dépendra de moi » (?).
6. Masson et Du Chesne, n° 7; Olleris, n° 11. — Bobbio, peu après le 20 juin 983. — Airard, moine d'Aurillac, était alors à Reims; voir lettres 17, 45, 91, 163. Cette lettre et la suivante furent probablement écrites en même temps et confiées au même porteur.
7. « Scholares aeque ac Magistros à Scriptoribus ea aetate Scholasticos fuisse appellatos notandum est » (Bouquet, X, p. 206, note *a*; voir aussi lettre 92). Ici *scolasticus* signifie écolâtre, chef d'école; voir p. 6, note 4.

velut propria monemus. Plinius emendetur, Eugraphius [1] recipiatur, qui Orbacis [2] et apud sanctum Basolum [3] sunt perscribantur. Fac quod oramus, ut faciamus quod oras.

8.

A[D A]DALBERONEM *a* REMORUM ARCHIEPISCOPUM [4].

Mantuae quid egerim super negotiis vestris, praesens melius explicabo verbis, quam absens scriptis [5]. Claves librorum [6] quas mitterem ignoravi propter communem usum similium serarum. Istoriam Julii Caesaris a domno *b* Azone abbate Dervensi [7] ad rescribendum nobis adquirite, ut quos penes vos *c* habemus habeatis, et quos *d* post *e* repperimus speretis, id est VIII volumina Boetii de astrologia [8], prae-

---

8. *L V M D.* — *a.* Ad Alberonem *L V.* — *b.* domino *V M D.* — *c.* vos penes quos *V D*, quos penes nos *M*, vos penes quos nos *D*. — *d.* quod *V M D.* — *e.* deest *V M D.*

---

1. Auteur d'un commentaire sur Térence; voir Gerstenberg, *De Eugraphio Terentii interprete* (Jena, 1886, in-8°), notamment p. 103 et suivantes.
2. Orbais-l'Abbaye (Marne), monastère du diocèse de Soissons.
3. Saint-Basle, aujourd'hui Verzy (Marne), monastère du diocèse de Reims.
4. Masson et Du Chesne, n° 8; Olleris, n° 70. — Bobbio, peu après le 20 juin 983 (voir la note suivante). — Adalbéron, archevêque de Reims, était frère de Godefroi, comte du *Methingowe* (Beyer, *Urkundenbuch*, I, p. 271) et du Hainaut (*Gesta episcoporum Cameracensium*, I, 92 et suivants); tous deux étaient fils d'une dame nommée Uda, veuve d'un certain comte Godefroi ou Goslin (Beyer, I, p. 241, 272; Varin, *Archives admin.*, 2° partie, I, p. 96). Gerbert avait été nommé, par l'archevêque Adalbéron, écolâtre ou chef de l'école archiépiscopale de Reims (Richer, III, 45), vers 972 (ibid., III, 43, cf. III, 28 et 30) et avait occupé cette charge jusqu'à sa nomination à Bobbio (ibid., III, 65, dernière phrase).
5. Otton II passa à Mantoue le mercredi 20 juin 983 (Stumpf, n° 859); Gerbert alla probablement l'y solliciter pour quelque affaire de la part d'Adalbéron. Cette phrase et la mention de ses livres laissés à Reims (*quos penes vos habemus*) indiquent qu'il comptait retourner en cette ville; voir lettre 46.
6. Les clefs des coffres où Gerbert avait laissé ses livres à Reims. Le titre du catalogue d'Adson (voir la note suivante) témoigne de l'usage d'enfermer les livres dans des coffres : « Hii sunt libri domni abbatis Adsonis, quos in area ejus repperimus, postquam ipse Hierosolimam petiit. »
7. Adson, abbé de Montiérender (Haute-Marne), de 968 à 992 environ; voir lettre 81. Le catalogue de ses livres, dressé vers 992, a été publié par M. H. Omont dans la *Bibliothèque de l'École des chartes*, XLII, 1881, p. 157. L'ouvrage de Jules César n'y figure pas.
8. Voir lettre 130. — « Boèce divisa ses Mathématiques en quatre parties, savoir l'Arithmétique, la Musique, la Géométrie, et l'Astronomie : cette

clarissima quoque figurarum gometriae f^1, aliaque non minus g admiranda. Fortunam nostram sola vestra conturbat absentia noctesque diesque².

9.

GISALBERTO ᵃ ABBATI³.

Si bene valetis, gaudemus. Indigentiam vestram, nostram putamus ᵇ. Quam patimur, ut reveletis ᶜ rogamus. De morbis ac remediis oculorum, Demostenes philosophus librum edidit, qui inscribitur Opthalmicus⁴. Ejus principium si habetis habeamus ᵈ, simulque finem Ciceronis pro rege Dejotaro⁵.

Valete.

8. — *f. sic L.* — *g. L addit supra lineam* s. reperimus.
9. *L V M D.* — *a.* Gysilberto *V*, Gisilberto *M D.* — *b.* putamus nostram *V M D.* — *c.* //////tis *L*, reueletis *V*, relouetis *L² M D.* — *d.* habemus *V M D.*

---

dernière partie est perdue, et on n'en peut trop regretter la perte » (Gervaise, *Histoire de Boèce*, dans Migne, LXIV, 1543); voir encore Boèce, *De arithmetica*, I, 1, et Cassiodore, *Variae*, I, lettre 45 (Migne, LXIII, 1079-1083, et LXIX, 539). Dans un ancien catalogue de la bibliothèque de Bobbio, qui remonte, dit-on, au xᵉ siècle, on trouve mentionnés « libros Boetii III de arithmetica et alterum de astronomia » (Olleris, p. 493).

1. Gerbert désigne sans doute ici le manuscrit des *agrimensores* latins, connu aujourd'hui sous le nom d'*Arcerianus*. Ce manuscrit, « seculo vii literis uncialibus in Italia a duobus, ut videtur, librariis exaratus et figuris rudiuscule pictus », appartint jusqu'au xvᵉ siècle à l'abbaye de Bobbio. Il est maintenant à la bibliothèque de Wolfenbüttel (Blume, *die Schriften der römischen Feldmesser*, 1848-1852, II, p. 6, 11, 470).

2. Ennius, cité par Cicéron, *De senectute*, 1; Horace, *Sat.*, I, 1, 76.

3. Masson et Du Chesne, nᵒ 9; Olleris, nᵒ 213. — Bobbio, juillet-décembre 983. — L'abbé Gisalbert n'est pas connu.

4. Démosthène Philalèthe, médecin grec, qu'on croit avoir vécu vers l'époque d'Auguste, a écrit un ouvrage sur le pouls et un autre en trois livres sur les maladies des yeux (Haller, *Biblioth. medicinæ practicæ*, I, 154); ce qu'on possède de lui a été publié, paraît-il, par C.-G. Kuehn, *Additamenta ad elenchum medicorum*, 1826, in-4°, VI-XI (Engelmann, *Bibliotheca scriptorum classicorum*, 8ᵉ édition, I, p. 208). Dans la lettre de Gerbert il s'agit évidemment d'un texte latin et non grec. L'ancien catalogue de Bobbio mentionne « librum I Demosthenis » (Olleris, p. 493). Voir aussi lettre 130.

5. Il existe à Wolfenbüttel un manuscrit du xᵉ siècle, le *Gudianus* 335, où se trouve le discours de Cicéron *pro Dejotaro*, incomplet par l'absence du dernier feuillet; le même manuscrit contient les discours apocryphes de Salluste contre Cicéron et de Cicéron contre Salluste, souvent imités par Gerbert (C. Halm, *Zur Handschriftenkunde der Ciceronischen Schriften*, 1850, in-4°, p. 8).

10.

AD CESAREM [1].

Principiani monasterii [2] duo fratres velut exules et peregrini a nobis recepti sunt. Qui desolationem sui loci a Laudensi episcopo [3] Neophitoque abbate [4] factam molestissime ferunt simulque referunt se alicui aecclesiae minime subjacere debere. Erit ergo vestrae prudentiae ac pietatis ut nec Laudensis ecclesia debito privetur honore odio pastoris, nec monasterium subjaceat tirannidi devastatoris [a].

11.

ITEM [a] AD EUNDEM [5].

Quid ora caudaeque vulpium blandiuntur hic [6] domino meo? aut exeant de palatio, aut suos repræsentent satellites qui edicta Cesaris contempnunt, qui legatos ejus interfi-

---

10. *L V M D.* — *a.* deuastoris *L.*
11. *L V M D.* — *a.* Idem *M D.*

---

1. Masson et Du Chesne, n° 10; Olleris, n° 9. — Bobbio, juillet-novembre 983.
2. Precipiano (province d'Alexandrie, commune de Vignole-Borbera), monastère situé dans le diocèse de Tortone, mais placé sous l'autorité de l'évêque de Lodi-Vecchio (C. Vignati, *Codice diplomatico laudense*, dans la *Bibliotheca historica Italica*, Milan, 1879-1883, gr. in-4°, I, p. 113, 132; IV, p. 13, etc.).
3. André, évêque de Lodi-Vecchio (province de Milan), de 971 à 1002.
4. Personnage inconnu.
5. Masson et Du Chesne, n° 11; Olleris, n° 18. — Pavie, derniers mois de 983.
6. De ce mot et des mots *in palatio* à la fin de la lettre, il résulte que Gerbert n'est plus à Bobbio, mais auprès d'Otton II, dans un palais impérial. Le mot *palatium* suggère tout d'abord l'idée de Pavie, où se trouvait à cette époque le principal palais des empereurs en Italie (Pessani, *De' palazzi reali, che sono stati nella città, e territorio di Pavia*, 1771, in-4°). Le lieu des divers séjours d'Otton II pendant les derniers mois de sa vie n'est pas bien connu; toutefois, on sait par Thietmar de Mersebourg (III, 14) qu'avant de venir à Rome, où il mourut le 7 décembre 983, il passa à Pavie et y laissa sa mère Adélaïde. Dans la lettre 37, Gerbert fait allusion à son séjour au palais impérial de Pavie. Enfin, on verra qu'il paraît avoir été aussi dans cette ville à la date de la lettre 14. On peut donc avec vraisemblance dater de Pavie les quatre lettres 11, 12, 13 et 14.

cere moliuntur, qui ipsum asino coequant[1]. Taceo de me quem novo locutionis genere equum emissarium susurrant, uxorem et filios habentem, propter partem familiae meae de Frantia recollectam. Victis [b][2] abest [c] pudor. O tempora, o mores [3], ubinam gentium vivo? Si patriam [4] sequor, sanctissimam fidem relinquo, si non sequor, exulo. Sed potius liceat cum fide in palatio exulare, quam sine fide in Latio [5] regnare.

12.

AD UGONEM [a][6].

Hugoni suo, G. quondam scolasticus.

Secundum amplitudinem animi mei [b], amplissimis honoribus ditavit me dominus meus. Nam quae pars Italiae possessiones beati Columbani non continet [c][7]? Hoc quidem ita ex largitate et benivolentia nostri Caesaris. Fortuna vero aliter instituit. Secundum amplitudinem quippe animi mei, amplissimis me honeravit hostibus. Nam quae pars Italiae meos non habet hostes? Vires meae impares sunt viribus

---

11. — b. deest V, Dictis M. — c. deest V.
12. L V M D. — a. titulus deest V M D. — b. mei animi M D. — c. continetur V.

---

1. Voir lettre 12.
2. Ceux qui détenaient les terres de l'abbaye de Bobbio, en vertu des baux dits *libelli*, et qu'Otton II avait apparemment dépossédés sur la plainte de Gerbert; voir lettres 2, 3, 4, 6 et 12.
3. Cicéron, *In L. Catilinam*, I, 2.
4. La France.
5. Dans la France, pays de langue romane, par opposition à la cour allemande d'Otton II; comparez la dernière phrase de la lettre 12 et le début de la lettre 45 : dans cette dernière, les mots *Latini et barbari* paraissent signifier « les Français et les Allemands ».
6. Masson et Du Chesne, n° 12; Olleris, n° 17. — Même date que la lettre précédente. — Le personnage à qui celle-ci est adressée n'est pas connu ; ce ne peut être le marquis Hugues, de la lettre 83, que Gerbert ne tutoie pas. La qualité d'ancien écolâtre, que Gerbert prend en écrivant à celui-ci, donne lieu de penser qu'ils s'étaient connus à Reims. La fin de la lettre indique que Hugues était au service d'Otton II.
7. Voir l'énumération des biens de l'abbaye de Bobbio dans un diplôme impérial du 25 juillet 972 (Margarinus, II, p. 46; Stumpf, n° 510).

Italiae. Conditio pacis haec est. Si spoliatus servio, ferire desinent. Vestitum, districtum [1] prosequentur [d] gladiis. Ubi gladio ferire nequibunt, jaculis verborum appetent. Contenpnitur [e] imperialis majestas, cum in me, tum in se ipsa, in divisione sanctuarii Dei [f]. Secundum libellarias *leges facta quia consentire nolo, perfidus, crudelis, tirannus cognominor. Ipse Caesar omnium hominum excellentissimus a furciferis asino coaequatur* [2]. O amicorum fidissime, ne deseras amicum consilio et auxilio. Recordare quid [g] te oraverim [3], me malle esse militem in Caesarianis castris quam regem in extraneis [4].

13.

ECBERTO [a] TREVERENSI EPISCOPO [b] G. [c] [5]

Vestram felicitatem gloriam existimamus esse nostram. Incommoditatem si quam sustinetis, simul patimur. Domini nostri C. magnanimitatem, intentionem [6], appetitum bonorum virorum supereminentem cognovistis. Proinde si deliberatis an scolasticos [7] in Italiam ad nos usque dirigatis, consilium nostrum in aperto est. Quod laudabitis laudabimus, quod feretis feremus [8].

12. — *d*. districtis persequentur *VMD*. — *e*. Contemnetur *MD*. — *f*. Domini *VMD*. — *g*. quod *VMD*.
13. *LVMD*. — *a*. Ad Hæcbertum *V*, Ad Ecbertum *MD*. — *b*. archiepiscopum Treuirensem *VMD*. — *c*. deest *VMD*.

---

1. *Vestitus* s'oppose à *spoliatus* et signifie celui qui est encore en possession de ses biens; *districtus*, « fier, intraitable », s'oppose à *servio*.
2. Voir lettre 11.
3. Obscur: *orare* serait-il ici synonyme de *dicere*?
4. Voir la dernière phrase de la lettre 11.
5. Masson et Du Chesne, n° 13; Olleris, n° 10. — Pavie, derniers mois de 983. — Ecbert, archevêque de Trèves de 977 à 993, était fils de Thierry II, comte de Hollande, et ami d'Adalbéron, archevêque de Reims. L'emploi du mot *episcopus* pour *archiepiscopus* se rencontre plusieurs fois dans les lettres de Gerbert.
6. « Sollicitude. »
7. Voir p. 5, note 7.
8. « J'appuierai (auprès de l'empereur?) l'avis que vous appuierez, je proposerai celui que vous proposerez. »

14.

JOHANNI PAPAE G. [a][1].

Beatissimo papae Johanni, G. solo nomine officii Ebobiensis [b] caenobii abbas.

Quo me vertam, pater patriae [c]? sedem apostolicam si appello, irrideor, nec ad vos propter hostes est veniendi facultas, nec de Italia egrediendi libera potestas. Morari difficile, quoniam [d] nec in monasterio nec extra quicquam nobis relictum est praeter virgam pastoralem et apostolicam benedictionem. Domnam [e] Imizam[2], quia vos diligit, diligimus. Per eam nobis vel [f] nuntiis vel [f] epistolis significabitis, quicquid nos facere voletis, simulque nos per eam vobis quicquid de statu et molimine regnorum cognoverimus vestra interesse [g].

14. *L V M D.* — *a. titulus deest V*, Papae Ioanni *M D*. — *b.* Bobiensis *V M D*. — *c.* p. p. *L*, p. p' *V* (*cujus librarius signum? pro littera* r *habuit, cf. epist.* 12 *adnot.* c), proh pudor *M D*. — *d.* quomodo *V*, quando *M D*. — *e.* Domnam *V M D*. — *f.* et *V M D*. — *g. M D addunt* Valete.

---

1. Masson et Du Chesne, n° 14; Olleris, n° 24. — Pavie, peu après le 7 décembre 983. — Cette lettre et les suivantes témoignent d'une détresse qui ne s'explique que par la mort soudaine d'Otton II; son nom n'est plus prononcé et dans la lettre 16 il est dit que l'État est sans chef, *sine rectore patriae*. Dans la lettre 92, Gerbert dit qu'il a fui l'Italie pour ne pas pactiser avec les ennemis du fils d'Otton II; celui-ci n'était donc plus. On sait qu'il mourut à Rome le 7 décembre 983. — Sur le pape Jean XIV (Pierre, évêque de Pavie), voir p. 4, note 3. On peut s'étonner que Gerbert écrive avec tant de confiance à celui à qui il avait adressé, quelques mois plus tôt, une lettre d'un style si vif. Si l'on admet que Gerbert s'était trouvé à Pavie avec Otton II et sans doute avec l'évêque Pierre à la date de la lettre 11, on doit croire que l'empereur, profitant de cette réunion, avait employé ses bons offices pour réconcilier l'un avec l'autre ses deux protégés.

2. On retrouvera le nom de cette dame dans la lettre 22. D'après ces deux lettres, elle était liée d'amitié avec Jean XIV, mais elle vivait loin de lui. D'après la lettre 22, elle se trouvait, à la date de cette dernière lettre, c'est-à-dire dans les premiers mois de 984, au même lieu que l'impératrice Théophano, veuve d'Otton II. Or, au commencement de 984, Théophano était venue de Rome rejoindre à Pavie sa belle-mère Adélaïde, veuve d'Otton I*er*, et les deux princesses y restèrent ensemble jusqu'à l'été (Thietmar, IV, 1, 6). Imiza habitait donc Pavie, ce qui explique son amitié avec Jean XIV, ancien évêque de cette ville. — A la date de la lettre 14, Gerbert paraît se trouver dans le même lieu qu'Imiza; cette lettre a donc été écrite de Pavie, ainsi que les précédentes; voir lettres 11 et 37.

15.

PETROALDO MONACHO G. [a][1].

Magnam intelligentiam tuam, frater, ne turbent fluitantia. Qui te quondam florentem, dominum clamabant et patrem, nunc conservum habere dedignantur, et parem[2]. Sors omnia versat[3]. In dandis et accipiendis, uti monachum decet et nosti, nostra licentia utere[4]. Ne neglegas quod condiximus, ut tui memoriam frequentiorem habeamus.

16.

GERALDO ABBATI AURELIACENSI [5].

Occidit, occidit[6], mi pater, status aecclesiarum Dei [a]. Res publica periit, sanctuarium Dei [a] pervaditur[7], populus [b] praeda fit hostium. Consule, pater, quo me praevertam [c][8].

---

15. *LVMD.* — *a.* G. *deest VMD.*
16. *LVMD.* — *a.* Domini *VMD.* — *b.* pupillus *VB.* — *c.* conuertam *MD.*

---

1. Masson et Du Chesne, n° 15; Olleris, n° 71. — Vers la même date que la précédente. — Voir p. 3, note 2.
2. Gerbert, ayant perdu son protecteur Otton II, n'ose rentrer à Bobbio, où il se sait entouré d'ennemis. En son absence, l'anarchie et le désordre règnent dans le monastère, et certains moines en profitent pour molester l'ex-abbé Pétroald, dont le gouvernement les avait sans doute mécontentés.
3. « Fors omnia versat » (Virgile, *Eglogues*, IX, 5).
4. On a vu par la lettre 3 que Pétroald, en cessant d'être abbé de Bobbio, avait conservé la jouissance exclusive d'une partie des biens du monastère. Il ne devait disposer de ces biens ou y ajouter qu'avec la permission de l'abbé.
5. Masson et Du Chesne, n° 16; Olleris, n° 22. — (Pavie?), commencement de 984. — Géraud de Saint-Céré était abbé du monastère de Saint-Géraud d'Aurillac (Cantal), où Gerbert avait été élevé (Richer, III, 43; Mabillon, *Vetera Analecta*, II, p. 239). Il mourut en 986; voir lettres 17, 35, 45, 46, 91. — Gerbert lui annonce sa résolution de ne pas rentrer dans son monastère de Bobbio, envahi ou menacé par ses ennemis, et de reprendre ses fonctions d'écolâtre à Reims. Il semble qu'il écrit encore d'Italie, avant d'exécuter cette résolution.
6. Horace, *Od.*, IV, iv, 70.
7. Sur les déprédations commises au préjudice de l'abbaye de Bobbio après le départ de Gerbert, voir le diplôme impérial du 1er octobre 998 (Margarinus, II, p. 58; Stumpf, n° 1168).
8. Voir lettre 45. — « Quo me praevertam, patres conscripti, unde initium sumam? » (*Tullius in Sallustium*, I, 1.) — Gerbert emploie l'impératif singulier *consule* même en écrivant à des personnes qu'il ne tutoie pas; voir lettre 34.

Milites mei¹ quidem *d* arma sumere, castra munire parati.
Sed quae spes sine rectore patriae, cum fidem, mores,
animos quorundam Italorum pernoscamus? cessimus ergo
fortunae, studiaque nostra tempore intermissa, animo retenta
repetimus. Quibus, si placet, magistrum quondam nostrum
Raimundum² interesse cupimus, interim dum kl. decembri-
bus³ Romam iter tendamus *e* ⁴.

17.

AD EUNDEM [5].

Pater meus Adalbero Remorum archiepiscopus vos bene
valere cupit. Et quia vestram praesentiam non adiit⁶, con-
turbatio regnorum fecit, specialisque contra suam aecle-
siam commotio Heriberti Trecassini⁷, et Oddonis *a* comitis⁸
filii Tedbaldi⁹. Qui status regnorum penes vos sit, scire

16. — *d*. quidem mei *VMD*. — *e*. intendamus *VMD*.
17. *LVMD*. — *a*. Ottaris *V*, Ottonis *MD*.

---

1. L'abbé de Bobbio était à la tête d'une seigneurie importante, avec titre de comté (Margarinus, II, p. 48, 60, etc.; Stumpf, n°ˢ 510, 1202, etc.).
2. Le moine Raimond, sorti d'une famille noble du Quercy, fut à Aurillac le maître de Gerbert (Mabillon, *Vetera Analecta*, II, p. 210); il devint abbé après la mort de Gérand, en 986 (ibid. et ci-après, lettre 91); voir lettres 45, 91, 163, 194.
3. Le lundi 1ᵉʳ décembre 984.
4. Ce projet de voyage, qui devait, avant la fin de l'année, ramener Gerbert de Reims en Italie (lettre 23), avait été formé d'accord avec l'impératrice Théophano, au palais de Pavie (lettre 37), par conséquent dans les premiers jours de 984 (ci-dessus, p. 11, note 2). Il ne reçut qu'un commencement d'exécution (lettre 40).
5. Masson et Du Chesne, n° 17; Olleris, n° 63. — Reims, premiers mois de 984.
6. Le monastère de Saint-Géraud était un lieu de pèlerinage qu'on venait visiter parfois de loin. Vers 967, « Borrellum citerioris Hispaniae ducem orandi gratia ad idem coenobium contigit devenisse » (Richer, III, 43).
7. Héribert II, comte de Troyes, fils d'Héribert de Vermandois.
8. Eudes Iᵉʳ, comte de Blois, fils de Thibaut le Tricheur et de Leutgarde, fille d'Héribert de Vermandois, par conséquent neveu du précédent. Les noms d'Eudes et d'Héribert reviennent fréquemment dans les lettres de Gerbert, où ils sont représentés comme des ennemis acharnés de l'archevêque Adalbéron et de sa famille.
9. Thibaut le Tricheur, comte de Blois.

cupit, et an Hugo quem vestra lingua abbicomitem dicitis¹ uxorem duxerit. Quae sua sunt, vestra *b* putate, et ne vestra gratis appetat, quid sui vobis placeat significate. Hoc signo, sagum² lineum operosum vobis mittit, sicut olim per vestrum Airardum³ alterum miserat sed planum. De multiplicatione et divisione numerorum libellum a Joseph Ispano editum⁴ abbas Warnerius *c*⁵ penes vos reliquit, ejus exemplar in commune rogamus⁶. Si limina beatorum Remigii vel *d* Dionisii⁷ datur vobis copia videndi, nuntio praemisso vestris alloquiis poterimus condelectari.

18.

FRATRIBUS BOBIENSIBUS⁸.

Scriptura sancta dicit : « Qui ficte Deum *a* querunt numquam invenire merentur *b*⁹. » Qui regulam sancti Benedicti professi estis et pastorem deserendo abjecistis, colla tyran-

17. — *b*. nostra *M D*. — *c*. Guarnerius *M D*. — *d*. et *V M D*.
18. *L V M D*. — *a*. domum *M*, Dominum *V D D*. — *b*. mereantur *M D*.

---

1. Voir lettre 35, *Hugo Raimundi*; probablement Hugues, second fils du comte de Rouergue Raimond I⁰ʳ et frère du comte Raimond II (*Histoire générale de Languedoc*, II, note 9, § 25, p. 543). Les mots *vestra lingua* ne sont pas favorables à l'opinion généralement reçue, qui veut que Gerbert fût né à Aurillac ou aux environs; Richer (III, 43) témoigne seulement qu'il avait été élevé dès son enfance à Saint-Géraud et qu'il était Aquitain, *Aquitanus genere*, c'est-à-dire du pays entre la Loire et les Pyrénées. Le nom d'*abbicomes* ou *abbacomes* a été donné plusieurs fois, vers cette époque, aux comtes ou fils de comtes qui possédaient une abbaye en bénéfice (Du Cange, au mot *abbas*). On ignore quelle était l'abbaye que pouvait posséder Hugues de Rouergue. Serait-ce celle même d'Aurillac?
2. Une couverture de lit.
3. Voir ci-dessus, p. 5, note 6. Ce passage-ci prouve qu'Airard était moine à Aurillac et qu'il avait séjourné à Reims.
4. Voir lettre 25, où Gerbert nomme le même auteur *Joseph sapiens*. Il est inconnu (Olleris, p. 514).
5. Personnage inconnu.
6. *Exemplar*, « une copie »; *in commune*, « pour nous deux ».
7. Saint-Remi et Saint-Denis, monastères de Reims.
8. Masson et Du Chesne, n° 18; Olleris, n° 73. — Reims, premiers mois de 984. — Cette lettre et la suivante ont dû être écrites en même temps et confiées à un même porteur.
9. « Si quaesieris eum, invenies. Si autem dereliqueris eum, proiciet te in aeternum » (*Paralip.*, I, xxviii, 9).

nis sponte subdidistis, non de omnibus dico, tyrannis vestris ducibus ante tribunal Christi quomodo apparere vultis? Haec quidem non causa retinendi honoris scribo, sed loquenda loquens cura pastorali, animam meam crimine libero, non audientes implico. Apostolica privilegia revolvite. Anathemata quae michi ostendistis [1] ad memoriam reducite. Insuper intelligite quod sacri canones dicunt : « Qui excommunicatis se junxerit quolibet modo *c*, excommunicatus sit [2]. » Videte in quanto periculo res vestrae sitae sint. Supernus judex faciat vos sua praecepta cognoscere, et ea opere implere.

19.

RAINARDO *a* MONACHO [3].

Recte quidem, frater, conquereris super abbatis tui privatione. Oves in convallibus ante ora luporum absque pastore, monachi in monasterio absque abbate. Secundum scire tuum et posse, bene te velle et facere adhortor et moneo. Unius anni tria diversa imperia super te [4], docent quae vides fallatia et inconstantia. Futuram desolationem non tantum parietum quantum animarum ingemisce, et de Dei *b* misericordia noli desperare.

18. — *c*. quolibet modo se junxerit *V M D*.
19. *L V M D*. — *a*. Ramando *V*, Rainaudo *M D*. — *b*. Domini *V M D*.

1. Les abbés de Bobbio avaient obtenu plus d'une fois des bulles par lesquelles les papes avaient confirmé leurs droits et prérogatives. Ces bulles, conservées dans les archives du monastère, se terminaient, selon l'usage, par une sentence d'anathème contre les infracteurs. Voir par exemple *Historiae patriae Monumenta, Chart.*, I, 6-8.
2. *Canones apostolorum*, 11 : « Si quis cum excommunicato saltem in domo simul oraverit, iste communione privetur » (Migne, LXVII, 142).
3. Masson et Du Chesne, n° 19; Olleris, n° 72. — Reims, même date que la précédente. — Rainard était moine à Bobbio; voir lettres 130, 161.
4. Les gouvernements successifs de Pétroald, de Gerbert et de l'usurpateur (*tyrannus*, lettre 18) qui lui avait succédé. Gerbert avait donc passé moins d'un an à Bobbio et par conséquent il n'y avait pas été installé avant les premiers mois de 983.

20.

ADELAIDI INPERATRICI G. [a][1].

Multa quidem peccata mea ante Deum. Sed contra dominam meam, quae [b][2], ut a servitio ejus [c] repellar? Fidem promissam numquam violavi, commissa non prodidi. Pietatem sine avaritia exercere me putavi. Si erravi circa voluntatem vestram modicum quid [d], fecit hoc inprovidentia, non deliberatio. Sintque vobis continuate satis [e] jam in paenitentia quadragesimae, quod certe sic confido esse [3]. Prevaluit ad tempus quorundam nobilium pauperum [4] caeca cupiditas. Nunc praevaleat vestra quae semper fuit circa justiciam pietas. Favet ad hoc divinitas regna vobis concilians et reges potentes vestro imperio subdens [5]. Mea sententia haec est, quam fidem filio dominae meae A. servavi, eam matri servabo, si nequeo praesens, saltim absens, bene loquendo, bene optando, bene orando.

20. *LV MD.* — *a.* G. *deest MD.* — *b.* qui *MD.* — *c. deest MD.* — *d.* quid modicum *VDB.* — *e.* satis contum *V*, satis continuatae *MD.*

1. Masson et Du Chesne, n° 20; Olleris, n° 32. — Reims, premiers mois de 984. — Adélaïde était alors à Pavie (p. 11, note 2). Cette lettre et les deux suivantes, adressées au même lieu, ont dû être portées par un même messager, peut-être par le même que les deux précédentes et que la lettre 23.
2. Il fait semblant d'oublier les termes à peine polis de la lettre 6 (p. 5).
3. « Qu'il vous suffise des carêmes que j'ai passés en pénitence; et je crois certes que c'est assez » (Éd. de Barthélemy). Cette traduction à peu près littérale (M. Éd. de Barthélemy lisait *continuatæ* au lieu de *continuate*) laisse subsister l'obscurité de la phrase latine. Faut-il prendre le mot *quadragesima* au propre ou au figuré? Le carême en 984 commença le 5 février et finit le 22 mars. Sur les carêmes de pénitence, voir Du Cange, au mot *carena*.
4. Les protégés d'Adélaïde, dont Gerbert avait repoussé les demandes, comme Griphon (lettre 6).
5. Le petit-fils d'Adélaïde, Otton III, âgé de trois ans, avait été élu roi à la diète de Vérone, en juin 983, et couronné à Aix-la-Chapelle le 25 décembre. Sa fille Hemma, issue de son premier mariage avec Lothaire, roi d'Italie, était mariée avec Lothaire, roi de France, qui professait pour l'impératrice, sa belle-mère, une grande déférence; voir lettre 74.

21.

ECEMANNO PALATINO MONACHO [1].

Benivolentiam tuam circa me sentiens, mi frater, tanti hominis gratulor amititia. Enimvero *a* te constantem in fide, cum in me, tum in his qui se tibi crediderunt liquido deprehensum [2]. Neque *b* domus admirabilis feminae te aliter clarum *c* haberet. Suscipies igitur honus amici, bona verba suggeres. Epistolas meas benigne interpretaberis, mea negotia tua putabis.

22.

DOMNAE *a* IMIZAE G. *b* [3].

Felicem me judico tantae feminae agnitione et amititia. Cujus fidem firmam, constantiam longevam, admirari non sufficiunt Galli mei, et quamvis vestra prudentia non egeat ammonitione, tamen quia vos conlaborantes et condolentes nostro infortunio sentimus, domnum *c* papam conveniri nuntiis et epistolis vestris ac nostris volumus *d*, et si quos

---

21. *L V M D.* — *a.* Eum vero *V B*, Dum verò *M*, Eum verò *D.* — *b.* *V M D* addunt enim. — *c.* charum *M D.*
22. *L V M D.* — *a.* Domine *V M D.* — *b.* G. deest *V M D.* — *c.* dominum *V M D.* — *d.* vestris volumus ac nostris *V M D.*

---

1. Masson et Du Chesne, n° 21 ; Olleris, n° 10. — Reims, même date que la précédente. — Ecéman était, à ce qu'il semble, un confesseur ou un directeur de conscience de l'impératrice Adélaïde. Cette princesse, ayant fondé, en 987, l'abbaye de Selts (Alsace), « abbatem ibi praefecit nomine Eccemagnum, boni testimonii virum, humana scientia et divina sapientia doctum, quem in divinis litteris habere voluit assidue praeceptorem » (Odilon, *Epitaphium Adelheidae*, 10, dans Pertz, *Script.*, IV, p. 641) ; voir aussi Schoepflin, *Alsatia diplomatica*, I, p. 145, n° 181 (Stumpf, n° 1324) : « Exemannum abbatem. » A la date de cette lettre, il devait se trouver à Pavie avec l'impératrice. *Palatinus monachus* paraît signifier simplement un moine attaché à la cour.
2. Masson et Du Chesne ajoutent après *deprehensum* un astérisque, pour indiquer une lacune. En effet, le verbe principal paraît manquer.
3. Masson et Du Chesne, n° 22 ; Olleris, n° 31. — Reims, même date que les précédentes (p. 16, note 1). — Imiza était sans doute à Pavie (p. 11, note 2).

vel *e* spe*ti*aliter, vel *e* in commune *f* habemus fautores et adjutores, ut qui simul tristamur, propitia divinitate simul *g* gaudeamus. Dominam meam Theuphanu imperatricem [1] meo nomine *h* convenite. Reges Francorum [2] filio suo [3] favere dicite, nichilque *i* aliud conari, nisi tyrannide Heinrici velle [4] regem se facere volentis [5] sub nomine advocationis destruere *j* [6].

23.

DOMNO *a* JOHANNI PAPAE [7].

Graviter et iniquo animo fero [8], pervadi, diripi sanctuarium Dei *b* creditum michi a sancta Romana et apostolica ecclesia. Porro quid deinceps stabilietur, si id dissolvitur quod

22. — *e.* et *VMD.* — *f.* communi *MD.* — *g. deest VMD.* — *h.* nomine meo *VMD.* — *i. VMD addunt* eos. — *j.* tyrannidem Henrici, Regem se facere volentis, sub nomine aduocationis vello destruero *VMD.*
23. *LVMD.* — *a.* D. *VM,* Domino *D.* — *b.* Domini *VMD.*

1. Théophano, que les modernes appellent souvent Théophanie, fille de l'empereur byzantin Romain II, veuve d'Otton II et mère d'Otton III, était alors à Pavie avec sa belle-mère Adélaïde (p. 11, note 2).
2. Lothaire, roi de France depuis 954, et son fils Louis, associé au trône depuis 979.
3. Otton III (p. 16, note 5).
4. *Tyrannide Heinrici velle,* « la volonté, l'intention tyrannique de Henri. » *Tyrannide* est un adjectif, au neutre; comparez *tyrannidem potestatem,* dans un texte cité par les continuateurs de Du Cange, au mot *tyrannis.* Le substantif neutre *velle* est employé fréquemment par Gerbert (lettres 1, 6, etc.).
5. Henri ou Hézilon, duc de Bavière, cousin germain d'Otton II, était prisonnier à Utrecht quand on apprit (après le 25 décembre 983) la mort de ce prince. Mis en liberté à cette nouvelle, il se fit remettre, en qualité de plus proche parent et de tuteur légal, la personne du jeune Otton III, et bientôt il laissa voir l'intention de le supplanter ou au moins de partager le trône avec lui. Il réunit ses partisans pour se concerter sur ce sujet avec eux, à Magdebourg, le dimanche des Rameaux, 16 mars 984, et reçut d'eux le titre de roi, à Quedlimbourg, le jour de Pâques, 23 mars; mais la plupart des seigneurs allemands et lorrains refusèrent de le reconnaître (Thietmar, IV, 1-3; *Annales Hildesheimenses, Quedlinburgenses,* année 984; Richer, III, 97).
6. Les tentatives faites par Lothaire, pour disputer à Henri de Bavière la tutelle (*advocatia*) d'Otton III, ne sont connues que par les lettres de Gerbert; voir lettres 27, 35, 57, et Wilmans, p. 9.
7. Masson, Du Chesne et Olleris, n° 23. — Reims, premiers mois de 984. — Jean XIV fut emprisonné par son compétiteur Boniface VII, en avril 984, au château Saint-Ange; il y fut tué le 20 août suivant (Jaffé-Loewenfeld, p. 484, 485).
8. « Graviter et iniquo animo maledicta tua paterer » (*Sallustius in Tullium,* 1, 1).

actum est consensu principis, episcoporum electione, cleri et populi voluntate, postremo omnium hominum excellentissimi papae consecratione? si praecepta violantur, privilegia contempnuntur, divinae et humanae leges sustolluntur. Qua spe vos adeundi[1] periculum faciam, ne dedignemini sacris apicibus significare. Alioquin ne miremini si his castris me applico, ubi maxima portio legis humanae, nulla divinae. Humanitas quippe prima, in activis, divinitas secunda, in speculativis[2]. Fiet hoc mea pusillanimitate, vestra cessante magnanimitate.

24.

LUPITO BARCHINONENSI[3].

Licet apud te nulla mea sint merita, nobilitas tamen ac affabilitas tua me adducit in te confidere, de te praesumere. Itaque librum de astrologia translatum a te[4] michi potenti dirige, et si quid mei voles in reconpensationem indubitate reposce.

25.

BONIFILIO GERUNDENSI EPISCOPO[5].

Multa quidem auct... vestri nominis me movet, cum ad videndum et alloquendum, tum etiam ad optemperan-

24. *L V M D.*

---

1. Voir lettres 18, 23, 37 et 40.
2. Phrase obscure. MM. Olleris et Édouard de Barthélemy suppriment le mot *secunda*; c'est une correction inadmissible.
3. Masson et Du Chesne, n° 24; Olleris, n° 90. — Reims, premiers mois de 984. — Cette lettre et la suivante furent probablement confiées à un même porteur. — *Lupitus* de Barcelone est inconnu.
4. On ne sait quel est ce traité d'astronomie. Il était probablement traduit de l'arabe.
5. Masson et Du Chesne, n° 25; Olleris, n° 65. — Reims, premiers mois de 984. — Le nom de *Bonifilius*, évêque de Girone (*Gerona*, en Catalogne), n'est connu que par cette lettre. Son épiscopat doit se placer entre celui de Miron, mort avant 984, et celui de Godmar III, évêque en 985 (Büdinger, p. 21, note 70).

dum, et hoc diu negatum, distulit negata libertas. Ea cum dolore concessa, domino meo Ottone Caesare jam non superstite, fas et amicis loqui, et eorum imperiis obsequi. Si qua nobis significare voletis, usque ad kl. novenb[1]. Remis, VIII kl. janr. Romae dicetis [a][2], si pace uti poterimus. De multiplicatione et divisione numerorum, Joseph sapiens sententias quasdam edidit[3], eas pater meus Adalbero Remorum archiepiscopus vestro studio habere cupit.

26.

ECBERTO [a] ARCHIEPISCOPO TREVERENSI EX PERSONA ADALBERONIS [4].

Labefactari rem publicam vestram quorundam ignavia, cum perhorrescimus, tum erubescimus, et privilegio amoris nostri circa vos, et communi patriae cognatione. Paucine creati sunt reges, quia [b] novum filio domini vestri praeponere vultis[5]? Forte quia Grecus est[6], ut dicitis, more Grecorum conregnantem[7] instituere vultis. Quo recessit sanctissima fides? Exciderantne animo beneficia Ottonum vobis collata? Magnam intelligentiam vestram revocate. Generositatem perpendite, ne perpetuo dedecori generi vestro esse velitis. Si vires vos destituere acclamatis, meliora sentientes perquirite. Nos fautores et adjutores [c] in talibus negotiis fore confidite. In perturbatione et confusione omnium rerum, quis alterius levabit onus[8]? Extremo [d] si salva dignitate

---

25. *L V M D.* — *a.* crimus *M D.*
26. *L V M D.* — *a.* Ecberdo (sic saepe) *V.* — *b.* qui *V M D.* — *c.* fautores, coadiutores *M D.* — *d.* Postremo *M D.*

---

1. Le samedi 1ᵉʳ novembre 984.
2. Le jour de Noël, jeudi 25 décembre 984 ; voir p. 13, note 4.
3. Voir lettre 17 (p. 14, note 4).
4. Masson et Du Chesne, n° 26; Olleris, n° 30. — Reims, mars-mai 984 (p. 18, note 5, et p. 25, note 1).
5. Voir p. 18, note 5.
6. Par sa mère Théophano (p. 18, note 1).
7. Deux empereurs, Basile II et Constantin VIII, fils de Romain II et frères de Théophano, occupaient conjointement, depuis 976, le trône de Constantinople. Ils moururent, le premier en 1025, le second en 1028. Voir lettre 111.
8. « Alter alterius onera portato » (Paul. *Gal.*, VI, 2).

vestri nominis urbem Treverorum tutari non valetis, Remorum utrique nostrum sit satis, ditioresque erimus quam Eucharius[1] quondam et Sixtus[2]. Id vobis [e] ratum ignominiam auferet, irritum nos liberos efficiet.

27.

GUILLIGISO [a] MAGUNTINO ARCHIEPISCOPO EX PERSONA EJUSDEM [3].

Magna, pater, constantia inlaborandum [b], pro habenda ratione pacis atque otii. Regnorum perturbatio, quid aliud est [c] quam ecclesiarum desolatio? Nos quidem pietas, et multa circa nos Ottonum beneficia, filio Caesaris adversari non sinunt. Denique reges nostros [d] ad auxilium ejus [e] promovimus [4], utriusque [f] partis pactum, si placet, communi consensu in sempiternum stabiliemus, nichil a vobis nisi salva fidelitate domini nostri perquiremus. Haec Deo [g] teste loquimur, et plena fide vestrae prudentiae committimus. Qui duos Ottones conatus est occidere [h] [5], tercium volet superesse? Mementote illius Tulliani : « Stultum est ab eis fidem exigere, a quibus multociens deceptus sis [6] », simul [i] etiam quod non frustra divinitas contulit vobis nosse ac

26. — e. Iduob; L.
27. LVMD. — a. Wellegisino V, Villegiso MD. — b. in conlaborandum V, conlaborandum MD. — c. quid est aliud V, aliud quidem est M, aliud quid est D. — d. res nostras VDB. — e. deest VMD. — f. uniusque MD. — g. Domino VMD. — h. occidere L, extinguere VMD — vel extinguere. — i. simulque VDB.

1. Saint Euchaire, premier évêque de Trèves, au IIIe siècle.
2. Saint Sixte ou Xyste, premier évêque de Reims, au IIIe siècle.
3. Masson et Du Chesne, n° 27 ; Olleris, n° 28. — Mars-mai 984. — Willigise, archevêque de Mayence, de 975 à 1011, est nommé dans la chronique de Thietmar, parmi les principaux adversaires de Henri de Bavière, « quibus, ajoute le chroniqueur, adhærebat occidentalium maxima multitudo » (Thietmar, IV, 2).
4. Voir p. 18, note 6.
5. Henri s'était révolté contre Otton II en 974 (Giesebrecht, p. 17). Gerbert semble dire qu'il s'était rendu coupable d'un fait analogue sous Otton Ier (936-973) ; ce point est obscur.
6. « Hæc apud Ciceronem non inveni » (Olleris). *Multotiens* n'appartient pas à la latinité du temps de Cicéron.

posse, quid super his approbetis, vel *j* his contraria sentiatis, quive faveant, vel *j* a vobis dissideant, tutis significate rescriptis. Altitudo vestri consilii provideat rebus sancti *k* Remigii vobis vicinis [1], ne aut praedo rapax eas rapiat, aut *l* ne Otto qui debet esse tutor[2], sit devastator. In his quoque vestrum velle liceat cognoscere.

28.

EX PERSONA IHERUSALEM DEVASTATAE, UNIVERSALI AECCLESIAE [3].

Ea quae est Hierosolimis, universali ecclesiae sceptris regnorum imperanti.

Cum bene vigeas, immaculata sponsa Dei *a*, cujus membrum esse me fateor, spes michi maxima per te caput attollendi, jam pene attritum. An quoquam *b* diffiderem de te, rerum domina? Si me recognoscis tuam, quisquamne tuorum famosam cladem illatam michi putare debebit ad se minime pertinere, utque rerum infimam *c* abhorrere? En *d*

27. — *j*. et *VMD*. — *k*. beati *VMD*. — *l*. et *MD*.
28. *LVMD*. — *a*. Domini *VMD*. — *b*. quidquam *V*, quicquam *MD*. — *c*. infima *MD*. — *d*. Et *MD*.

1. L'abbaye de Saint-Remi de Reims possédait au diocèse de Mayence le prieuré de Cusel (Bavière, Palatinat); voir Sickel, *Urkunden*, I, p. 237, 400.
2. Élève ou ami de Gerbert (lettre 34), apparemment moine de Saint-Remi et, à la date de la lettre 27, chargé de gouverner le prieuré de Cusel et les biens qui en dépendaient.
3. Masson et Du Chesne, n° 28; Olleris, n° 219. — Mars-mai 984. — On a mis en doute, sans motifs suffisants, l'authenticité de cette lettre. On a cru à tort: 1° qu'elle datait du pontificat de Silvestre II ; 2° qu'elle était adressée à l'Église de Rome; 3° qu'elle avait pour but d'implorer, au nom de l'Église de Jérusalem, « les secours *armés* de l'Occident latin » (Riant, *Inventaire*, p. 31). La vérité est qu'elle s'adresse à tous les fidèles, car la dernière phrase ne permet pas de comprendre autrement ici les mots *universali aecclesiae*, et qu'elle ne contient qu'une demande d'argent (*quod armis nequis, opum auxilio*). C'est donc une sorte de circulaire, destinée à être colportée par un quêteur qui sollicitait des aumônes pour les établissements chrétiens de Jérusalem, tels que le Saint-Sépulcre et Sainte-Marie-Latine (Raoul Glaber, I, v, édition Prou, p. 20; Riant, *Donation de Hugues*, p. 178). — Peut-être, mais ceci n'est plus qu'une hypothèse, Gerbert aura-t-il composé ce morceau d'éloquence à la demande et pour l'usage de son ami Guarin, abbé de Saint-Michel de Cuxa (lettre 45), qui se signala vers cette époque par son zèle pour la Terre-Sainte (Riant, *Donation*, p. 179-183).

quamvis nunc dejecta, tamen habet [e] me orbis terrarum optimam partem sui [f]. Penes me, prophetarum oracula, patriarcharum insignia, hinc clara mundi lumina [g] apostoli prodierunt, hic [h] Christi fidem repperit [i], apud me redemptorem suum invenit. Etenim quamvis ubique sit divinitate, tamen hic humanitate natus, passus, sepultus, hinc ad caelos elevatus [j]. Sed cum propheta dixerit : « Erit sepulchrum ejus gloriosum [1] », paganis sancta loca [k] subvertentibus [2], temptat diabolus reddere inglorium. Enitere ergo, miles Christi, esto signifer et conpugnator, et quod armis nequis, consilio [l] et opum auxilio subveni. Quid est quod das, aut cui das? nempe ex multo modicum, et ei qui omne quod habes [m] gratis dedit, nec tamen ingratus [n] recipit [o]. Etenim hic [p] multiplicat, et in futuro remunerat, per me benedicit tibi, ut largiendo crescas [q], et peccata relaxat [r], ut secum regnando vivas.

29.

EX PERSONA AD. ARCHIEPISCOPI GUALONI [a] EJUSQUE PERTINACIBUS [3].

Hactenus quidem [b] stultitiam vestram patientia [c] tulimus. Nunc quia sinodalia decreta parvi penditis, vocati con-

---

28. — *e.* habuit *MD.* — *f.* sui partem *VMD.* — *g.* lumina mundi *VMD.* — *h.* hinc *MD.* — *i. VMD* addunt orbis terrarum. — *j.* elatus *VMD.* — *k.* loca sancta *VMD.* — *l.* consilij *MD.* — *m.* habet *MD.* — *n.* tam ingratis *MD.* — *o.* recepit *VMD.* — *p.* Et hic enim *V*, Et hic eum *MD.* — *q.* crescat *VMD.* — *r.* relaxet *MD.*

29. *L VMD.* — *a.* Waloni *VMD.* — *b.* deest *VMD.* — *c.* patienter *MD.*

---

1. Isaïe, xi, 10.
2. Exagération oratoire. Sur la tranquillité dont jouissaient les chrétiens de Jérusalem à la fin du xe siècle, voir Riant, *Inventaire*, p. 34, 35, et Mukaddasi, *Description of Syria*, translated by Guy Le Strange (Londres, 1886, in-4°), p. vi et 37.
3. Masson et Du Chesne, n° 29; Olleris, n° 105. — Mars-mai 984. — Gualon ou Walon est inconnu. C'est à peu près l'époque où les hérétiques cathares commencèrent à se montrer en France, particulièrement dans les diocèses de Châlons-sur-Marne et de Reims (C. Schmidt, *Histoire et doctrine de la secte des Cathares ou Albigeois*, I, p. 32-35). Gualon et les siens étaient-ils de ces hérétiques? cela peut être, mais on n'en sait rien, et bien d'autres hypothèses seraient également vraisemblables.

tempnitis, humana divinis praefertis, ad conventum nostrorum fratrum apud Gualdonis Cortem¹ habendum, III kl. julii *d*², vos iterum audiendos vocamus. Eo autem venite *e*, aut sententiam dampnationis eadem die, quo animo vultis, vestris cum fautoribus *f* expectate.

30.

EX PERSONA ADALBERONIS NOTEGARIO EPISCOPO LEODICENSI³.

Ne male mereri, queso, mi pater, de vestra *a* existimetis amicitia fratrem meum G., non ex condicto regem adisse, et ex condicto quo voluistis non venisse⁴. Bona quippe deliberatio rapuit, sed occasione lesi pedis⁵ fortuna retardavit. Sit ergo vestrae prudentiae, amici causam agere, pro se stare, de eo ut nostis, et ut aequum est, ex fide promittere. Nos quidem rem herilis vestri pueri⁶ juxta quod statuistis effecimus, et si in melius commutaveritis divinitate propitia, in melius compensabimus. Vestra negotia, ut nostra suscepimus *b*. Is quem nostis nobis intimus, vobisque fidissimus interpres, apud regiam majestatem ut decuit fuit. Quod expetistis, firmiter optentum, sine inimicorum respectu, et quia totum non est credendum cartis, indictum conventum vos adire volumus, vestramque praesentiam

---

29. — *d.* in Cal. Iulijs *MD*. — *e. ita MD*, Eo autem veniente *L*, Eo aut venite *V*. — *f.* vestris confautoribus *VMD*.
30. *LVMD*. — *a.* nostra *MD*. — *b.* compensabimus *VMD*.

---

1. Vaudancourt (Marne, commune de Brugny-Vaudancourt), dans l'ancien diocèse de Soissons, près de la limite de ceux de Reims et de Châlons-sur-Marne. Il s'agit certainement d'un concile provincial. Voir lettre 110.
2. Le dimanche 29 juin 984.
3. Masson et Du Chesne, n° 30; Olleris, n° 27. — Mars-mai 984. — Notger fut évêque de Liège de 972 à 1007.
4. G., frère d'Adalbéron, doit être le comte Godefroi, qui était lié d'amitié avec Notger (lettres 42, 43, 49, 65). Le roi en question ne peut guère être que Lothaire. Toute cette lettre est pleine d'allusions à des faits que nous ne connaissons pas et qu'il ne paraît pas facile de deviner.
5. En 976, le mercredi saint, 19 avril, Godefroi, dans un engagement avec les troupes du duc Charles de Lorraine, reçut une blessure, dont il ne se remit jamais complètement (Bouquet, VIII, p. 214).
6. Otton III.

usque in tercio id. *c* jun.¹ prestolari faciemus. Oportuno tempore occurrendum, ne cum te subduxeris *d*, importunum fiat *e*.

31.

CONTROVERSIA DEODERICI *a* EPISCOPI METTENSIS *b* IN *c* KAROLUM ².

D. servus servorum Dei *d*, imperatorum amator, prolisque tutissimus tutor, Karolo sanguine nepoti ³, sed fidei inpudentissimo violatori.

Fidem a nemine umquam bonorum violatam, ut nosti, praesente venerando episcopo Notkero *e*, teque licet non nobilioribus tamen veritate excellentioribus praesentibus,

---

30. — *c.* kal. *VDB.* — *d.* subtraxeris *MD.* — *e.* fiat importunum *VMD.*
31. *LVMD* et *Bibl. nat. ms. lat.* 11127 *fol.* 62. — *a.* Diederici *MD.* — *b.* Metensis episcopi 11127. — *c.* contra *VMD.* — *d.* Domini *VMD.* — *e.* Nothero episcopo *V*, Notegario episcopo *MD.*

---

1. Le mercredi 11 juin 984. — Si cette lettre avait été écrite en juin, il n'aurait pas été nécessaire de nommer ce mois. Elle est donc, ainsi que les précédentes, au plus tard du mois de mai.
2. Masson et Du Chesne, n° 31 ; Olleris, n° 35. — Mars-juin 984. — Cette lettre n'est pas de Gerbert ; on n'y reconnaît ni sa langue, ni son style. Si donc elle se trouve parmi sa correspondance, c'est qu'étant chargé d'y répondre (lettre 32), il avait jugé à propos d'en garder copie. — Thierry, évêque de Metz depuis 964, mourut le 7 septembre 984 (Wilmans, p. 147). Il était fils du comte Eberhard et de sa femme Amalrade, sœur de la femme de Henri l'Oiseleur, la reine Mathilde (Sigebert de Gembloux, dans Pertz, *Script.*, VI, p. 464 ; Bibl. nat., ms. Baluze 129, fol. 211 ; tableau I, ci-contre). Charles, duc de la Lorraine inférieure, était second fils de Louis IV et frère de Lothaire, roi de France. D'après cette lettre et la suivante, il paraît que Charles, qu'un traité d'alliance déjà ancien unissait à l'évêque Thierry, avait refusé de se joindre, à l'exemple de celui-ci, au parti qui voulait associer le duc Henri de Bavière au trône. Il était de ceux qui, comme Adalbéron de Reims (lettre 35), cherchaient à donner au roi Lothaire la tutelle d'Otton III. De là la colère de Thierry. — *Controversia*, « déclamation ».
3. Le roi Lothaire et son frère Charles étaient fils de Louis IV et de la reine Gerberge, sa femme. Gerberge était fille de Henri l'Oiseleur et de Mathilde, par conséquent cousine germaine de Thierry. Ainsi Charles était neveu « à la mode de Bretagne » de l'évêque de Metz. Trois fois dans cette lettre les mots *nepos*, *neptis*, sont employés, non dans le sens de neveu ou nièce, leur signification ordinaire au moyen âge, mais dans ceux de cousin germain ou cousine germaine et de neveu ou nièce « à la mode de Bretagne » ; voir Du Cange, additions des bénédictins, au mot *nepos*. — On voit par là que Charles n'était pas un fils bâtard de Louis IV, comme l'ont cru la plupart des historiens modernes.

ante beati Johannis aram[1] in sacra verba datam, levissime, transfuga, nec in hanc nec in illam partem fidem habens[2], caecus te*f* amor regnandi debilitatum neglegere coegit. Et quid mirum si in nepotem[3] pestem tui sordidissimi cordis evomis, qui cruenta manu et ad omne scelus semper promtissima, cum latronum grege, et furum manipulo, dum fratri tuo nobili Francorum regi Laudunum civitatem, suam, inquam, suam, numquam utique tuam, dolo malo subriperes, eumque regno fraudares[4], et imperatoriam sororem regnique sui consortem infamares, tuisque mendatiis*g* commaculares[5], nichil umquam pensi habuisti[h]? Dilatate, incrassate, inpinguate, qui non secutus patrum tuorum vestigia, dereliquisti Deum*i* factorem tuum, recordare os tuum inpudens quoties digito compescuerim, dum turpia in Remensem archiepiscopum[6], turpiora in reginam ementiendo*j* serpentino sibilo effudisti. Quid in Laudunen-

31. — *f. deest* 11127. — *g.* mandatis *VB*. — *h.* habuistis *MD*. — *i.* Dominum *VMD*. — *j.* dementiendo *MD*.

1. Il y a eu trop d'églises et d'autels consacrés à saint Jean pour qu'on puisse déterminer le lieu dont il s'agit. Toutefois, le nom de Notger (voir lettre 30) peut faire supposer que ce lieu était voisin de Liège. Ne serait-ce pas Chèvremont, sur la Vesdre (Belgique, province de Liège, commune de Vaux-sous-Chèvremont), place forte qui, à ce qu'il semble, faisait partie du domaine des ducs de la Lorraine inférieure (Richer, I, 39), et où se trouvait une église de Saint-Jean-l'Évangéliste, plus tard détruite par Notger et remplacée par une église créée sous la même invocation à Liège (Pertz, *Script.*, XXV, p. 58)? D'après la lettre suivante, il semble que la conjuration ou l'alliance à laquelle fait allusion Thierry était antérieure aux évènements de 978.
2. « Levissime transfuga, neque in hac neque in illa parte fidem habens » (*Sallustius in Tullium*, IV, 7).
3. Le duc Henri de Bavière. Son père Henri était fils de Henri l'Oiseleur et de Mathilde. Gerberge, mère de Charles, était leur fille. Henri et Charles étaient donc cousins germains; voir p. 25, note 3.
4. En 978, Otton II fit une incursion en France, occupa Reims, Soissons, Compiègne et s'avança jusque près de Paris (Richer, III, 74, etc.; Giesebrecht, p. 49-52). Ce fut sans doute à cette occasion que Charles, qui tenait de l'empereur le duché de la Lorraine inférieure, se déclara contre le roi son frère et s'empara de Laon. La lettre 32 contient des allusions aux mêmes évènements.
5. La reine Hemma ou Emma, femme de Lothaire, roi de France, était fille de Lothaire, roi d'Italie, et d'Adélaïde sa femme. La même Adélaïde, après la mort du roi d'Italie, avait épousé Otton Ier, et de ce second mariage était né Otton II (p. 5, note 1); Hemma était donc demi-sœur d'Otton II. Voir tableau II. — « Eodem tempore (972? 980?) Emma regina et Adalbero Laudunensis episcopus infames stupri criminabantur » (Richer, III, 66). Adalbéron ou Ascelin fut évêque de Laon de 977 à 1030. Il faut se garder de confondre les quatre prélats du nom d'Adalbéron qui occupèrent en même temps le siège métropolitain de Reims et les évêchés de Laon, de Metz et de Verdun.
6. Fait inconnu.

TABLEAU I

POUR L'INTELLIGENCE DE LA LETTRE N° 31 DU RECUEIL DE GERBERT.

(On n'a fait figurer sur ce tableau que les personnages dont la mention a paru utile pour l'intelligence de cette lettre et de quelques-unes des suivantes.)

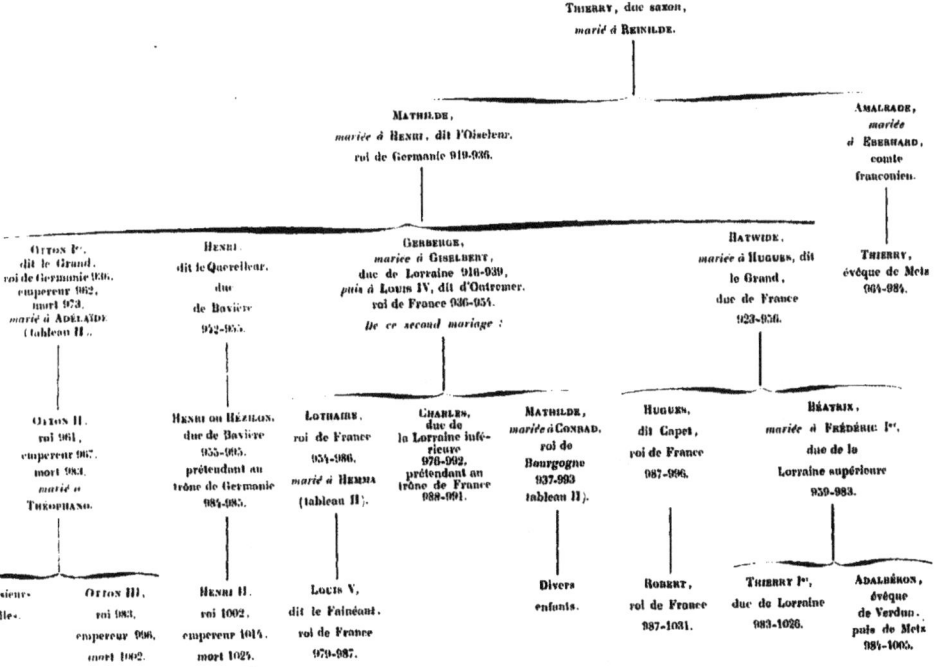

TABLEAU II

POUR L'INTELLIGENCE DE LA LETTRE N° 31 DU RECUEIL DE GERBERT.

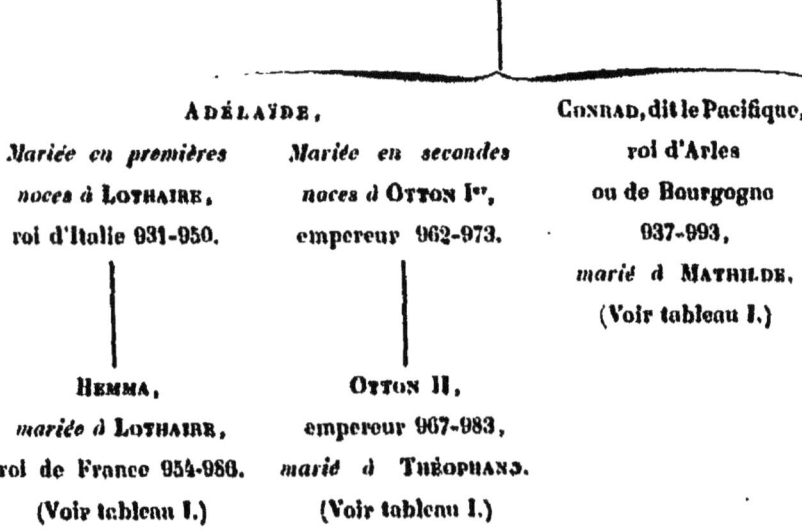

sem episcopum feceris ipsus ¹ melius nosti ᵗ. Brevi tu Lotharicnsium regni angulo latitans, vanissimoque supercilio te toto ᵐ praeesse jactitans, quid ⁿ neptis utriusque nostrum² femina tete viro melior cum nobilis indolis filio ³, quid ⁿ apostolorum vicarii ᵒ sanctae aecclesiae ᵖ ovilis pastores quod ᵠ tu canino dente noctu et interdiu rodere conaris, quid ⁿ alii praeterea principes qui nichil tuo juri debent ejusdem habeant Deoque ʳ auctore possideant reminiscere, et ita tandem inania excutiens somnia, frontemque falsissimo poculo debriatam exporgens ˢ, poteris metiri nil esse quod agis, ad nil divino nutu deveniendum quod moliris. Quorum ego ᵗ haud pro merito asscriptus numero, ligandi solvaendique donatus honore ⁴, michi indigno pastorali ᵘ virga ᵛ commissam defensurus aecclesiam, aecclesiam dico, non aliam quam summi pastoris sanguine redemptam, quam tu divinum jus contempnens cum tuis complicibus lacerare atque dilaniare pro posse tuo contendis, horribilem spernens illam dominicam vocem qua tonatur : « Qui vos tangit, tangit pupillam oculi mei ⁵ », et aliam qua eodem modo dicitur : « Qui vos spernit, me spernit ⁶ », tua hactenus vulnera curare studens infudi oleum et vinum, idem ᵛ mitia secreto per familiares nostros asperis publice permiscens ʷ. Abhinc nisi resipiscas, Spiritus sancti gladio qui michi com-

31. — *k.* ipse *MD.* — *l.* nosti melius *V MD.* — *m.* tuto *V*, toti *MD.* — *n.* quod 11127. — *o.* vicariis *L.* — *p.* Ecclesiae sanctae *l'DM.* — *q.* quos *V MD.* — *r.* Dominoque *V MD.* — *s* expurgans *V MD.* — *t.* ergo *MD.* — *u.* deest 11127. — *v.* id est *V.* — *w.* miscens *V M D et* 11127.

1. *Ipsus* pour *ipse*, et, dans la phrase suivante, *toto* pour *toti*, formes d'une correction douteuse, que Gerbert n'aurait probablement pas employées.
2. Béatrix, fille de Hugues le Grand, sœur de Hugues Capet et veuve de Frédéric I", duc de la Lorraine supérieure. Sa mère Hatwide, seconde femme de Hugues le Grand, était fille de Henri l'Oiseleur et de Mathilde, par conséquent sœur de Gerberge (p. 25, note 3) et cousine germaine de Thierry (p. 25, note 2). Il en résulte que Béatrix était à la fois cousine germaine de Charles de Lorraine et nièce « à la mode de Bretagne » de l'évêque de Metz. Voir p. 25, note 3.
3. Thierry, duc de la Lorraine supérieure, fils de Frédéric I" et de Béatrix.
4. « Et quodcumque ligaveris super terram, erit ligatum et in caelis ; et quodcumque solveris super terram, erit solutum et in caelis » (Matthieu, XVI, 19).
5. Zacharie, II, 8.
6. Luc, x, 16.

missus est, cum tibi computribilibus menbris[1] rescindam atque igni tradam inextinguibili, ut sicut sedes[x] tua si non contempneres esset cum superis, ita contempnenti sit perpetuo cum inferis, quando jam confirmatis[y] vectibus et caelestis Iherusalem clausis portis a Virginis Filio[z] ipsius civitatis sponso dicetur reprobis : « Discedite a me, maledicti, in ignem aeternum qui paratus[aa] est diabolo et angelis ejus[2]. » Scriptum[bb] est : « Ve qui praedaris, nonne et ipse praedaberis[3]? » Cave ne in ea praeda inveniaris, in qua qui invenitur, ab aeterna hereditate extorris redditur.

« Infatuet Deus[cc] consilium Achitofel[dd] [4]. »

32.

EX PERSONA KAROLI G. IN D.[a] [5]

Karolus sola Dei gratia si quid est, D. ipochritarum ideae, imperatorum infidissimo prolisque parricidae, ac in commune hosti rei publicae.

Gravitatis quidem[b] meae fuerat, maledicta tua taciturnitate premere, nec pensi habere quod petulantia magis tyranni, quam juditium protulit sacerdotis[6]. Sed ne silentium tuis conjuratis videatur facere confessionem, summam tuorum scelerum paucis attingam, et de maximis minima referam, consilii quoque mei nonnulla praemittam[c], ut qui velut inanis

---

31. — x. fides MD. — y. confirmatibus 11127. — z. a filio uirginis filio 11127. — aa. praeparatus VMD. — bb. Sicut scriptum MD. — cc. Dominus VMD. — dd. Achitophel V, Architofel MD.
32. LVMD et Bibl. nat. ms. lat. 11127 fol. 62 v°. — a. G. ex persona Karoli V, Gerbertus ex persona Caroli MD, Gerbertus ex persona Karoli 11127. — b. siquidem VMD. — c. praetermittam VMD et 11127.

---

1. Cum membris computribilibus tibi, « avec tes membres putrescibles comme toi ».
2. Matthieu, xxv, 41.
3. Isaïe, xxxiii, 1.
4. « Infatua, quaeso, Domine, consilium Achitophel » (Rois, II, xv, 31).
5. Masson et Du Chesne, n° 32; Olleris, n° 36. — Mars-juin 984. — Voir la lettre précédente.
6. « Graviter... maledicta tua paterer... si te scirem judicio magis quam morbo animi petulantia ista uti » (Sallustius in Tullium, 1, 1).

uter spiritu*d* intumuisti, meo, ut tu desipis, incrassati, inpinguati, dilatati pressus pondere detumescas. Cur dominam ducem Beatricem, cum filio regnique primatibus, nobis*e* praetendis? Delusum*f* te, miser, non sentis, nec quemquam penae fore tuae conjurationis participem. Non solus nec in angulo fidem integerrimam filio nostri C.[1] astruo, ut tu nocturno mero eructas. Adsunt mecum Galliae principes, reges Francorum velis nolis praeclarissimi, Lotharienses fide devoti. His est curae filius C.[1], hi nec regnum querunt eripere ut tu, nec conregnantem instituere. Tu divina et humana confudisti jura, dequae*g* legibus oscitans, ut limax in suo conclavi*h* cornupeta tibi videris[2]. Cui*i* pastorali officio minas intendis? quasi vero tu pastor et non lupus rapax vel*j* potius alter Judas. Si Judas apostolus qui dominum suum XXX prodidit argenteis, et tu episcopus qui dominum tuum regem heredem regni regno privasti, spe famosissimi questus. Parum*k* tibi hoc, paenas de eo quantum ad te fine carentes velut de hoste sumpsisti[3]. Siccine Ottonum promeruerunt beneficia? Denique numquam ad eos fidem habuisse non solius filii causa convinceris. An cum Lotharium*l* regem Francorum quem gloriosum vocas, cum maxime oderis[4], hunc, inquam, cum regno pellebas, meque regnare cogebas, fidemne eis*m* vel*j* michi promissam servabas? michi promissam dico, ante aram quam impudenter nominas[5]. Profecto intelligis quid feceris, contra fratrem meum, ac sororem domini tui me arma parare impellebas, ut omne genus nostrum regium mutuis vulneribus confoderes, tyrannos

---

32. — *d. deest* 11127. — *e.* a nobis *VDB*. — *f.* praetendis dolusam *VMD*. — *g.* sic *L*, deque *VMD*, de quibus 11127. — *h.* in conclaui suo 11127. — *i.* Cur *MD*. — *j.* et *VMD*. — *k.* Paruum *MD*. — *l.* An lutharium 11127. — *m.* ei *VMD et* 11127.

---

1. *Caesaris.* — *Filius Caesaris*, Otton III.
2. « Sedens in conclavi monasterii cornutum se putat secundum proverbium Aristotelis, quo ait : Limax in suo conclavi cornupeta sibi videtur. Seque putat cursu timidis contendere damis » (Gunzon de Novare, dans Martène, *Amplissima Collectio*, I, 306; Migne, CXXXVI, 1205). Voir *Revue de philologie, de littérature et d'histoire anciennes*, XI (1887), p. 123.
3. Allusion obscure à un fait inconnu.
4. « Laudas Caesarem, quem maxime odisti » (*Sallustius in Tullium*, IV, 7).
5. Voir lettre 31 (p. 26, note 1).

nomine regum substitueres, cum quibus contempto sacerdotio vacuis aulis incubare posses. Ledere me putas, si eos laesisse dicas quorum gloria glorior, aversa opinione affligor. Verum aliter est. Immanitas tuorum scelerum" occultare te propria non patitur flagitia. Et quamvis purgatione uti velis per remotionem in personam [1], tamen° pallor subinde, ac subinde rubor, silentium in loquendo subitum, verba subita prioribus non coherentia, etiam non querentibus ingens tormentum conscientiae produnt. Erubesce, miser, et quod te solum scire putasti, ad omnium noticiam pervenisse cognosce. Peccatis tuis innoxios noli commaculare, et vita tua turpissima aliorum metiri. Manibus tociens perjurio pollutis, cessa sacrosancta violare, et qui nobis indicis prior remedium paenitentiae quere. Publicum perjurium peregisti. Urbem propriam rapinis exhausisti. Depopulatus es ecclesiam tibi, ut ais, creditam. Adquiesco. Redde ergo eo quod abusus es custodia dominae tuae quam humiliasti [2], erepta libertate, inposita servitute. Et qui Dei pupilla describeris ᵖ, pupilli et viduae lacrimis, mensam tuam luxu evangelici divitis [3] extruxisti. Ejusmodi miseriis, montes aureos concervasti. Super his, infelix, ingemisce, privatim et publice. Alioquin, audi quod ᵠ tibi intenditur : « Quoniam venient dies in te, et circumdabunt te, et coangustabunt ʳ undique, et ad terram prosternent te, eo quod non cognovisti tempus visitationis tuae [4]. »

« Audivimus superbiam Moab, superbus est valde. Superbia ejus et arrogantia ejus ˢ, plus quam fortitudo ejus ᵗ [5]. »

32. — n. scelerum tuorum *M D*. — o. tuam *M D*. — p. Et qui pupilla Domini scriberis *V M D*. — q. quid *V M D*. — r. *V M D et 11127 addunt* te. — s. illius *L*. — t. deest *M D*.

1. *Purgatio*, « justification ». — « Remotio criminis est, cum ejus intentio facti, quod ab adversario infertur, in alium aut in aliud demovetur » (Cicéron, *De inventione*, II, xxix; voir aussi la *Rhétorique à Hérennius*, I, xv, et II, xvi).
2. Obscur.
3. Luc, xvi, 19 et suivants.
4. Luc, xix, 43, 44.
5. Isaïe, xvi, 6.

33.

PURGATIO G. OB CONTROVERSIAM A SE DESCRIPTAM [a] [1].

Domino [b] et reverentissimo praesuli D., G. fidelium Caesaris.

O decus Romani imperii, tantumne rationis patri quondam rei publicae deperisse dicemus, ut populus cum pastore velut ignavum pecus praeda sit hostium? Generositatem [2], magnanimitatem, prudentiam vestram, tamquam tres fortissimas legiones pro domo Israel opponite. Ducem his, divinitatem praeficite, ne qui felicitatem vestram gloriam existimavimus nostram, si decus imperii amittimus, proinde inglorii reddamur. Et nos quidem haec dicimus, non ut amonitione egeatis, sed ut mentem nostram pro vobis sollicitam interpretemur. Quo genere interpretationis nuper usi sumus, in controversia acerrimi hostis, vestram majestatem exacerbantis. Ubi culpam infidi interpretis subisse veremur, dum motibus animorum ejus orationem non aequavimus. At si haec intentio placet, deinceps elaborabimus, et amicorum atque inimicorum affectus diligentius exprimemus, ut quid sequi, quid vitare debeatis, per nos plena fide pernoscatis. Qua in re, vobis lucem, hostibus [c] tenebras offudisse gaudemus.

Valete [d].

33. *L. V. M D et Bibl. nat. ms. lat.* 11127 *fol.* 63. — *a. tituius deest* 11127. — *b.* Domno 11127. — *c.* hosti *M D.* — *d.* Vale *V, deest* 11127.

---

1. Masson et Du Chesne, n° 33; Olleris, n° 37. — Mars-juin 984. — Voir les deux lettres précédentes. Cette prétendue justification est par endroits si impertinente, qu'on peut se demander si elle ne doit pas être prise ironiquement.
2. « Naissance, noblesse. »

84.

GUILLIGISO *a* MAGUNDINO ARCHIEPISCOPO [1].

Multa cartis non credimus, quae legatis committimus, ut huic abbati Ayrardo sibi intimo [2] pater meus Adalbero Remorum archiepiscopus vobis per omnia fidus multa commisit, de statu et pace regnorum, vobiscum habenda. Insuper ea quae per epistolam vobis significavit, sic se habere, Deum *b* testem invocat. Ut sibi, sic legato credite, et quae vobis placeant, si non est aptum scriptis, vel *c* vivis rependite verbis. Sed, o mi pater, merens simili de causa, merentem quibus affabor verbis? Caesare destituti, praeda hostium sumus. Caesarem in filio superesse putavimus. O quis prodidit, quis nobis alteram lucem eripuit? Agnum matri, non lupo committi oportuit [3]. Me quidem doloris inmanitas michi consulere non patitur. Nunc fertur animus praeceps in hostes Italos, qui mea funditus diripiunt. Nunc quasi meliora deliberans, terrarum longinqua petit. Sed dum redit Otto [4], dumque herent infixi pectore vultus [5], dum Socraticae disputationes ipsius frequenter *d* occurrunt, refringitur impetus et peregrinationis meae tedium apud Gallos utcumque relevatur. Consule, pater, et si erga majestatem vestram nulla mea sunt merita, tamen nec affectus *e* defuit, nec effectus *f* aberit, si fortuna ut quondam riserit. Cum tempus oportunum nacti eritis, vel *g* cum imperatricibus [6], vel *g* cum his ad quos referre putabitis, me servum

34. *LVMD.* — *a.* Willigiso *VMD.* — *b.* Dominum *VMD.* — *c.* et *V* ci *MD.* — *d.* frequentes *MD.* — *e.* deest *MD.* — *f.* affectus *V*, defectus *MD* — *g.* et *VMD.*

1. Masson et Du Chesne, n° 34; Olleris, n° 29. — Vers juin 984 (ci-dessous notes 3 et 6). — Voir lettre 27 (p. 21, note 3).
2. Airard, abbé de Saint-Thierry, près de Reims (*Gallia christiana*, X, col. 184). Voir lettre 60.
3. Otton III ne fut rendu à sa mère que le 29 juin 984 (Thietmar, IV, 6).
4. Voir p. 22, note 2. — Les mots *terrarum longinqua petit sed dum redit Otto* se trouvent former un vers hexamètre : ce n'est qu'un hasard.
5. Virgile, *Enéide*, IV, 4.
6. Adélaïde et Théophano revinrent d'Italie en Allemagne un peu avant le 29 juin 984 (Thietmar, ibid.).

fidelium [h] Caesaris ab exilio revocabitis, qui nichil deliqui, nisi quod Caesari fidelis extiti. Vos ergo soli onus meum feretis [i], quod nec amicis principibus communicare curavi, donec experirer, quid per eum quem potissimum judico [1] fieri posset.

35.

GERALDO ABBATI AURELIACENSI [2].

Quantis occupationibus rei publicae detineatur noster, ut ita dicam [a], fiduciarius pater [3] Adalbero, Remorum archiepiscopus, et tarditas hujus legati indicat, et praesens ab urbe Remensi absentia [4]. Causa negotium continens, status regnorum est [5]. Nam dum a Lothariensis regni primatibus obsides accipit, dum filio imperatoris parere cogit, sub regis Francorum clientela [6], dumque Heinricum in Gallia [7] regnare prohibet, vestro nomini convenientia, quae mitteret, non habuit. At si vobis gratum fore senserit, vestem auro textam quam verecunde veterem misit, nova immutabit, quod brevitas temporis non habuit, stola insuper phrigii operis adjuncta [b][8], cum caeteris ejusdem generis. Statum regni vestri, quidve agat, vel [c] moliatur ille Hugo Raimundi [9], per vos scire cupit. In commune hoc sentimus. Quod vobis ratum, nobis praestantissimum.

---

34. — *h.* fidelem *V M D.* — *i.* fertis *M D.*
35. *L V M D.* — *a.* dicamus *V M D.* — *b.* adjunctam *L.* — *c.* et *V M D.*

---

1. Willigise lui-même.
2. Masson et Du Chesne, n° 35; Olleris, n° 33. — Juin 984. — Voir p. 12, note 5.
3. « Père adoptif » ou « père spirituel » (?).
4. Le 29 juin 984, Adalbéron devait se trouver à Vaudancourt, dans le diocèse de Soissons (lettre 29, p. 24).
5. Construisez : *Causa est negotium*, etc. — *Status regnorum*, « la situation politique »; voir lettre 17 (p. 13).
6. Voir p. 18, note 6.
7. La partie de l'ancienne Gaule qui dépendait de l'empire, c'est-à-dire le royaume de Lorraine.
8. *Stola*, « étole »; *phrygium opus*, « broderie d'or ».
9. Voir lettre 17 (p. 14, note 1).

36.

EX PERSONA AD. GUIDONI ABBATI GANDAVENSI [a] [1].

Frustra sibi arcem religionis attribuunt, qui praecipuas religionis partes evertunt. Qui caritatem non habet, qui fidem promissam neglegit, isne religionem tuetur? Si fraterna colloquia nobis exhibuistis vel [b] qualibuscumque nuntiis laetari fecistis tanto temporum intervallo, conscientia testis est. Arcius sua retinent qui [c] aliena concupiscunt. Ex vestris fratribus quendam adoptavimus, sed noster qui redire debuit retentus est. Rescribite ergo saltim, quid ex his animo sederit, vel [b] si qui nostrorum puerorum penes vos institui possint, et si est, quando id fieri debeat.

37.

ROTBERTO PALATINO [2].

Plurimum te mei meminisse puto, quem dies noctesque privatis curis intersero. Itaque et dominam meam Teuphanu mei recordari facies, quam semper cupio bene valere, et cum filio feliciter imperare [3], cujus memoriam, ut aequum est, frequentem habeo, ad cujus auxilium me quamplurimos

---

36. *LVMD.* — *a.* Gerberdus ex persona Adalberonis Widoni Abbati Gandauensi *V,* Ex persona Adalberonis Vuidoni Abbati Gandauensi (Anderuensi *M*) Gerberius *MD.* — *b.* et *VMD.* — *c.* quam *MD.*

1. Masson et Du Chesne, n° 36; Olleris, n° 8. — Juin ou juillet 984. — Gui (*Wido*) avait été élu abbé de Saint-Pierre de Gand, en latin *Blandinium*, après le 5 mars 980 (Van Lokeren, I, p. 50 et 52, n°° 53 et 54) et avant le 12 janvier 981 (ibid., p. 54, n° 61). Il mourut probablement en 986. Le motif des plaintes d'Adalbéron contre lui n'est pas bien clair. — Voir lettres 96 et 105.
2. Masson et Du Chesne, n° 37; Olleris, n° 61. — Juillet 984. — « A Robert, comte palatin » (Éd. de Barthélemy). Rien n'autorise l'addition du mot « comte »; *palatinus* peut désigner un personnage quelconque attaché à la cour; voir lettre 21 (p. 17).
3. Henri de Bavière avait, à Buerstadt (Hesse, à l'est de Worms), vers mai ou juin 984, promis de rendre aux impératrices Adélaïde et Théophano le jeune Otton III; le dimanche 29 juin, à *Rara,* aujourd'hui Gross-Rohrheim ou

declamatorie *a*, ut nosti, exacuisse [1], Gallia testis est. Ergo tui officii erit rescire et scribere *b*, an in Frantia velut miles succenturiatus [2] pro castris Caesaris remaneam, an paratus omne periculum subire, vos adeam, an potius ad iter quod tu et domina mea bene novistis *c* me praepararem *d*, ut Papiae in palatio dispositum est [3]. Simulque non tacebis, ubi, et quando, et quid tu de hac re sentias. Hoc quoque te nosse velim, quaecumque in eodem palatio tutis auribus commisi, de fide, pietate, stabilitate illius famosi Adalb. archiepiscopi, erga herilem nostri C. suosque *e*, fidenter sic se habere juxta ejus scire et posse.

38.

ECBERTO ARCHIEPISCOPO TREVERENSI EX PERSONA ADALBE. [4].

Periculosa tempora non omnia committunt cartis, quae fidissimis credunt *a* legatis. Ea quae per nostrum G. [5] nobis significastis, laetetiae et jocunditatis plena fuerunt, de statu necclesiarum Dei, atque regnorum, et per quem virum haec fieri possent. Quem si ut tirannum timuimus, sed nunc plenum fidei et sapientiae miramur [6]. Quae de eo circa nos spopondistis efficite. Quae a nobis de eo ac *b*

---

37. *LVMD.* — *a.* declamatores *MD.* — *b.* rescribere *MD.* — *c.* nouisti *MD.* — *d. sic LV*, præparem *MD.* — *e. sic L*, filiosque *V*, filium et *MD*.
38. *LVMD.* — *a.* creduntur *V*, credentur *DB.* — *b.* deest *VD.*

Klein-Rohrheim (Hesse, au nord-est de Worms), il exécuta cette promesse (Thietmar, IV, 6). L'entrevue de Rohrheim fut, à ce qu'il semble, le point de départ d'une série d'entrevues et de négociations (ibid.), qui durèrent plusieurs mois et qui aboutirent à une paix formelle, conclue à Worms, vers le 20 octobre 984 (Wilmans, p. 30, 189 ; Pertz, *Script.*, IV, p. 660 ; Stumpf, n° 873). Cette paix fut ensuite rompue et Henri ne se soumit définitivement que l'année suivante, à Francfort-sur-le-Mein (Thietmar, ibid. ; *Annales Quedlinburgenses*, 985). — Ceci paraît avoir été écrit au moment où Otton III venait d'être rendu à sa mère.

1. Lettres 26 (p. 20), 27 (p. 21), 33 (p. 32).
2. « Soldat de réserve. »
3. Il s'agit probablement du voyage de Rome (p. 13, note 4).
4. Masson et Du Chesne, n° 38 ; Olleris, n° 34. — Juillet-octobre 984.
5. Personnage inconnu, peut-être Gerbert.
6. Ces mots semblent s'appliquer à Henri de Bavière et avoir été écrits au moment des négociations qui suivirent l'entrevue de Rohrheim.

vobis exposcitis stabilita sunt, et cum maximo silentio vestrorum secretorum, et cum maxima fide nostrorum factorum[1].

39.

NOTEGARIO EPISCOPO LEODICENSI[2].

Vigilasne[3], pater patriae [a], famosissimae quondam fidei pro castris C., an caeca premit te [b] fortuna et temporis ignorantia? Divina et humana jura pessumdari simul non cernis? Ecce palam destituitur, cui ob paterna merita fidem devovisti, devotam servare debuisti. Germanum Brisaca Rheni [c] litoris Francorum reges clam nunc adeunt, Henricus rei publicae hostis dictus kal. febr. occurrit[4]. Consule, mi pater, modis omnibus resistendum, ne conveniant adversus Dominum, et adversus Christum tuum[5]. Turba regnans regnorum perturbatio. Si totam difficile est excludere, partem delige potiorem. Ego quidem cui ob beneficia Ottonis multa est [d] fides circa herilem filium, sic proti-

39. *VMD*. — *a*. p. p. *L¹ VMD*. — *b*. premente *MD*. — *c*. Rhenani *MD*. — *d*. est multa *MD*.

---

1. La paix entre Henri et les impératrices devait ôter au roi de France, Lothaire, tout prétexte pour se faire attribuer la tutelle du jeune Otton. Il avait donc intérêt à la faire échouer, et l'on jugeait prudent de lui cacher l'état des négociations.
2. Masson et Du Chesne, n° 39; Olleris, n° 38. — Novembre ou décembre 984 (p. 38, note 2). — Cette lettre est la première de celles qui manquent dans le manuscrit de Leyde et qui étaient probablement tenues secrètes par Gerbert (voir l'Introduction).
3. Virgile, *Énéide*, X, 228.
4. La paix de Worms avait été rompue presque aussitôt que conclue (p. 35, note 3). Henri avait recommencé ses menées contre Otton III et avait trouvé un allié nouveau dans Lothaire, frustré de ses espérances de tutelle : « Regnum ergo sic in suum jus refundi arbitrans (Hezilo), sceptrum et coronam sibi paravit. Quod dum a Lothario expetendum cogitaret cumque concessa Belgica (le royaume de Lorraine, cf. lettre 57, *Lotharius Lothariense regnum revocaret*) sibi sotium et amicum facere moliretur, legatos premisit, apud quos sacramento commune negocium firmaretur, quo etiam sacramento utrique reges sibi pollicerentur sese super Rhenum loco constituto sibi occursuros » (Richer, III, 97). La lettre de Gerbert nous apprend le lieu et le jour du rendez-vous : Alt-Breisach ou Vieux-Brisach (Bade), le dimanche 1er février 985. Lothaire seul y alla (Richer, III, 98).
5. *Psaumes*, II, 2; *Actes des apôtres*, IV, 26.

nus delibero. Novimus Henrici alta consilia, Francorum impetum : sed quem finem habeant *e* non ignoramus. Ne consortem regni facias, quem semel admissum repellere nequeas.

40.

STEPHANO ROMANAE AECCLESIAE DIACONO [1].

Dubia rei publicae tempora, mi frater, Gallias me repetere coegerunt [2]. Tota Italia Roma michi visa est. Romanorum mores mundus perhorrescit [3]. In quo nunc statu Roma est? Qui pontifices vel *a* domini rerum sunt? Quos exitus habuit ille meus [4], specialiter, inquam, meus, cui te commisi? haec et quae circa te sunt *b* tibi laeta optantibus *c* significare ne *d* dubites. Michi quidem ac nostro Adalberoni archiepiscopo Suetonios Tranquillos, Quintosque Aurelios [5], cum caeteris quos nosti, per Guidonem Suessonicum comi-

---

39. — *e.* habent *MD*.
40. *LVMD.* — *a.* et *VMD.* — *b.* sint *VMD.* — *c.* obstantibus *VMD.* — *d.* non *VDB*.

---

1 Masson et Du Chesne, n° 40; Olleris, n° 77. — Novembre ou premiers jours de décembre 984. — Un Étienne, diacre de l'Église romaine, fut envoyé par Benoît VII en France vers 976 et signa la sentence d'excommunication prononcée par l'archevêque Adalbéron contre Thibaut, évêque d'Amiens (ci-après, appendice, n° 1). Le nom de *Stephanus*, *scriniarius* de l'Église romaine, se rencontre au bas de divers actes pontificaux, depuis 941 jusqu'à 993 (Jaffé, n°° 2770-2946; Loewenfeld, n°° 3617-3849). Voir lettre 71.

2. Gerbert avait annoncé l'intention de partir de Reims le 1er novembre 984 et d'être à Rome le 25 décembre (lettre 25, p. 20). La présente lettre nous apprend qu'il avait commencé à exécuter ce projet et s'était mis en route; mais, arrivé ou près d'arriver en Italie, il s'était décidé à rebrousser chemin et à retourner auprès de l'archevêque de Reims. Il était sans doute parti confiant dans la paix de Worms (p. 35, note 3), et il avait changé de projet en recevant, en route, la nouvelle de la rupture de cette paix (p. 37, note 4). Ce voyage manqué eut lieu probablement après la date de la lettre 38 et avant celle de la lettre 39.

3. Le pape régnant était Boniface VII, qui venait de faire emprisonner, puis tuer Jean XIV (p. 18, note 7).

4. Personnage inconnu. Serait-ce Jean XIV? Gerbert, à la date de cette lettre, devait savoir sa mort. Mais il pouvait demander le détail des circonstances de cette mort (*quos exitus habuit*).

5. Suétone (*C. Suetonius Tranquillus*) et Symmaque (*Q. Aurelius Symmachus*). L'emploi du pluriel signifie apparemment qu'il y avait plusieurs exemplaires ou plusieurs volumes de chacun de ces auteurs.

tem [1], discrete ac sine lite quis cujus sit remittes, et quae nomini tuo convenientia paremus edices [e]. Ea quoque quae de Grecorum imperio, Afrorum [f] regno [2], Italorum molumine certa cognoveris, nos tibi amicos celare non debebis. Quod non habet verborum copia, continent sententiarum pondera.

41.

ADALBERONI EPISCOPO VERDUNENSI [3].

Numerum linearum epistolae hujus ne spectetis : in paucis multa perpendite. Tempora periculosa libertatem tulerunt dicendi quae velis dilucide. Eum quem fortuna Francis praefecit [a] actu et opere [4], rapta occasione ex tempore fidelissimis convenimus legatis pro parte vestrorum Godefridi [b] [5]. Foedus quod quondam inter se ac inter Ottonem nostrum Caesarem convenerat [6], vos velle innovare promisimus, adjuncto in foedere filio, quo unico gaudet [7] : hoc

---

40. — *e.* edisces *M D.* — *f.* a Francorum *V*, Francorum *M D.*
41. *V M D.* — *a.* Cumque fortuna Franciæ proficiat *M D.* — *b.* sic *V*, virorum Godefridi *M D.*

---

1. Gui, comte de Soissons, était de la famille des comtes de Vermandois. On ignore la date de son avènement et celle de sa mort (H. Martin et P.-L. Jacob, *Histoire de Soissons*, I, p. 404-418).
2. L'empire sarrasin des Fatimites, maîtres de la côte africaine, de la Sicile et de quelques points de l'Italie méridionale.
3. Masson, Du Chesne et Olleris, n° 41. — Novembre ou premiers jours de décembre 984; lettre secrète (p. 37, note 2). — Adalbéron, à qui est adressée cette lettre, était fils du comte Godefroi et neveu de l'archevêque de Reims. L'évêché de Verdun lui fut donné par Otton III (*dono alterius regis*, lettre 57), sur la renonciation d'un autre Adalbéron, qui était fils du duc Frédéric et de la duchesse Béatrix de Lorraine et qui préféra l'évêché de Metz, auquel il fut élu le 16 octobre 984 (Pertz, *Script.*, IV, p. 47 et 660). Celui dont il s'agit ici fut donc appelé au siège de Verdun après le 16 octobre et au plus tard dans les premiers jours de décembre 984. Voir lettres 43, 57, 63, etc.
4. Hugues Capet, alors duc de nom, roi de fait (lettre 48).
5. Obscur; peut-être *Godefridi* est-il une glose ajoutée pour expliquer *vestrorum*. — *Godefridi*, le comte Godefroi, frère d'Adalbéron, archevêque de Reims (p. 6, note 4).
6. Richer, III, 84.
7. Robert, né vers 974, associé au trône de son père en 987, seul roi en 996, mort en 1031.

ipsum Caesarem morientem expetisse persuasimus per dilectissimum sibi filium Sigefridi *c*¹. Haec itaque res in commune visa est salus *d* nobis, et filio Caesaris, quam coeptam si provehere vultis, vel *e* destituere, ocyus rescribetis ². An simus in hoc negotio, quamvis alioqui *f* periculoso *g*, in tuto otio ? Quae molimina quive impetus hac ratione conquieverint, non facile est dictu.

42.

EX PERSONA AD. NOTEGARIO EPISCOPO LEODICENSI [3].

Ex condicto quidem legatum sed praesentis negotii omni scientia vacuum frater meus [4] vobis dirigit, ne aut mendatio aut inertia denotetur. XV kl. jan. [5] Treverensem archiepiscopum [6] allocuturi, quod plenius pernoscemus, plenius prudentiae vestrae quam proxime significare curabimus.

41. — *c.* Godfridi *MD.* — *d.* solis *MD.* — *e.* et *V.* — *f.* alicui *MD.* — *g. MD addunt* et.
42. *LV MD.*

---

1. Sigefroi était oncle de Godefroi (lettre 52) et avait un fils qui portait le même nom que lui (lettre 51). Il était comte du Moselloi ou *Moselgau* (Sickel, *Urkunden*, I, p. 581; Mabillon, *De re diplomatica*, p. 575; Stumpf, nos 524, 825), et il possédait le château de Luxembourg (Beyer, *Urkundenbuch*, I, p. 271).
2. Les fils de Godefroi ne suivirent pas le conseil de Gerbert; voir lettres 48 et 51.
3. Masson et Du Chesne, n° 42; Olleris, n° 25. — Novembre ou premiers jours de décembre 984. — Cette lettre et la suivante furent probablement portées par un même messager, l'envoyé, *legatus*, de Godefroi dont il est question à la première ligne de celle-ci.
4. Le comte Godefroi.
5. Le jeudi 18 décembre 984.
6. Ecbert. — Dix jours plus tard, le dimanche 28 décembre, Ecbert fit (on ne sait dans quelle ville), la cérémonie de la consécration épiscopale de l'évêque de Metz, Adalbéron, fils de Frédéric et de Béatrix (Pertz, *Script.*, IV, p. 660).

43.

EIDEM EX PERSONA GOTAFRIDI [1].

Secundum promissa Treverensis archiepiscopi ordinationem [2] A. nostri [3] III non. jan. [4] inspecturi, ubi adhuc decreverit, ducem itineris vestri V kl. praemittemus [5], et quae certiora cognoverimus, denunciabimus. Eo fratrem meum [a][6] venturum dubium habemus.

44.

EBRARDO [a] ABBATI TURONENSI [7].

Cum mei memoriam frequentem habeatis inter honesta, ut e [b] plurimis accepi legatis, magnamque affinitatis jure

---

43. *LVMD.* — *a.* nostrum *MD.*
44. *LVMD.* — *a.* Ecerhdo *V*, Ecberto *MD.* — *b.* ut a *V*, uti *MD.*

---

1. Masson et Du Chesne, n° 43; Olleris, n° 26. — Même date que la précédente.
2. La consécration épiscopale.
3. Adalbéron, fils de Godefroi, élu évêque de Verdun (p. 39, note 3).
4. Le samedi 3 janvier 985. Selon un témoignage de ce temps, l'usage était de célébrer cette cérémonie le dimanche (Pertz, ibid.), mais on la commençait apparemment dès la veille, car on trouvera plus loin (lettre 133) un autre exemple de consécration épiscopale fixée au samedi. — La consécration de l'évêque de Verdun n'eut lieu probablement que plus tard (lettres 63 et 70).
5. Le dimanche 28 décembre 984.
6. Adalbéron, archevêque de Reims.
7. Masson et Du Chesne, n° 44; Olleris, n° 118. — Reims, décembre 984 ou janvier-mars 985. — Ébrard, « vir totius religionis », abbé de Saint-Julien de Tours au moins depuis 976, obtint pour son monastère, par l'entremise d'un certain comte Pons (fils de Raimond-Pons, comte de Toulouse, ou de Raimond I**er**, comte de Rouergue?), un fragment des reliques de saint Julien conservées à Brioude (Salmon, *Recueil de chroniques de Touraine*, p. 228; *Gallia christiana*, XIV, col. 240). Il était donc en relations avec l'Auvergne et peut-être originaire de cette province, ce qui explique ses liens d'amitié avec Gerbert (comparez ci-dessous, *amicorum comprovincialium*). La première phrase de cette lettre semble même indiquer qu'ils étaient parents (*affinitatis jure*). Voir lettres 80, 88, 95.

amicitiam efferatis, existimatione vestra beatum me fore puto, si modo is sum *c* qui juditio tanti viri inveniar dignus amari. Sed quia non is sum, qui cum Panetio interdum ab utili sejungam honestum, sed potius cum Tullio omni utili admisceam [1], has honestissimas atque sanctissimas amicitias, nulla ex parte, suo cuique utili vacare volo. Cumque ratio morum, dicendique ratio a philosophia non separentur, cum studio bene vivendi semper *d* conjuncxi studium bene dicendi, quamvis solum bene vivere praestantius sit eo quod est bene dicere, curisque regiminis absoluto, alterum satis sit sine altero. At nobis in re publica occupatis utraque necessaria. Nam et apposite dicere ad persuadendum et animos furentium suavi oratione ab impetu retinere, summa utilitas. Cui rei praeparendae *e*, bibliothecam assidue comparo. Et sicut Romae dudum ac in aliis partibus Italiae, in Germania quoque et Belgica [2], scriptores auctorumque exemplaria [3] multitudine nummorum redemi, adjutus benivolentia, ac studio amicorum comprovincialium [4], sic identidem, apud vos fieri ac per vos *f*, sinite ut exorem. Quos scribi velimus, in fine epistolae designabimus [5]. Scribentibus membranas *g* sumptusque necessarios ad vestrum imperium dirigemus, vestri insuper beneficii non immemores. Denique ne plura locuti legibus epistolae abutamur, causa tanti laboris contemptus malefidae fortunae. Quem contemptum nobis non parit sola natura ut multis, sed elaborata doctrina. Proinde in otio, in negotio, et docemus quod scimus, et addiscimus quod nescimus.

---

44. — *c*. si non is tum *V*, si sum is *MD*. — *d*. semperper *L*. — *e*. sic *L*. — *f*. ac (*deest MD*) apud vos per vos fieri *V.MD*. — *g*. scribenti membranam *V.MD*.

---

1. Cicéron, *De officiis*, III, III.
2. Le royaume de Lorraine.
3. *Scriptores*, « des copistes »; *exemplaria*, « des copies ».
4. On a vu plus haut Gerbert s'adresser à un moine d'Aurillac pour obtenir des copies des manuscrits d'Orbais et de Verzy, près de Reims (lettre 7, p. 6).
5. Cette liste ne nous est pas parvenue.

45.

RAYMUNDO MONACHO G. [a][1].

Quanto amore vestri teneamur, noverunt Latini ac barbari, qui sunt participes fructus nostri laboris[2]. Eorum votum vestram expetit praesentiam[3], quippe cum in propatulo sit, nos curarum plenos non ob alterius causam studii loco immoraturos. His curis sola philosophia unicum repertum est remedium. Cujus quidem ex studiis multa persepae commoda suscepimus, velut hoc turbulento tempore, motum fortune refregimus, cum in alios, tum in nos, graviter saevientis. Etenim, cum is status rei publicae in Italia esset, uti [b] sub jugo [c] tyrannorum turpiter esset eundum si profiteremur innocentiam, vel si niti viribus temptaremus, clientelae undique forent procurandae, castra municnda, rapinae, incendia, homicidia exercenda[3], delegimus certum otium studiorum, quam incertum negotium bellorum. Et quoniam vestigia philosophiae dum sequimur non consequimur, impetus tumultuantis animi non omnes repressimus. Modo recurrimus ad ea quae reliquimus. Nunc Hispaniae principes[4] adimus, familiaris nostri abbatis Guarini[5] adhortatione commoti. Hinc [d] sacris litteris dominae

---

45. *LVMD.* — *a.* G. *deest VMD; MD addunt* Aureliacensi. — *b.* ut *VDB.* — *c.* juga *VMD.* — *d.* hunc *MD,* nunc *B.*

---

1. Masson et Du Chesne, n° 45; Olleris, n° 57. — Reims, décembre 984 ou janvier-mars 985. — Cette lettre et la suivante durent être confiées à un même porteur. Sur Raimond, moine de Saint-Géraud d'Aurillac, voir p. 13, note 2.
2. Les élèves de Gerbert à l'école de Reims, tant Français (*Latini*) qu'Allemands (*barbari*).
3. Voir lettre 16 (p. 13).
4. Vers 967, Gerbert avait quitté Aurillac pour suivre Borrel, duc de l'Espagne citérieure ou Marche d'Espagne; il avait vécu dans cette province, auprès d'Atton, évêque de Vich, jusqu'en 970 (Richer, III, 43, 44).
5. Guarin, abbé de Saint-Michel de Cuxa (Pyrénées-Orientales, commune de Codalet), que Gerbert avait dû connaître pendant son séjour en Espagne. Sur ce personnage remarquable, voir Büdinger, p. 22; Riant, *Donation de Hugues*, p. 179; ci-dessus, p. 22, note 3.

nostrae Teuphanu imperatricis semper augustae, semper amandae, semper colendae, prioribus divellimur *e* ceptis. In tanta rerum inconstantia, doloris, metus, gaudii, appetitus, fidissimi patris Geraldi [1], quem haec non tangunt, specialiter filius Gerbertus sequendorum deposcit sententiam.

Valete *f*. Valeat pater Geraldus, valeat frater Ayrardus [2], valeat sanctissimus ordo [3], meus altor *g*, informator, meique sit memor in sanctis peticionibus ac patris Adalberonis, Remorum archiepiscopi *h*, sibi per omnia devoti.

46.

GERALDO ABBATI [4].

An quicquam melius amicis divinitas mortalibus concesserit nescio, si modo ii sunt, qui digne expetiti, digneque videantur habiti. Felix dies, felix hora, qua licuit novisse virum, cujus nominis recordatio omnes a nobis molestias detorserit. Ejus si praesentia vel interdum fruerer, beatiorem me non frustra *a* putarem. Quod ut fieret, sedes michi non ignobiles in Italia collocaveram [5]. Sed involvit mundum caeca fortuna, quae premit caligine, an praecipitet, an dirigat me, modo tendentem hac, modo illac. At herent *b* vultus amici infixi pectore [6]. Eum dico qui est dominus et pater meus Geraldus, cujus deliberatio nostra fiet executio.

45. — *e*. diuellemur *MD*. — *f*. VI. *L*, Vale *VDB*, Valeat *M*. — *g*. *MD* addunt et. — *h*. archiepiscopi Rhemorum *VMD*.
46. *LVMD*. — *a*. frustra non *L*. — *b*. Adhaerent *VMD*.

1. Abbé de Saint-Géraud d'Aurillac (p. 12, note 5).
2. Moine de Saint-Géraud (p. 5, note 6, et p. 14, note 3).
3. Le monastère de Saint-Géraud d'Aurillac.
4. Masson et Du Chesne, n° 46; Olleris, n° 56. — Reims, décembre 984 ou janvier-mars 985. — Voir la lettre précédente.
5. En acceptant l'abbaye de Bobbio, Gerbert avait donc compté se réserver la liberté de faire de fréquents voyages en France. Comparez le début de la lettre 8 (p. 6, note 5).
6. Virgile, *Énéide*, IV, 4.

47.

ADALBERONI VOCATO EPISCOPO VERDUNENSI ET
HERIMANNO *a* FRATRIBUS [1].

Felices quibus paterna virtus exemplar fit *b* imitabile. Vester *c* genitor hoc petit, repentinus casus ne vos deterreat. Filio C. [2] fidem quam promisistis, inviolatam servate : omnia castra ab hostibus tuemini. Denique nec Scarponnem, nec Haidonis Castellum [3], nec quodlibet *d* eorum, quae vobis reliquit, Francis reliqueritis, illecti aut vana spe suae libe-

---

47. *VMD.* — *a. ita L¹ V,* Hermanno *MD.* — *b.* sit *MD.* — *c,* Videtur *V.* — *d.* quidlibet *MD.*

---

1. Masson et Du Chesne, n° 47; Olleris, n° 45. — Avril 985; lettre secrète, (p. 37, note 2). — Les six lettres 47 à 52 se rapportent aux mêmes évènements; ces évènements sont connus principalement par le récit de Richer (III, 98-108). La condition de l'alliance entre Lothaire et Henri de Bavière était la cession du royaume de Lorraine (comprenant tout le pays entre la Meuse, les Vosges, le Rhin et la mer) à la France; Lothaire déclara ses prétentions sur ce royaume (*in proprium jus revocaverat,* lettre 57), et, après son retour du rendez-vous de Brisach (1er février 985, p. 37, note 4), où il n'avait pas trouvé Henri, il s'empara de Verdun. Plusieurs seigneurs lorrains, « Belgicae dux Teodericus necnon et vir nobilis ac strenuus Godefridus, Sigefridus quoque vir illustris, Bardo etiam et Gozilo fratres clarissimi et nominatissimi aliique principes nonnulli » (Richer, III, 103), unirent leurs efforts et réussirent d'abord à enlever cette place au roi de France, mais il la leur reprit et fit prisonniers les principaux d'entre eux. Il résulte des termes de Richer (III, 109) que ces derniers faits eurent lieu dans l'année qui précéda la mort de Lothaire, c'est-à-dire en 985. Les lettres de Gerbert nous font connaître le nom de quelques-uns des prisonniers : le comte Godefroi, Frédéric, l'un de ses fils (lettres 47, 50), son oncle Sigefroi, comte du Moselloïs (51, 52), probablement Gozilon, frère de Bardon (58), peut-être Thierry Ier, duc de Lorraine (59), etc. Elles nous apprennent, de plus, qu'ils furent confiés à la garde des comtes Eudes et Héribert (lettre 51; voir p. 13, notes 7 et 8), qui les enfermèrent dans un château sur la Marne (lettres 50, 51; peut-être Château-Thierry?) et qui permirent à Gerbert de les y visiter le mercredi 31 mars 985 (lettres 47, 50, 51, 52). Ces six lettres sont écrites presque aussitôt après cette visite. — Adalbéron et Hermann étaient fils de Godefroi. Adalbéron, élu, mais non consacré, au siège épiscopal d'une ville occupée par ses ennemis, n'était en effet évêque que de nom, *vocato episcopo.*

2. *Filius Caesaris,* Otton III.

3. *Scarponnem,* ancienne place forte, chef-lieu du *pagus Scarponensis,* appelée au XVIIIe siècle Charpeigne ou Serpagne, aujourd'hui Scarponne (Meurthe-et-Moselle, commune de Dieulouard); *Haidonis Castellum,* Hattonchâtel (Meuse). — Ces deux places firent partie plus tard du domaine des évêques de Verdun (Calmet, nouvelle édition, II, col. cclxxviij); elles appartenaient probablement alors au comte Godefroi (lettre 59).

rationis, aut terrore sui cruciatus, aut filii Friderici. Sentiant in vobis hostes non se totum cepisse Godefridum : auxilia undique comparate, liberatores patriae vos similes patri[e] in omnibus repraesentate. Haec praecepta magnanimus[f] pater generosis filiis dedit[g] II.[h] kl. apr. Me interpretem fieri voluit sibi suisque[i] fidissimum.

48.

Obscuram[1] epistolam et sine nomine paucis absolvimus : Lotharius rex Franciae praelatus est solo nomine, Hugo vero non nomine, sed actu et opere. Ejus amicitiam si in commune expetissetis, filiumque ipsius cum filio C.[2] colligassetis, jamdudum reges Francorum[3] hostes non sentiretis.

49.

NOTEGARIO EPISCOPO LEODICENSI [4].

Spectabile faciunt nomen vestrum praesentia tempora, quibus paucorum laudatur probitas, multorum praedicatur improbitas. Speculatur nunc amicus vester Godefridus, qui amicorum se potius quam sua amaverint, qui uxori ac liberis fidem laturi forent, si se ultima rapuisset dies. Et quia tantus vir de vobis optime sentit, hoc solum indicio esse potest, quanta in vobis eniteat virtas. Qui se amant,

---

47. — *e.* patriæ *V.* — *f.* magnanimis *V.* — *g.* Haec-dedit *ante* Sentiant *MD.* — *h.* II *V*, 17 *M*, xvii *DB.* — *i.* suique *MD.*
48. *VMD.*

---

1. Masson et Du Chesne, n° 48; Olleris, n° 51. — Avril 985; lettre secrète (p. 37, note 2). — Cette lettre « anonyme » (*sine nomine*) semble s'adresser aux mêmes destinataires que la précédente.
2. *Hugo*, le duc Hugues Capet; *filium ipsius*, Robert; *filio Caesaris*, Otton III. Voir lettre 41 (p. 39).
3. Lothaire et son fils Louis V, associé à son trône.
4. Masson et Du Chesne, n° 49; Olleris, n° 47. — Avril 985; lettre secrète (p. 37, note 2). — Voir p. 45, note 1.

quique sui sunt, hortatur et admonet, uti *a* dominae suae Theophane [1], filioque ejus fidem habeant, n[ull]is *b* viribus hostium sint infracti, nullo terreantur casu; aderit laeta dies, quae patriae proditores *c*, liberatores acres *d* suppliciis et praemiis distinguat, disgreget. Fidissimum vobis Adalberonem Rhemorum archiepiscopum nullo modo harum rerum conscium facietis, qui quanta prematur tyrannide testantur epistolae ad archiepiscopos vestros directae. In quibus nihil eorum quae voluerit *e* scripsit, sed quae tyrannus extorserit oscita[vit] *f* [2].

50.

MATHILDAE *a* COMITISSAE [3].

Deponat domina mea Mathildis omnem querimoniam: clarissimus vester conjunx Godefridus inter pares praecipuus, ac ipsis victoribus formidabilis, hoc praecipit. Exhilarate *b* mentem, quia spiritus tristis exsiccat ossa, consilia turbat. Dominae Theophane imperatrici semper augustae ac filio ejus semper augusto cum filiis vestris fidem purissimam servate; pactum cum Francis hostibus nullum facite, Francorum reges aversamini; castra omnia sic tenete, sic defendite, ut nullam in his habeant partem aversari *c* vestri, scilicet neque pro spe liberationis mariti, neque pro terrore peremptionis ejus aut filii Friderici. Haec II *d* kal. apr. ad flumen Matronam meae fidei commisit, quae vobis plena fide retuli.

49. *VMD*. — *a*. ut *MD*. — *b*. nimis *VB*, minimè *MD*, nullis *conjecit B*. — *c*. *MD* addunt et. — *d*. sic *V*, verò *MD*. — *e*. voluerint *MD*. — *f*. oscitasi *V*, oscitanti *MD*.
50. *VMD*. — *a*. ita *L¹*, Mathildi *VMD*. — *b*. exhilarare *V*. — *c*. sic *V*. — *d*. xi *MD*.

---

1. Orthographe ordinaire du manuscrit de la Vallicellane.
2. Voir lettre 52. Nous n'avons pas les lettres auxquelles cette phrase fait allusion. — *Oscitavit*, « a proféré » (?); cf. *de legibus oscitans*, lettre 32 (p. 30).
3. Masson et Du Chesne, n° 50; Olleris, n° 44. — Avril 985; lettre secrète (p. 37, note 2). — Voir p. 45, note 1. La comtesse Mathilde était la femme du comte Godefroi.

51.

SIGIFFRIDO COMITIS FILIO [a][1].

Nimium amorem circa parentes vestros qui nunc exules sunt, habentes, eos ad flumen Matronam II [b] kal. april. allocuti sumus, et quae dominam nostram Theophanen de sua fidelitate scire voluerunt, per epistolam mandavimus [c][2]. Et quia cum benevolentia Ottonis et Heriberti [3], quorum custodia servantur, eos alloqui valemus, quaecumque vel [d] vos [v]e[l] [e] domina nostra eis mandare volet, litteris nos habere facietis. Hoc insuper vestrae fidei committimus, quia [f] si Hugonem in amicitiam vobis [g] colligaveritis, omnes impetus Francorum facile devitare valebitis [4].

52.

DOMINAE THEPHANU [a] IMPERATRICI [5].

Cupienti mihi vos adire secundum imperium vestrum non frustra renisa est divinitas. Nam II [b] kal. apr. captos comites allocutus, Godefridum, patruumque ejus Sigefridum, inter hostium cuneos solus repertus sum vestrarum partium, cui fidenter de statu imperii vestri suas sententias concrederent. Scripsi itaque exhortatorias epistolas secundum intellectum eorum conjugibus, liberis, amicis, ut in fide vestra

---

51. *VMD.* — *a. ita L¹ V, MD addunt Gerbertus.* — *b.* xi *MD.* — *c.* mandamus *MD.* — *d.* et *MD.* — *e.* et *VMD.* — *f. sic VMD.* — *g.* vobis in amicitiam *MD.*
52. *VMD.* — *a. ita L¹.* — *b.* xi *MD.*

---

1. Masson et Du Chesne, n° 51 ; Olleris, n° 46. — Avril 985; lettre secrète (p. 37, note 2). — Voir p. 40, note 1, et p. 45, note 1.
2. Voir la lettre suivante.
3. Voir p. 13, notes 7 et 8.
4. Voir lettres 41 (p. 39) et 48 (p. 46).
5. Masson et Du Chesne, n° 52 ; Olleris, n° 48. — Avril 985; lettre secrète (p. 37, note 2). — Voir lettres 47-51 (p. 45-48).

perstent, nullo hostium incursu terreantur : eorumque exemplo, si fortuna tulerit, exilium potius eligant pro fide vobis servanda, quam patriae solum cum perfidia. Hos ego viros in primis charissimos habeo, quibus gravius est, quod vestra negotia non valent exequi, quam quod captivitati hostium videntur addicti. Sed quia principum dissensio interitus regnorum est, principum vestrorum concordia remedium tantorum malorum nobis fore videtur. « Funiculus » quippe « triplex difficile rumpitur [1]. » Noveritis etiam reges Francorum nos non aequis oculis intueri, eo quod de vestra fidelitate eis contraria sentiamus, simulque quod multa familiaritate fruamur Adalberonis archiepiscopi Rhemorum, quem simili de causa insectantes infidissimum sibi putant. In his omnibus quid nos velitis facere, et si inter hostes via patuerit ulla, quo et quando vestram praesentiam possimus c adire, certius significate nobis paratis per omnia vobis obtemperare. Res eo processit, ut jam non de sua expulsione agatur, quod malum tolerabile esset, sed de vita et sanguine certent. Hoc mihi secum commune est, quasi se contra conatus regios incitanti. Moles denique oppressionis tanta est, vestrique nominis tanta invidia, ut suas miserias nullis audeat vobis significare rescriptis. Sed haec tyrannis si invaluerit, locusque ad vos profugiendi patuerit sibi, non frustra de vobis meliora senserit, spem certam habuerit, qui vobis ac filio vestro, in quo valuit, suffragium meditatus est.

53.

EX PERSONA A. LOTHARIO REGI [2].

Epistola vestri nominis, impressione ignota, signis inco-

52. — c. possumus *MD*.

---

1. *Ecclésiaste*, IV, 12.
2. Masson et Du Chesne, n° 53; Olleris, n° 39. — Verdun, avril 985. — « Cette lettre est attribuée par M. Wilmans à l'archevêque de Reims;

gnitis [1], tantummodo per certum nuntium perlata, certum [a] nobis merorem pertulit. Jubet enim ambitum monasterii sancti Pauli penitus avelli quasi hostilis munitionis, cum nos potius intelligamus esse atrium quam alicujus munitionis [b] castrum [2]. Unde sacerdoti injungendum non est, quod cuivis etiam tyranno formidabile esse potest [3], maximeque cum plurimi sint qui talibus gaudeant, si id efficiendi tanta inest voluptas [4]. Porro hunc locum non esse aptum hostibus ea res probat, quod natura circa urbem plures fabricavit aptiores, atque si ita hostibus placuerit ad muniendum expeditiores. Noveritis autem nos vestrae saluti ac fidelitati, et semper velle prospicere, et semper velle optemperare divino respectu ante praelato. Sed quod de urbis [c] custodia prolonganda imperastis, milites audire non sufferunt, suique eos promissi paenitet, aegestate et inopia omnia conficiente.

---

53. *LVMD.* — a. *deest MD.* — b. *cum-munitionis desunt VMD.* — c. urb' *L,* urbibus *V,* urbium *MD.*

---

d'après dom Bouquet et Baluze, elle est d'Adalbéron de Verdun. En effet, Saint-Paul-hors-les-Murs est à Verdun, et Reims n'est pas menacé par les ennemis » (Olleris). Mais Verdun était au pouvoir du roi de France, et l'évêque élu de cette ville était en guerre avec ce roi (lettre 47, p. 45); il n'y résidait donc pas et n'était pas chargé d'y exécuter ses ordres. Les mots *Ex persona A.,* sans autre indication, désignent certainement Adalbéron, archevêque de Reims, dont la présence à Verdun à cette date est d'ailleurs attestée par la comparaison des lettres 56 et 68. D'après la fin de la lettre 53, il semble que l'archevêque, en qualité de seigneur d'une ville française, avait été obligé de fournir au roi de France un contingent de troupes levées sur son territoire, contingent qui était alors employé à la garde de Verdun.

1. Une lettre royale, scellée d'un sceau et marquée de signes inconnus à Adalbéron. Ces signes étaient-ils des monogrammes, des signatures? On ne peut le dire : nous connaissons à peu près, pour cette époque, la disposition extérieure des diplômes royaux en forme solennelle, mais non celle des lettres ou mandements administratifs par lesquels le roi notifiait ses ordres au sujet des affaires courantes.

2. L'abbaye de Saint-Paul de Verdun fut fondée en 973 par l'évêque Vicfrid et établie hors de la ville; elle fut transférée dans la ville en 1552 (Clouët, *Histoire de Verdun,* I, p. 345-349). — *Atrium,* « parvis ».

3. *Unde,* « c'est pourquoi »; *sacerdoti,* l'archevêque; *formidabile,* par la crainte de commettre une impiété.

4. *Qui talibus gaudeant,* « qui se chargeraient avec joie d'une pareille besogne »; *si tanta inest voluptas,* « si cela vous fait tant de plaisir. »

54.

TREVERENSI EPISCOPO [a] EX PERSONA ADALBERONIS [1].

Priorem epistolam[2] pro solo imperio domini mei[3] me vestrae paternitati misisse minime celare volo, cui omnia debeo. Et quoniam quam fidem domino meo promisistis[4], eam nepos meus promittere et servare paratus fuit, eam a nobis obtinuit licentiam[5], quam majorum provulgavit [b] auctoritas[6]. Sed quonam pacto ejus sorduerit fidelitas, nostram intelligentiam latet. Hunc ergo Adalberonem quomodo aut vocabimus, aut excommunicabimus, aut ut idem faciant, alios orabimus? Ergo quia id legibus non valemus, nec ipsi facimus, nec alios ut faciant hortamur : ne aut nos, aut de nobis bene meritos, in praecipitium trahere videamur. Et quia rex caelestis dicit : « Reddite quae sunt Caesaris Caesari, et [c] quae sunt Dei Deo[7] », nostris [r]egibus [d] puram fidem, purum servitutis obsequium semper impendemus, in nullo deviabimus, Domini tamen partes priores faciemus. Sed quoniam

---

54. *VMD.* — *a. ita L*[1], Archiepiscopo *VMD.* — *b. ita VB*, promulgavit *MD.* — *c. deest MD.* — *d.* legibus *VMD*, regibus *conjecit Olleris.*

---

1. Masson et Du Chesne, n° 54; Olleris, n° 43. — Verdun, avril 985; lettre secrète (p. 37, note 2).
2. Voir p. 47, note 2. D'après les phrases suivantes, il semble que par la lettre dont il s'agit, Adalbéron de Reims priait Ecbert, archevêque de Trèves, d'obliger le jeune Adalbéron, élu à l'évêché de Verdun, à venir se remettre à la disposition de l'archevêque de Reims, son oncle, sous peine d'excommunication.
3. Lothaire, roi de France. Le diocèse de Reims était partagé entre le royaume de France et celui de Lorraine, mais la ville de Reims était en France, et l'archevêque de Reims était grand chancelier du royaume.
4. Sans doute au temps où Lothaire prétendait à la tutelle d'Otton III (p. 18, note 6).
5. La permission de quitter le diocèse de Reims, auquel appartenait Adalbéron, fils de Godefroi (*clericum videlicet meae ecclesiae*, lettre 57), élu évêque de Verdun.
6. *Canones apostolorum*, 15 : « Si quis presbyter aut diaconus aut quilibet de numero clericorum, relinquens propriam parochiam, pergat ad alienam, et omnino demigrans praeter episcopi sui conscientiam in aliena parochia commoretur, hunc ulterius ministrare non patimur, praecipue si vocatus ab episcopo redire contempserit, in sua inquietudine perseverans » (Migne, LXVII, 143).
7. Matthieu, XXII, 21; Marc, XII, 17; Luc, XX, 25.

quae Domini sunt, hoc tempore pauci providerunt, si quando legem Domini zelamus, aut perfidia, aut alio quolibet vitio denotamur, eoque fit, ut ita dicam, inter malleum et incudem positis sine jactura animae et corporis spes evadendi *e* difficilis. Si qua ergo vobis sunt viscera pietatis, si semper vos ut fratrem, ac potius ut patrem coluimus, suscipite onus amici consilio et auxilio, ut qui in prosperis de vobis bene speravimus, in adversis ne desperemus. At ea quae dicimus, non homini sed fidei magni sacerdotis celanda confitemur. Dominum testem adhibemus, terribilem ultorem dupliciter inclamantes, his proditis [1] in nostri laesionem.

55.

ITEM *a* EIDEM [2].

Cum litteris vestris multitudine curarum absolvamur, aliis rursus involvimur. Ecce enim, de constantia vestri amoris, de fide, de *b* pietate circa nos gratulamur. Sed quis vestram intelligentiam eo detorsit, ut quaecumque nostri affines senserint *c*, eadem putaretis *d* nos sentire? Dominum Henricum cur *e* oderim nescio, cur diligam scio [3] : sed ejus dilectionis nunc qui *f* fructus exterior? Aliis quippe rebus divinitas necessitatem imponit : aliis caeca fortuna interstrepit. Denique tanta mole rerum pressi, non poetice sed sapienter dictum putamus : « Levius fit patientia quidquid corrigere nefas [4] », et : « Si non potest fieri quod vis, id saltem

---

54. — *e. MD addunt* sit.
55. *VMD.* — *a. ita L¹ V,* Idem *MD.* — *b.* et *MD.* — *c.* sentiunt *MD.* — *d.* putares *MD.* — *e.* cùm *MD.* — *f.* quis *MD.*

1. « Si ceci venait à être trahi (par vous). »
2. *Masson* et *Du Chesne*, n° 55; *Olleris*, n° 68. — Verdun, première quinzaine de mai 985 (p. 53, note 4, et p. 54, note 1); lettre secrète (p. 37, note 2).
3. *Nostri affines*, les fils du comte Godefroi, fidèles à Otton III et par suite hostiles au parti de Henri de Bavière. Ecbert, au contraire, penchait vers ce parti (lettre 63). L'archevêque de Reims, dominé par le sentiment des dangers qu'il court (lettre 52, p. 49), ne semble plus occupé que du soin de ménager et de flatter tout le monde.
4. « Durum, sed levius fit patientia Quidquid corrigere est nefas » (Horace, *Od.*, I. xxiv, 19-20).

velis quod possit *g*[1]. » In votis hoc habemus : « Brachia peccatorum conterantur, confirmet autem id Deus[2]. » Unum est enodationis indigens : qui vestrae mentis ac regiae *h* olim eram fidissimus interpres, cur hoc negotio privor ? potiusque per alios quam per vos plurima rescisco ? Et quoniam, ut professus sum ac profiteor, omnia vobis debeo, ut mihi sic vobis timeo : diverso quippe modo in commune nobis dicitur : « Qui stat, videat ne cadat[3]. » In commune itaque consulendum. Quod ut fieri possit, omnium me participem facietis, quae *i* vestrorum conventus adinvenit Diusburch[4]. Id quoque quod regalis potestas duce Beatrice[5] ac vestris primatibus exigit, si vestram intelligentiam latet, ut rumor est, diligenter investigatum significate, quidve animi vobis in eo sit. Ceterum de vobis, ut coepimus, optime sentimus, et qua fide vobis nostra committimus, eadem vestra suscepimus *j*.

56.

ITEM *a* EIDEM[6].

Gausbertum *b* monachum[7] sicut numquam contra vestrum velle tenere tentavimus, sic ex nostra sententia prima die

---

55. — *g*. possis *M D*. — *h*. matris ac Reginæ *M D*. — *i*. facietis, qui *M D*. — *j*. suscipimus *M D*.
56. *V M D*. — *a*. ita *L¹ V*, Idem *M D*. — *b*. ita *L¹*, Gozberdum *V B*, Gereberdum *M*, Gozbertum *D*.

---

1. « Quoniam non potest id fieri quod vis, Id velis quod possit » (*Térence, Andria*, II, 1, 5-6).
2. « Quoniam brachia peccatorum conterentur : confirmat autem justos Dominus » (*Psaumes*, XXXVI, 17).
3. « Itaque qui se existimat stare, videat ne cadat » (Paul, *Corinthiens*, I, x, 12).
4. Duisbourg (Prusse rhénane), au nord de Dusseldorf. Otton III s'y trouvait le mercredi 29 avril 985 (Stumpf, n° 883). — *Diusburch*, « à Duisbourg », comme, dans la lettre 59, *Frankevurt*, « à Francfort ».
5. Béatrix, duchesse de Lorraine (p. 28, note 2); son fils, le duc Thierry, était, à ce qu'il semble, prisonnier de Lothaire (lettre 59).
6. Masson et Du Chesne, n° 56; Olleris, n° 122. — Verdun, première quinzaine de mai 985; lettre secrète (p. 37, note 2). — Voir la lettre 68, qui renferme une allusion à celle-ci.
7. Moine de Mettlach; voir lettres 64 et 68.

Rogationum [1] usque Mosomum [2] reducemus. Et quia tanto tempore eo usi sumus, non erimus apud vos tanti immemores beneficii. Si ergo non placet eum diutius fore nobiscum, illic [c] a vestris suscipiatur, quoniam nostris longius progrediendi non datur facultas [d], cum propter hostium copiam, tum propter zelum callide nobis adversantium.

57.

OBJECTIO IN ADALBERONEM [3].

Perfidiae ac infidelitatis crimine in regiam majestatem arguor detineri, eo quod nepotem meum, clericum videlicet meae ecclesiae, licentia donaverim [4], quia et palatium adierit, et dono alterius regis episcopatum acceperit [5] ejus regni, quod senior meus [a] Lotharius rex in proprium jus revocaverat [6], quodque gradus ecclesiasticos ei postmodum contulerim absque licentia et auctoritate senioris mei.

PURGATIO.

Cum senior meus rex Lotharius Lothariense regnum nec [b] haberet, nec revocaret, fratris mei filium vix tandem sic obtinui fide interposita, ut si usus aliquando exposceret, sibi suisque absque pertinacia redderem. At cum ageretur,

---

56. — c. ille V. — d. facultas non datur MD.
57. VMD. — a. ita VB, deest MD. — b. non MD.

---

1. Le lundi 18 mai 985.
2. Mouzon (Ardennes) était, sur la voie romaine de Reims à Trèves, la dernière paroisse du diocèse de Reims et la première localité des États d'Otton III.
3. Masson et Du Chesne, n°ˢ 57, 58; Olleris, n°ˢ 49, 50. — Verdun, mai 985; lettre secrète (p. 37, note 2). — Cette lettre, divisée en deux parties, dont les premiers éditeurs ont fait deux lettres distinctes, est adressée à Lothaire, roi de France, au nom d'Adalbéron, archevêque de Reims.
4. Voir p. 51, note 5.
5. Voir p. 39, note 3.
6. Le royaume de Lorraine : voir p. 37, note 4, et p. 45, note 1.

ut senior meus imperatoris filio *c* advocatus foret [1], eaque de causa dati obsides essent [2], frater meus *d* crebris legatis filium repetivit, me segniter accipientem fidei violatorem increpitans, rem suam a multis interturbari, eum se statum perdere *e* dicit [3], terribilem judicem extremi judicii ultorem spretae fidei ac consanguinitatis proclamat. Ego, quo[niam] *f* senior meus de revocatione regni nihil mihi dixerat *g*, sed de sola advocatione, nec dandi *h* licentiam clerico interdixerat, sed insuper benevole consenserat, ut a legatis meis intellexi, si ea facere vellet, quae pater suus *i* spoponderat, et proficiscentem absolvi, et ut id, pro quo obsides dati erant, sincerissime conservaret, fidem exegi : quam et hactenus obtulit, et adhuc, ut credimus, offert. Gradum diaconatus ac presbyteratus ei contuli *j*, ne a nobis emancipatus in accipiendo alteri manciparetur, et ne ecclesia nostra invidiae pateret, subdiacono ex se ad episcopalem apicem assumpto, simulque quod hi gradus nec provincias, nec civitates, nec villas, quae regnorum sunt, conferunt, sed quae potius caelestis sunt regni. Idem *k* adversari vitiis, coli virtutes : in quo mihi crimen perfidiae ac infidelitatis praetendebatur *l*, ostendi, ut arbitror, et me fidem maxime habuisse, et fidelitatem seniori meo in primis conservasse.

58.

METENSI EPISCOPO *a* [4].

Qui actus vel dispositio regia in praesenti sit dubitatio

57. — *c*. filio Imperatoris *MD*. — *d*. fratris mei *MD*. — *e*. prodere *MD*. — *f*. Ego quomodo *V* (*cf. epist.* 14 *adnot.* d), Ergo quia *MD*. — *g*. dixerit *Mb*. — *h. sic VMD*. — *i*. suis *MD*. — *j*. contulit *V*. — *k. ita VM*, id est *D*. — *l*. protendabatur *M*, protendebatur *D*.
58. *VMD*. — *a. ita L*,[1] *V*, Domino Metensi Episcopo Diederico *MD*.

1. Voir p. 18, note 6.
2. Voir lettre 35 (p. 34).
3. Obscur.
4. Masson et Du Chesne, n° 59; Olleris, n° 52. — Verdun, fin de mai ou juin 985; lettre secrète (p. 37, note 2). — Cette lettre est très obscure. On ne

legati Henrici idibus maii[1] patefecerunt [b][2]. Cujus in reditu curiositas sciscitandi et plurima perquirendi, aliud vultu praetendere, aliud mente gerere significavit. Dux Hugo[3] ad sex[centos][c] milites collegisse dicitur. Ea[d] fama conventum Francorum Compendiaco palatio[4] habitum V id. maii[5] subito dissolvit, ac liquefecit. Interfuerunt de vestris quidem dux Karolus[6], comes Reinharius[e][7], de nostris[f] Heribertus Trecasinus[8]. Sed Otto[8] acriori cura exclusus. Adfuit etiam Gibeuuinus[g][10], episcopus Laudunensis Adalbero[11]. Frater Gocilo, obside pacis filio fratris Barde[h] dato[12], ea

58. — *b. sic VB*, patefecit *MD*. — *c. VI et in margine* f. VI mille *V*, sexcentos (*utrum ex codice an ex conjectura?*) *MD*. — *d*. Et *V*. — *e*. Reuisarius *V*. — *f*. vestris *V*. — *g*. Gibemminus *V*. — *h*. Bardæ *MD*.

---

sait si elle est écrite par Gerbert en son propre nom ou au nom d'Adalbéron, archevêque de Reims. L'évêque de Metz, à qui elle est adressée, s'appelait aussi Adalbéron. Il était fils du duc Frédéric et de la duchesse Béatrix de Lorraine, frère du duc Thierry et neveu de Hugues Capet par sa mère. Il fut appelé d'abord à l'évêché de Verdun, où il eut pour successeur le fils de Godefroi (Pertz, *Script.*, IV, p. 47), puis à celui de Metz; il fut élu à ce dernier siège le 16 octobre 984 et consacré le 28 décembre suivant (ibid., p. 660). — Une supposition erronée du premier éditeur, qui avait suppléé mal à propos dans le titre de cette lettre le nom de l'évêque Thierry (mort le 7 septembre 984), a jeté jusqu'ici la plus grande perturbation dans la chronologie des lettres de Gerbert et des événements auxquels elles se rapportent.

1. Le vendredi 15 mai 985. — Henri de Bavière ne se soumit définitivement aux impératrices que vers le commencement de juillet; voir lettre 59.

2. Phrase corrompue; au lieu de *dubitatio*, on voudrait *dubitationes*, ou peut-être *dubitanti* ou *dubitantibus* suivi d'un substantif au nominatif pluriel.

3. Hugues Capet.

4. Compiègne (Oise).

5. Le lundi 11 mai 985; voir la lettre suivante.

6. Charles, duc de la Lorraine inférieure, frère du roi Lothaire (p. 25, notes 2 et 3). — *Vestris*, les Lorrains.

7. Voir p. 58, note 5.

8. Voir p. 13, notes 7 et 8. — *Nostris*, les Français. — On ne sait pas ce qui causait la préoccupation (*acrior cura*) du comte Eudes.

10. Gibuin, évêque de Châlons-sur-Marne. On ignore les dates précises de son élection et de sa mort. Voir lettres 127, 133, 165, 181, 199.

11. Voir p. 26, note 5, et la note suivante.

12. Il est très difficile de dire comment doit être ponctué, lu et compris ce passage. Les mots *episcopus Laudunensis Adalbero* se rapportent-ils à ce qui précède ou à ce qui suit? Faut-il corriger, avec Du Chesne, *frater Gocilo* en *frater Gocilonis?* ou joindre *episcopus* à *Gibeuuinus* et lire *Adalberonis* au lieu d'*Adalbero*, en rapportant *Adalberonis frater*, soit à Gibuin, soit à Gozilon? Gozilon et Bardon, nobles lorrains, étaient frères (Richer, III, 103; ci-dessus, p. 45, note 1). Le premier était comte du pays d'*Osning* ou d'Ardenne (Mabillon, *De re diplomatica*, p. 575; Stumpf, n° 825). Le second, d'après cette phrase, avait un fils qui portait le même nom que lui: il est probable en effet que *Barde* est un ablatif (pour *Bardone*), plutôt qu'un génitif (pour

conditione evasit, ut quae *i* Sigefridus ac Godefridus facturi sunt *j*, faciant. Quid hoc sit? Francis spes mera, nobis res certa [1]. Tantum superest, quam patriam in manibus consilio et auxilio et viribus tenetis, hostibus consilio et auxilio destitutis tradere ne velitis. Urbem Virdunensium a paucis praedonibus quiete teneri *k* inquieto et iniquo animo fero, nisi forte hoc majori differtur consilio, ut unde non sperant, praecipiti excidio tabescant.

59.

a Res [2] celanda multis committi non vult : quod diverso stylo nobis scribitur, a diversis *b* tractari non injuria putatur [3]. Silentium amici vestri A. [4] proprium statum, simulque ecclesiarum Domini ac palatii Francorum indicat : quod, ut potero, breviter attingam *c*. Ego fidelium Caesaris non immemor. Conjuratio in filium Caesaris ac in vos [v]e[l] *d* acta est [v]e[l] *d* agitur non solum a principibus, inter quos Carolus dux jam non in occulto est, sed etiam, ex *e* militibus [5], quos

58. — *i*. quod *MD*. — *j*. sint *MD*. — *k*. tueri *MD*.
59. *VMD*. — *a*. *MD addunt* titulum Gerbertus Innominato. — *b*. aduersis *MD*. — *c*. accingam *MD*. — *d*. et *VMD*. — *e*. a *MD*.

Bardae), comme l'avaient supposé les premiers éditeurs. D'après une des interprétations possibles de ce passage et d'après un autre qu'on verra plus loin (lettre 135), il semble que Gozilon et Bardon étaient frères d'Adalbéron ou Ascelin, évêque de Laon.

1. Les Français espéraient sans raison (*spes mera*) que les comtes Sigefroi et Godefroi, pour obtenir leur liberté, feraient quelque concession importante; Gerbert et ses amis savaient bien, au contraire (*nobis res certa*), qu'aucune faiblesse n'était à craindre de leur part.
2. Masson et Du Chesne, n° 60; Olleris, n° 53. — Fin de juin ou juillet 985; lettre secrète (p. 37, note 2). — Cette lettre paraît être adressée à l'impératrice Théophano, mère d'Otton III.
3. *Diverso stylo*, « de différentes écritures ». Gerbert a reconnu dans les lettres de Théophano la main de plusieurs secrétaires différents; il en conclut qu'elle confie ses secrets à trop de personnes.
4. Adalbéron, archevêque de Reims, alors à Verdun (p. 49, note 2, et lettre 60).
5. Sous-entendu *ab iis*.

spe aut metu allici possibile est *f*. Dux Hugo XIIII kal. jul.[1] regem ac reginam[2] osculatus est tandem *g* astutia quorumdam, ut in conjuratione tanti viri nomen fore putaretur, quod minime est, nec fore putamus *h* hac tempestate. Sigefridus comes ad sua rediit; Godefridus comes si Castrilucium[3] cum Hainao[4] Reniero *i*[5] redderet, seque filiumque suum comitatu ac episcopatu Virdunensi privaret *j*[6], de reliquo integram fidem Francorum regibus exhiberet, datis obsidibus, fortassis ad sua remeare valeret. Finis Teoderici ducis[7] Hugonem ducem respicit. Ottonem, Heribertum ac fidum *k* vobis Adalberonem archiepiscopum pax sequestra[8] nunc tandem conciliat, eo pacto, ut interim instituatu. perpetua. Qua in re vestrum suorumque pro quorum nomine antefertur[9] nec fieri potest ut quidquam instituatur, quod vestrae suorumque saluti obsistere possit. Latens ac furtiva expeditio nescio quibus vestrorum subito intenditur. Quod Frankevurt *l*[10] gesseritis, nos de vestra salute laetantes non celabitis.

59. — *f*. est possibile *MD*. — *g*. tamen *B*. — *h*. putaretur *V*. — *i*. Hamaoremero *V*. — *j*. priuaret Verdunensi *MD*. — *k*. Herib' ac filium *V*, Heribertus. Fidum *MD*. — *l*. ita *B*, Frankenuit *V*, trans Rhenum *MD*.

---

1. Le jeudi 18 juin 985.
2. Lothaire et sa femme Hemma, sœur d'Otton II (p. 26, note 5).
3. Mons (Belgique), capitale du Hainaut.
4. Le Hainaut, ancien pays dont le territoire est aujourd'hui partagé entre la province belge du même nom et le département du Nord.
5. Renier IV, fils de Renier III, comte de Hainaut. Renier III ayant été déposé, vers 956, par l'archevêque Brunon, frère d'Otton I*er*, son comté avait été donné successivement à divers comtes et enfin à Godefroi. Mais Renier IV ne cessa de le disputer à ce dernier et le lui enleva définitivement en 998 (Pertz, *Script.*, VII, p. 439 ; XXIII, p. 777). Voir lettre 58 (p. 56).
6. Selon plusieurs historiens modernes, Godefroi était comte de Verdun et le comté de Verdun ne fut réuni au domaine des évêques de cette ville que plus tard. Ce passage semble favorable à cette opinion ; voir p. 45, note 3.
7. Thierry I*er*, duc de Lorraine, fils de Frédéric I*er* et de Béatrix, neveu de Hugues Capet ; voir p. 45, note 1. *Finis respicit* n'est pas clair.
8. « Paix provisoire, trêve » : expression tirée d'un passage mal compris de Virgile, *Énéide*, XI, 133. L'interprétation inexacte *pax temporalis* est déjà donnée, à propos de ce passage, par le commentateur Servius.
9. Ce texte est évidemment corrompu. Il faut probablement lire quelque chose comme : *vestrum suorumque nomen proprio antefertur*.
10. A Francfort-sur-le-Mein. Otton III et sa mère étaient en cette ville le 26 juin et le 2 juillet 985 (Stumpf, n°° 885, 886 ; III, p. 330). C'est là que se fit la paix définitive entre Henri de Bavière et Théophano (Thietmar, IV, 6 ; *Annales Quedlinburgenses*, 985). — Voir p. 55, note 4.

60.

ADALBERONI ARCHIEPISCOPO [a][1].

Ut voluistis consultum est, mora vestra usque ad determinatum colloquium in commune laudata. Amicitia Hugonis non segniter expetenda, sed omnino conandum, ne bene coepta[2] male abutamur. Nam quidem intelligentia haec est[2]. Sed nescio quonam pacto frater vester Godefridus atque Rainherius[3] Gobthero[b][3] meo, quem Turonum[c] miseram[4], dixerunt vos praesto adfore, ut si quem nuntium Odo[5] vobis mitteret, et alloqui possetis, et quae significaret opere adimpleretis. Ceterum dux Hugo nacta occasione ex dissensione episcopi Parisiensis et abbatis Gualte.[d][6] abbatem vestrum[e] Ayrardum[f][7] inter ceteros ad se venire orat, id ut peragat persuasum iri posse confidimus. Colloquio soluto moras omnes solvite, urbique[8] ac vestris vos restituite.

60. *VMD.* — *a. ita I.¹ V, MD addunt* Gerbertus. — *b.* Range Gohero *V.* — *c.* Turonium *MD.* — *d. ita V,* Gual. *MD,* Gualt. *B.* — *e.* nostrum *M D.* — *f. ita B,* Aibardum *V,* Ayardum *M,* Airardum *D.*

1. Masson et Du Chesne, n° 61; Olleris, n° 84. — Reims, vers juillet 985; lettre secrète (p. 37, note 2). — La première et la dernière phrase de cette lettre, comparées avec les lettres 63 et 65, indiquent que l'archevêque de Reims prolongeait son séjour à Verdun, dans l'intention de prendre part à une conférence de prélats convoquée par Ecbert, archevêque de Trêves. La lettre 63 paraît faire allusion à la paix de Francfort (p. 58, note 10); la lettre 63 et probablement les lettres 60-62 sont donc de peu de temps postérieures à la date de cette paix.
2. Obscur.
3. Personnages inconnus.
4. On a vu que Gerbert était en relations avec Ébrard, abbé de Saint-Julien de Tours (p. 41, note 7).
5. Eudes I", comte de Blois (p. 13, note 8).
6. La *Gallia christiana* ne mentionne dans les divers monastères du diocèse de Paris, à cette époque, aucun abbé du nom de Gautier (*Gualterias*). On a supposé qu'il s'agissait ici de Gualon (*Gualo, Walo* ou *Waldo*), à qui Hugues Capet, abbé titulaire de Saint-Germain-des-Prés, avait résigné le gouvernement de cette abbaye (*Gallia christiana*, VII, col. 433). La leçon du manuscrit de la Vallicellane et celle de Baluze ne sont pas favorables à cette hypothèse.
7. Abbé de Saint-Thierry (p. 39, note 2).
8. Reims.

61.

BEATRICI DUCI EX PERSONA ADALBERONIS [1].

Super his, quae certius vobis significari quaeritis, nil amplius novimus, quam aut praesentes diximus, aut legatione nostra accepistis. Ceterum vobis, liberis, amicis ad votum bene [a] prosperari, salvo honore regio [2], et optamus, et si fit congratulamur. Nostra negotia vestra putate : apud ducem Hugonem de nostra [b] mente pura, fide constanti absque haesitatione praesumite. Denique quod a vobis exigimus, suo tempore vestro obsequio impendemus. In primis quoque gratias habemus, quod de plurimis a vobis certiores existimus. Meing. [c] monachum ex petitione abbatis Rai. [3] diu perquisitum Corbeiam [4] liquisse, Rothomagum [5] adisse audivimus. In quo si dabitur facultas, vestrum vel[le] ut [d] in omnibus exequi conabimur.

62.

EIDEM [6].

Rebus vobis ad votum cedentibus non immerito congratulamur, et quia ignorata frequenter per vos addiscimus,

---

61. *VMD.* — *a. deest MD.* — *b. vestra MD.* — *c. Meingum V.* — *d. vestram velut V, nostrum ei ut M, vestrum velle D, vestrum velut B.*

---

1. Masson et Du Chesne, n° 62; Olleris, n° 64. — Même date que la précédente, à laquelle elle était peut-être jointe, pour être ensuite réexpédiée par l'archevêque à son adresse; lettre secrète (p. 37, note 2). — Béatrix, duchesse de Lorraine, mère du duc Thierry I*er*, était sœur de Hugues Capet (p. 28, note 2). Voir lettres 62, 63, 66.
2. Cette restriction n'est sans doute qu'une précaution pour le cas où la lettre viendrait à être interceptée par Lothaire.
3. Rainard (lettre 67). On ne sait qui est ce Rainard et de quel monastère il était abbé. Le moine *Meing.*, qu'il recherchait, s'était enfui, d'après cette lettre, à Corbie, puis à Rouen; d'après un mot de la lettre 67 (*transmarina mutare*), il semble qu'il était venu d'abord d'Angleterre.
4. Corbie (Somme).
5. Rouen.
6. Masson et Du Chesne, n° 63; Olleris, n° 67. — Vers la même date que les deux précédentes; lettre secrète (p. 37, note 2). — Ici probablement, comme

vestrumque affectum circa nos sincerum experimur, inter praecipua ponimus. Sed quae res institutum colloquium dominarum[1] sic commutavit, ut solus dux veniat Henricus[2]? Id an dolo alterius partis agatur, et qui principum eo venturi sunt [a], si novistis, orantibus nobis plena fide perorabitis.

63.

EIDEM [a] DUCI BEATRICI [3].

Excellentiam acuminis vestri videor videre, pace inter principes stabilita [4], re publica bene disposita, ac per vos in melius commutata. Unum tantum est, quod plurimos [b] movet. Trevirensem archiepiscopum, tanto molimine ordinationem differentem [5], aut se cum duce [6] ac Lothariensi regno manibus Francorum velle tradere, vosque celare, quod colloquium Virduni habendum [7] verisimile facit, aut his majora velle machinari. Jubetur amico vestro A. ordinatio-

62. *VMD.* — *a. sic VMD.*
63. *VMD.* — *a. ita L*[1] *V*, Idem *MD.* — *b.* plurimis *V.*

---

dans la lettre suivante, Gerbert écrit en son propre nom, et non plus de la part de l'archevêque de Reims.
1. Cette conférence devait avoir lieu à Metz; voir lettre 66. On peut conjecturer que les « princesses » (*dominae*) qui devaient s'y rencontrer, par les soins de la duchesse Béatrix, étaient l'impératrice Adélaïde, veuve d'Otton Ier et aïeule d'Otton III, l'impératrice Théophano, veuve d'Otton II et mère d'Otton III, la reine Hemma, fille d'Adélaïde et femme de Lothaire, roi de France, et Béatrix elle-même; il paraît que le duc Henri de Bavière devait s'y trouver avec elles. On ne sait si ce projet fut mis à exécution, ni s'il avait quelque rapport avec celui dont il est question dans la lettre 74, écrite en 986.
2. Henri ou Hézilon, duc de Bavière, nouvellement réconcilié avec Otton III et Théophano à Francfort (p. 58, note 10); voir la fin de la lettre suivante.
3. Masson et Du Chesne, n° 64; Olleris, n° 69. — Vers juillet 985; lettre secrète (p. 37, note 2).
4. La paix de Francfort, vers le commencement de juillet 985 (p. 58, note 10, et p. 59, note 1).
5. *Archiepiscopum*, Ecbert; *ordinationem*, la consécration d'Adalbéron, fils du comte Godefroi, élu à l'évêché de Verdun (p. 39, note 3, et p. 41, note 4).
6. Peut-être Henri de Bavière. On doutait encore si sa soumission était sincère; voir la dernière phrase de cette lettre.
7. Il a déjà été question de cette conférence de prélats dans la lettre 60 (p. 59). Elle n'eut pas lieu (lettre 65).

nem nepotis destruat[1]. Num rex an[c] primas est Trevirensium[2]? Factionem archiepiscopi[3] hoc negotium undecumque continere videtur. Invigilet ergo vestra prudentia, et quo se tantarum rerum pondera vergant perquirite, et an dux Henricus fidem vobis servaturus sit, providete.

64.

NITHARDO ABBATI [a][4].

Semper quidem plurimorum utilitati prospiciendum, privatisque commodis publica praeferenda. Fratrem Gau.[b][5] subito cum re omni familiari parata ac paranda redire cogitis, nulla temporis ratione habita. Soline tantos motus civilis belli non sensistis? Qui domini rerum ac principes esse videmur, itinere frequenti equis attritis comites rariores habemus. Taedio monasterii eum nolle redire dixistis. Idne verum sit, quoquo modo reducem tenetis[6]. Consequitur ergo ut in hoc experiamur, paucorumne commodum, an multorum, sit vobis pretiosius.

---

63. — *c.* aut *MD.*
64. *VMD.* — *a. ita L¹ V, MD* addunt Medeleconsi. — *b.* Gan. *V*, Gaut. *MD.*

---

1. *Jubetur*, par Lothaire; *A.*, l'archevêque Adalbéron; *destruat*, « qu'il rende impossible, qu'il arrête » : voir la note suivante.
2. *Primas*, primat, « prélat dont la juridiction est au-dessus de celle des archevêques » *(Dictionnaire de l'Académie).* L'évêché de Verdun était suffragant de la métropole de Trèves. L'archevêque de Reims ne pouvait empêcher celui de Trèves de consacrer un de ses suffragants : il n'était ni son roi ni son primat, pour lui donner des ordres. — La théorie de la cour de France était que, le jeune Adalbéron ayant été jadis clerc du diocèse de Reims, l'archevêque de Reims avait toujours autorité sur sa personne ; voir lettre 57 (p. 54) et lettre 89 : *et ut res fiat impossibilis a nobis idem repetendus.*
3. Ecbert.
4. Masson et Du Chesne, n° 65 ; Olleris, n° 121. — Second semestre de 985 ; lettre secrète (p. 37, note 2), écrite peut-être au nom d'Adalbéron, archevêque de Reims. — Nithard était abbé du monastère de Mettlach (Prusse rhénane), sur la Sarre, au diocèse de Trèves (*Gallia christiana*, XIII, col. 571). Voir lettre 72.
5. Voir lettres 56 (p. 53) et 68.
6. Phrase obscure et probablement corrompue.

65.

EX PERSONA A. NOTGERO EPISCOPO LEODIGENSI [1].

Collectionem episcoporum [2], propter quam [a] significatum est, non esse factam, tarditati prolatae [b][3] epistolae imputandum. Disputabitur autem de his in vestro adventu [c][4], et si ita visum fuerit, amplius postmodum privatim et in commune deliberabitur. Ceterum quia frater meus [5] se suaque ad vos pertinere putat, multumque spei suae salutis vobis attribuit, Gualteri [d][6] militem a pervasione praediorum sui Wazonis [7] cohibere debetis, eoque facto et sinistrum rumorem vitabitis, et proprio officio non defuisse videbimini.

66.

EIDEM EX PERSONA EJUSDEM [8].

Ei qui cum sapiente rationem instituerit, non multa oratione inlaborandum [a]. Quod vestris vi ereptum est restituetur : fidei spondentis amici credite; si id satis non est,

65. *VMD.* — *a.* quæ *MD.* — *b.* prolati *V*, perlatæ *MD.* — *c.* in aduentu vestro *MD.* — *d.* Gualterum *MD.*
66. *VMD.* — *a.* laborandum *V.*

1. Masson et Du Chesne, n° 66 ; Olleris, n° 79. — Second semestre de 985; lettre secrète (p. 37, note 2).
2. Voir lettres 60 (p. 59, note 1) et 63 (p. 61, note 7).
3. « Produite, exhibée » : le porteur de la lettre a trop tardé à la montrer. On ne sait quelle était cette lettre.
4. L'évêque de Liège était attendu à la conférence des princesses, qui devait avoir lieu à Metz (lettre 66).
5. Le comte Godefroi, lié d'amitié avec l'évêque Notger (p. 24, note 4).
6. Peut-être Gautier, châtelain de Cambrai (Pertz, *Script.*, VII, p. 439, 489, etc.).
7. Serait-ce le même qui fut successivement chapelain de l'évêque Notger, écolâtre de Liège, chapelain de l'empereur Conrad II, prévôt et enfin (de 1042 à 1048) évêque de Liège (Pertz, *Script.*, VII, p. 206, 210-234)?
8. Masson et Du Chesne, n° 67 ; Olleris, n° 60. — Second semestre de 985; lettre secrète (p. 37, note 2).

obses accipiatur ab his, quibus sua rursus restitui oramus *b* [1], nec differendum propter instantis fori [2] necessitatem. Et quia de vobis optime praesumimus, dum haec dictavimus, obsides ab obsesso castro [3] ut in crastinum reddendo nos accepisse significamus. Metis colloquium dominarum habendum *c*, vos quam plurimum interesse optamus [4]. Si relictum ut institutum est [5], causam effectricem *d* per vos nosse laboramus. Quae *e* privatim nos *f* scire oportebit, privata docebunt tempora [6].

67.

ABBATI RAINARDO *a* [7].

Quamvis intelligentiam vestram non lateat, artem artium esse regimen *b* animarum, tamen tam occupatis in re publica suggessisse non inutile visum est. Fratrem Meing. *c*, quem suavi eloquio, affabilitate paterna, transmarina mutare coegistis, herentem ac dubium, quibus valuimus sententiis, vestram mansuetudinem sibi notam experiri persuasimus. Erit ergo docti viri, more boni medici mellita praeferre *d*, ne primo gustu amaris ingestis antidotis, salutem suam formidabundus incipiat expavescere. Hac conditione, si placet, suscipite. Si displicet, ne forte proditoris fungamur officio, quo velit redire aequo animo ferte.

66. — *b. ita VB*, orauimus *MD*. — *c. sic V, MD addunt* est. — *d.* affectricem *V.* — *e.* quid *MD*. — *f.* vos *MD*.
67. *LVMD.* — *a.* Rainaro *V*, Rainero *MD*. — *b.* regimen esse *VDB*, regnum esse *M.* — *c.* Menigum *V*, Menig. *MD*. — *d.* proferre *VMD*.

---

1. Fait inconnu.
2. Le sens ordinaire de *forum*, en latin du moyen âge, est « marché » ou « foire ». Gerbert paraît entendre par là une assemblée ou conférence; voir lettre 127.
3. Fait inconnu.
4. Voir p. 61, note 1.
5. « Si le projet a été abandonné comme il avait été formé » (?).
6. *Tempora*, « des occasions », c'est-à-dire, ici, « des entrevues ».
7. Masson et Du Chesne, n° 68; Olleris, n° 65. — Second semestre de 985. — Voir lettre 61 (p. 60, note 3).

68.

ECBERTO TREVERENSI ARCHIEPISCOPO [a] [1].

Non exequtum esse, quod ab urbe Verdunensi de reditu fratris Ga. [b] mandavimus [2], acrior cura praesentium temporum [c] effecit, dum et quod nolumus necessitas infert, et quod volumus aufert. Nunc tandem ne bene meritis appareamus ingrati, clementiae vestrae ut possumus remittimus, hoc unicum [d] a solita benivolentia vestra expetentes, ut experiatur vestram affabilitatem, ob nostram commendationem, et si pace vestra fieri potest, ne careat studiis, quibus impensius operam dare disposuit.

69.

ABBATI MAIOLO [a] [3].

Etsi vigilanti cura super vestro grege assidue occupati estis, propensioris est tamen caritatis, si alieni gregis contagio interdum medemini. Floriacensis caenobii [4] propter reverentiam patris Benedicti summum locum penes monachos, ut aiunt, pervasor [5] occupavit. Si vos tacetis, quis

---

68. *LVMD.* — *a*. Ecberdo Archiepiscopo *V*, Ecberto Archiepiscopo Treulrensi *MD*. — *b*. G. *VMD*. — *c*. tempore *MD*. — *d*. unum *VMD*.
69. *LVMD.* — *a*. *MD addunt* Cluniacensi.

1. Masson et Du Chesne, n° 69; Olleris, n° 123. — Reims, second semestre de 985. — Lettre écrite au nom d'Adalbéron, archevêque de Reims.
2. Voir lettres 56 (p. 53) et 64 (p. 62).
3. Masson et Du Chesne, n° 70; Olleris, n° 134. — Derniers mois de 985 ou janvier ou février 986. — Saint Maïeul fut abbé de Cluny de 964 environ à 994 (*Gallia christiana*, IV, col. 1127, 1128). L'un de ses prédécesseurs à Cluny, l'abbé Odon, avait été précédemment abbé de Saint-Géraud d'Aurillac, où Gerbert fut élevé.
4. Saint-Benoît-sur-Loire (Loiret), monastère du diocèse d'Orléans, qui prétendait posséder les reliques de saint Benoît.
5. Voir lettres 80, 86-88, 95, 142, 143. Il s'agit sans doute d'Oïlbold, qui fut abbé de Saint-Benoît-sur-Loire après Amalbert et avant Abbon. En effet, Abbon, élu aussitôt après la mort d'Oïlbold (Aimoin, *Miracles*, III, 1, p. 127), fut abbé pendant seize ans (Bouquet, X, p. 339) et mourut le

loquetur? Hoc incorrecto, quis improbus similia non sperabit? Nos quidem haec zelo divini amoris dicimus [1], et ut vestro [b] examine, si probus est, recipiatur, si improbus, omnium abbatum ac monastici ordinis societate, ad paenam suae dampnationis, privetur. Quod vobis ratum, litteris vestris nobis fiet acceptissimum.

70.

GERALDO ABBATI [a] G. [b] [2].

O nimium dilecte Deo [3], ardere bellis orbem terrarum vides, et ad Omnipotentem manus pro statu ecclesiarum Dei [c] non erigis? Salutiferum quidem iter caritatisque plenum ad limina beati Geraldi [4] nos habere cupitis, cui utinam voto [d] faveat divinitas. Sed id quam difficile factu sit, facile intelligitur, nisi vestra optineant merita. De rege Ludov. [5], quis habeatur consulitis, et an exercitus Fran-

---

69. — *b.* nostro *MD.*
70. *LVMD.* — *a.* Abbati Geraldo *VMD.* — *b.* G. *deest VMD*; *MD addunt* Auriliacensi. — *c.* Domini *VMD.* — *d.* cui voto utinam *VMD.*

---

13 novembre 1004 (Bouquet, X, p. 336; *Miracles*, p. 127). Oilbold mourut donc vers l'automne de 988; or, il avait gouverné le monastère pendant au moins deux ans (Mabillon, *Acta*, VI, 1, p. 39-41); il était donc devenu abbé au plus tard en 986. Ces dates s'accordent exactement avec celles des lettres 69 et 142 de Gerbert, dont la première mentionne l'entrée en fonctions du *pervasor* et la seconde sa mort. — « Post excessum pastoris Amalberti, dit Aimoin, Oilboldus ad praelationem Floriacensium fratrum, ipsorum electione et regia principis Lotharii ascendit donatione » (*Miracles*, II, XVIII, p. 121). Si Oilbold fut désigné pour la dignité d'abbé par le roi, son élection par les religieux dut être une simple forme. Cela peut expliquer que plusieurs des contemporains aient refusé de la reconnaître et aient tenu l'abbé choisi par Lothaire pour un intrus.

1. Gerbert, moine bénédictin d'Aurillac et abbé bénédictin de Bobbio, avait le droit de n'être pas indifférent à la discipline des monastères de l'ordre de Saint-Benoît. Il avait aussi un motif personnel de s'intéresser à cette affaire : un de ses amis, l'écolâtre Constantin, était du nombre des moines de Saint-Benoît-sur-Loire qui repoussaient comme intrus le nouvel abbé (lettres 86, 92).

2. Masson et Du Chesne, n° 71; Olleris, n° 92. — Janvier ou février 986. — Voir p. 12, note 5.

3. Claudien, *De tertio consulatu Honorii*, 96.

4. Le monastère de Saint-Géraud d'Aurillac.

5. Louis V, associé au trône de son père depuis 979. Au moment où cette lettre fut écrite, on prévoyait déjà sans doute que Lothaire allait mourir et que le pouvoir effectif allait passer au jeune roi.

corum auxilium Borello[1] laturus sit. Horum primum a nobis minime quaeri oportet, quoniam, ut ait Salustius : « Omnes homines qui de rebus dubiis consulunt, oportet esse remotos ab ira, odio, misericordia[2]. » Alterum suapte natura ad esse et non esse aequaliter vergens, nostra intelligentia magis videtur tendere ad non esse[3]. Organa porro et quae vobis dirigi praecepistis, in Italia conservantur[4], pace regnorum facta, vestris optutibus repraesentenda[c]. Quae nostri juris sunt, ut vestra spectate. Desiderabilem praesentiam pii patris, vel causa beati Remigii Francorum apostoli[5], desiderantibus filiis exhibete, ut nostrum inpossibile vestro solvatur possibili.

71.

STEPHANO DIACONO URBIS [a] ROMAE [a], DATA VI NON. MARTIAS [6].

Exequiis domni [b] Loth. regis occupati[7], multa tibi quaerenti pauca rescripsimus. Lotharienses dudum capti[8] omnes elapsi sunt praeter comitem God., de quo in brevi meliora spectantur[c]. Quae penes te tuosque agantur

70. — e. sic L.
71. LVMD. — a. deest VMD. — b. domini VMD. — c. sperantur MD.

---

1. Borrel, comte de Barcelone, duc de la Marche d'Espagne, de 967 à 993 (Marca, col. 399, 415); voir p. 43, note 4, et p. 13, note 6. Il était menacé par les Musulmans, qui avaient pris et pillé, le 4 juillet 985, la ville de Barcelone (Marca, col. 411, 542, 933).
2. « Omnes homines, patres conscripti, qui de rebus dubiis consultant, ab odio, amicitia, ira atque misericordia vacuos esse decet » (Sallusto, Catil., 51). Gerbert, serviteur dévoué des Ottons, était mal disposé à l'égard de la famille royale de France.
3. En effet, Louis V ne porta pas secours à Borrel. Hugues Capet voulut le faire (lettre 112), mais en fut empêché par la rébellion de Charles de Lorraine (lettre 115).
4. Voir lettres 82, 91, 163.
5. L'église abbatiale de Saint-Remi de Reims contient la sépulture de saint Remi.
6. Masson et Du Chesne, n° 72 ; Olleris, n° 89. — Mardi 2 mars 986. — Voir lettre 40 (p. 38).
7. Le roi Lothaire mourut à Laon, le mardi 2 mars 986 (Bouquet, IX, p. 288, note a ; ci-après, lettres 73-75), et fut enterré en grande pompe à Saint-Remi de Reims (Richer, III, 110). Il ne paraît pas vraisemblable que les funérailles aient eu lieu le jour même de la mort du roi ; *exequiis occupati* signifie donc : « occupé des préparatifs des obsèques ».
8. Voir p. 45, note 1.

rescribe, atque per hunc legatum libros [1] tua industria nobis rescriptos consummata karitate remitte.

72.

NITHARDO ABBATI MEDELACENSI [a][2].

Quod vestra praesentia interdum non perfruimur, turbulentae rei publicae imputatur. Vos solum gravia pati putatis, qui quae[b] asperrima caeteris sint ignoratis. Sed cum agantur homines sorte dubia[c], michique, ut nostis[d], incerto certa queratur sedes, cur tamdiu penes me deposita malefidae fortunae thesaurizatis[3]? et quia utpote fidissimus fidissimo loquor, maturate[e] iter. Nam aut imperialis cito me recolliget[f] aula, aut quantocius omissa diu repetet Hiberia[4].

73.

E. TREVERENSI [a] ARCHIEPISCOPO EX PERSONA AD. ARCHIEPISCOPI [a][5].

Quamvis sciam ex voto meo nulla beneficia vestris meritis respondere posse, estuat tamen animus, et quod re[b] nequit, prosequitur[c] affectu. Privilegium vestri amoris circa nos, sepenumero litteris, sepenumero nuntiis, sepenumero rebus

---

72. *LVMD.* — *a.* Medelecensi *VMD.* — *b.* quæque *VMD.* — *c.* dubia sorte *VMD.* — *d.* non nostris *MD.* — *e.* maturare *L.* — *f.* colliget *VDB.*
73. *LVMD.* — *a.* deest *VMD.* — *b.* deest *L.* — *c.* sequitur *MD.*

---

1. Voir lettre 40 (p. 38).
2. Masson et Du Chesne, n° 73; Olleris, n° 59. — Mars 986. — Voir lettre 64 (p. 62).
3. « Pourquoi, en me laissant si longtemps votre dépôt, le thésauriser, le conserver pour la fortune perfide? » Il veut dire que, si Nithard ne se hâte pas de venir retirer son dépôt, il courra risque de le perdre, car Gerbert ne sera plus là pour le garder. On ne sait quel était ce dépôt.
4. La Marche d'Espagne (p. 43, note 4).
5. Masson et Du Chesne, n° 74; Olleris, n° 90. — Mars 986.

ipsis experti sumus, et quoniam sanctas petitiones pro nobis Deo [d] optulistis, quam non inaniter eas effuderitis, testis est benivolentia dominae augustae [1] nobis reddita VI n. mart., qua die gloriosissimus rex Francorum Loth. [e], clarissimum sidus, mundo subtractus est. Is [2] quem [f] caruisse regali gratia putastis, a [g] nulla familiaritate seclusus est.

74.

EX PERSONA HEMMAE REGINAE, AD MATREM [3].

Dominae A. imperatrici semper augustae, H. quondam regina, nunc lumine Francorum orbata.

Elapsa sunt tempora deliciarum mearum [a], tempora decoris mei, o mi domina, et o dulcis mater, dum is quo florente florebam, quo regnante regnabam, me [b] hactenus [b] conjugem in perpetuum viduam fecit. O amara dies VI n. mart., quae michi virum eripuit, quae me in has miserias praecipitavit. Intelligat pia mater gemitum et angustias filiae doloribus plenae. Non esse me penitus praeoptarem, nisi divinitas solatio reliquisset [c] matrem. O quando videbo, quando alloquar? Nostri quidem vestrae praesentiae ac regis Conr. [4], in vicinia Romarici Montis, ubi confinium

---

73. — d. Domino *VMD*. — e. Lotharius Francorum *VMD*. — f. quam *L*. — g. deest *MD*.
74. *LVMD*. — a. mearum deliciarum *MD*. — b. deest *MD*. — c. *VMD* addunt mihi.

---

1. La reine Hemma, fille d'Adélaïde et veuve de Lothaire.
2. Adalbéron lui-même. Sous Lothaire, il était mal vu à la cour de France, à cause des liens qui l'attachaient à la famille impériale (lettre 52, p. 49). Lothaire mort, sa veuve, fille d'une impératrice, ne cacha pas ses sentiments de sympathie pour l'Allemagne (lettres 74, 97). Elle fut donc tout naturellement favorable à l'archevêque de Reims.
3. Masson et Du Chesne, n° 75; Olleris, n° 93. — Mars 986. — *Hemmae reginae*, Hemma, fille d'Adélaïde et de Lothaire, roi d'Italie, veuve de Lothaire, roi de France (p. 26, note 5); *matrem*, Adélaïde, veuve en premières noces de Lothaire, roi d'Italie, en secondes noces de l'empereur Otton Ier, aïeule d'Otton III (p. 5, note 1).
4. Conrad le Pacifique, roi d'Arles ou de Bourgogne (937-993), frère de l'impératrice Adélaïde et beau-frère de Lothaire, roi de France (p. 26-27, tableaux I et II).

regnorum est [1], XV kl. jun. [2] me ac filium meum [3] occurrere volunt. Sed haec mora mille annorum michi est. Noveritis interim Francorum principes michi ac filio simul fidem sacramento firmasse. In hoc et in reliquis quae sequenda, quae vitanda sint, vestro judicio utemur, ut non solum H. reginae, sed omnium dicamini mater regnorum. Recordamini praeterea verborum vestrorum, quod virum meum prae me dilexeritis, quodque ipse prae me vos amaverit. Prosint animae ejus hi dulces affectus, et quae [d] temporaliter exhibere non valetis, spiritualiter reconpensetis, per sanctos patres, id est episcopos, abbates, monachos, ac per servos Dei [e] quosque religiosissimos.

75.

EPITAFIUM REGIS [a] LOTHARII [4].

Cujus ad obsequium coiere duces, bonus omnis
Quem coluit, sate Caesaribus, monimenta doloris,
Caesar Lothari, pretendis luce secunda
Terrifici martis, quod eras conspectus in ostro [b] [5].

74. — *d.* quod *MD.* — *e.* Domini *VMD.*
75. *LVMD.* — *a. MD addunt* Francorum. — *b.* astro *MD.*

───────────────

1. Remiremont (Vosges), dans le royaume de Lorraine, qui appartenait à Otton III, petit-fils d'Adélaïde, près de la frontière de celui de Bourgogne, qui appartenait à Conrad.
2. Le mardi 18 mai 986.
3. Le roi Louis V. Ce projet ne paraît pas avoir été éxécuté. Voir p. 61, note 1.
4. Masson et Du Chesne, n° 76; Olleris, p. 293. — Mars 986. — Cette épitaphe est insérée, dans le recueil des lettres, à la date à laquelle elle dut être effectivement composée. Les trois suivantes se rapportent à des événements plus anciens; on peut se demander si Gerbert ne les fit qu'en 986, en même temps que celle de Lothaire, ou s'il recopia seulement alors des morceaux composés antérieurement. — Il faut rapprocher de ces quatre épitaphes celle de l'archevêque Adalbéron, qui nous a été conservée sans nom d'auteur, mais que M. Olleris attribue avec toute apparence de raison à Gerbert :

> Contulerat natura parens quae summa putavit
> Ad meriti cumulum tibi, praesul Adalbero, cum te
> Praestantem cunctis mortalibus abstulit orbi
> Quinta dies fundentis aquas cum pondere rerum.

(Olleris, p. 293-294). Adalbéron mourut le 23 janvier 989, cinquième jour après l'entrée du soleil dans le signe du Verseau (*fundentis aquas*). On ne voit pas bien ce que signifie *cum pondere rerum*.
5. *Monimenta doloris pretendis,* « tu étales, tu nous fais voir un appareil de

76.

EPITAFIUM DUCIS FREDERICI [1].

Francorum placito [2] nomen tulit hic Frederici.
Quem proavi fudere duces a sanguine regum [3]
Officio meritisque parem, sopor ultimus hausit
Mercurii cum celsa domus tibi, Phaebe, pateret [4].

77.

EPITAFIUM ADALBERTI SCOLASTICI [5].

Edite nobilibus, studium rationis adepte [a],
Dixit [b] Adalbertum te Belgica [6], flore juventae
Stare diu non passa tulit fortuna, recursus
Bissenos [c] februi cum produxisset Apollo [7].

76. *LVMD.*
77. *LVMD.* — a. adeptae *L.* — b. Dicit *MD.* — c. Bis senas *MD.*

---

deuil »; *luce secunda martis*, « le 2 mars »; *quod eras conspectus in ostro*, « car on t'a vu vêtu de pourpre ». — « Tyrio conspectus in ostro » (Virgile, *Géorgiques*, III, 17). — « Magnifice funus regium multo divitiarum regalium ambitu accuratur... Corpus bissina veste induitur ac desuper palla purpurea gemmis ornata auroque intexta operitur » (Richer, III, 110).
 1. Masson et Du Chesne, n° 77; Olleris, p. 293. — Voir p. 70, note 4. — Frédéric Ier, duc de la Lorraine supérieure, fut le mari de Béatrix, sœur de Hugues Capet, et le père du duc Thierry Ier de Lorraine et de l'évêque Adalbéron de Metz.
 2. « Par la volonté des Francs »; cf. *Dixit te Belgica*, ci-après, n° 78.
 3. On ne sait rien de certain sur la généalogie du duc Frédéric.
 4. *Mercurii domus*, le signe du Cancer (Manilius, *Astron.*, II, 440); *Phaebo*, le soleil; *tibi pateret*, « s'ouvrait à toi », te recevait. Le soleil entre dans le signe du Cancer le 17 juin (Migne, CXXIX, 1324, 1340). Le duc Frédéric mourut donc un 17 juin. On dit ordinairement qu'il mourut en 984 (Bouquet, IX, p. 103, note c). Il est plus probable que ce fut le dimanche 17 juin 983, car il était déjà mort à la date de la lettre 31 (p. 28, notes 2 et 3), laquelle est au plus tard de juin 984.
 5. Masson et Du Chesne, n° 78; Olleris, p. 294. — Voir p. 70, note 4, et ci-dessous, note 7. — L'écolâtre Adalbert est inconnu.
 6. Le royaume de Lorraine.
 7. « Quand Apollon (le soleil) eut amené le retour du bissexte de février. » On sait que, dans les années bissextiles, le 25 février s'appelait *VI kal. mart.*, le 24 février *bis VI kal. mart.* Il s'agit ici d'une année bissextile où le 24 février, *bissextus*, tomba le jour du soleil, c'est-à-dire le dimanche. C'est ce qui arriva en 984. L'écolâtre Adalbert mourut donc le dimanche 24 février 984.

78.

EPITAPIUM OTTONIS CAESARIS [d] [1].

Cujus ad imperium tremuere duces, tulit hostis
Quem dominum populique suum novere parentem,
Otto, decus divum, Caesar clarissime [b], nobis
Immeritis rapuit te lux septena decembris.

79.

ORATIO [a] INVECTIVA [b] IN VERDUNENSEM [c] CIVITATEM [d] [2].

Quod remedium morbis tuis inveniemus, Verdunensium execrata civitas? Unitatem sanctae Dei [e] aecclesiae scidisti. Sanctissimam societatem humani generis abrupisti. Quid enim aliud egeris, cum pastorem tuum [3], voluntate haereditarii regis [4], consensu et favore conprovincialium episco-

---

78. *LVMD*. — *a*. imperatoris *VMD*. — *b*. ita *M*, clarissimae *L*, charissime *VD*.
79. *LVMD*. — *a. deest DB*. — *b. deest M*. — *c*. Verdunensium *M*, Virdunensium *D*. — *d*. ecclesiam *VDB*, urbem *M*. — *e*. Domini *VMD*.

---

1. Masson et Du Chesne, n° 79; Olleris, p. 293. — Voir p. 70, note 4. — L'empereur Otton II mourut le vendredi 7 décembre 983.
2. Masson et Du Chesne, n° 80; Olleris, n° 40. — Mars-juin 986. — Cette lettre a dû être écrite, soit au nom d'Ecbert, archevêque de Trèves, soit au nom du jeune Adalbéron, évêque de Verdun; en effet, la sentence contenue dans la dernière phrase n'a pu être portée que par une personne qui avait autorité au spirituel sur le diocèse de Verdun. L'objet de la lettre est de reprocher aux habitants de Verdun de n'avoir pas voulu reconnaître et recevoir pour évêque le jeune Adalbéron. Il en résulte, en outre, que le parti qui prévalait alors parmi les habitants de cette ville repoussait Otton III, à qui elle ne fut rendue que plus tard (lettre 100). — Cette lettre n'est pas du nombre des secrètes (p. 37, note 2). Gerbert n'a pu écrire ouvertement un morceau inspiré de ces sentiments qu'au lendemain de la mort de Lothaire, quand Adalbéron et les siens, les partisans d'Otton III, venaient de recouvrer momentanément la faveur de la cour (lettre 73, p. 69). Sous Lothaire, leur sympathie pour la famille impériale les rendaient suspects et ils étaient obligés de la cacher (lettre 52, p. 49); il en fut de même, quelques mois plus tard, sous Louis V (lettre 89).
3. L'évêque Adalbéron, fils du comte Godefroi.
4. Otton III.

porum electum, ac insuper episcopali benedictione donatum¹, adhuc pertinax minime recognoscis, teque velut membrum mutilum ac deforme *f* sine unitate corporis ex olea in oleastrum² inserere temptas? Ideo pastorem non recognoscis, quia regem tuum regno privare moliris. Non est tui juris creare novos reges ac principes, id est sub insolita transire juga. Gravissimum est peccatum tuum, impia civitas, non confregit aries muros tuos, non fame infecti milites, nullo telorum genere pervasi sunt. Sanctuarium Dei *g* corrupit te *h* ³. Sanctuarium Dei *g* pervasisti ac possides ³. Spelunca latronum facta es ⁴. Hostis *i* humani generis, amici tui, obliti virginum, sanctique thori, obliti *j* consanguinitatis vel numeri *k* ⁵, etiam in sacris diebus et in sacris locis, horrendum lupanar fecerunt te ³. Altaria Dei *g* calcibus allisa ac ligonibus effossa sunt ³. Opes religiosorum et pauperum rapinae et incendiis patuerunt ³. Revertere, revertere ad pacem aecclesiarum et ad unitatem regnorum, civitas, virtutum expultrix *l*, vitiorum receptrix ⁶.

AD BONOS CIVES *m*.

Vos *n* si qui estis Dei *g*, pars melior, redite et separamini velut oves ab hedis. Novimus antesignanos pollutae civitatis, novimus satellites manipulares, quos divino gladio feriendos, hactenus patientia tulimus, nunc caecitate mentis pressos, et caligine mortis consopitos, sententia dampna-

---

79. — *f.* deformae *L.* — *g.* Domini *VMD.* — *h.* corrupisti *MD.* — *i.* Hostes *VDB.* — *j.* deest *VDB.* — *k.* et muneri *V*, et muneris *MD.* — *l.* *VMD* addunt ac. — *m.* hic titulus deest *VMD.* — *n.* Et vos *VMD.*

---

1. A la date de la lettre 63, vers juillet 985, l'évêque de Verdun n'était pas encore consacré (p. 61, note 5, et p. 62, note 1). Ceci nous apprend qu'il l'avait été depuis cette époque.
2. Gerbert reproche aux Verdunois de faire le contraire de ce qui est dit dans saint Paul : « Quod si aliqui ex ramis fracti sunt, tu autem, cum oleaster esses, insertus es in illis, et socius radicis et pinguedinis olivae factus es, » etc. (*Rom.*, xi, 17).
3. Allusions obscures à des faits inconnus.
4. « Numquid ergo spelunca latronum facta est domus ista ? » (Jérémie, vii, 11; cf. Matthieu, xxi, 13; Marc, xi, 17; Luc, xix, 46).
5. On ne voit pas ce que signifie ce mot.
6. « O vitae philosophia dux, o virtutis indagatrix expultrixque vitiorum » (Cicéron, *Tuscul.*, V, ii).

tionis ex divinis legibus promulgata, communi omnium bonorum consultu percutimus.

80.

EBRARDO [a] ABBATI TURONENSI [1].

Ubi summa religionis norma esse debuit, summum esse illapsum crimen [2] non inmerito vos [b] permovit et exterruit. Sed quis erit auctor hujus correctionis, tacentibus cunctis primatibus vestri ordinis? Nos quidem venerabili abbati Maiolo super his pauca rescripsimus [c] [3], quia sapientem in paucis multa intelligere scimus. Huic tanto negotio, et ut verius fateamur, tantae audatiae ulciscendae, is [d] a nobis dux designatus est, ejus sententiam qui nostrum prior [e] noverit, alteri sine mora significabit.

81.

ABBATI ADSONI [a] DERVENSI [b][4].

Rumpe moras omnes [5], mi pater, et III vel [c] II kl. jul. [6] egredere de Ur Chaldeorum [7]. Optemperandum veteranis

---

80. *LVMD.* — a. Ecberdo *VMD.* — b. nos *VMD.* — c. præscripsimus *VMD.* — d. vlciscendus *M*, vlciscendæ *sine* is *DB.* — e. prior nostrum *MD.*
81. *LVMD.* — a. Axoni Abbati *M*, Adsoni Abbati *D*, Adxoni Abbati *B.* — b. /||er///ensi *L.* — c. et *VMD.*

---

1. Masson et Du Chesne, n° 81; Olleris, n° 135. — Mars-juin 986. — Sur Ébrard, abbé de Saint-Julien de Tours, voir lettre 44 (p. 41, note 7).
2. Il s'agit de l'affaire de l'abbé de Saint-Benoît-sur-Loire (probablement Oilbold), que Gerbert considérait comme un intrus; voir lettres 69 (p. 65, note 5), 86-88, etc.
3. Lettre 69 (p. 65).
4. Masson et Du Chesne, n° 82; Olleris, n° 54. — Vers juin 986. — Sur Adson, abbé de Montiérender, voir lettre 8 (p. 6, note 7).
5. Virgile, *Énéide*, IX, 13.
6. Le mardi 29 ou le mercredi 30 juin 986.
7. « Et eduxit eos de Ur Chaldaeorum, ut irent in terram Chanaan... Dixit autem Dominus ad Abram : *Egredere de terra tua... et veni in terram quam monstrabo tibi* » (*Genèse*, XI, 31, XII, 1). Quelle était donc la « terre promise » où Gerbert voulait entraîner l'abbé Adson ?

amicis, ac in fide diu probatis. Noster Ad.[1] pater patriae quondam vobis fidus, et nunc fidissimus, morarum impaciens, vestram expetit praesentiam. Nefas absenti significare ea quae volumu. praesenti dicere. Carissima vobis ac nobis librorum volumi.ia[2] vestrum iter sint comitantia[d]. Hoc tantum dixisse sufficiat.

82.

[a] G.[3], gratia Dei[b], si quid est, plurimam salutem dicit dilectissimis sibi filiis Bobiensibus[4] utriusque ordinis[5].

Rem dignam vestroque nomini convenientem penitus egistis, patrem querendo, patrem visitando. Qua in re[c] vos veros filios esse docuistis[d]. Ergo et pro vestra diligentia, et pro fide constanti circa me, nunc absens grates habeo et mox propitia divinitate praesens debitas exhibebo. Ego quidem etsi jam propemodum in portu constiti, vos tamen malignis fluctibus jactari iniquo animo fero. Sed scimus Deum[e] omnia posse, eumque motum prece pauperum confidimus afflictis opem ilico laturum fore.

---

81. — *d.* comitata *VMD.*
82. *LVMD.* — *a. MD addunt titulum* Bobiensibus. — *b.* Domini *VMD.* — *c.* quia iure *MD.* — *d.* docuisti *L.* — *e.* Dominum *VMD.*

---

1. Adalbéron, archevêque de Reims.
2. Voir lettre 8 (p. 6).
3. Masson et Du Chesne, n° 83; Olleris, n° 74. — Vers juin ou juillet 986.
4. Les moines de Bobbio. Gerbert était resté leur abbé de droit et avait conservé parmi eux des partisans (lettres 91, 130, 161); il avait laissé en dépôt chez eux des objets qui lui appartenaient (lettre 70, p. 67, note 4, et lettre 163). D'après la présente lettre, il venait de recevoir la visite de quelques-uns d'entre eux. Il les chargea sans doute de rapporter en Italie les trois lettres 82, 83 et 84.
5. On distingue parmi les moines deux catégories, les religieux clercs et les religieux laïques (Viollet, *Précis de l'histoire du droit français*, p. 231).

83.

HUGONI MARCHIONI [a][1].

Non inmerito vos plurimi facio, et vos et vestra votis ac [b] laudibus effero, qui tam occupati mei meminisse dignamini inter honesta [2]. Hoc itaque inter praecipua ponimus, ac proinde ad vos fidem plurimam habemus, et ut nostri memoria non excidat, propensius oramus, et ut fessis jam rebus sancti [c] Columbani [3] subveniatis, preces quas valemus absentes effundimus.

84.

CONONI ITALICO MARCHIONI [a][4].

Quamvis nullis officiorum meritis vestram promereamur gratiam, virtus tamen ac nobilitas vestri generis et [b] propria adducit [c] nos de vobis bene sentire, meliora sperare. Quod si a parvis maxima juvari possunt, honori vestro studia nostra non deerunt, in loco et tempore, consultando, bona verba suggerendo [d], ut dum vobis fortuna riserit, sub vestris alis nostra mediocritas requiescere possit.

---

83. *LVMD.* — *a. titulus deest L.* — *b.* et *MD.* — *c.* beati *VMD.*
84. *LVMD.* — *a. titulus deest L.* — *b.* ac *MD.* — *c.* abducit *L.* — *d.* suggerenda *MD.*

---

1. Masson et Du Chesne, n° 84; Olleris, n° 70. — Même date que la précédente. — Hugues, dit le Grand, fut marquis de Toscane de 970 à 1001 environ : voir Riant, *Donation*, p. 168, 177; Cosimo della Rena, *Della serie degli antichi duchi e marchesi di Toscana* (Florence, 1680, in-fol.), p. 158, 180.
2. Les religieux de Bobbio qui étaient venus visiter Gerbert lui avaient donc apporté soit une lettre, soit un message verbal, de la part du marquis Hugues.
3. Le monastère de Saint-Colomban de Bobbio.
4. Masson et Du Chesne, n° 85; Olleris, n° 16. — Même date que les deux précédentes. — Un Conon ou Conrad, fils de Bérenger II, roi d'Italie, était marquis d'Ivrée (Hirsch, *Jahrbücher des deutschen Reichs unter Heinrich II*, II, p. 460, 461); voir aussi lettre 216.

85.

EX PERSONA A. THEOPHANU INPERATRICI [a] [1].

Etsi hactenus vos ob merita vestri viri excellentissimi augusti, semperque memorandi, ut dominam colui, specialia tamen nunc beneficia vestra vestrique filii, et praeteritam continuant [b] dilectionem, et fidem nostram ad vos ac vestros plurimam augent. Fovet nostra ecclesia, inter praecipuos thesauros, pignus vestrae amititiae circa nos. Sentiat ergo beatus R. [c] tantae dominae favorem, si fieri potest, in recipiendis rebus amissis [2], cum propter sui merita, tum propter nostra, si qua placebunt, exhibenda servitia. Sentiamus et nos gratiam jam bene fundatam, scilicet ut legato vel [d] melius scriptis, de pace vel [d] pacis conditione cum nostro rege habenda, dignemini significare nobis per omnia paratis, quantum fas est, fidem sincerissimam exhibere. Sic quippe [e] saluti vestrae ac nostrae in commune melius poterimus consulere.

86.

CONSTANTINO SCOLASTICO [a] [3].

Sapienter et perite ille vir Dei [b] [4] pervasorem [5] improbandum esse censuit, sed rem ad se minus spectare signi-

---

85. *LVMD.* — a. *titulus deest L.* — b. contineant *V*, continent *MD.* — c. Remigius *MD.* — d. et *VMD.* — e. Sicque *MD.*
86. *LVMD.* — a. *MD addunt* Floriacensi. — b. Domini *MD.*

---

1. Masson et Du Chesne, n° 86; Olleris, n° 95. — Juin-août 986.
2. Théophano fit droit à cette requête quelques mois plus tard : par un diplôme daté de Duisbourg, le lundi 29 novembre 980, le jeune roi Otton III rendit au monastère de Saint-Remi de Reims ses possessions de Meerssen (Pays-Bas, province de Limbourg) et de la Baroche ou Zell (Haute-Alsace) (Bouquet, IX, p. 396; Stumpf, n° 899).
3. Masson et Du Chesne, n° 87; Olleris, n° 138. — Juillet ou commencement d'août 986. — Constantin était moine et écolâtre à Saint-Benoît-sur-Loire. Il fut plus tard abbé de Saint-Mesmin, près d'Orléans (Boubnov, p. 42, note 2); voir lettres 92, 142, 143, 191, appendice, n° III, et Boubnov, p. 23-25, 315-318.
4. Maïeul, abbé de Cluny; voir lettres 69 (p. 65), 87, etc.
5. L'abbé de Saint-Benoît-sur-Loire, probablement Oïlbold (p. 65, note 5).

ficavit¹. Ipsum ante insignia honoris infamem, fautores inreligiosos, augendam infamiam, si sanctorum privetur consortio, caute prudenterque disseruit. Matura ergo iter, et XVI kl. sept.² nos revise, ut in his omnibus per te plenius instruamur, simulque laeteris animadversione nostra in pervasorem, et qui te coenum nostris putavit in naribus de se dictum existimet³, teque tymiama vaporatum redolere perhorrescat. Comitentur iter tuum Tulliana opuscula, vel ͨ de Re Publica, vel ͨ in Verrem, vel ͨ quae pro defensione multorum plurima Romanae aeloquentiae parens conscripsit⁴.

87.

EX PERSONA A. ARCHIEPISCOPI ABBATI MAIOLO ᵃ ⁵.

Preclara quidem exhortatio vestra in pervasorem⁶. Sed cum scriptum sit : « Quae caepit Jhesus facere et docere⁷ », cur diversa imperia, diversa caeli climata praetenditis, ut ei ᵇ quem reum statuistis, aliis non communicantibus communicetis? Restiterunt sancti patres heresibus nec putaverunt ad se non pertinere, quicquid alicubi male gestum audiere. Una est quippe aeclesia catholica, toto terrarum orbe diffusa. Verba vestra sunt, immo per vos sancti Spiritus : « Nec erit Christi fidelis, cui haec ambitiosa

---

86. — *c.* et *VMD.*
87. *LVMD.* — *a. MD addunt* Cluniacensi. — *b.* eum *L.*

---

1. Voir la lettre suivante.
2. Le mardi 17 août 986.
3. « Pro se dictum existimet » (Térence, *Heautontim.*, prol., 30).
4. On ne sait si ces ouvrages de Cicéron se trouvaient en effet dans la bibliothèque de Saint-Benoît-sur-Loire; on peut en douter. Le *De re publica*, perdu depuis des siècles, a été retrouvé dans un palimpseste du Vatican et publié pour la première fois par le cardinal A. Mai, en 1822.
5. Masson et Du Chesne, n° 88; Olleris, n° 136. — Même date que la précédente. — Voir lettre 69 (p. 65), et la lettre précédente.
6. L'abbé de Saint-Benoît-sur-Loire. — La lettre de Maïeul, à laquelle Gerbert fait ici allusion, fut écrite après la lettre 80 (p. 74) et avant la lettre 86 (p. 77), par conséquent probablement vers juin ou juillet 986.
7. *Actes des apôtres*, 1, 1. Cette citation a pour but de faire entendre qu'on doit, comme Jésus, joindre les actes aux paroles.

audatia non fiet detestabilis[1]. » Detestamini ergo pervasorem. Sentiat vos non sibi [c] favere, non sibi communicare, ac per vos non solum quosque religiosos vestri ordinis, sed etiam, si fieri potest, Romani pontificis se maledictis urgeri. Et quoniam [d] rem ut erat cognovistis, cognitam secundum dignitatem vestri nominis dijudicastis, nos nostrique omnes velut fidissimi comites tantum ducem sequemur, nec umquam huic pervasori, a [e] tam probo improbo approbato, vestro sine jussu communicabimus.

88.

[a] ABBATI EWRARDO [b] TURONENSI [2].

Quae morum gravitas vobis insit, quam integer vitae actus, quam purum eloquium, litterae vestrae palam fecerunt. Itaque studium pietatis ac severitatis vestrae movit nos ire in vestram sententiam, virque ille Deo plenus[3] ad quem multam fidem habemus. Summovebimus ergo illum perfidum [4] a societate nostra nostrorumque [c] juditio tantorum patrum, isque nobis habebitur hostis, qui in sententiam reverendi patris Maioli, colendi patris Ebrardi [d], dicere non dicenda attemptabit. Quod si divinitate propitia favorem principum obtinebimus, ad haec utilia, utiliora [e] jungemus.

87. — *c.* sibi vos non *V*, vos sibi non *MD*. — *d.* quomodo *VMD*. — *e.* ac *MD*.
88. *LVMD*. — *a. V addit* Item, *MD* Idem. — *b. ita VB*, Euuᵃrardo *L*, Ecberdo *MD*. — *c.* nostroque *L*. — *d.* Ecberdi *MD*. — *e.* maiora *VDB*.

1. Voir lettre 95.
2. Masson et Du Chesne, n° 89; Olleris, n° 137. — Juillet-septembre 986. — Voir p. 41, note 7, et les lettres précédentes.
3. Maïeul, abbé de Cluny, à qui est adressée la lettre précédente.
4. Toujours l'abbé de Saint-Benoît-sur-Loire (p. 65, note 5, etc.).

89.

AD IMPERATRICEM THEOPHANU ET AD FILIUM *a* EX PERSONA ADALBERONIS [1].

In quem cumulum ira furorque regis in nos proruperit [2], testis est impetus ejus repentinus, et inopinatus [3], vixque sine multa caede partium repulsus [4]. Qui fidi internuncii erant, castra diruere, quae sub vestro regimine nobis sunt [5], imperabant, offerre jusjurandum secundum eorum libidinem, aut urbe regnoque excedere. Interserebant antiquam benevolentiam divi augusti O. [6] circa nos, nostrumque familiare obsequium. Haec et his similia propriae saluti inpraesentiarum obstitere. Ferte ergo certum solatium tempore incerto, nec dubia spe deludamur, qui in conservanda vobis fide numquam dubitavimus. VI kal. april. [7] conventus Francorum indictus est, ibique crimine infidelitatis pulsa-

---

89. *VMD.* — *a. ita L¹ V, MD addunt* Othonem.

---

1. Masson et Du Chesne, n° 90; Olleris, n° 42. — Juillet-septembre 986; lettre secrète (p. 37, note 2).
2. Le roi Louis V s'étant brouillé avec la reine Hemma, sa mère (lettre 97), l'archevêque Adalbéron, protégé d'Hemma (lettre 73, p. 69), était retombé en disgrâce : « Oratio Ludovici (regis) apud ducem (Hugonem) ceterosque primates in Adalberonem metropolitanum... « Adalbero Remorum metropolita- « nus, homo omnium quos terra sustinet sceleratissimus, contempto patris « mei imperio, Ottoni Francorum hosti in omnibus favit... » (Richer, IV, 2).
3. « Rex tanto animo preceps in metropolitanum assumpto duce cum exercitu fertur. Ipsam urbem (Remorum) appetit atque irrumpere contendit » (Richer, IV, 3).
4. « Primatum tamen consilio usus, legatos premisit, per quos quaereret, an episcopus resisteret regi, an ex objectis purgari statuto tempore paratus esset... Ad haec metropolitanus : «... Regis jussa exsequi non moror; « obsides quos vult trado; rationem contra objecta intendere non differo. » Factis ergo utrimque rationibus, obsides dedit... Rex itaque exercitum amovit Silvanectimque devenit » (Richer, IV, 3-5).
5. Mouzon et Mézières (Ardennes), châteaux de l'archevêque de Reims, situés dans les limites de son diocèse, mais hors de celles du royaume de France, dans le royaume de Lorraine ou, comme on dit plus tard, dans l'empire (lettre 94; Flodoard, *Chron.*, année 960, etc.).
6. Otton II.
7. Le dimanche 27 mars 987, probablement à Compiègne (lettre 101). Le jugement qui devait être prononcé dans cette assemblée fut ajourné; Adalbéron ne fut jugé et acquitté qu'après la mort du roi Louis V, à la fin de mai 987 (Richer, IV, 5, 6).

bimur, quod episcopum Verdunensem licentia donaverimus, quodque in presbyterii honorem promoverimus, et ut res fiat impossibilis, a nobis idem repetendus¹. Si haec ita se habuerint, vestri nostrique fideles Gerbertus ac Renierus *b* ², secundum quod voluistis, Noviomago³ vobis minime occurrere poterunt, sed vestra clementia Coloniae⁴, quo post venturi sunt, quantocyus *c* ducem aptum itineri eis provideat. II kal. mar. ⁵ Ottonem et Heribertum comites⁶ alloquemur : iterumque datis obsidibus quos recepimus, fratrem meum⁷ vestrae servituti remittere attentabimus. Quibus angustiis ob fidem vobis servatam semperque servandam premamur, paucis expressimus. Salutare *d* auxilium vestra ex parte constanti animo expectamus, et ut hoc ipsum hostes lateat obsecramus, ne acrior eorum in nos exardescat ira.

89. — *b.* Reinerus *V*. — *c. ita V*, quanto *M*, tanto *D*, quanto eius *B*. — *d. MD addunt,* vestrum.

---

1. Voir lettres 54 (p. 51, note 2), 57 (p. 54), 63 (p. 62, note 2).
2. Voir lettres 2 (p. 2, note 4), 94, etc. « Nous croyons que le Régnier dont parle Gerbert est le vidame de Reims, ami de l'archevêque Adalbéron. Voir Richer, l. IV, ch. 4, 99; concile de Saint-Basle, ch. 30 [15] » (Olleris). Ce n'est pas très vraisemblable : le vidame était, à la date de cette lettre, retenu comme ôtage par le roi Louis V (Richer, IV, 4). Il s'agit bien plutôt, ici et dans les lettres 2, 94, 127, 140, 141, de quelque clerc attaché, comme Gerbert, à la métropole de Reims.
3. A Nimègue (*Nijmegen*, Pays-Bas). Un diplôme d'Otton III est daté de cette ville, le dimanche 27 février 987 (Stumpf, n° 903), et il est possible que le séjour qu'y fit alors la cour se soit prolongé un mois ou deux. — Théophano aurait voulu que Gerbert partît de Reims pour l'Allemagne le 25 mars (lettre 91); il ne put se mettre en route qu'au commencement d'avril (lettres 100, 101).
4. A Cologne. Gerbert ne put s'y rendre (lettre 101).
5. Le lundi 28 février 987. Cette date est, à ce qu'il semble, beaucoup devancée (lettres 93 et 94).
6. Voir p. 13, notes 7 et 8, p. 45, note 1, etc.
7. Le comte Godefroi, le seul des prisonniers faits à la prise de Verdun qui ne fût pas encore délivré (p. 45, note 1, et lettre 71, p. 67). Il ne devint libre que le 16 ou le 17 juin 987 (lettre 103).

90.

DISTICHON IN CALICE [1].

Hinc sitis atque fames fugiunt, properate fideles.
Dividit in populis *a* has praesul Adalbero gazas.

IN DONARIIS.

Virgo Maria, tuus tibi praesul Adalbero munus.

91.

RAIMUNDO ABBATI AURELIACENSI [a][2].

Clarissimo patre Geraldo [3] orbatus, non totus superesse visus sum. Sed te desiderantissimo secundum vota mea in patrem creato, denuo totus renascor in filium *b*. Nec solus vestro honore gaudeo, gaudet pater Adalbero, se suaque vobis ex animo conferens, tanto artius, quanto amplius luce religionis ac scientiae conlucetis. Cujus ob meritum amorem fere continuum triennium [4] in Frantia consumpsi. Ubi *c* dum iras regum, tumultus populorum, regnorumque dissiden-

---

90. *VD.* — *a.* populos *D.*
91. *L* (*usque ad adnot.* 1), *VMD.* — *a.* Aureliacensi Abbati *VMD.* — *b.* in filium renascor *VMD.* — *c.* Ibi *MD.*

---

1. Du Chesne, à la suite du n° 90; Olleris, p. 294. — Rien n'indique à quoi se rapportent ces vers. D'après la place où ils sont insérés dans le recueil, ils doivent avoir été composés, comme les lettres précédentes et suivantes, dans l'été de 986. — Le premier et le troisième vers sont léonins : la fin du vers rime avec la césure. — Le premier vers témoigne, à ce qu'il semble, de l'usage de donner à tous les fidèles la communion sous les deux espèces.
2. Masson et Du Chesne, n° 91; Olleris, n° 112. — Reims, fin de septembre 986; lettre en partie secrète (p. 37, note 2). — Raimond venait, à la date de cette lettre, d'être élu abbé d'Aurillac, en remplacement de Géraud (p. 13, note 2). Cette lettre et la suivante durent être portées par un même messager.
3. Géraud, abbé de Saint-Géraud d'Aurillac (p. 12, note 5). La date de sa mort n'est connue que par cette lettre.
4. Il était revenu de Bobbio à Reims au commencement de l'année 984 (p. 12, note 5, et p. 13, note 4).

tium aestus perfero, tanto tedio affectus sum, ut curam pastoralis officii *d* suscepisse paene me peniteret. At quoniam domina mea Th. imperatrix semper augusta VIII kl. april.[1] proficisci me secum in Saxoniam[2] jubet, eoque quosdam ex meis monachis ac militibus[3] ab Italia convenire jussi, nunc non habeo *e* quid *f* certum scribam super organis in Italia positis[4], ac monacho dirigendo qui ea condiscat *g* [5], presertim cum sine praesentia dominae *h* meae *h* Th. *h* credere me non *h* ausim *h* fidei meorum *h* militum, quia Itali *h* sunt[6], nec satis sciam utrum exercitum *i* ante autumnum in Italiam[7] deducam, an in Germania demoremur, ut quamplurimas copias contra Ludovicum regem Francorum, nisi quieverit, comparemus. Qui amicis inquietissimus *j*, perniciosissimis hostibus non multum inquietus, quis *k* sit, quidque *l* de eo intelligi oporteat, velox exitus comprobabit. Clara indoles[8] divae memoriae Ottonis Caesaris, pace *m* inter duces ac principes redintegrata[9], proxima aestate legiones militum duxit in Sarmatas, quos ea lingua Guinidos dicunt[10], ibique sex et quadraginta urbes

91. — *d.* pastoralitatis *VMD.* — *e.* habeam *VMD.* — *f.* quod *VMD.* — *g. ita LM,* condicat *V,* conducat *DB.* — *h. deest L.* — *i. reliqua desunt L.* — *j.* inquientissimis *M*, inquientissimus *D.* — *k.* quia *V.* — *l.* quodque *V.* — *m.* pacem *V.*

1. Le jour de l'Annonciation, vendredi 25 mars 987.
2. L'Allemagne septentrionale, entre la mer du Nord, le Rhin, le Mein, la Saale et l'Elbe.
3. Les vassaux du comté de Bobbio (p. 13, note 1, et p. 75, note 4).
4. Voir lettres 70 (p. 67), 92, 103.
5. Un moine que Raimond devrait envoyer en Italie pour y apprendre le maniement des orgues.
6. Voir lettres 5 (p. 4) et 16 (p. 13).
7. Théophano avait donc formé dès 986 un projet qu'elle n'exécuta que deux ans plus tard. En 988, se séparant de son fils, elle alla en Italie, « ibique Natalem Domini celebravit et omnem regionem regi subdidit » (*Annales Hildesheimenses*, 989; Wilmans, p. 65, note 6).
8. *Indoles,* « enfant » (Du Cange). Otton III avait atteint, dans l'été de 986, l'âge de six ans accomplis (Giesebrecht, p. 63, 64).
9. Voir Wilmans, p. 37, 38.
10. « Otto rex adhuc puerulus cum magno exercitu Saxonum venit in Sclaviam, ibique venit ad eum Misaco (duc de Pologne) cum multitudine nimia, obtulitque ei unum camelum et alia xenia multa, et se ipsum etiam subdidit potestati illius; qui simul pergentes, devastaverunt totam terram illam incendiis et depopulationibus multis » (*Annales Hildesheimenses,* 986). Les Wendes (*Guinidi*), peuple slave, habitaient à l'est de la *Saxonia*, sur la rive droite de l'Elbe (*Annales Hildesheimenses,* 987, 991). — *Ea lingua,* probablement en allemand.

munitissimas sua praesentia ac militum robore cepit, diruit, atque vastavit.

Salutat vos ^a, Airardum [1], Adalbero Rhemorum archiepiscopus, simulque omne collegium Aureliacensis coenobii, me adjuncto per omnia vobis devotissimo.

Iterum iterumque valete.

92.

BERNARDO MONACHO [2].

Queris, dulcissime frater, quae vel ^a qualia gerantur a me, et an ea sint commoda, vel ^a incommoda [3]. Huic particioni ^b [4] an satisfacere paucis possim addubito, quod altius ea rimanti nulla esse videntur ^c, aut si quolibet modo sunt, maximam partem incommodorum secum trahunt. Primum quod in publicis causis versari, nunc temeritatis est. Quippe ubi divina et humana confunduntur jura, propter inmensam avaritiam perditissimorum hominum, idque solum jus fore statuitur, quod libido ac ^d vis more ferarum extorserit. Ast in privatis id prae me fero quod amicos in adversis nulla oppressus calamitate destitui. Sed an memoria dignum sit, aliorum juditio derelinquo, vel ^a quod Italia excessi, ne cum hostibus Dei ^e ac filii senioris mei divae memoriae O. quolibet modo cogerer pacisci, vel ^a quod interdum nobilissimis scolasticis [5] disciplinarum liberalium suaves ^f fructus

---

91. — *n. D addit* et.
92. *LVMD.* — *a.* et *VMD.* — *b.* petitioni *MD.* — *c.* videantur *MD.* — *d.* ad *L.* — *e.* Domini *VMD.* — *f.* suavis *MD.*

---

1. Moine d'Aurillac : voir p. 5, note 6.
2. Masson et Du Chesne, n° 92 ; Olleris, n° 115. — Même date que la précédente. — Bernard était un moine de Saint-Géraud d'Aurillac, qui devint, on ne sait en quelle année, abbé de Saint-Martin de Tulle (Corrèze); on possède le texte d'une transaction conclue par lui, en cette qualité, avec Raimond, abbé d'Aurillac (Baluze, *Hist. Tutel.*, col. 380). A la date de la lettre 92, il était probablement encore à Aurillac.
3. « Avantageuses ou désavantageuses. »
4. « Cette classification. »
5. Voir p. 5, note 7.

ad vescendum offero. Quorum ob amorem etiam exacto autumno quandam figuram edidi artis rethoricae, dispositam *g* in VI et XX membranis sibi invicem conexis et concatenatis in modum antelongioris numeri, qui fit ex bis XIII [1]. Opus sane expertibus mirabile, studiosis utile, ad res rethorum fugaces et caliginosissimas conprehendendas atque in animo collocandas. Ergo si quisquam vestrum cura talium rerum permovetur, vel *h* in musica perdiscenda, vel *h* in his quae fiunt ex organis, quod per me adimplere nequeo, si cognovero certum velle domni *i* abbatis R. [2], cui omnia debeo, per Constantinum *j* [3] Floriacensem supplere curabo. Est aenim nobilis scolasticus [4], adprime eruditus, michique in amicicia conjunctissimus.

Vale, dulcissime frater, meaque semper dilectione mutuo fruere, nostraque bona putato esse communia.

93.

ADALBERONI ARCHIEPISCOPO *a* [5].

Corruptissimi temporis est, non posse discerni *b* secundum popularem opinionem, quid sit magis utile. Utile est quod agitis sententia multorum. Utilius complures *c* judi-

92. — *g.* depositam *MD.* — *h.* et *VMD.* — *i.* domini *VMD.* — *j.* Constantium *VMD.*
93. *LVMD.* — *a. ita L.² VMD.* Adalberonis archiepiscopi *L.* — *b.* decerni *VMD.* — *c.* cum plures *MD.*

---

1. *Exacto autumno*, dans l'automne de 985. — « Antelongior, quadrangulus, cum unum latus non solum unitate, sed binario vel amplius alium praecellit » (Papias, dans Du Cange, additions des bénédictins). Le tableau de la rhétorique, composé par Gerbert, occupait vingt-six feuilles de parchemin cousues ensemble, en deux rangs de treize feuilles chacun, de manière à former un rectangle très allongé. Ce tableau ne nous est pas parvenu.
2. Raimond, abbé d'Aurillac (p. 13, note 2, et p. 82, note 2).
3. Voir p. 77, note 3.
4. Voir p. 5, note 7.
5. Masson et Du Chesne, n° 93; Olleris, n° 100. — Reims, fin de septembre 986. — L'archevêque Adalbéron, effrayé par les dangers qu'il a courus au moment de l'expédition de Louis V (p. 80, notes 2 et 3), a quitté Reims et s'est retiré probablement dans la partie de son diocèse qui ne faisait pas partie de la France : Gerbert lui écrit de Reims, où il est resté (lettre 94).

cant, in urbe sedere, paucam et ignavissimam praedonum deterrere manum [1], cum vestra praesentia [d], tum militum numerositate. Vestrum fratrem [e][2] vos debere alloqui censent, audire quae v. lint Odo et Herbertus [f][3] mutua subito exposcentes colloquia. Quibus etsi nulla inest fides, tamen pro fortuna eis utendum. Certe dum [g] in metu sunt, periculum ipsorum ab eis exiget, quod propria non exegerit fides.

94.

AD EUNDEM [4].

Octavo kal. octob. [5] Reniher, [a][6] a responsis Rhemos rediit, vestra negotia executurus. Ejus sententia haec est, si de fratris fortuna certum finem cognoscere vultis ac nulli mortalium indicanda nisi [b] vobis, IIII kal. [7] ad Altovillare [8] fratri ac comitibus occurrere. Nepotem vestrum Herilonem [c][9], ac primos vestri generis consanguineos, iterum nusquam sinatis abire. Res magna [d] serio agitur. Mosomum [e], Macerias [10] multitudine militum communite. Dux Cono [11] pro suo Ottone [11] insidias molitur: sed facile remedium penes nos reperietur. Laudunensis episcopus [12] consilio Ottonis et

93. — d. præsentia vestra MD. — e. deest (spatio vacuo relicto) L. — f. Odo et Herbertus L, Otto et Heribertus V M D. — g. cum V M D.
94. V M D. — a. ita M, Remher. V, Reinherius D. — b. misi V. — c. Hecilonem M D. — d. Magna res M D. — e. M D addunt et.

---

1. Probablement les troupes du roi de France (p. 80, note 3).
2. Le comte Godefroi.
3. Les comtes de Blois et de Troyes (p. 13, notes 7 et 8), chargés de la garde de Godefroi (p. 45, note 1).
4. Masson et Du Chesne, n° 94; Olleris, n° 87. — Reims, octobre 986; lettre secrète (p. 37, note 2).
5. Le vendredi 24 septembre 986.
6. Voir p. 84, note 2.
7. Probablement le vendredi 29 octobre 986.
8. Hautvillers (Marne), abbaye du diocèse de Reims, près de la Marne, au nord d'Épernay. Le comte Godefroi, frère de l'archevêque de Reims, était gardé par les comtes Eudes et Héribert dans un château des bords de la Marne (p. 45, note 1).
9. C'est, croit-on, le même que Hermann, fils du comte Godefroi.
10. Mouzon et Mézières (p. 80, note 5).
11. Personnages inconnus.
12. Adalbéron ou Ascelin (p. 26, note 5).

Heriberti sibi faventium ducem¹ adiit, eo loci, quem dicunt Dordingum². Redite, mora sit nulla.

95.

EX PERSONA REMENSIUM *ᵃ* ABBATUM *ᵃ* FRATRIBUS *ᵃ* FLORIACENSIBUS *ᵃ* 3.

Non inmerito nos unius collegii esse profitemur, qui vestra felicitate erigimur, vestro infortunio etiam opinione clarissimorum hominum humiliamur. Hanc sanctissimam societatem, castissimamque amicitiam, quorumdam fedat ambitio lasciva *ᵇ*, detestabilis audatia, dum per factionem is vobis praeficitur pater, quem verissimi non metuant dampnare patres. Et quoniam *ᶜ* una est aecclesia catholica, cunctorumque fidelium una societas, a sententiis eorum non deviare decrevimus, qui in aecclesia Dei *ᵈ* velut clarissimae stellae relucent in perpetuas aeternitates. An non lucidissima stella reverendus pater Maiolus? An non praefulgidum sidus pater Ebrardus *ᵉ*? Alter⁴ in epistola quam patri nostro venerabili Adalberoni archiepiscopo nuper direxit, querebatur enim ejus sententia, de praelatura patris vestri, inter caetera sic dicit: « Persona quidem nobis *ᶠ* jam olim infami conversatione erat famosa, sed hujusmodi arbitratu praeter spem habita. » Item in eadem post aliquanta: « Quantum ergo nostra interest, vicinos et contribules adhortari studuimus. Si hoc nefas eliminare nequeunt, sanctorum consortio privandum infamabunt, nec erit Christi

95. *LVMD.* — *a. ita L.ᴬ VMD, deest L.* — *b.* Inscinia *L.* — *c.* quomodo *VMD.* — *d.* Domini *VMD.* — *e.* Ecberdus *MD.* — *f.* vobis *MD.*

1. Hugues Capet.
2. Dourdan (Seine-et-Oise). Les ducs de France avaient sans doute un domaine patrimonial à Dourdan; c'est là que Hugues le Grand, père de Hugues Capet, mourut, le dimanche 1ᵉʳ juillet 956 (Bouquet, IX, p. 41).
3. Masson et Du Chesne, n° 95; Olleris, n° 139. — Reims, vers octobre 986. — Voir lettres 69 (p. 65), 80 (p. 74), 86-88 (p. 77-79), 142. On ne voit pas si par *Remenses abbates* il faut entendre tous les abbés du diocèse de Reims, ou seulement ceux des monastères de la ville et de la banlieue, tels que Saint-Remi, Saint-Thierry, Verzy, etc.
4. Maïeul, abbé de Cluny (p. 65, note 3).

fidelis, cui haec ambitiosa audatia non fiet detestabilis[1]. Facta laudare non possumus. Quid futurum sit, nescimus. » Clamat alter[2], simulque nos denotans inquit : « Nec minus nos gravat, quod magistratus[g] ille coenobialis quem stare credimus in vertice religionis, dum vobis submilitat[3], a vobis discors nos erroneos judicare audet. » Et : « Quis enim fraudulenta ambitione elatum audeat approbare, cum pater Benedictus dicat « omnem exaltationem genus esse super-« biae »[4]? » Item in fine[h] ejusdem epistolae : « Et si vobis non videtur fatuum, aeterna clausura ejus ad nos dampnabimus aditum. Faciant, judicent primates ut libet, nos pauperes Christi favor aut timor secularium[5] ab hac sententia non flectet. » Attendite ad haec, o sotii et commilitones. Secernite vos oves Christi, ab eo qui non est pastor, sed lupus ovium depopulator. Pretendat sibi reges[5], duces, seculi principes, qui se favore solummodo eorum[5] monachorum principem fecit. Nec erubuit se ingerere, qui ex humilitate debuerat refugere. Hactenus ignorantiae[i][6] nos deviasse sufficiat. Careat nostro consortio, qui talium patrum dampnatur judicio. Tunc nobis tantum uniatur, cum eorum sententia fuerit reconciliatus, quorum juditio nostro est nunc consortio privatus.

96.

FRATRIBUS BLADINIENSIBUS[a][7].

Qui me vobis fratrem adoptastis, orbitatem vestram ut sentiremus magnopere effecistis. Virque ille venerabilis

95. — g. magistratum L. — h. finem L. — i. ignorantia V.M D.
96. L V M D. — a. sic L. Blandiniacensibus V M D.

---

1. Voir lettre 87 (p. 78).
2. Ebrard, abbé de Saint-Julien de Tours (p. 41, note 7).
3. Obscur.
4. Regula S. Benedicti, vii (Migne, LXVI, 371).
5. Voir p. 65, note 5, dernières lignes.
6. « Jusqu'à ce point d'ignorance. »
7. Masson et Du Chesne, n° 96; Olleris, n° 6. — Reims, vers octobre 986. — Aux moines de Saint-Pierre de Gand (Blandinium); voir lettres 30 (p. 35) et 105.

memoriae¹ nos sui memores in aeternum honestis obtinuit officiis. Ergo agite, patrem vobis dignum cicius exquirite, ne grex dominicus fluctuet sine pastore. Nostra ope si indigetis, utemini *b*, et consilio et auxilio, juxta vires ac scientiam. Libros nostros festinantius remittite². Et si is qui per Claudianum³ rescribi debuit, insuper mittetur, erit res dignissima vobis ac vestra karitate.

97.

EX PERSONA HEMMAE REGINAE AD MATREM⁴.

Aggravatus est dolor meus, o mi domina, o dulce matris nomen. Dum conjugem perdidi, spes in filio fuit. Is hostis factus est. Recesserunt a me *a* dulcissimi quondam amici mei *b*. Ad ignominiam meam et *c* totius generis mei nefandissima in Laudunensem confinxerunt episcopum⁵. Persequuntur eum, proprioque spoliare contendunt honore⁶, ut inuratur mihi ignominia sempiterna, quae sit quasi justissima causa amittendi honoris mei. Adesto pia mater filiae doloribus plenae. Gloriantur hostes mei non superesse mihi fratrem, propinquum *d*, amicum, qui auxilium ferre possit. Intendat ad haec pia domina : redeat vestra nurus in gratiam; sit mihi per vos exorabilis. Liceatque mihi filium suum diligere *e*, quae *f* meum patior ut inimicum⁷. Adstrin-

96. — *b.* utimini *VMD.*
97. *VMD.* — *a.* a me recesserunt *MD.* — *b.* mei amici *MD.* — *c.* ac *MD.* — *d.* proprium, non *V.* — *e.* suum mihi diligere filium *MD.* — *f.* ita *VB*, quem *MD.*

1. Gui, abbé de Saint-Pierre de Gand (p. 35, note 1), dut mourir dans l'été de 986; son successeur, Adalwin, fut élu après juin et au plus tard en octobre 986 (Van Lokeren, nᵒˢ 66, 70, 77, p. 59, 60, 65).
2. Voir lettre 105.
3. Probablement un moine de Saint-Pierre de Gand.
4. Masson et Du Chesne, n° 97; Olleris, n° 103. — Derniers mois de 986 ou premiers mois de 987; lettre secrète (p. 37, note 2). — A l'impératrice Adélaïde; voir lettre 74 (p. 69).
5. Adalbéron ou Ascelin (p. 26, note 5).
6. Voir lettre 98.
7. *Vestra nurus*, Théophano; *redeat in gratiam*, « me rende sa faveur »; *filium suum*, Otton III; *meum*, Louis V.

gite mihi principes vestri regni, proderit eis mea conjunctio. O. et Heribertus comites potentissimi mecum in vestro consilio erunt [1]. Si fieri potest, absolvite vos [g] curis, ut mutuis fruamur colloquiis : sin, antiquam sapientiam vestram undique colligite : Francis, unde non sperant, contraria parate, ut in vos [g] graviter saeviens eorum retundatur [h] impetus. Et interim quid nobis [i] sit faciendum, [v]e[l] [j] scriptis significate, [v]e[l] [j] nuntio fidissimo.

98.

EX PERSONA EPISCOPI LAUDUNENSIS [a] AD EPISCOPOS [2].

Quamvis regia potestate per quorumdam hominum factionem a propria sede sim [b] ad praesens exclusus, episcopali tamen officio minime sum privatus, nec damnant crimina falso illata, quem innocens in hac parte non remordet conscientia. Sentiat ergo grex pastoris absentiam : sentiam et ego vos meam dolere vicem. Itaque moneo, rogo, oro, obsecro, ac per nomen terribile [c] semper viventis Domini obtestor, ne [d] ecclesiae meae quolibet modo per quamlibet personam sanctum [e] chrisma [3] tribuatis, nec episcopalem benedictionem et missarum solemnia in mea parochia peragatis, quia scriptum est : « Quod tibi non vis fieri [f], alteri ne feceris [4]. » At si divina et humana contemnitis jura, nec

97. — *g.* nos *MD.* — *h.* refundatur *MD.* — *i.* vobis *MD.* — *j.* et *VMD.*
98. *VMD.* — *a. ita L¹V*, Laudunensis episcopi *MD.* — *b.* sum *MD.* — *c. ita VB*, pro nomine terribilis *MD.* — *d.* me *MD.* — *e.* secundum *V.* — *f.* fieri non vis *MD.*

1. Quand Gerbert nomme ces deux comtes, c'est ordinairement comme des ennemis et non comme des alliés. Cf. lettre 93 (p. 86), *etsi nulla inest fides, tamen pro fortuna eis utendum*, et lettre 102. On ne sait pas quelle raison ils pouvaient avoir alors de s'unir avec Emma contre Louis V.
2. Masson et Du Chesne, n° 98; Olleris, n° 104. — Derniers mois de 986 ou premiers mois de 987; lettre secrète (p. 37, note 2). — *Episcopi Laudunensis*, Adalbéron ou Ascelin; voir la lettre précédente. Les faits dont il est question ici ne sont connus que par ces deux lettres.
3. Le saint chrême, huile bénie par l'évêque et employée dans les sacrements.
4. « Quod ab alio oderis fieri tibi, vide ne tu aliquando alteri facias » (*Tobie*, IV, 16).

nostris monitis acquiescitis, quamquam divina ultione sitis feriendi, tamen ad majorem audientiam ecclesiasticae legis vos provocatum iri pernoscatis.

99.

EX PERSONA ADALBERONIS *a* ARCHIEPISCOPI *a* AD *a* BELLOVACENSEM *a* 1.

Respondere scriptis vestris necessarium ad praesens non duximus, cum ad indictum colloquium² de singulis pro modulo nostro accuratius vobis satisfacere possimus. Et quoniam nostrum ob amorem privata posthabetis negotia, nostrisque sedulo operam datis, inter praecipua ponimus, memorique *b* animo recondimus; praestitis non minora reconpensaturi beneficia, si se infida retorserit fortuna.

100.

EBRARDO *a* ARCHIEPISCOPO *b* 3.

Quantum utilitatis rei publicae contulerit, quantumve

99. *LVMD.* — *a. ita L¹ VMD, deest L.* — *b.* memori *MD.*
100. *VMD.* — *a. ita L¹ VB,* Ecberdo *M,* Ecberto *D.* — *b. ita L¹ V, MD addunt* Treuerensi.

---

1. Masson et Du Chesne, n° 99; Olleris, n° 81. — Vers mars 987. — Le destinataire de cette lettre est probablement Hervé (*Herveus* ou *Hariveus*), qui fut évêque de Beauvais au moins depuis 987 et jusque vers 997; voir lettres 185, 199, 200.
2. L'assemblée des Français, *Francorum colloquium*, convoquée pour le mercredi 18 mai 987 (lettre 101).
3. Masson et Du Chesne, n° 100; Olleris, n° 99. — Vers mars 987; lettre secrète (p. 37, note 2). — Cette lettre et la suivante sont adressées à Everger (*Evergerus*), archevêque de Cologne de 985 à 1000; on ne sait pourquoi son nom est estropié. Les éditeurs précédents ont cru qu'elles étaient adressées à Ecbert, archevêque de Trèves. — Dans la lettre 89 (p. 81), il était dit que Gerbert devait se rendre à Cologne; dans la lettre 91 (p. 83), il annonçait le désir de partir le 25 mars 987. La lettre suivante nous apprend qu'il fut retardé ; il y donne des nouvelles de ce qui s'était passé à Compiègne le 29 mars ; il était donc encore en France à cette date. Il ne partit sans doute pour l'Allemagne qu'au commencement d'avril, et, par suite de ce retard, il dut renoncer à passer à Cologne (lettre 101). La lettre 100 a dû être écrite quelque temps avant son départ.

collatura sit pax inter reges nostros bene fundata [1], testis est civitas Virdunensium, sine caede et sanguine, sine obsidibus, sine pecuniis in integrum imperio vestro restituta [2]. Testis erit Colonia rebus sibi diu subtractis in integrum restituendis [3]. Quod utique maturius foret, nisi acrior cura regnorum nuper in conficienda pace longius nos detinuisset propter inversos mores quorumdam nostrorum. Nunc itaque tempus oportunum nacti obsequio vestro adsumus. Monemus ut [c] Dudo [4] ac Sigilbertus [d][5] comes rerum ecclesiae vestrae pervasores sine dilatione excommunicentur. Moneatur fraterne amicus vester A. Rhemorum archiepiscopus super Dudone, Guido Suessonicus episcopus [6] super Sigilberto [e], ne filios suae ecclesiae impune vos laedere sinant, sed excommunicatos a vobis excommunicent, donec consequantur a vobis veniam digna satisfactione, qui conati sunt sanctuarium Domini haereditate possidere [7]. Quid domina nostra Th. imperatrix semper augusta in sequenti tempore rerum publicarum sit actura, quibusve in locis demoratura, et an Saxonum exercitus victor a consueto hoste redierit [8], significatum iri nobis plena fide oramus, vestra vestrorumque aversa tristi vultu accepturi, prospera jucundissimo animo laturi ac prolaturi [f].

100. — *c.* uti *MD.* — *d.* Sigilberd' *V*, Sigilberos *B*, Gesilbertus *MD.* — *e. ita VB*, Gesilberto *MD.* — *f. ita VB*, perlaturi *MD*.

1. Il s'agit d'une paix qui est sur le point de se faire, mais qui n'est pas encore faite, comme le prouve la lettre 101.
2. Ce fait n'est connu que par cette lettre; cf. lettre 79 (p. 72).
3. La situation des biens de l'église de Cologne en France n'est pas connue; voir toutefois lettre 137.
4. Peut-être le même que *Dudo Karoli miles*, mentionné dans le Concile de Verzy, ch. 11; voir aussi lettre 137.
5. Ce comte est inconnu; voir lettre 137.
6. Gui II, évêque de Soissons de 972 environ à 995.
7. « Qui dixerunt : Haereditate possideamus sanctuarium Dei » (*Psaumes*, LXXXII, 13).
8. Voir lettre 91 (p. 83, note 10). — « Iterum Saxones Sclaviam vastant. Unde illi (les Slaves) compulsi regis ditioni se subdunt, et castella juxta Albiam restaurantur » (*Annales Hildesheimenses*, 987).

101.

EBRARDO [a] ABPISCOPO COLONIENSI [b] 1.

Multitudine curarum festinatae legationis, simulque viarum prolixitate pressi, desiderabili colloquio vestro magna cum mesticia privati sumus. Sed refecit nos praesentia spectabilis viri Folmari [2], in quo vestra virtus intellecta est, dum eo utimini ministro, qui voluntatem domini [3] etiam non monitus laudabiliter expleat. Addicti ergo sumus vestrae servituti, cum hac re, tum etiam plurima dilectione senioris nostri A. [4] circa vos [c]. Qui earum rerum quas ferimus [5] participes vos fore per omnia voluit. IIII kl. april. [6] domina dux B. [7] apud palatium Conpendiacum [8] hoc effecerat, uti [d] VIII kl. jun. [9] ad Montem Falconis [10] dominae

---

101. *L VMD.* — *a. ita LB,* Ebardo *V,* Ecberdo *M,* Ecberto *D.* — *b. ita L,* Archiepiscopo *V,* Archiepiscopo Treufrensi *MD.* — *c.* nos *MD.* — *d.* ut *VDB,* deest *M.*

---

1. Masson et Du Chesne, n° 191; Olleris, n° 96. — Vers avril 987. — Voir p. 91, note 3. Gerbert exprime ici le regret de n'avoir pu passer par Cologne. Il s'était hâté de se rendre directement auprès de Théophano (lettres 89, p. 81; 91, p. 83, et dernière phrase de la lettre 103). Il écrit donc probablement de la cour impériale. On ignore où Théophano résidait à cette date; la lettre 115 pourrait faire présumer que c'était à Ingelheim, près de Mayence. — Cette lettre est la dernière ou l'avant-dernière lettre écrite sous Louis V, dernier roi carolingien de France. La suivante, n° 102, est de date incertaine. La lettre 103 est écrite sous Hugues Capet.
2. Personnage inconnu, probablement un clerc du diocèse de Cologne.
3. « La volonté de son maître. » C'est à tort que les premiers éditeurs ont imprimé ici *Domini* par un grand D.
4. Adalbéron, archevêque de Reims.
5. « Les messages, les commissions dont je suis porteur »; ces mots prouvent que la lettre est écrite pendant le voyage de Gerbert en Allemagne. Du Chesne a substitué mal à propos *fecimus* à *ferimus.*
6. Le mardi 29 mars 987; on a vu (lettre 89, p. 80) que le roi Louis V avait convoqué une assemblée de ses sujets pour le dimanche précédent, 27 mars, afin de juger l'archevêque Adalbéron, puis que le jugement avait été, à ce qu'il semble, ajourné.
7. Béatrix, duchesse de Lorraine (p. 28, note 2, et lettres 61-63, p. 60-62).
8. Compiègne (Oise).
9. Le mercredi 25 mai 987. Le projet d'une conférence pour cette date fut, comme on va le voir, abandonné; en aucun cas, il n'aurait pu s'exécuter, Louis V étant mort le 21 ou le 22 mai.
10. Montfaucon-d'Argonne (Meuse), près de Verdun, abbaye bénédictine du diocèse de Reims et du royaume de Lorraine, transformée, vers le IX° siècle, à ce qu'on croit (*Gallia christiana,* X, col. 177), en une collégiale de chanoines séculiers.

A. imperatrici[1], duci C. e[2], rex Lud., regina He.[3], dux Hu. f[4], causa conficiendae pacis occurrerent. Sed quoniam per ignorantiam dominae Th. imperatricis semper augustae hoc fiebat, dolum subesse intelligentes, uti per se potius pax fieret consuluimus, utque g prius per vos quae conditio pacis foret experiretur, quod laudatum est, vestrique itineris sotii denominati. XV kl. jun. Francorum colloquio[5] nobis occurrendum, ibique si pacem cum rege senior noster[6] confecerit, pro pace regnorum plurimum elaborabit[7]. Magnae intelligentiae vestrae pauca suggessisse satis est. Caeterum de terra quae in nostris partibus vi vobis eripitur[8], monemus ad praesens tacere, postmodum demonstraturi, quid exinde facere debeatis.

102.

A. ARCHIEPISCOPO a [9].

Qua fiducia quave cautela colloquia O. et H.[10] expectenda b vobis sint pervidete c, ne forte propter praesentem obsidio-

101. — e. Carolo *MD.* — f. H. V, Henricus *MD.* — g. utquae *L.*
102. *LVMD.* — a. titulus deest *L.* — b. sic *L*, expetenda *VMD.* — c. providete *VMD.*

---

1. Adélaïde, mère d'Otton II et d'Hemma.
2. Peut-être Conrad, duc d'Alémannie et d'Alsace; cf. lettre 94 (p. 86). — Masson et Du Chesne ont imprimé *Carolo*; mais ce nom s'écrivait alors ordinairement par un K.
3. Louis V, roi de France, et sa mère Hemma, veuve de Lothaire.
4. Hugues Capet.
5. Le mercredi 18 mai 987; probablement à Senlis, où Louis V mourut le samedi 21 ou le dimanche 22 du même mois (Richer, IV, 5; Bouquet, X, p. 292, note *b*). — Il s'agit ici d'une assemblée des sujets du roi de France, qui n'a pas de rapport avec la conférence internationale précédemment projetée pour le 25 mai.
6. Adalbéron, archevêque de Reims.
7. L'archevêque Adalbéron ne réussit pas à faire sa paix avec Louis V le 18 mai; en effet, il ne fut jugé et acquitté qu'après la mort du roi, entre le 22 et le 31 mai (Richer, IV, 5-7), et son frère Godefroi ne fut mis en liberté que sous Hugues Capet, le 16 ou le 17 juin (lettre 103).
8. Voir la lettre précédente.
9. Masson et Du Chesne, n° 102; Olleris, n° 107. — Avril-juin 987.
10. Toujours les mêmes comtes, Eudes et Héribert.

nem Caprimontis [1] nova in vos novis dolis undecumque conparentur consilia. Mementote sortis Guifridi *d* Verdunensis episcopi, ob pervasionem castri Luciliburgi [2].

103.

DOMINAE THEOPHANU IMPERATRICI EX PERSONA A. ARCHIEPISCOPI *a* [3].

XV kl. jul. *b* fratre meo de inferni tenebris liberato [4], quaedam lux vestri honoris oriri visa est. Sed cam lucem ne caeco igne cupiditatis O. et H. comites corrumpant, sum-

102. — *d. ita LDB*, Giufridi *V*, Gofridi *M*.
103. *LVMD.* — *a. titulus deest L.* — *b. ita L*, Decimo sexto kal. iul. *V*, xvi. cal. Iunij *MD*.

1. Chèvremont, près de Liège, forteresse qui appartenait peut-être au duc Charles de Lorraine (p. 26, note 1). Elle fut assiégée, prise et détruite, dans les premières années du règne d'Otton III, par Notger, évêque de Liège (Pertz, *Script.*, VII, p. 203, et XXV, p. 57); la lettre de Gerbert nous fait connaître d'une façon plus précise la date de cet évènement. Il semble, d'après la lettre suivante, que l'impératrice Théophano était présente en personne au siège.
2. Luxembourg (grand-duché du même nom), château bâti sur un terrain qui appartenait au monastère de Saint-Maximin de Trèves, dans les limites du comté de Godefroi, et qui fut acquis le 17 avril 963, au moyen d'un échange avec le monastère, par le comte Sigefroi, oncle de Godefroi (Beyer, I, p. 271, n° 211). — Guifrid ou Wicfrid fut évêque de Verdun de 959 à 983. Il fut un jour surpris et arrêté, à Vandresel (Meuse, commune de Sivry-sur-Meuse), par les gens d'un certain comte Sigebert, qui est probablement le même que Sigefroi, et retenu quelque temps prisonnier par ce comte (Pertz, *Script.*, IV, 46); on peut conclure, de la lettre de Gerbert, qu'en exécutant ce coup de main Sigefroi avait pour but de venger quelque entreprise de l'évêque sur son château de Luxembourg.
3. Masson et Du Chesne, n° 103; Olleris, n° 98. — Peu après le 17 juin 987.
4. Le vendredi 17 juin 987 (ou le jeudi 16, variante *b*). — Le dernier roi carolingien, Louis V, mourut à Senlis, le 21 ou le 22 mai 987 (ci-dessus, p. 91, note 5), et fut enterré à Compiègne (Richer, IV, 5). Une assemblée des grands du royaume, tenue presque aussitôt après les funérailles du roi et présidée par Hugues Capet, acquitta l'archevêque Adalbéron des accusations portées contre lui (ibid., 6). Quelques jours après, à Senlis, une autre assemblée, sur la proposition d'Adalbéron, élut roi Hugues Capet (ibid., 11). Le nouveau roi fut couronné ou « élevé » au trône (*elevatus, sublimatus*) à Noyon (Bouquet, X, p. 177, 210, 213, 281, etc.), le mercredi 1er juin (Richer, IV, 12), et sacré (*unctus*) à Reims, le dimanche 3 juillet 987 (Bouquet, X, p. 210). — Le comte Godefroi fut donc mis en liberté après l' « élévation » de Hugues à Noyon et avant son sacre à Reims.

mopere elaborandum. Itaque justas ac[c] honestas petitiones fratris mei clementer audietis, cum pro sui merito, tum pro vestra benivolentia in me, injustas autem et quas tyrannus[1] inrationabiliter extorsit, in destructionem aecclesiarum Dei[d], ac in dedecus vestri regni[e], prudenti consilio devitabitis[f]. Num villas Verdunensis episcopii[g] quas pro redemptione sua, una cum filio A. episcopo, invitus donat God. comes jurejurando in perpetuum ab aecclesia alienabitis[2]? Num castra in eisdem ad eorum votum extruere patiemini, qui nunc furtivas delectorum militum contrahunt copias, ut in vos si apud Caprimontem estis impetum faciant[3]? Nam quia dux Theodr.[4] Satanacum[h][5] villam pervasit quasi in ultionem reginae Juveniacum[6] oppidum se invadere simulant, scelus facturi, si vobiscum paucam persenserint manum. Haec dixi, mentem pro vobis omnino sollicitam habens et plena fide executurus quaecumque per Ger.[i][7] vobis fidissimum significastis, qui hoc sibi donari petit, ut vestrae partis fuerit verissimus interpres.

103. — c. et *MD.* — d. Domini *VMD.* — e. vestri generis *VMD.* — f. deuiabitis *VMD.* — g. episcopi *MD.* — h. Satanacam *MD.* — i. G. *VMD.*

---

1. L'un ou l'autre des deux comtes Eudes et Hérihert. Il résulte en effet de cette lettre que ces seigneurs disposaient du sort de Godefroi et qu'ils dictèrent les conditions de sa délivrance. Hugues n'est ni nommé ni désigné; il devait son élection à l'archevêque de Reims et il n'eût pas imposé au frère de celui-ci les dures concessions qui provoquent les plaintes exprimées dans cette lettre.

2. On ne sait si l'impératrice refusa en effet de ratifier cette aliénation. Les évêques de Verdun possédèrent, jusqu'à la fin du moyen âge, Scarponne, Hattonchâtel, Juvigny, etc., mais rien ne prouve que ces domaines soient ceux dont il s'agit ici, ni même qu'ils leur apparûnssent déjà à cette date; voir p. 45, note 3, et p. 58, note 6.

3. Voir p. 95, note 1.

4. Thierry Ier, duc de Lorraine, fils de Frédéric et de Béatrix.

5. Stenay (Meuse). Cette p... se et un passage de la lettre 120 pourraient faire présumer que Stenay, lieu situé hors de France, en Lorraine, appartenait en propre à la reine Adélaïde, femme de Hugues Capet. On ignore de quelle famille sortait cette princesse; un seul témoignage semble dire qu'elle était d'origine italienne, mais ce n'est pas clair (Pfister, *Études sur le règne de Robert le Pieux*, p. 389).

6. Juvigny-sur-Loison (Meuse) fut, au moins plus tard, au nombre des possessions de l'évêché de Verdun (Mabillon, *De re dipl.*, suppl., p. 100).

7. Gerbert avoit vu Théophano en Allemagne au printemps de 987 (p. 93, note 1).

104.

B. TREVERENSI EPISCOPO [a] EX PERSONA AD. ARCHIEPISCOPI [1].

Destinato operi [2] designatas mittimus species. Admirabilem formam, et quae mentem et oculos pascat, frater efficiet fratri, soror sorori [3]. Exiguam materiam nostram magnum ac celebre ingenium vestrum nobilitabit, cum adjectione vitri, tum compositione artificis elegantis.

105.

FRATRIBUS BLADINIENSIBUS [a] EX PERSONA AD. ARCHIEPISCOPI [b][4].

Quousque abutemini pacientia [5], fidissimi quondam, ut putabatur, amici? Caritatem verbis [c] praetenditis, rapinam exercere parati. Cur sanctissimam societatem abrumpitis? Quosdam codices nobis vestra sponte obtulistis, sed nostri juris, nostraeque ecclesiae, contra divinas humanasque leges retinetis. Aut librorum restitutione cum adjuncto caritas redintegrabitur, aut depositum male retentum bene merito supplicio condonabitur.

---

104. *LVMD.* — *a.* Archiepiscopo *VMD.*
105. *LVMD.* — *a.* sic *L*, Blandiniacensibus *VMD.* — *b.* deest *VMD.* — *c.* verborum *VMD.*

---

1. Masson et Du Chesne, n° 104; Olleris, n° 2. — Juin-octobre 987.
2. Une croix : voir lettres 106 et 126.
3. *Frater fratri*, l'archevêque Egbert à l'archevêque Adalbéron ; *soror sorori*, l'église de Trèves à celle de Reims.
4. Masson et Du Chesne, n° 105; Olleris, n° 7. — Juin-octobre 987. — Voir lettres 30 (p. 35, note 1) et 96 (p. 88).
5. « Quousque tandem abutere, Catilina, patientia nostra ? » (Cicéron, *In l. Catil.*, I, 1).

106.

B. ARCHIEPISCOPO TREVERENSI [1].

Quia diu optato consilio vestro non perfruimur, non satis patienti animo tol ...mus. Instamus, casusque interstrepentes evincere *a* laboramus. Sinodus in partibus Rheni, ut fama est, indicta, nostrorumque episcoporum cum validiores morbi, tum etiam regia negotia, quam una voluimus interturbant sinodum. Sed ne interim otio torpeamus, beati O. *b* [2] suffragia ad praesens expetere in animo est. Unde per vos reditum habere disponimus, ut prolixam disjunctionem nostram ea conjunctione castigemus. Et quoniam per Verdunum [3] iter nobis est, eo crucem [4] vestra scientia ut speramus elaboratam, si fieri potest, kl. novemb. [5] dirigite. Sitque hoc pignus amiciciae ita opus placens, dum oculis crebrius ingeretur, indissolubilis amor in dies augmentabitur [6].

107.

EX PERSONA REGIS HUGONIS SIGUINO ARCHIEPISCOPO *a* [7].

Regali potentia in nullo abuti volentes, omnia negotia rei publicae in consultatione et sententia fidelium nostrorum

---

106. *LVMD.* — *a.* reuincere *MD.* — *b.* Ottonis *MD.*
107. *LVMD.* — *a. ita L¹ V, titulus deest L, MD addunt* Senonensi.

---

1. Masson et Du Chesne, n° 106; Olleris, n° 3. — Juin-octobre 987. — Cette lettre doit avoir été écrite au nom de l'archevêque Adalbéron.
2. Probablement saint Otmar, abbé de Saint-Gall (Suisse), dont la fête se célébrait le 16 novembre. Ce projet de pèlerinage fut abandonné; voir lettre 109.
3. Verdun était situé sur la voie romaine de Reims à Metz; de là une autre route romaine (la seule qui franchît les Vosges) conduisait à Strasbourg, et une troisième, le long du Rhin, de Strasbourg à Augst (près de Bâle) et à Windisch (Argovie). C'était le chemin direct pour aller de Reims à Saint-Gall.
4. Voir lettres 104 (p. 97) et 126.
5. Le mardi 1ᵉʳ novembre 987.
6. La syntaxe de cette phrase n'est pas claire.
7. Masson et Du Chesne, n° 107; Olleris, n° 125. — Juillet-octobre 987. — Sévin ou Siguin fut archevêque de Sens de 977 à 999. Il est à présumer que

disponimus, vosque eorum participes fore dignissimos judicamus. Itaque honeste ac benigno affectu vos monemus uti ante kl. novemb.[1] eam fidem quam caeteri nobis firmaverunt confirmetis ob pacem et concordiam sanctae Dei [b] aecclesiae, tociusque populi christiani. Ne si forte, quod non optamus, persuasione quorundam pravorum diligenter vobis exequenda minus audiatis, sententiam domni [c] papae [2] conprovincialiumque [d] episcoporum duriorem perferatis, nostraque omnibus nota mansuetudo justissimum correctionis assumat zelum regali potentia.

108.

E. [a] EX PERSONA AD. [3]

Etsi benefitiis vestris respondere suo tempore in animo est [b], tamen uti haec eadem accumulentur, sancta societas praesumit. Sit ergo nostro optenptu Hidilo fratris mei presbiter nexu excommunicationis liber [4], donec in proximo conventu causa ejus discussa aut innocentem reddat, aut nos ab injusta petitione absolvat. Sit etiam is qui relator nostrorum librorum esse debet, sacramentalis [5] auro decentissime insigniti lator, quippe nonnulla quae placuerint quam citissime rescribemus, ac per eundem latorem volumen nullo genere inferius deponemus.

107. — b. Duca. *VMD.* — c. domini *VMD.* — d. cùm prouincialium *N*, et comprouincialium *D*, comprouincialium *B*.
108. *LVMD.* — a. Echerto *L¹D*, Ecberdo *VM*; *L¹V addunt* archiepiscopo, *MD* Archiepiscopo Treuirensi. — b. in animo est suo tempore respondere *VMD*.

cette lettre aura été écrite après le sacre de Hugues à Reims, 3 juillet 987 (p. 95, note 4); et elle donne lieu de croire que l'archevêque de Sens n'était pas présent au sacre.
1. Le mardi 1ᵉʳ novembre 987.
2. Jean XV (985-996).
3. Masson et Du Chesne, nº 108; Olleris, nº 91. — Juillet-octobre 987. — A Ecbert, archevêque de Trèves, au nom d'Adalbéron, archevêque de Reims.
4. Fait et personnage inconnus. — *Fratris mei*, probablement le comte Godefroi.
5. Probablement la même chose que *sacramentarium*. « Le sacramentaire était le livre dans lequel étaient copiées les oraisons des messes » (Delisle, *Mémoire sur d'anciens sacramentaires*, p. 57).

109.

EIDEM B. ARCHIEPISCOPO *a* 1.

Omni difficultate rerum accepto *b* itinere 2 interclusi expectendum *c* censuimus portum salutis. Nam declivia *d* montium torrentes continui intercipiunt. Campestria sic juges aquae vestiunt, ut villis cum habitatoribus sublatis, armentis enectis, terrorem ingerant diluvii renovandi. Spes *e* melioris aurae a phisicis sublata 3. Refugimus itaque ad vos tamquam ad arcam Noe, Treverimque invisere totis viribus conamur, beati O. *f* 4 per vim extorta obsequia in beati Petri apostolorum principis 5 devotionem relaturi.

110.

AD COMPROVINTIALES 6.

Multa super statu ecclesiarum Dei *a*, multa super publicis privatisque negotiis ratiotinaturi, cum nostrae diaceseos 7 confratribus karissimo vos invitamus affectu, non tantum nostri quantum vestri causa honoris ac utilitatis. Locus

---

109. *LVMD.* — *a.* Eidem *VMD.* — *b.* a cepto *VMD.* — *c.* sic *L*, expetendum *VMD.* — *d.* de pluuia *M*, decliulum *DB.* — *e.* spe *VMD.* — *f.* Ott. *M*, Ottonis *D*.
110. *LVMD.* — *a.* Domini *VMD*.

---

1. Masson et Du Chesne, n° 109; Olleris, n° 4. — Octobre ou novembre 987. — Lettre écrite au nom de l'archevêque Adalbéron.
2. Voir lettre 106 (p. 98).
3. « Aquo quoque exundabant; nihilominus et ventus plura edificia stravit » (*Annales Hildesheimenses*, 987); « 987. Rheni ac Mosellae fluminum inundatio insolita » (*Annales Colonienses*, Pertz, *Script.*, 1, p. 99).
4. Saint Otmar de Saint-Gall (p. 98, note 2).
5. La cathédrale de Trèves est placée sous l'invocation de saint Pierre.
6. Masson et Du Chesne, n° 110; Olleris, n° 80. — Vers novembre 987. — Cette lettre est une circulaire adressée par l'archevêque Adalbéron aux évêques suffragants de la métropole de Reims.
7. La province ecclésiastique de Reims. Il s'agit d'un concile provincial.

loquendi, Mons Sanctae Mariae Terdonensis [b][1]. Tempus, III idus [c] decemb. [2]. Valete.

111.

Basilio [3] et C. imperatoribus orthodoxis [4], Hugo gratia Dei [a] rex Francorum.

Cum nobilitas vestri generis, tum etiam gloria magnorum actuum ad amorem vestrum nos hortatur et cogit. Ii [b] quippe esse videmini, quorum amicitia nihil dignius in humanis rebus possit existimari. Hanc sanctissimam amicitiam justissimamque societatem sic expetimus, ut nec regna, nec opes vestras in ea requiramus : sed haec conditio, quae nostri juris sunt, vestra efficit. Magnoque usui, si placet, haec nostra conjunctio erit, magnosque fructus afferet [c]. Etenim nobis obstantibus nec Gallus, nec Germanus fines lacesset Romani imperii [5]. Ergo ut haec bona fiant perpetua, quoniam est nobis unicus filius, et ipse rex [6], nec ei

110. — b. ita MD, Terdonensi L, Tredonensis VB. — c. iduum MD.
111. VND. — a. ita L¹, Domini VMD. — b. Ii MD. — c. ita VB, efferet MD.

1. Mont-Notre-Dame (Aisne), dans l'ancien pays de Tardenois (Longnon, Études sur les pagi, II, p. 99) et dans l'ancien diocèse de Soissons, près des limites de ceux de Reims et de Laon.
2. Le dimanche 11 décembre 987. — On a vu, dans la lettre 29 (p. 25), la mention d'un concile provincial, convoqué, comme celui-ci, pour un dimanche et dans un lieu du diocèse de Soissons voisin à la fois du diocèse métropolitain et d'un autre diocèse de la province. D'après la Notitia Galliarum, la cité de Soissons occupait, dans la province de Belgique Seconde, le premier rang après la métropole de Reims.
3. Masson et Du Chesne, n° 111; Olleris, n° 127. — Janvier-mars 988; lettre secrète (p. 37, note 2). — Voir p. 102, note 2.
4. Basile II et Constantin VIII, frères de Théophano, empereurs romains de Constantinople (p. 20, note 7).
5. Romanum imperium, l'empire byzantin, auquel aucun autre « empire » ne pouvait à ce moment disputer ce nom, puisque Otton III n'était encore que roi; Gallus, Germanus, probablement les sujets d'Otton III, roi de Germanie et de Lorraine. Il était aussi roi d'Italie, et, par ce dernier royaume, ses États confinaient aux possessions byzantines de la Vénétie et de l'Italie méridionale.
6. Robert, né vers 974 (Richer, IV, 87), élève de l'école de Gerbert à Reims (Bouquet, X, p. 99), couronné roi à Sainte-Croix d'Orléans, le jour de Noël, dimanche 25 décembre 987 (Richer, IV, 13), et sacré à Reims, le dimanche suivant, 1ᵉʳ janvier 988 (Bouquet, X, p. 210).

parem in matrimonio aptare possumus propter affinitatem vicinorum regum [1], filiam sancti imperii [2] praecipuo affectu quaerimus. Quod si haec petita serenissimis auribus vestris placuerint, aut*d* sacris *e* imperialibus [3] aut nuntiis fidis nos certos reddite, ut per nostros legatos vestra majestate dignos, quae sonuerint *f* in *g* chartis, compleantur in rebus.

112.

EX PERSONA REGIS HUGONIS BORELLO MARCHIONI *a* [4].

Quia misericordia Dei *b* praeveniens regnum Francorum quietissimum [5] nobis contulit, vestrae inquietudini quam-

---

111. — *d.* et *V.* — *e.* scriptis *D.* — *f.* sonuerunt *V.* — *g. deest MD.*
112. *LVMD.* — *a. ita L¹ VMD,* Hu. Bor. *L.* — *b.* Domini *VMD.*

---

1. Les sœurs d'Otton III, filles d'Otton II et de Théophano, aussi bien que les filles de Conrad le Pacifique, roi de Bourgogne, étaient cousines de Robert au troisième degré, suivant la manière de compter admise en droit canonique : les unes et les autres descendaient, comme lui, au troisième degré, de Henri l'Oiseleur et de Mathilde ; voir le tableau I annexé à la lettre 31 (p. 26-27). — Cette considération n'empêcha pas Robert d'épouser, dix ans plus tard, Berthe, fille de Conrad, veuve d'Eudes, comte de Blois. Mais ce mariage se fit malgré Gerbert (Richer, derniers paragraphes).
2. *Probablement Eudocie,* fille aînée de Constantin VIII. — « Voir si on trouve ailleurs que le Roy Hugues ait voulu marier Robert avec une Greque » (Baluze, ms. 129, fol. 66); « Gerbert seul nous fait connaître ce fait » (Olleris). — Mais ce « fait » même n'est pas certain. La lettre 111 manque dans le manuscrit de Leyde; elle était donc de celles dont Gerbert avait voulu tenir la minute secrète. S'il l'avait composée par ordre de Hugues Capet, pourquoi cette précaution? Peut-être avait-il formé ce projet de son chef, pour le jeune roi son élève, et, dans l'espoir de le faire goûter au roi Hugues, avait-il composé d'avance le texte de la lettre qu'il lui proposerait, le cas échéant, d'envoyer en son nom. Il est donc douteux que cette lettre ait jamais été expédiée; il n'est même pas certain que Hugues en ait eu connaissance.
3. Voir dans le Glossaire de Du Cange (*Sacra,* 1) plusieurs exemples de l'emploi des mots *sacra,* pris substantivement, ou *sacra imperialis,* pour désigner une lettre revêtue de la signature de l'empereur : ἐπὰν δὲ ὑπογραφὴν δέξηται βασιλέως, δῆλον ὡς σάκρα ὀνομάζεται (saint Nil, ibid.).
4. Masson et Du Chesne, n° 112; Olleris, n° 126. — Janvier-mars 988. — Voir p. 67, note 1. « Epistolam (Hugo rex) a duce citerioris Hispaniae Borrello missam protulit, quae ducem petentem suffragia contra barbaros indicabat. Jam etiam Hispaniae partem hostibus pene expugnatam asserebat, et nisi intra menses X copias a Gallia accipiat, barbaris totam in deditionem transituram » (Richer, IV, 12).
5. En effet, d'après l'ordre du récit de Richer, Charles de Lorraine ne commença à disputer le pouvoir à Hugues que dans le courant de l'année 988. Les troubles qu'il suscita empêchèrent probablement les rois de France de porter secours à Borrel.

primum subvenire statuimus consilio et auxilio nostrorum omnium fidelium. Si ergo fidem tociens nobis nostrisque antecessoribus per internuntios oblatam [1] conservare vultis, ne forte vestras partes adeuntes, vana spe vestri solatii [2] deludamur, mox ut exercitum nostrum per Aquitaniam diffusum cognoveritis, cum paucis ad nos usque properate, ut et fidem promissam confirmetis, et vias exercitui necessarias doceatis. Qua in parte si fore mavultis, nobisque potius obaedire delegistis quam Hismahelitis [3], legatos ad nos usque in Pascha [4] dirigite, qui et nos de vestra fidelitate laetificent, et vos de nostro adventu certissimos reddant.

113.

EX PERSONA ADALBERONIS ARCHIEPISCOPI ROTHARDO CAMERACENSI [a] [5].

His litteris acceptis, Bal. [6], quem nuper excommunicavimus, excommunicate ob suam uxorem male derelictam, et quod neglegentia diutius est dilatum, obaedientia corrigatur. Nichilque sibi profuerit Romam adisse, domnum [b] papam [7] mendatiis delusisse, cum Paulus dicat : « Si quis vobis aliud annuntiaverit praeter quam a[nnuntiatum] e[st] [c], etiam angelus, anathema sit [8]. » Estote ergo nobiscum

---

113. *LVMD.* — *a. titulus deest L.* — *b.* dominum *VMD.* — *c.* p. q. a. *E. L,* praeter quam accepistis *V,* praeterquam accepistis *MD.*

---

1. La Marche d'Espagne faisait partie du royaume de France ; elle n'en fut détachée qu'au xiii⁰ siècle.
2. « Aide, secours » (Du Cange).
3. Les Musulmans d'Espagne.
4. Le dimanche 8 avril 989.
5. Masson et Du Chesne, n° 113 ; Olleris, n° 82. — Janvier-juin 988. — Rothard fut évêque de Cambrai de 976 à 995 environ.
6. Personnage inconnu.
7. Jean XV (985-996).
8. « Sed licet nos aut angelus de caelo euangelizet vobis, praeterquam quod euangelizavimus vobis, anathema sit. Sicut praediximus et nunc iterum dico : si quis vobis euangelizaverit praeter id quod accepistis, anathema sit » (Paul, *Gal.*, 1, 8-9).

divinarum legum defensores, qui sacerdotalis dignitatis gaudetis esse participes.

114.

ECBERTO ARCHIEPISCOPO TREVERENSI EX PERSONA ADALBERONIS [a][1].

Molestia vestra dejecti, relevatione relevati sumus. Addidimus etiam et addemus supplicationes quas poterimus, et si quid ars medicinae labori nostro suggeret quam proxime dirigemus. Permovemur autem aliquantulum, quod tam sero, quae circa vos essent, nobis significastis, et maxime super causa fratris ac nepotis vestri [b][2]. Mox quippe ut vestra legimus, et [c] nostrum legatum a palatio accepimus, qui omnia quae fuissent Ar. [d] filium ejus regio dono accepisse firmaret [3]. In quo aliud solatium non habemus, nisi quod milites [4] plurimum ab eo dissentire scimus. Porro et in hoc elaborabimus, et in quibus vestrum velle cognoscemus.

114. *LVMD.* — *a.* Ecberto archiepiscopo Treverensi *desunt VMD,* ex persona Adalberonis *desunt L.* — *b.* nostri *MD.* — *c.* ac *l'DB.* — *d.* ita *VD,* A. R. *L,* ac *M, nota* ar *B.*

1. Masson et Du Chesne, n° 114; Olleris, n° 109. — Avril-juin 988.
2. Le père d'Ecbert, Thierry II, comte de Hollande, mourut en 988; il eut pour successeur son fils Arnoul, frère d'Ecbert; Arnoul, à son tour, en 993, eut pour successeur son fils Thierry III (Pertz, *Script.,* XVI, p. 446). On ignore de quelle affaire il s'agit ici; il semble, d'après la suite, qu'Arnoul de Hollande et son fils Thierry étaient en démêlé avec le comte de Flandre, à qui ils disputaient quelque chose de la succession de son père; voir la note suivante.
3. *Ar.,* probablement Arnoul le Jeune, comte ou marquis de Flandre, mort le 30 mars 988 (J.-J. de Smet, *Recueil des chroniques de Flandre,* I, p. 273; Van Lokeren, I, p. 50, n° 64); son fils Baudouin le Barbu, alors en bas âge, lui succéda. Voir la note précédente. — *Regia dono,* probablement « par concession du roi de France ». La Flandre faisait partie de la France, la Hollande de l'empire. Le territoire qu'Arnoul de Hollande et le jeune Baudouin se disputaient devait être situé près de la frontière, du côté français.
4. « Les vassaux » (Du Cange, édit. Henschel, IV, p. 397, col. 1), la petite noblesse.

115.

KAROLO [a] [1].

Si quid excellentiae vestrae nostra servitus conferre potest, in hoc plurimum gaudemus, et quia nunc ad vos secundum imperium vestrum non venimus, militum vestrorum hac illacque discurrentium terror effecit. Porro autem si de nostra praesentia curatis, eos mittite quorum fidei nos credere audeamus, quosque duces itineris cum securitate habere possimus, et ut intelligatis haec dici cum magna fide, recordamini consilii nostri et collocutionis, in palatio

---

115. *LVMD.* — *a. ita V, titulus deest L*, Carlo *L*[1], Carolo Duci *MD*.

---

1. Masson et Du Chesne, n° 115; Olleris, n° 132. — Avril-juin 988. — Charles, duc de la Lorraine inférieure, frère du roi Lothaire, venait d'occuper Laon (Richer, IV, 15-18). A cette occupation et aux sièges qui en furent la conséquence se rattache une question compliquée de chronologie, qui demande quelques mots d'explication. — Selon Richer, Charles, après le couronnement de Robert, par conséquent en 988 (p. 101, note 6), s'empara de la ville de Laon et y fit prisonniers l'évêque Adalbéron ou Ascelin et la reine Emma, veuve de Lothaire, « cujus instinctu sese repulsum a fratre arbitrabatur. » Les rois Hugues et Robert vinrent l'assiéger dans cette ville, levèrent le siège à l'automne, le reprirent au printemps suivant et le levèrent de nouveau en août : ensuite Adalbéron, archevêque de Reims, tomba malade et mourut le 23 janvier. Si l'on admettait ce récit, il faudrait placer la mort de l'archevêque Adalbéron au 23 janvier 990. Mais cela est inadmissible, car Arnoul, élu au siège métropolitain de Reims après la mort d'Adalbéron, fut déposé au concile de Verzy en juin 991, après avoir été archevêque pendant un peu plus de deux ans (lettre 217) : Adalbéron mourut donc le 23 janvier 989. D'autre part, les hostilités de Charles contre Laon ne commencèrent pas avant 988, car le témoignage de Richer sur ce point est confirmé par celui de Sigebert de Gembloux (Pertz, *Script.*, VI, p. 353) et par la lettre 112 de Gerbert, qui témoigne qu'en 988, avant Pâques, le royaume était tranquille, *quietissimum* (p. 102). Toutes les opérations militaires autour de Laon eurent donc lieu en une seule et même année, 988; voilà qui est certain. Reste à savoir s'il y eut un ou deux sièges et en quelle saison, et à expliquer l'erreur de Richer. — Selon toute probabilité, Richer a eu encore raison de dire : 1° que Laon fut assiégé deux fois, car on trouve dans Gerbert des allusions à l'interruption et à la reprise du siège (lettres 135, 136); 2° que l'un des deux sièges prit fin en août, par l'incendie du camp des assiégeants, car ce second point est confirmé par la lettre 121 de Gerbert; 3° que ce siège avait commencé vers le printemps, car Sigebert de Gembloux témoigne qu'au moment de l'incendie du camp il durait depuis environ deux mois (Pertz, ibid.); 4° que l'autre siège eut lieu en automne, car cela s'accorde encore avec les lettres 135 et 136 de Gerbert. Il s'est trompé seulement sur l'ordre de ces deux sièges, celui du printemps et celui de l'automne : il les a intervertis et par suite placés à tort en deux années différentes. Réduite à ces proportions, son erreur n'a

Enguelcheim *b*1, et videte si quod promisi vobis de pace inter reges diu quaesita peractum sit *c*. Interim fideliter admoneo ut reginam ac episcopum secundum dignitatem vestram lenissime tractetis, et ne vos concludi intra *d* maenia ullatenus patiamini.

116.

ABBATI RAMNULFO *a* 2.

Divinitate propitia bene valentes, ut amplius valeamus *b* optamus. Gratia et benivolentia principum, uti semper usi sumus, utimur, spem bonam in rem conversum *c* iri suo tempore expectantes 3. Ubinam potissimum moraturi sequenti tempore, incertum propter incerta tempora. Operi nostro 4

115. — *b. ita L*, Engnelcheim *V*, Ingelheim *MD*. — *c.* est *VMD*. — *d.* inter *MD*.
116. *LVMD*. — *a.* Romulpho *V*, Romulfo Senonensi *MD*. — *b.* valeatis *VMD*. — *c.* conuersam *MD*.

---

rien de bien surprenant. — On peut donc rétablir ainsi la suite chronologique des évènements : 25 décembre 987, Robert est couronné à Orléans ; 1ᵉʳ janvier 988, il est sacré à Reims ; janvier-mars 988, Hugues écrit à Borrel (lettre 112); printemps de 988, Charles prend Laon; juin 988, Hugues et Robert assiègent Laon ; août 988, les assiégés brûlent le camp de l'armée royale, qui lève le siège ; fin d'octobre 988, le siège est repris, puis encore levé ; hiver 988-989, l'archevêque Adalbéron tombe malade ; 23 janvier 989, il meurt. — Le ton de la présente lettre, les ménagements que Gerbert observe avec Charles, suffisent pour faire juger qu'il n'y a pas encore guerre entre celui-ci et les rois ; la dernière phrase implique que Laon n'est pas encore assiégé. En effet, l'évêque de Laon ayant la seigneurie de cette ville (Richer, IV, 15, 47), le coup de main de Charles ne constituait dans le principe qu'un acte d'hostilité contre cet évêque et non contre Hugues et Robert, et ceux-ci ne se décidèrent pas tout de suite à intervenir (ibid., 18).

1. Ingelheim (Hesse), à l'ouest de Mayence. On ignore quand et à quelle occasion Gerbert put s'y trouver en même temps que le duc Charles. Serait-ce au moment de son voyage en Allemagne au printemps de 987 (p. 91, note 3, et p. 93, note 1) ? ou aux fêtes de Pâques, qu'Otton III célébra au palais d'Ingelheim le 8 avril 988 (*Annales Hildesheimenses*) ?

2. Masson et Du Chesne, n° 116; Olleris, n° 117. — 988, printemps ou été, avant août. — On a proposé d'identifier cet abbé *Ramnulfus* avec le *Romulfus Senonensis* nommé dans les lettres 167, 170, et dans le concile de Verzy (chap. 19). Il est plus prudent de dire qu'il est inconnu.

3. Peut-être Gerbert fait-il ici allusion à son espoir d'obtenir un évêché (lettres 117 et 118).

4. Il s'agit évidemment d'un manuscrit dont Gerbert avait demandé la copie à Ramnulfe.

quod non parvae quantitatis fore scripsistis, quia mensuram voluminis ignoravimus, sol. II[1] per clericum quem misistis misimus, idemque si jubetis [d] faciemus, donec completo opere dicatis : « Sufficit. »

117.

DOMINAE THEOPHANU, MITTENDA PRO EPISCOPATU [a] [2].

Semper quidem utilitati vestrae prospicere volumus, ac prospiciendo gaudemus, quippe qui nos nostraque omnia vestrae servituti devoverimus. Ex tanto ergo affectu, tantoque amore, a vestra munificentia praesumimus petere, quod scimus per fidissimos nuntios olim nobis concessum esse, id est si in regnorum confinio quaelibet [b] ecclesia vacaret pastore, in ea non alium constituendum, nisi quem vestrae utilitati omnimodis [c] aptum sano juditio delegerimus. Et quia omnibus comprovintialibus [d] notum [e], Italia expulsum [f], sed in fide non ficta praestantem [g] habemus abbatem Gerbertum, hunc [h] ecclesiae [3] praefici, modis quibus possumus, oramus. Qui nobis quidem est verus filius, vobis vero per omnia obsequentissimus servus. Cujus absentia etsi nimium gravamur, tamen ob communia, beneficia privata posthabemus. Super his vestrum velle experiri quantocyus sacris rescriptis obnixe efflagitamus.

116. — d. insinuetis *M D*.
117. L (*usque ad adnot.* f), *V M D*. — a. *titulus deest L*. — b. quolibet *M D*. — c. omnimode *M D*. — d. prouincialibus *V M D*. — e. deest *L*. — f. *reliqua desunt L*. — g. perstantem *M D*. — h. huius *V*.

---

1. Les deniers d'argent de Hugues Capet ont une valeur métallique d'environ 25 centimes ; 2 sous ou 24 deniers représentent donc, en valeur métallique, environ 6 francs.
2. Masson et Du Chesne, n° 117 ; Olleris, n° 100. — 988, printemps ou été, avant août ; lettre en partie secrète (p. 37, note 2). — *Mittenda*, lettre rédigée à l'avance pour être écrite et envoyée le cas échéant. Celle-ci devait être adressée à l'impératrice par l'archevêque Adalbéron, au cas où un évêché serait devenu vacant dans le territoire de l'empire, non loin de la France (*in regnorum confinio*). Cette occasion ne se présenta pas et la lettre ne fut sans doute ni écrite ni expédiée.
3. Gerbert se proposait sans doute d'ajouter après ce mot le nom de l'évêché qu'il solliciterait.

118.

CLERO ET POPULO MITTENDA *¹.

Multum meroris, multumque anxietatis intulit nobis acerba mors vestri patris, nostrique dilectissimi fratris *ᵇ*. Nunc itaque Deus totis pulsandus medullis, ut vobis patrem, ac nobis idoneum restituat fratrem. Sit interim vestra pervigil cura, ut secundum divinas hac *ᶜ* humanas leges res defuncti episcopi, tam mobiles quam inmobiles, futuro reserventur episcopo ², ne si, quod *ᵈ* absit, male cautum fuerit, in neglegentes cum regalis censura, tum etiam gravior adhibeatur divina sententia.

119.

ᵃ Pietas ³ vestri nominis subveniat afflictae *ᵇ*, a praedonibus captivatae. Et michi quondam fuit, et genus, et dignitas, ac regium nomen. Nunc quasi sine genere, sine dignitate, omnibus afficior contumeliis, ancilla captiva crudelissimorum hostium facta. Et quomodo ille impius K. vocem meam

---

118. *LVMD.* — *a. titulus deest L.* — *b. deest (spatio vacuo relicto) L.* — *c. sic L, et VMD.* — *d. quid VM.*
119. *LVMD.* — *a. MD addunt titulum* Hemma quondam regina Dominæ Augustæ Theophaniæ. — *b. VDB addunt* et.

1. Masson et Du Chesne, n° 118; Olleris, n° 85. — Même date que la précédente. — Voir p. 107, note 2. Cette lettre devait, comme la précédente, être écrite et expédiée, le cas échéant, au nom de l'archevêque Adalbéron. Elle devait être adressée au clergé et aux habitants de l'évêché que solliciterait Gerbert.
2. « Hoc quoque nobis intimatum est quod obeunte episcopo vel caeteris sacerdotibus praedictae sanctae Cameracensis ecclesiae, aliqui diabolico repleti spiritu soleant res ecclesiasticas quas vel episcopus sive etiam sacerdotes reliquerint diripere ac devastare » (bulle de Grégoire V, mai 996 : Bouquet, X, p. 430; Jaffé, n° 2957; Loewenfeld, n° 3866).
3. Masson et Du Chesne, n° 119; Olleris, n° 129. — Laon, juin-août 988. — Cette lettre est évidemment, comme l'a supposé Masson, écrite au nom de la reine Hemma, veuve de Lothaire, prisonnière de son beau-frère Charles (p. 105, note 1). Il n'est pas aussi certain qu'elle soit adressée, comme l'a pensé cet éditeur et l'ont répété les autres, à l'impératrice Théophano, belle-sœur d'Hemma; on pourrait aussi la croire adressée au roi Hugues Capet. Voir les lettres 120 et 128.

audiret, qui vestram audire contempsit? et vos quidem me vestra memoria dignam habuistis, quae fieri circa me velletis imperastis [1]. Hic quia *c* regiam urbem [2] occupavit, parere alicui non putat suo nomini convenire. Nolo ejus *d* spiritum explicare, quo sibi regna inaniter promittit. Hoc tantum oro ne in me feminam illidatur, dum in mares retunditur [3].

120.

a D. AUGUSTAE THE. *b* [EX PERSONA HU. REGIS *c*] [4].

Benivolentiam ac affabilitatem vestram circa nos *d* sentientes, obsides a K. accipere, et obsidionem solvere, secundum voluntatem vestram voluimus, fidissimam societatem ac sanctam amiciciam conservare cupientes. Porro hic K. legatos et imperium vestrum contempnens, nec super his adquiescit, nec reginam relinquit, nec ab episcopo ullos obsides accipit [5]. Et hic quidem viderit, quid sua sibi prosit pertinatia. Vestram autem amititiam in perpetuum ad nos *e* confirmare cupientes, sociam ac participem nostri regni A. [6] decrevimus vobis occurrere, ad villam Satanacum *f* [7], XI kl. septemb. [8], ea quae inter *g* vos *gh* de *g* bono *g* et *g* aequa *g* sanxeritis *g*, inter nos ac filium vestrum sine dolo et fraude in perpetuum conservaturi.

119. — *c.* qui *V*, que *MD*. — *d.* ei *MD*.
120. *LVMD.* — *a. L* addit Ad imperatricem Theuphanu. — *b. D addit* nomine Hugonis regis. — *c.* ex-regis *desunt L*; *notae* ex per so na, *litterae* Hu *et notae* re gis *VB*; V.I.D.K.V.A.Z. *MD*. — *d.* vos *L*. — *e.* ad nos in perpetuum *VMD*. — *f.* Satanicum *VDB*, Satanicam *M*. — *g. deest L*. — *h.* nos *V*.

1. Voir la lettre suivante.
2. Laon, résidence des derniers rois carolingiens : « Laudunum, ubi ex antiquo regia esse sedes dinoscitur » (Richer, III, 2).
3. « Que les coups de cette fureur ne soient pas assénés, ne portent pas sur moi qui suis une femme, tandis qu'ils échouent contre les hommes. »
4. Masson et Du Chesne, n° 120; Olleris, n° 128. — Juin-août 988. — Voir lettres 115 (p. 105) et 119 (p. 108).
5. *Reginam*, Hemma, veuve de Lothaire; *episcopo*, Adalbéron ou Ascelin, évêque de Laon; tous deux étaient prisonniers du duc Charles à Laon (p. 105, note 1).
6. Adélaïde, femme de Hugues Capet, mère de Robert.
7. Stenay (Meuse); voir p. 96, note 5.
8. Le mercredi 22 août 988, octave de l'Assomption.

121.

R. *a* ARCHIEPISCOPO *a* TREVERENSI [EX PERSONA A. *b*] [1].

Non temere esse credendum rumoribus cum sepe sitis experti, et *c* nunc experimini. Divina quippe gratia praeveniente, ac precum vestrarum instantia suffragante, omnibus episcopii rebus potimur ut ante. Nec quicquam ex tanta fama aliud fuit, nisi quod post meridiem occupatis militibus regiis vino et soano *d*, oppidani totis viribus eruptionem fecerunt. Nostrisque resistentibus ac eos repellentibus, a mendicis cremata sunt castra. Quo incendio omnis apparatus obsidionis absumptus est. Quae dampna VIII kl. septembris [2] multiplicius restauranda sunt. Inmensus porro vobis rependimus grates, quod tam praecipuo affectu nostri geritis curam, quod continuari cum sanctis petitionibus et optamus, et oramus, eadem voto ac desiderio usque in finem protensuri.

122.

a Quomodo [3] a me consilium queritis, qui me inter infidissimos hostes deputatis? quomodo patrem nominatis, cui

---

121. *LVMD.* — *a. deest VMD.* — *b.* ex persona A. *desunt L; notae ex per so na et littera* A. *VB;* V.V.D.K.A. *MD.* — *c. deest MD.* — *d. sic L.*

122. *LVMD.* — *a. MD addunt titulum* Adalbero Archiepiscopus Rem. Carolo duci.

---

1. Masson et Du Chesne, n° 121; Olleris, n° 158. — Août 988. — *A.,* Adalbéron, archevêque de Reims, et non l'évêque de Laon, comme on l'a supposé. Celui-ci n'aurait pu écrire alors : *episcopii rebus potimur.* — « Digressio Hugonis cum exercitu a Lauduno... Die quadam custodibus castrorum vino somnoque aggravatis, urbani vino exhilarati... faces castris immisere... Rex et qui cum eo erant... ab urbe sedes mutavere. Nam castra cum cibis et rebus omnibus absumpta videbat. Unde et exercitum ad tempus reducere disposuit, ut reditum amplioribus copiis post appararet. Quae omnia augusti tempore patrata sunt » (Richer, IV, 23). — « Hugo rex Karolum in Lauduno obsidet, sed secundo obsidionis mense obsessi prosilientes castra obsidentium incenderunt et ipse rex Hugo plurimis suorum peremptis turpiter fugiens vix evasit » (Sigebert de Gembloux, 988, dans Pertz, *Script.,* VI, p. 359).

2. Le samedi 25 août 988.

3. Masson et Du Chesne, n° 122; Olleris, n° 131. — Août 988. — Il est probable, comme l'a supposé Masson, que cette lettre est écrite au nom d'Adalbéron, archevêque de Reims, et adressée au duc Charles de Lorraine.

vitam extorquere vultis? Denique non sic promerui. Sed perditorum hominum dolosa consilia semper fugi ac fugio. Non de vobis dico. Recordamini, quia dicitis ut recorder, quid vobiscum contulerim de vestra salute cum primum nos adistis, quid consilii dederim, super adeundis regni primatibus [1]. Nam quis eram, ut solus regem imponerem Francis? publica sunt haec negotia, non privata. Odisse me putatis regium genus, testor redemptorem meum, quia non odi. Quid potissimum vobis sit faciendum, quaeritis. Hoc cum difficile dictu [b] sit, nec satis scio, nec, si sciam, dicere ausim. Amiciciam meam exposcitis. Utinam adsit ea dies qua honeste liceat vestris interesse obsequiis. Quamvis enim sanctuarium Dei [c] pervaseritis, regi..o cui quae novimus jurastis conprehenderitis, episcopum [d] Laudunensem [d] carceri [d] mancipaveritis [d], episcoporum anathema neglexeritis, taceo de seniore meo contra quem ultra vires negotium suscepistis, tamen beneficii quo erga me usi estis, cum telis hostium [e] subduxistis [2], inmemor esse non possum. Plura dicerem, et qui [f] vestri fautores inprimis sint deceptores, ac suorum negotiorum per vos ut experiemini effectores, sed non est hujus temporis. Nam metus est haec eadem dixisse, ac prioribus scriptis vestris non respondisse idem est in causa [3]. Quoniam caute tenemus scriptum : « Nusquam tuta fides [4] », rationes harum rerum tractare, conferre,

122. — b. dictū L. — c. Domini VMD. — d. deest L. — e. VB addunt me, D addit quæ. — f. quod MD.

1. Selon Richer, Charles, après la mort de Louis V et avant l'élection de Hugues (mai 987), était venu trouver l'archevêque de Reims et lui demander son appui ; « metropolitanus... respondit : Cum, inquiens, perjuris et sacrilegis aliisque nefariis hominibus ipse semper deditus fueris, nec ab eis adhuc discedere velis, quomodo per tales et cum talibus ad principatum venire moliris ? Ad haec Karolo respondente non oportere seso suos deserere, sed potius alios adquirere, episcopus intra se recogitabat : Cum, inquiens, omnium dignitatum nunc egens pravis quibusque annexus est, quorum societate nullo modo carere vult, in quantam perniciem bonorum esset, si electus precederet in fasces! Tandem sine principum consensu ac super hoc nihil facturum respondens, ab eo dimotus est » (Richer, IV, 10).
2. Peut-être au moment de l'attaque de Louis V contre Reims en 986 (lettre 89, p. 80, note 3).
3. « Car déjà ceci même que je viens d'écrire me fait peur, et la même peur est cause que je n'ai pas répondu à vos lettres précédentes. »
4. Virgile, Énéide, IV, 373 ; voir lettre 5 (p. 4).

communicare, quolibet modo liceret, si [nepos meus episcopus Verdunensis *g 1*] datis obsidibus ad nos usque pervenire posset. Cui talia credere fas est, et sine quo nichil talium agere possumus vel debemus.

123.

TETMARO MOGUNTINO *a 2*.

Labore obsidionis in Kar. defatigatus ac vi febrium graviter exagitatus 3, sincerum affectum meum circa te, dulcissime frater, explicare non satis valeo. Hoc tantum significo, impera, obsequemur. Sitque nostra amicitia eadem velle, atque eadem nolle 4. Et quia inter graves estus curarum sola philosophia quasi quoddam remedium esse potest, ubicumque partes ejus inperfectas habemus, industria suppleat *b* vestra. Ad praesens autem rescribite tantum quod deest nobis, in primo volumine secundae aeditionis Boetii in libro Peri Hermenias, hoc est ab eo loco ubi scriptum est : « Non currit vero et non laborat, non verbum dico, cum significat quidem tempus », usque ad eum locum ubi dicitur : « Ipsa quidem secundum se dicta verba nomina sunt, et significant aliquid 5. » His *c* perceptis *d*, id est *e* parte deficientis commentarii, beneficii vestri non erimus immemores, fidem mente conceptam non deseremus, quae *f* voletis pro viribus exequemur.

122. — *g. desunt L*; *notae ne pos me us o pis co pus ver du nen sis VB*; R.K.I.G.H.H.T.Z.V. *MD*.
123. *LVMD*. — *a*. Thietmaro Maguntino *VMD*. — *b*. impleat industria *N*, suppleat industria *D*. — *c*. hic *MD*. — *d*. præceptis *VMD*. — *e*. idem *VMD*. — *f*. quod *MD*.

1. Adalbéron, fils de Godefroi.
2. Masson et Du Chesne, n° 123; Olleris, n° 157. — Août 988. — « Tetmar n'est pas connu » (Olleris).
3. Voir lettres 127, 162. — « 988. Aestatis fervor nimius ac repentinus id. julii usque id. aug. inmanissime exardescens fruges absumpsit » (*Annales Hildesheimenses*).
4. « Nam idem velle atque nolle, ea demum firma amicitia est » (Salluste, *Catil.*, 20).
5. La lacune signalée par Gerbert existe encore dans le texte de Boèce, tel que nous le possédons : voir Migne, LXIV, 428, 429; Meiser, *Boetii Commentarii in librum Aristotelis* Περὶ ἑρμηνείας, dans la *Bibliotheca Teubneriana*, 1877-1880, II, p. 69-71. Au lieu de *cum significat*, il faut lire *consignificat*.

124.

[A. ARCHIEPISCO..... *a* 1.]

Antiquis palatiis meis ² usque ad fundamenta dirutis, etiam renascens palatium, quod michi edificare instituistis, diluvio vestri pene absortum est. Instamus, ac propriis sumptibus fabricam tanti operis novis artificibus insignimus, ne vestro superventu ad suburbana cogamur *b* demigrare cubilia. Huic tam ingenti negotio, adhuc dierum XV spatium attribuite, vestrumque architectum A. ³ remittite, qui cepta perficiat non meis sumptibus, sicque nos ad perfringendam *c* arcem, montemque ⁴ ab ipsis radicibus convellendum, cum totis copiis, si ea voluptas in animo est, expectate.

125.

[TREVERENSI EC. EX PERSONA A. ARCHIEPISCOPI *a* 5.]

Cum multos nobis natura jungat affinitate *b*, multos affectione, nullius amicitiae fructus suavior est quam is qui fundamento nititur karitatis. Nam cujus obsequia aliquando

---

124. *LVMD.* — *a*. A. L.; *littera* A., *nota* ar, *litterae* chi, *notae* e pis co et duae notae dubiae *VB*; A.H.C.H.I.V.B.Z. *MD*. — *b*. cogamus *L*. — *c*. perstringendam *VDB*.
125. *LVMD.* — *a*. titulus deest *L*; notae tre ve ren si, litterae Ec., notae es per so na, littera A., nota ar *VB*; Incerto *MD*. — *b*. affinitate jungat *MD*.

---

1. Masson et Du Chesne, n° 124; Olleris, n° 144. — Reims, août 988. — On ne sait si cette lettre est écrite au nom de l'archevêque Adalbéron ou si elle lui est adressée. Dans le premier cas, le destinataire ne pourrait guère être que le roi Hugues Capet. Dans le second cas, serait-elle écrite par Gerbert en son propre nom?
2. Ces mots n'interdisent pas de supposer que c'est Gerbert qui parle; comparez la lettre 178 : *domos quas propriis labore multisque sumptibus aedificavimus.*
3. Personnage inconnu.
4. La hauteur sur laquelle est bâtie la ville de Laon.
5. Masson et Du Chesne, n° 125; Olleris, n° 146. — Août 988.

sensimus aut elegantiora vestris aut jocundiora? Denique in tanta perturbatione nostrae rei publicae, cum perfidiam militum assidue patimur, assidue *c* oculos ad vos reducimus, ut spes certa est, non frustra solatium relaturi. Et quoniam vos vel *d* gravari vel *d* defatigari nisi in summa rerum necessitudine nolumus, [nepotem meum *e*] B.¹, vel *f* si sic judicatis quemvis alium tantum cum militum robore subsidio [nobis mitti oramus *g*] XII *h* kl. octobris² ...*i* ut et nostri refuge *j* perterriti redeant, et hostes novis ac insperatis copiis intabescant.

126.

BIDEM *a* ³.

Quia adversa *b* valitudine relevati estis, non immerito longum merorem nobis diminuistis. Gaudemus quippe, si gaudetis. Tristamur, si tristamini. Sic sancta societas unum et idem sentiens manet. Nec nos soli dulcem affectum vestrum circa nos sentimus. Sentiunt et illi qui admirabile opus crucis⁴ a vobis nostro nomini elaboratae, non sine magna oblectatione conspiciunt, in quo pignus amicitiae aeternitatem sibi affectat.

---

125. — *c.* assiduo *VMD.* — *d.* et *VMD.* — *e. spatium vacuum L; notae* ne po te me um *VB;* Z.Z.Q.M. *MD.* — *f.* E. *VB,* et *MD.* — *g. spatium vacuum L; notae* ne bis mi ti o ra mus *VB;* V.Q.O.V.E. *MD.* — *h. ita VMDB,* XIIII *L; cf. epist.* 131. — *i. nota dubia VB, deest LMD.* — *j.* refugi *VB.*

126. *LVMD.* — *a.* Incerto *MD.* — *b.* auersa *VDB,* omissa *M.*

---

1. On ne connaît pas à l'archevêque Adalbéron de neveu dont le nom commence par un B; à moins qu'on ne veuille supposer que Bardon et Gozilon étaient ses frères, et non ceux de l'évêque Ascelin (p. 56, note 12), et qu'il s'agit ici de Bardon, fils de Bardon. Voir aussi lettres 131 et 135.
2. Le jeudi 20 septembre 988; voir lettre 131.
3. Masson et Du Chesne, n° 126; Olleris, n° 5. — Août 988. — Lettre écrite au nom de l'archevêque Adalbéron.
4. Voir lettres 104 (p. 97) et 106 (p. 98).

127.

[GIBUINO EPISCOPO *a* 1.]

Molimur, conamur ², quod nolumus *b* agimus, quod volumus *c*, nequimus. Ecce Rai. *d* atque Ger.³, quos missum iri ad vos usque innuistis, alter solita valitudine fatigatus *e*, alter ins. lita quidem, sed cum tedio sui unita⁴, imperium vestrum exequi minime potuerunt. Exequetur autem R. quam proxime in melius commutatus. Cui *f* obsequiis *g* Her. comitis *h b* adfore jamdudum in animo est. Et quia quanto silentio quantaeque fidei *i* nostra secreta commiserimus novistis, vices nostras nostrique legati apud comitem Her. ⁵ vos agere rogamus, facturi quicquid prudentiori consilio decernetis, finitoque foro ⁶ uti audita, relata, inventa conferre nobiscum dignemini obsecramus, vestro per omnia usuri consilio sapienti.

128.

a Quibus⁷ angustiis domina [mea Hemma *b*] afficiatur, quantoque prematur angore, testis est ipsius epistola *c* ad *d*

---

127. *LVMD.* — *a. titulus deest L.*; *notae gi bu i no o pis co po VB*; *Incerto MD.* — *b. volumus MD.* — *c. nolumus MD* — *d. Ra. L.* — *e. fatigatur VMD.* — *f. Cuius VMD.* — *g. olim* ... *tic DB.* — *h. com. LV, Comitem MD.* — *i. quantaquo fido MD.*

128. *L VMD.* — *a. MD addunt titulum* Adelaidi Matri Regnorum. — *b. spatium vacuum L; notae me a, littera H, notae e ma VB; Q.H. M; quondam Hemma D.* — *c. epistola ipsius VMD.* — *d. deest L.*

---

1. Masson et Du Chesne, n° 127 ; Olleris, n° 83. — Août 988. — Gibuin était évêque de Châlons-sur-Marne (p. 56, note 10). — Cette lettre doit avoir été écrite au nom de l'archevêque Adalbéron.
2. « Dum moliuntur, dum conantur » (Térence, *Heautontim.*, II, II, 11).
3. Renier et Gerbert ; voir p. 81, note 2.
4. Voir lettre 123 (p. 112).
5. Héribert II, comte de Troyes ; voir lettre 129.
6. Voir p. 64, note 2.
7. Masson et Du Chesne, n° 128 ; Olleris, n° 130. — Août 988. — Cette lettre est évidemment adressée à l'impératrice Adélaïde, mère d'Hemma et d'Otton II.

[dominam Th. imperatricem *] jamdudum directa¹. Cujus exemplar vobis misimus, ut et quid actum sit sciretis, et quam nichil sibi profuerit, et ut causam doli investigetis, si tamen dolus est *f*. Certe clarissimam dominam, ac *g* matrem regnorum ² vos hactenus fuisse manifestum est, nostrisque *h* periculis, si qua ingruent *i*, credidimus velle succurrere, nedum filiae quondam dilecte. Sive potestas erepta est, sive non est, filiae non subvenire in mesticia est. Ortamur tamen vos explorare apud Ka. per valentes legatos, utrum velit eam vobis reddere, aut creditam commandare³. Videtur quippe ideo illam sic obstinato animo retinere, ne videatur sine causa caepisse⁴.

129.

[EX PERSONA A. ARCHIEPISCOPI COMITI GODEFRIDO *a* 5.]

Quamvis vos in propriis causis noverim satis occupari, tamen commune periculum magis sollicitos reddere debet. Scitis quas conventiones cum O. et Her. comitibus habuerimus, et cur obsides donaverimus⁶. Instant et promissam amiciciam requirunt. Itaque nuntiis eorum respondere debeo de mea ac vestra voluntate III non. septb. ⁷. Mores, studia, dolos, fraudes eorum inter quos habito scitis. Redite ergo usque Bullionem *b* 8 uti vobiscum loqui possim, de his

---

128. — *e. spatium vacuum L; notae do mi na, litterae Th., notae lm pe ra tri ce VH*; D.Q.V.M.H.E. *MD*. — *f.* et ut causam doli, si tamen dolus est, investigetis *VMD*. — *g.* et *MD*. — *h.* nostris *VMD*. — *i.* ingruerint *MD*.
129. *LVMD.* — *a. titulus deest L; notae ex per so na, littera A., notae ar co mi ti go de fri do VH*; V.V.D.A.H.G.I.D.V.I.D. *MD*. — *b.* Bublionem *VMD*.

---

1. Peut être la lettre 119 (p. 108).
2. Voir lettre 74 (p. 70).
3. La remettre en main tierce (?).
4. Hemma fut probablement mise en liberté avant la fin de l'année 988; voir lettre 147
5. Masson et Du Chesne, n° 129; Olleris, n° 110. — Reims, août 988.
6. Voir lettre 103 (p. 96).
7. Le lundi 3 septembre 988.
8. Bouillon (Belgique, province de Luxembourg), dans l'ancien diocèse de Liège, près de la limite de celui de Reims.

quae mandare non possum. Sunt enim res grandes, et ad vos multum pertinentes, et quia civitatem [1] sine forti periculo dimittere non possum, si placet, Mann[asse]s comes [c,2] veniet vobis obviam, qui [d] vos omni securitate ad nos usque perducat.

Valete, et quae vobis cordi sunt [e], velocius remandate.

130.

RAINARDO [a] MONACHO [3].

Non existimes, dulcissime frater, vitio meo fieri quod tam diu fratrum meorum praesentia careo. Postquam a te digressus sum, crebris itineribus causam patris mei Columbani pro viribus executus sum. Regnorum ambitio, dira ac [b] miseranda tempora fas verterunt in nefas. Nulli jure rependitur sua fides. Ego tamen cum sciam omnia ex Dei [c] pendere sententia, qui [d] simul corda et regna filiorum hominum permutat, exitum rerum pacienter expecto. Idem quoque facere te, frater [e], et moneo et hortor. Unum a te [f] interim plurimum exposco, quod et sine periculo ac detrimento tui fiat, et me tibi quam maxime in amicicia constringat. Nosti quanto studio librorum exemplaria undique conquiram. Nosti quot scriptores in urbibus ac [g] in agris Italiae passim habeantur. Age ergo et te solo conscio ex tuis sumptibus fac ut michi scribantur M. Manlius [h] de

---

129. — c. Manns: com. LV, manus Comitis M, Manae. Comes D. Manue. Com. R. — d. quae MD. — e. deest MD.
130. LVMD. — a. Rainardo MD. — b. et MD. — c. Domini VMD. — d. quae MD. — e. deest VMD. — f. Unum autem VMD. — g. aut VMD. — h. Manilius MD.

---

1. La ville de Reims.
2. Manassès Ier, comte de Réthel, mentionné deux fois dans les actes du concile de Verzy, chap. 5 et 11.
3. Masson et Du Chesne, n° 130; Olleris, n° 78. — Août-septembre 988. — Voir lettres 19 (p. 15) et 161. Celle-ci, confiée à un certain Tethaldus, qui se disait moine de Bobbio, ne parvint pas à son adresse (lettre 161).

astrologia [1], Victorius [1] de rethorica [2], Demostenis Optalmicus [3]. Spondeo tibi, frater, et certum teneto, quia obsequium hoc fidele, et hanc laudabilem obaedientiam sub sancto silentio habebo, et quicquid erogaveris cumulatum remittam secundum tua scripta, et quo tempore jusseris. Tantum significa cui et tua munera, et nostra porrigamus scripta, frequentiusque nos tuis litteris letifica, nec sit metus ad quorumlibet noticiam pervenire, quae sub nostra deposueris fide.

131.

Quod [4] benivolentia vestra secundum dignitatem vestri nominis assidue perfruimur, plurimum congaudemus, cum nostri utilitate, tum vestri honoris provectione. Laetamur nunc praesentia nepotis A. Verdunensium episcopi [5], qui vos habita ratione loci et temporis cum copiis adfore pollicitus est. Itaque ei non dissimilem quantum ad affectionem animi spectat magnitudinem vestram urbi Remorum exhibebitis XII kl. octobr. [6]. Quod et monachum latorem episto-

130. — 1. Victorinus *M D*.
131. *L V M D.*

1. Probablement Boèce, *Anicius Manlius Torquatus Severinus Boetius;* voir lettre 8 (p. 6, note 8). — Il n'y a pas de raison de supposer qu'il s'agisse du poète ancien que les modernes appellent Manilius, car on ignore le vrai nom de ce poète : « Nemo sane ante sextum decimum seculum Manilii aut Manlii nomen librorum fronti inscripsisse videtur, idque non traditum a veteribus, sed a recentibus electum nulla auctoritate commendatur... Ac ne id quidem satis constat, de illo quem quaerimus poeta Gerbertum scripsisse, cum nesciamus utrum libros soluta oratione scriptos, an numeris et pedibus vinctos significare voluerit » (Lanson, *De Manilio poeta*, 1887, p. 5, 6).
2. Il y a eu au moins deux rhéteurs latins du nom de *Victorius*, mais ils ne nous ont pas laissé de traité de rhétorique. Peut-être faut-il lire, comme Masson, *Victorinus*, nom de l'auteur d'un commentaire sur la Rhétorique de Cicéron, qui nous est parvenu. La bibliothèque de Bobbio possédait, vers le x° siècle, « librum M. Victoria de rhetorica » (Olleris, p. 493).
3. Voir p. 7, note 4.
4. Masson et Du Chesne, n° 131; Olleris, n° 111. — Août-septembre 988. — Lettre probablement écrite au nom de l'archevêque Adalbéron et adressée peut-être à l'un des deux Bardon ou à Gozilon; voir lettres 125 (p. 114, note 1) et 135.
5. Adalbéron, fils du comte Godefroi, évêque de Verdun.
6. Le jeudi 20 septembre 988; voir lettre 125 (p. 114).

lac celabitis, et rem tuto silentio tegetis, uti occultus ac inprovisus ad nos possit esse vester adventus.

132.

Quantum [1] consilii, quantumque rationis provida in mente versetis, cum alias [a] innotuerit, tum exitus viarum K. [2] manifestius prodiderunt. Sed si eum e [b] provintia vestra velut hostem propulsare nisi estis, amicorum vestrorum H. regine et episcopi A. [3] meminisse debuistis, et si velut [c] amicum in regnum sublimare, nichilominus eorum oblivisci non oportuit, simulque apud infidos maleficia beneficiis non superari. Significate ergo si quid harum rerum per vos in melius [d] commutari possit, et cur indictum colloquium pro pace inter reges [4] neglectum sit, vel [e] si saltim futura quies inter eos constat. Interea si quicquam benivolentia promeruimus, multum petimus, multumque oramus, ne militi nostro Unc. pro Ber. [f] [5] praejuditium fiat. Est quippe eis commune praedium in lite cum ecclesia [6], vultque B. sibi cedi in partem ex novi operis [7] capellam [g], quod non possit jure haberi nisi ex aequo facta divisione.

Bene valete, ac nostrum codicem, si placet, per fidum nuncium resignate.

132. *Li'* MD. — *a.* aliis MD. — *b.* a MD. — *c.* velit MD. — *d.* in melius per vos VMD. — *e.* et VMD. — *f.* ita L, vvt. pro Ber. V, verbis pro rebus M, We. pro Ber. DR. — *g.* capella VMD.

1. Masson et Du Chesne, n° 132; Olleris, n° 133. — Août-septembre 988. — On peut supposer que cette lettre est écrite au nom de l'archevêque Adalbéron, mais on ne sait à qui elle est adressée; voir ci-dessous, note 6.
2. On ignore les voyages que fit le duc Charles en 988.
3. Hemma, veuve de Lothaire, et Adalbéron ou Ascelin, évêque de Laon, prisonniers du duc Charles à Laon.
4. Fait inconnu; comparez la lettre 138.
5. Personnages inconnus. — Il faut peut-être lire *Unf.*, c'est-à-dire *Unfrido*. — *Ber.* est l'abréviation d'un nom tel que *Bernardo*.
6. Quelle église? Sans doute celle que gouverne le destinataire de la lettre. Ce destinataire est donc un prélat.
7. Après *ex novi operis*, il faut, semble-t-il, sous-entendre *actione, jure* ou un mot analogue. On entend par *opus novum*, en droit romain, une construction élevée par un propriétaire sur son fonds, au mépris des droits de servitude d'un propriétaire voisin (Digeste, XXXIX, 1). Voici comment on peut, à la rigueur, comprendre l'affaire obscure dont il s'agit : U. et B. possèdent en commun

133.

[GIBUINO EPISCOPO [a][1].]

Anxie quidem jamdudum vestra praesentia frustramur, multa vestris consiliis disponenda reservamus. Nostis quam paucorum fidei rei publicae negotia sint [b] committenda. Itaque optamus, monemus, oramus, omni affectu caritatis adfore vos Remis X kl. octobris [2] cum pro summis rationibus quas vobis tantum credere fas est, tum etiam pro habenda ordinatione O. Silvanectensis episcopi designati [3].

134.

REMIGIO MONACHO TREVERENSI [4].

Bene quidem intellexisti [a] de numero D^{enario} [b] quomodo se ipsum metiatur [5]. Semel namque unus, unus est. Sed non idcirco omnis numerus se ipsum metitur, ut scripsisti,

---

133. *LVMD.* — *a. titulus deest L; notae* gi bu i no e pis co po *VB;* Z.R.B.I. *MD.* — *b.* sunt *MD.*
134. *LVMD.* — *a.* intellexistis *MD.* — *b. ita L,* D. *VDB, deest M.*

---

un fonds qui fait l'objet d'un débat avec l'église de ... et sur lequel ou près duquel elle a élevé des constructions au mépris de leur droit. B. demande, à titre d'indemnité, pour sa part (*in partem*), que l'église lui cède une chapelle qui fait partie des constructions nouvelles. U. proteste contre ce projet de transaction fait sans son concours et demande que, si l'église cède quelque chose, ce qu'elle cèdera soit partagé également entre B. et lui.

1. Masson et Du Chesne, n° 133; Olleris, n° 86. — Août-septembre 988. — Voir lettres 58 (p. 56, note 10) et 127 (p. 115).
2. Le samedi 22 septembre 988; voir p. 41, note 4.
3. Eudes, *Odo*, succéda, sur le siège épiscopal de Senlis, à Constance, mort le 16 juillet, on ne sait en quelle année (*Gallia christiana*, X, col. 1388). La présente lettre permet de fixer avec vraisemblance la mort de Constance au lundi 16 juillet 988. — Cette dernière phrase donne lieu de présumer que la lettre est écrite au nom d'Adalbéron, archevêque de Reims.
4. Masson et Du Chesne, n° 134; Olleris, n° 124. — Vers septembre 988. — Voir la lettre suivante.
5. Cette phrase et les suivantes sont très obscures. Au lieu de *denario* ou *D*, on a proposé de lire *I* (Olleris, p. 528); c'est une correction bien hardie. Dans la langue technique de Gerbert, *metiri* paraît signifier « être diviseur de » (Olleris, p. 352 et suivantes); mais on ne voit pas ce qu'il entend par un nombre qui *se ipsum metitur.*

quia ^{c} sibi aequus est. Nam cum semel IIII^{or} sint IIII^{or}, non ideo IIII^{or} metiuntur IIII^{or}, sed potius II°. Bis enim bini, IIII^{or} sunt. Porro I littera, quam sub figura X^{es} adnotatam repperisti, X^{cem} significat unitates[1], quae in sex et IIII^{or} distributae, sesqualteram efficiunt proportionem. Idem quoque et ^{d} in III ^{e} et II perspici licet, ubi unitas est differentia. Speram[2] tibi nullam misimus, nec ad praesens ullam habemus, nec est res parvi laboris tam occupatis in civilibus causis. Si ergo te cura tantarum detinet rerum, volumen Achilleidos Statii[3] diligenter compositum[4] nobis dirige, ut speram ^{f} gratis propter difficultatem sui non pote[n]s ^{g} habere, tuo munere valeas extorquere.

135.

^{a} Sicut[5] audita peregrinatio vestra merorem nobis intulit, ita permutatus rumor dilati itineris, quasi fructum laetitiae inportavit. Anxiabamur quippe cum vestri absentia, tum quod tantae personae meriti ^{b} non respondebant honores. Elaboramus ergo et quod brevitas temporis non habuit, spatio temporis adtribuimus, ac munera justa vires paramus[6]. Vires dicimus, quia nostis inter quos habitemus,

---

134. — *c.* qui *MD.* — *d.* deest *VMD.* — *e.* sex *VDB.* — *f. VMD* addunt quam. — *g.* poteris *L*, poteritis *VMD.*
135. *LVMD.* — *a. L^2 VDB* addunt titulum Archiepiscopo. — *b.* meritis *MD.*

---

1. « M. Th.-H. Martin explique clairement cette phrase. Le chiffre I vaut dix, parce qu'il est placé au dessous du nombre X, c'est-à-dire dans la colonne des dizaines de l'*abacus* » (Olleris).
2. Une sphère ; voir lettres 148, 152 et 162.
3. Voir lettre 148.
4. « Id est scriptum » (Baluze).
5. Masson et Du Chesne, n° 135 ; Olleris, n° 145. — Septembre 988. — D'après la dernière phrase, qui rappelle la lettre 125 (p. 114), la présente paraît être écrite au nom d'Adalbéron, archevêque de Reims, et adressée à Ecbert, archevêque de Trèves : dans ce cas, il est probable que les deux lettres 134 et 135, adressées dans la même ville, auront été écrites en même temps et confiées à un même porteur.
6. Si cette lettre est adressée à Ecbert, Adalbéron songe sans doute à s'acquitter de la dette de reconnaissance qu'il avait contractée envers ce prélat en acceptant de lui une croix ouvragée ; voir lettres 104 (p. 97), 106, (p. 98), 126 (p. 114). — *Justa* est pour *juxta*.

quanta perfidia quorundam exagitemur, qua ^{c} etiam obsidio Laudunensis urbis praetenta ^{d} pace sequestra [1] intermissa est [2], XV ^{e} kl. novb. [3] repetenda. Quamobrem, sicut monuimus, monemus, et pro solatio militum si indiguerimus, et pro auxilio capti confratris nostri A. [4], utque B. et G. [5] vestra exortatione digniores se repraesentent germanos in tanto discrimine rerum.

136.

Ne ^{a} gravi ^{a} vel ^{b} iniquo animo feras [7] justissimam correptionem Dei ^{c}, dulcissime frater. Divinitas quippe non dignatur impios suo flagello, aeternis cruciatibus reservans puniendos. Disce constantiam servare in adversis, et si Job vel ^{b} nostri ordinis sacerdotes antiquos ^{d} non vales imitari, saltim nostri temporis laicum hominem tibique affinem exemplar habeto, comitem Guodefridum [8]. Nos quidem tuae salutis non erimus immemores ^{e}, nec quicquam eorum quae pro te fieri oporteat, intemptatum relinquemus. Noverit ergo

---

135. — *c.* quia *VMD.* — *d.* præterita *VMD.* — *e.* deest *M,* X *VDB.*
136. *L VMD.* — *a.* graviter *VDB.* — *b.* et *VMD.* — *c.* Domini *VMD.* — *d.* antiquos sacerdotes *VMD.* — *e.* immemores non erimus *V M D.*

---

1. Voir p. 58, note 8.
2. Voir p. 105, note 1.
3. Le jeudi 18 octobre 988; ou le mardi 23, selon la leçon du manuscrit de la Vallicellane.
4. Adalbéron ou Ascelin, évêque de Laon; voir lettres 115 (p. 106) et 132 (p. 119).
5. Sans doute Bardon et Gozilon, frères, soit de l'évêque de Laon, soit de l'archevêque de Reims; voir p. 56, note 12, et lettres 125 (p. 114) et 131 (p. 118).
6. *Masson* et *Du Chesne,* n° 136; *Olleris,* n° 143. — Septembre 988. — « Ex persona Adalberonis Remensis Adalberoni Laudunensi » (Baluze). L'évêque Adalbéron, au moment où l'archevêque lui écrit cette lettre, est encore prisonnier de Charles dans la ville de Laon. Il s'échappa dans l'automne de 988 (Richer, IV, 20).
7. Voir p. 18, note 8.
8. Le comte Godefroi, frère de l'archevêque Adalbéron, avait été prisonnier des comtes Eudes et Héribert depuis le printemps de 985 jusqu'au 17 juin 987 (p. 45, note 1, et p. 95, note 4). On ignore quels pouvaient être ses liens de parenté ou d'alliance (*tibique affinem*) avec l'évêque de Laon, qui, au reste, était, comme lui, Lorrain, *ex Lotharingia oriundus* (Guibert de Nogent, édition d'Achery, p. 496; Migne, CLVI, 907).

[Anselmus *l*]¹ omnia quae circa te sunt, uti *g* legatum nostrum Parisius in festo beati Dionisii² certissimum in omnibus reddere possit, ut si obsidio futura est, vel *h* non est, alia atque alia *h* refingantur *i* consilia.

Vale feliciter, et hoc unum attende, ne te praecipitem dederis³, ut satius fuerit alio modo perisse, quam post *j* interitum tibi tuisque posteris aeternum obprobrium reliquisse *k*.

Iterum⁴ vale et a [Roberto Miciacensi *l*]⁵ plurimum cave, ut a perfido et impostore.

137.

Absentia *a* ⁶ militum nostrorum res quam petistis plenum non habuit effectum, est tamen in voto, et in eorum reditu quod poterimus exequemur. Sed si perpetuam pacem rusticis Atineti *b* ⁷ optatis, venia[t comes Sigibertus] *c* ⁸ ad nos usque quam proxime, ut et in Dud[onem] *d* ⁹ merita compa-

---

136. — *f. spatium vacuum L; notae an sel mus VB; I,V,Q. MD.* — *g. ut MD. — h. deest L. — i.* refringantur *MD. — j.* per *VMD. — k.* reliquisse. Rq. *reliqua desunt L. — l. notae ro ber to mi ci a cen si L¹ VB; I.V.I.Q.Z.II.Z.A. MD.*
137. *VMD.* — *a.* Absentiam *L¹*, Absentiâ *M.* — *b.* Asineti *MD.* — *c.* veniam com. ceu *et notae* gi ber tus *V*; veniam com. *et eaedem notae B*; veniam Com. Cen. et vt *MD.* — *d.* dud. *V*, dudum *M, deest D*, dudz *B.*

---

1. Voir lettres 140 et 149.
2. Le mardi 9 octobre 988.
3. On ne sait pas quel était le parti périlleux dont l'archevêque de Reims cherche ici à détourner l'évêque de Laon.
4. Paragraphe secret (p. 37, note 2).
5. *Miciacensi*, « de Saint-Mesmin » (Loiret, commune de Saint-Hilaire-Saint-Mesmin), abbaye bénédictine du diocèse d'Orléans. Dans les dernières années du x⁰ siècle, un religieux du nom de Robert et l'ancien écolâtre de Saint-Benoît-sur-Loire, Constantin, ami de Gerbert (p. 77, note 3), paraissent s'être disputé la dignité d'abbé de Saint-Mesmin (Bouquet, X, p. 440). On ne sait si ce Robert est celui dont il s'agit ici, ni quel rôle il pouvait jouer dans cette affaire.
6. Masson et Du Chesne, n° 137 ; Olleris, n° 119. — Derniers mois de 988 : lettre secrète (p. 37, note 2). — Cette lettre est probablement écrite au nom de l'archevêque Adalbéron ; les noms de Dudon et de Sigibert, qu'on a déjà vus dans la lettre 100 (p. 92), peuvent faire supposer qu'elle est adressée à Evorger, archevêque de Cologne (p. 91, note 3).
7. Peut-être un domaine de l'église de Cologne en France (p. 92, note 3) ; peut-être Attigny (Ardennes), près de la voie romaine de Reims à Trèves (?).
8. Voir p. 92, note 5.
9. Voir p. 92, note 4.

rentur consilia et vestra militaris manus digna nobis conferat solatia, juxta quod per eum significabimus. Haec tutis auribus committimus propter hostium multiplices insidias.

138.

Gratulamur[1] meliori habitudine corporis instaurata in vobis[2], simulque quod nostram scire voluistis. Nos quidem Deo [a] propitio et bene valemus et optima quaeque vobis [b] optamus. Nec ceptam amicitiam scienter violare molimur, nec acceptam a vestris [c] injuriam [2], injuria [d] propulsare. Sed a kl. jan. usque ad inicium quadragesimae [3], in confinio nostrae Franciae, Burgundiae, ac Lothariensis regni, occurrere vobis parati sumus, sicut designabitis diem certum, et locum suo nomine descriptum, ut pax et concordia regnorum, et aecclesiarum Dei [e], nostro vitio non destituatur [4].

139.

Erudito [5] homini atque puram fidem quae hodie paucorum est constanter tenenti, duo verba Christi, et nostrum consilium aperient [a], et propositae questioni satisfacient. Dicimus autem : « Reddite quae sunt Caesaris Caesari, et quae sunt Dei Deo [6] », et : « Sine mortuos sepelire mortuos

---

138. *L V M D*. — *a*. Domino *V M D*. — *b*. votis *M D*. — *c*. nostris *M D*. — *d*. deest *V M D*. — *e*. Domino *V*, Domini *M D*.
139. *L V M D*. — *a*. aperiemus *V D B*, aperiens *M*.

---

1. Masson et Du Chesne, n° 138; Olleris, n° 120. — Derniers mois de 988. — Cette lettre paraît être écrite soit au nom d'Adalhéron, archevêque de Reims, à quelque seigneur ou prélat de Lorraine ou d'Allemagne, soit peut-être au nom du roi Hugues Capet, à l'impératrice Théophano ou au roi de Bourgogne Conrad.
2. Faits inconnus.
3. Du mardi 1er janvier 989 au mercredi des cendres, 13 février 989.
4. Voir lettre 132 (p. 119, note 4).
5. Masson et Du Chesne, n° 139; Olleris, n° 165. — Derniers mois de 988. — On ne sait pas à qui est adressée cette lettre et à quelle affaire elle fait allusion.
6. Matthieu, XXII, 21; Marc, XII, 17; Luc, XX, 23.

suos [1]. » His animadversis, legitime injuncta ab episcopo honeste prosequemini [b]. Contra fas porro a quolibet prolata devitabitis non inhoneste. Utantur suo tempore filii tenebrarum, filii Belihal. Nos filii lucis, filii pacis, qui spem in homine velut faenum arescente [2] non ponimus, cum pacientia expectemus illud prophetae [3] : « Vidi impium superexaltatum, et elevatum sicut [c] cedros Libani, et [d] transivi, et ecce non erat, et [d] quaesivi eum, et non est inventus locus ejus [4]. »

140.

Beneficiis [5] liberatoris nostri grates persolvere dignas non sufficimus [6]. Etenim [a] membra nostra quae infernus absorbuisse in vobis [7] visus est, ab ejus faucibus erepta victore Christo laetamur. Verum quod hujus temporis est, monemus uti vestro [b] colloquio [8] perdiscatis, quae appetenda, quae vitanda vobis sint priusquam nostri regni [9] principum conventibus [10] misceamini. Simul etiam aut litteris, aut fido

139. — *b.* prosequimini *VMD.* — *c.* ita *V, s, L,* super *MD.* — *d. deest MD.*

140. *LVMD.* — *a.* Etiam *MD.* — *b.* nostro *VMD.*

1. « Sine ut mortui sepeliant mortuos suos » (Luc, IX, 60).
2. « Quoniam tanquam foenum velociter arescent » (*Psaumes,* xxxvi, 2); « Quis tu ut timeres ab homine mortali et a filio hominis, qui quasi foenum ita arescet? » (Isaïe, LI, 12).
3. Ou plutôt du psalmiste; voir la note suivante.
4. *Psaumes,* xxxvi, 35, 36.
5. Masson et Du Chesne, n° 140; Olleris, n° 108. — Derniers mois de 988. — Cette lettre semble écrite au nom d'Adalbéron ou Ascelin, évêque de Laon, peu après son évasion (p. 122, note 6), et adressée à Adalbéron, archevêque de Reims.
6. Ces mots paraissent vouloir dire que le destinataire de la lettre avait favorisé l'évasion de l'évêque de Laon. D'autre part, si Gerbert écrit au nom de cet évêque, c'est qu'il est auprès de lui. Peut-être avait-il été envoyé par l'archevêque avec la mission de visiter l'évêque captif, comme il avait visité jadis le comte Godefroi (lettres 47-52), et d'employer tous ses efforts pour le délivrer.
7. Inintelligible.
8. Obscur ; peut-être l'entretien projeté du destinataire de la lettre avec le roi Hugues (lettre 141).
9. Peut-être le royaume de Lorraine, d'où l'évêque de Laon était originaire (p. 122, note 8).
10. Peut-être la conférence internationale dont il est question dans la lettre 138 (p. 124).

nuntio significate, utrum tuta videatur vobis ad praesens profectio An. *c* 1 atque Ra. 2 ad comitem O. 3 et quo conveniant.

141.

EIDEM *a* 4.

Diutius consultando, nichil tucius in commune repertum est, quam a colloquio senioris vestri *b* 5 ad praesens abstinere, si fieri potest honeste. Si autem non potest *c*, majorum causarum summas attingere, nichil nisi evidenter utile definire bonum est. Porro omnium bonorum fidelis *d* Ra. 6 feria V 7 vestrum legatum Silvanectis 8 prestolabitur, vel Carnotim 9 profecturus, si laudabitis, vel *e* Compendiacum 10 reversurus, si sic annuetis.

142.

A. EPISCOPUS N. *a* ET G. *b* SCOLARIS *c* ABBAS *c* CONSTANTINO SCOLASTICO *d* 11.

Congratulamur tibi, dulcissime frater, pervasore atque hoste monasticae religionis, ad multorum salutem, humanis

140. — *c*. Alt. V, A. B. *MD*
141. *LVMD*. — *a*. deest *MD*. — *b*. vestri senioris *VMD*. — *c*. potestis *MD*. — *d*. fideliter *M*, fide *DB*. — *e*. et *VMD*.
142. *LVMD*. — *a*. R. *MD*. — *b*. deest *MD*. — *c*. deest *L*. — *d*. suo *VMD*.

1. Anselmo; voir lettres 136 (p. 123) et 149.
2. Renier (p. 81, note 2).
3. Eudes, comte de Blois et de Chartres; voir lettre 141.
4. Masson et Du Chesne, n° 141; Olleris, n° 114. — Derniers mois de 988. — Lettre de Gerbert à l'archevêque Adalbéron, probablement confiée au porteur de la précédente.
5. Probablement le roi Hugues Capet.
6. Renier (p. 81, note 2); voir la lettre précédente.
7. Un jeudi.
8. Senlis (Oise), une des résidences royales.
9. Chartres (Eure-et-Loir), où résidait sans doute alors le comte Eudes (ci-dessus, note 3).
10. Compiègne (Oise), autre résidence royale.
11. Masson et Du Chesne, n° 142; Olleris, n° 140. — Derniers mois de 988. — *A. episcopus N.* ne se comprend pas. La correction de Jean Masson, qui a

rebus exempto [1]. Insta ergo et si jam patrem [2] tua ac fratrum electione *e* dignum habes, habeamus eum et nos praesentem tua opera proxime in festo beati Remigii [3], ut affectus noster a Floriacensibus [4] te faciente paululum abalienatus, te faciente sit plurimum reconciliatus. Quod si haec omnia minus fieri *f* possunt *g*, liceat nobis vel *h* tua tantum perfrui praesentia, si quid umquam prestitimus quod placuerit, vel *h* si dignaris praestari *i* quod placere possit.

143.

CONSTANTINUS AD GIRBERTUM *a* [5].

Si eam quam in maximis rebus benivolentiam sine effectu *b* contulistis, nunc in minimis causis prestetis *c*, non parvam laudem, nec minimum fructum sperare debetis. Laborastis quippe ut liberaremur ab hoste [6], sed contempti estis. Modo quia liberavit nos Dominus de ore leonis [7], solitam operam impendite, ut imperio senioris ac dominae vestrae [8] ille violentus praedo [9] saltem suppellectilem

142. — *e*, dilectione *MD*. — *f*. fieri minus *VDB*, fieri nunc *M*. — *g*. possint *MD*. — *h*. et *VMD*. — *i*. præstare *VMD*.
143. *LVMD*. — *a*. titulus deest *MD*. — *b*. affectu *MD*. — *c*. præstatis *MD*.

imprimé *episcopus R.*, c'est-à-dire *Remensis*, paraît bien vraisemblable ; mais elle a contre elle le témoignage concordant des manuscrits de Leyde et de la Vallicellane. La mention de la fête de saint Remi ne permet guère de croire la lettre écrite au nom d'un autre que l'archevêque de Reims. — *G. scolaris abbas*, Gerbert, écolâtre de Reims et abbé de Bobbio. — Constantin, voir p. 77, note 3.

1. Oilbold, abbé de Saint-Benoît-sur-Loire, mort dans l'automne de 988 (p. 65, note 5).
2. Un abbé.
3. Le dimanche 13 janvier 989.
4. Les moines de Saint-Benoît-sur-Loire.
5. Masson et Du Chesne, n° 143 ; Olleris, n° 148. — Derniers mois de 988. — Voir la lettre précédente. — On ne voit pas pourquoi cette lettre adressée à Gerbert figure dans le recueil des lettres écrites par lui. Par la langue et le style, elle ne diffère guère des lettres dont Gerbert est l'auteur.
6. L'abbé Oilbold (p. 65, note 5).
7. « Et liberatus sum de ore leonis » (Paul, *Tim.*, II, iv, 17).
8. Peut-être le jeune roi Otton III et sa mère Théophano.
9. Personnage inconnu, qui apparemment, avec la complicité de l'abbé Oilbold, s'était approprié une partie des biens de Saint-Benoît-sur-Loire et s'était ensuite réfugié dans les États d'Otton III (?).

nostram reddere cogatur. Non aurum querimus, nec massas argenti, sed quibus carere dedecus est. Dicimus autem, aulea, tapetia [1], et his *d* similia. Simulque petimus nostram fidem non ex ejus [2] fide perpendi, qui nichil umquam spopondit, quod ratum fore decreverit.

144.

Sicut [3] epistola regii nominis quam vobis misimus continet, monemus, rogamus, obsecramus, ut exequi curetis [4], cum pro vestra benivolentia circa nos, tum propter pacem aecclesiae Dei *a*, pace principum proventuram. Ne si *b* forte desiderabili praesentia vestra frustramur, apud fidos, infidi ac suspecti habeamur *c*.

145.

a Etsi [5] omnis aecclesia catholica una atque eadem est, singulis tamen sacerdotibus modus quidam praescriptus est, quo se extendere, ubi terminos debeant collocare. Itaque

---

143. — *d.* iis *MD*.
144. *LVMD*. — *a.* Domini *VMD*. — *b.* nisi *MD*. — *c.* habemur *MD*.
145. *LVMD*. — *a. MD addunt titulum* Parisiensi Episcopo Gerbertus.

---

1. Probablement des tentures ou des tapisseries, plutôt que des tapis.
2. L'abbé Gibold, ou le *violentus praeda* (?).
3. Masson et Du Chesne, n° 144; Olleris, n° 97. — 23 décembre 988; lettre portée par *Ri.*, fils de *Ri.* (lettre 146). — Voir lettre 146 : ces deux lettres paraissent écrites au nom d'Adalbéron, archevêque de Reims, à un personnage influent, probablement d'Allemagne ou de Lorraine. Les mots *fraternitati vestrae* (lettre 146) semblent désigner un homme d'église. C'est peut-être Ecbert, archevêque de Trèves, ou Notger, évêque de Liège (?).
4. La lettre royale en question invitait le destinataire de la présente à se rendre à Reims, ainsi que le comte Godefroi, le 28 décembre 988, pour y conférer avec des envoyés du roi Hugues; ni l'un ni l'autre, à ce qu'il semble, ne vint à ce rendez-vous (lettre 146).
5. Masson et Du Chesne, n° 145; Olleris, n° 189. — 23 décembre 988 ou peu après. — Cette lettre est sans doute écrite au nom de l'archevêque Adalbéron et adressée au roi Hugues. En même temps que la lettre royale mentionnée dans les lettres 144 et 146, Adalbéron en avait donc reçu une autre qui l'entretenait de l'affaire de l'abbé de Saint-Denis.

in causa Rotb. *ᵇ* abbatis ¹, ob eam quam servamus ac semper vobis servare volumus fidem, haec tria consultando proponimus. Primum, non esse nostri officii *ᶜ*, falcem in aliena messe ponere, in quo multiplices rependimus grates, etiam indebito dignari nos honore. Secundum, sancti Dionisii caenobium ejus esse reverentiae ac dignitatis, ut nullus *ᵈ* ibi magistratus debeat deponi aut imponi sine comprovincialium quorum interest consensu, ac favore sollempni. Tercium proponimus, si rem in dilatione ponitis, vestrae mansuetudini suggerendum, quicquid honestius et utilius cum religiosissimis et sapientissimis *ᵉ* viris inveniemus.

146.

X kl. ² jan. ³ a rege acceptam epistolam fraternitati vestrae direximus per Ri. *ᵃ* equivocum patri ⁴, in qua vester ac fratris mei ⁵ adventus in urbe Remorum expetebatur V kl. jan. ⁶, regiis legatis obviam occursuris *ᵇ*. Qui ex condicto quidem venerunt, sed vos non invenerunt. Porro exemplar prioris epistolae nostrae ⁷ nunc mittimus, postulantes datum iri subitum propriae voluntatis responsum *ᶜ*, simul et actionis.

145. — *b.* Rots. *V*, Roberti *M*, Rotherti *D*, Rotb. *B*. — *c.* iuris *VMD*. — *d.* nullius *MD*. — *e.* amplissimis *MD*.
146. *LVMD*. — *a.* R. *VMD*. — *b.* occursuri *MD*. — *c.* subitum responsum voluntatis propriæ *VMD*.

---

1. Robert II, abbé de Saint-Denis au moins depuis 980, vécut jusqu'en 1005, mais cessa ses fonctions dès l'année 988 ou environ (*Gallia christiana*, VII, col. 361, 362). Il fut donc probablement déposé, comme le faisait attendre cette lettre. On ignore les motifs de sa disgrâce.
2. Masson et Du Chesne, n° 146; Olleris, n° 113. — Peu après le 28 décembre 988. — Voir lettre 144 (p. 128, note 3).
3. Le dimanche 23 décembre 988.
4. Personnages inconnus.
5. Le comte Godefroi.
6. Le vendredi 28 décembre 988.
7. La lettre 144 (p. 128).

147.

a Acerba[1] sunt haec tempora, sacerdos Domini, quibus sanctissima fides usquequaque rarescit. Sed mementote illius, quam semper promisistis, quamque a vobis conservandam credere *b* malim. Moveat vos mea captivitas[2], praedonum manus. Apud scientem loquor. Ego illa Hemma *c* quondam Francorum regina, quae *d* tot millibus imperavi, nunc nec vernaculos comites habeo, quibus saltem stipata conventus adeam tanti ducis Henr.[3], nec desiderabili praesentia vestra frui licet causa captandae salutis atque consilii. Adsitis ergo nostrae causae differendae, non determinandae, usque ad mutua verba, de castro [Divione *e*][4] dicimus, nec patiamini fratrem vestrum[5] dici proditorem, quem hactenus probavimus in fide non ficta permanentem. Interea quoniam Ad. *f*[6] rerum nostrarum ut scitis procurator nec rediit, nec quid ei obvenerit audivimus, ne vacua manu redeatis, diu exspectatam pecuniam in loculis vestris referte, mercedem ac gratiam ob merita beneficia relaturi cum ex hoc, tum ex aliis saepenumero collocatis *g*.

147. *VMD.* — *a. sine titulo V, MD addunt* Hemma quondam Regina Francorum. — *b. ita MD, ...V.* — *c.* Hū. *V.* — *d.* qui *V.* — *e. notae* di vi o ne *VB;* Q.G.R. *MD.* — *f. deest MD.* — *g.* collatia *MD.*

1. Masson, Du Chesne et Olleris, n° 147. — Fin de décembre 988 ou janvier 989; lettre secrète (p. 37, note 2). — Cette lettre est écrite au nom de la reine Hemma, veuve de Lothaire, naguère prisonnière du duc Charles à Laon, et adressée à un prélat. Ce prélat est peut-être l'évêque de Langres, Brunon de Roucy, fils d'une sœur du roi Lothaire (lettre 171); voir les notes suivantes.
2. « La captivité que j'ai subie »; voir la note suivante.
3. Henri Ier, duc de Bourgogne, frère du roi Hugues Capet. Il résulte de cette phrase que la reine était redevenue libre; voir p. 116, note 4.
4. Dijon (Côte-d'Or), alors au diocèse de Langres. Cette place, qui avait appartenu au roi Lothaire (Richer, III, 11-13), faisait peut-être partie du douaire de sa veuve.
5. Peut-être Gislebert, comte de Roucy (Aisne), frère de l'évêque de Langres.
6. Personnage inconnu.

148.

REMIGIO MONACHO [a] [1].

Pregravat affectus tuus, amantissime frater, opus Achilleidos quod bene quidem incaepisti, sed defecisti dum exemplar defecit [2]. Itaque et nos beneficii non immemores, difficillimi operis incaepimus speram, quae et torno jam sit expolita, et artificiose equino corio obvoluta. Sed si nimia cura fatigaris habendi, simplici fuco interstinctam, circa marcias kl. [3] eam expecta. Ne si [b] forte cum orizonte, ac diversorum colorum pulchritudine insignitam praestoleris, annuum perhorrescas laborem. Caeterum de dato et accepto, inter nostros clientes, sic jure constitit, ut nichil redderet, qui nichil deberet.

149.

Satis [4] quidem moleste absentiam vestram ferimus, sed majori cura premimur, ob ignorantiam earum rerum quae circa vos geruntur. Nam cujus affectuum participes sumus [a], ejus certe progressus et exitus viarum ignorare minime

---

148. *LVMD.* — *a. ita L,*[2]*V, titulus deest L,* Gerbertus Scholaris Abbas Remigio Monacho Treuerensi *MD.* — *b.* nisi *MD.*
149. *LVMD.* — *a.* sumus participes *MD.*

---

1. Masson et Du Chesne, n° 148; Olleris, n° 142. — Janvier 989. — Voir lettre 134 (p. 121).
2. L'Achilléide, poème de Stace, a été laissée inachevée par l'auteur. Gerbert, ignorant ce fait, a cru que Remi avait eu entre les mains une copie incomplète.
3. Le vendredi 1ᵉʳ mars 989. — Gerbert ne put tenir cette promesse; voir lettres 152 et 162.
4. Masson et Du Chesne, n° 149; Olleris, n° 88. — Noyon (? voir la note suivante), janvier 989. — La soumission que marque cette lettre ne permet guère de la supposer adressée à un autre que l'archevêque Adalbéron. Gerbert était donc loin de lui et ignorait qu'il fût alors malade, ainsi que nous l'apprend Richer (IV, 24). C'est la dernière lettre du recueil qui ait été écrite avant la mort de l'archevêque.

debemus. Festinate ergo vel *b* litteris planum facere, quid communium negotiorum, aut *c* privatorum postmodum egeritis, agatis, mox agere disponatis. Simulque significate, quid nos facere velitis in electione episcopi, II idus febr.[1] habenda, qua die vel *b* potius pridie vestra praestolabimur responsa, et quid Ansel.[2] apud comites[3] egerit, et cur ejus nuntium adhuc minime viderimus, et utrum regem an *d* comites prius convenire debeamus, vel *b* si iter ad indictum *e* colloquium Calae[4] differre debeamus, et si eo venietis, et cujus favore. Haec et his similia, plenissimam fidem ad vos habentibus, plena fide deponite.

150.

Gratuitae[5] benivolentiae vestrae nullis respondemus meritis. Quid enim contulimus aliquando dignum legatione Roderici[6]? Hoc solum superest, ut intelligamus quomodo dictum sit, ne cujuspiam regis vel episcopi commoda vestris ac senioris vestri[7] commodis anteferamus. Non satis quippe patet, utrum relictis omnibus quae possidemus, jubeatis sequi vos ac vestra, an quodam genere loquendi spe consolatoria tantum nos relevare velitis ab impetu sevien-

---

149. — *b.* et *VMD.* — *c.* ac *MD.* — *d.* ac *VMD.* — *e.* iniunctum *MD.*

---

1. Le mardi 12 février 989. L'évêque à l'élection duquel l'archevêque de Reims s'intéressait devait être un de ses suffragants. C'est probablement celui de Noyon. En effet, on croit que Liudulfe, évêque de cette ville, mourut le 5 novembre 988 et que son successeur Rathod fut élu vers le commencement de l'année 989 (*Gallia christiana*, IX, col. 993).
2. Anselme; voir lettres 136 (p. 123) et 140 (p. 126).
3. Les comtes Eudes et Héribert.
4. Chelles (Seine-et-Marne), résidence royale (Bouquet, X, p. 592). On ne sait rien de cette assemblée.
5. Masson et Du Chesne, n° 150; Olleris, n° 149. — Peu après le 23 janvier 989. — Cette lettre est certainement écrite par Gerbert, après la mort de l'archevêque Adalbéron, qui survint le mercredi 23 janvier 989 (p. 105, note 1). On ne sait pas à qui elle est adressée; c'est peut-être à Ecbert, archevêque de Trèves, ou à quelque autre personnage de la cour d'Otton III. Ce personnage, quel qu'il soit, avait offert à Gerbert, en termes vagues, une position loin de Reims et de la cour de France : Gerbert marchande son acceptation, afin d'obtenir des offres plus précises et plus avantageuses.
6. Personnage inconnu.
7. Probablement Otton III.

tis fortunae. Rex Hu. ac vicini episcopi, et qui sedem Remorum ambiunt, plurima offerunt, sed nulla a nobis adhuc recepta sunt, nec sine vestro consultu quicquam agere molimur. Ea gratia regem adire distulimus, ne forte ab eo rapti, vestra imperia refugisse videremur, ob dulcissimum affectum cari patris mei Adalber. omnibus mortalibus anteponenda, quem *a* in vobis quodammodo intueri desiderabile est. Caetera quae nobis *b* menti essent, et quae circa vos fieri *c* vellemus, Roderico diligenter exequenda commisimus.

151.

Gerbertus [1] salutem dicit *a* sibi scribenti sub nomine reverendi patris A. Verdunensis episcopi.

Si de meo statu queris, bona sententia, quicumque familiaritatem praetendis, liceat respondere tua pace, me positum in adver virum fortem sequi, non consequi [2]. Caeterum rei pu e causas *b* non significo, quoniam cui *c* scribam nescio. Specialia tamen fratris morbo calculi laborantis [3] plenius exequerer, si inventa a prioribus [4] intueri liceret. Nunc particula antidoti philoantropos [5] ac ejus scriptura [6] contentus, tuo vitio imputa, si quod paratum

150. *LVMD.* — a. quæ *VMD.* — b. in nobis *VMD.* — c. fieri circa nos *V*, fieri circa vos *MD*.
151. *LVMD.* — a. deest *MD.* — b. causis *L.* — c. quid *MD*.

---

1. Masson et Du Chesne, n° 151; Olleris, n° 158. — Vers février 989. — Le ton de cette lettre témoigne d'une grande défiance; comparez, dans la lettre suivante, ce que Gerbert dit des périls auxquels il était exposé.
2. « Que je m'efforce d'être ferme et que je n'y parviens pas. »
3. Sur la maladie d'Adalbéron, évêque de Verdun, voir Pertz, *Script.*, IV, p. 47. — *Fratris* semble indiquer que l'abbé de Bobbio se considérait comme l'égal d'un évêque, tout au moins d'un évêque jeune encore et avec qui il était lié familièrement (lettre 173).
4. Ce qui a été trouvé, constaté, par les premiers médecins.
5. Les anciens nommaient antidotes, non seulement les contre-poisons, mais en général les médicaments pour l'usage interne (Galien, *De antidotis*, I, 1, édit. Kuhn, XIV, p. 1). — *Philoantropos* ou mieux *philanthropos*, le gratteron, *galium aparine* (Pline, XXIV, 116, 176; XXVII, 15, 32; Dioscoride, III, 104; Galien, édit. Kuhn, XI, p. 834).
6. *Scriptura*, « inscription, étiquette ».

est ad salutem, non servando dicta*d*1, verteris in perniciem. Nec me auctore quae medicorum sunt tractare velis, praesertim cum scientiam eorum tantum affectaverim, officium semper fugerim.

152.

Girbertus[2] salutem dicit Remigio[3] fratri *a*.

Id momentum ac ea vis erat divae memoriae pater meus *b* Ad.[4] in causis pendentibus ex aeterno, ut eo in rerum principia resoluto, in primordiale chaos putaretur mundus relabi. In tanta igitur perturbatione, et ut ita dicam confusione, moralium *c* officiorum immemor, quid optares, quid peteres, incautius perspexisti. Num in ejusmodi *d* discrimine, re publica derelicta, demigrandum fuit ad philosophorum commenta, interdum non necessaria? Taceo de me, cui mille *e* mortes intendebantur, et quod pater A.[4] me successorem sibi designaverat, cum tocius cleri, et omnium episcoporum, ac quorundam militum favore, et quod omnium rerum quae displicerent, me auctorem fuisse contenderent. Num *f* amici qui familiaritate beati patris A.[4] mecum usi fuerant *g*, mecumque laborabant, ob tornatile lignum[5] deserendi erant? patere ergo patienter moras necessitate impositas, ac meliora tempora expecta, quibus valeant resuscitari studia, jampridem in nobis emortua.

151. — *d.* dictam *VMD.*
152. *LVMD.* — *a.* Remigio fratri, Gerbertus *MD.* — *b.* et patris mei *MD.* — *c.* mortalium *VMD.* — *d.* eius modo *MD.* — *e.* nullae *MD.* — *f.* Nam *MD.* — *g.* fuerunt *MD.*

---

1. « Les prescriptions »; à moins qu'on n'aime mieux lire, avec le manuscrit de la Vallicellane et Jean Masson, *dictam*, « le régime ».
2. Masson et Du Chesne, n° 152; Olleris, n° 154. — Vers février 989.
3. Voir lettres 134 (p. 120), 148 (p. 131), 162.
4. Adalbéron, archevêque de Reims, mort le 23 janvier 989 (p. 105, note 1).
5. La sphère, *torno expolita*, promise à Remi dans la lettre 148 (p. 131).

153.

Girbertus [1] salutem dicit fratri Adae.

Patre meo Ad.[2] inter intelligibi[l]ia *a* disposito, tanto curarum pondere affectus sum ut pene omnium obliviscerer studiorum. Ut vero tui memoriam habere caepi, ne penitus otio torperem, et amico absenti aliqua in re satisfacerem, litteris mandavi, tibique in pignus amicitiae misi, quaedam ex astronomicis subtilitatibus collecta, scilicet accessus et recessus solis, non secundum eorum opinionem colligens, qui aequales fieri putant singulis mensibus, sed eorum rationem persequens, qui describunt omnino inaequales. Martianus quippe in astrologia incrementa horarum ita fieri putat : « Sciendum, inquit, a bruma ita dies accrescere, ut primo mense duodecima ejusdem temporis quod additur aestate accrescat. Secundo mense, sexta. Tercio, quarta, et quarto mense, alia quarta. Quinto, sexta. Sexto, duodecima [3]. » Itaque secundum hanc rationem duorum climatum horologia certis depinxi mensuris, definitas horas singulis mensibus attribuens. Alterum est Ellesponti, ubi dies maximus horarum aequinoctialium est XV. Alterum eorum qui diem maximum habent horarum equinoctialium XVIII [4]. Hoc autem ideo feci, ut sub omni climate ad horum exemplar propria horologia componere possis, cum agnoveris quantitatem solsticialium dierum ex clepsidris. Quod factu quidem facile est, si furtiva aqua nocturni, ac diuturni tem-

---

153. *L.* — *a.* intelligibibia *L.*

1. Olleris, n° 155. — Vers février 989. — Le frère Adam n'est pas connu. Le mot *fratri* indique un moine. Ne serait-ce pas un religieux d'Aurillac ?
2. Adalbéron, archevêque de Reims (p. 134, note 4).
3. Martianus Capella, *De nuptiis Philologiae et Mercurii*, VIII, 878 (édit. Eyssenhardt, *Bibliotheca Teubneriana*, 1866, p. 327).
4. « Climata octo sunt, sed proximum solstitiali *diameroes*, deinde alterum *diasyenes*... sextum per Hellespontum Thraciamque et confinem Germaniae Galliam... ultimum est infra Maeotis paludes et infra Riphaeos montes... *Diameroes* maximus dies habet aequinoctiales horas tredecim, minimus dies undecim... *diahellespontu* maximus horas quindecim, minimus octo... *diarrhiphaeon* maximus sedecim, minimus octo » (Martianus, ibid., VIII, 876, 877, p. 325-327). Les anciens appelaient *hora* la douzième partie du jour, quelle que fût la durée de celui-ci, en sorte que la durée de l'heure, selon

poris solsticialis, seorsum excepta, accedat ad dimensionem tocius summae, quae fit XXIIII partium.

HOROLOGIUM SECUNDUM EOS QUI DIEM MAXIMUM HABENT HORARUM AEQUINOCTIALIUM XVIII.

Junius et Julius.	Di.	Ho. xviii.	Nox	Ho. vi.
Maius et Augustus.	Di.	Ho. xvii.	Nox	Ho. vii.
Aprilis et September.	Di.	Ho. xv.	Nox	Ho. viiii.
Martius et October.	Di.	Ho. xii.	Nox	Ho. xii.
Febroarius et November.	Di.	Ho. viiii.	Nox	Ho. xv.
Januarius et December.	Di.	Ho. vi.	Nox	Ho. xviii.

ITEM HOROLOGIUM ELLESPONTI, UBI DIES MAXIMUS EST HORARUM EQUINOCTIALIUM QUINDECIM.

Januarius et December.	Di.	Ho. viiii.	Nox	Ho. xv.
Febroarius et November.	Di.	Ho. x et 5.	Nox	Ho. xiii 5.
Martius et October.	Di.	Ho. xii.	Nox	Ho. xii.
Aprilis et September.	Di.	Ho. xiii 5.	Nox	Ho. x 5.
Maius et Augustus.	Di.	Ho. xiiii 5.	Nox	Ho. viiii 5.
Junius et Julius.	Di.	Ho. xv.	Nox	Ho. viiii.

154.

Quamvis [1] potencia vestra multis de causis plurimis nostrorum conprovincialium [2] sit suspecta, tamen ob dulcem affectum patrui mei [3] circa vos, et quod a vobis amari confidimus, meliora vobis semper optamus, pacemque in re publica et privata, et amamus, et querimus. Nec abalienari

---

154. *l.*

eux, variait avec les saisons ; l'*hora aequinoctialis* ou douzième partie du jour d'équinoxe était seule égale à une heure au sens moderne du mot. Le parallèle de l'Hellespont ne passe pas en Gaule, comme le croyait Martianus Capella ; il traverse l'Italie méridionale vers Naples et l'Espagne vers Madrid. Mais il est exact qu'à la latitude de l'Hellespont, c'est-à-dire vers 40° de lat. nord, la durée du plus long jour est d'environ 15 heures ; celle du plus court, à la même latitude, est d'environ 9 heures. La latitude où le plus long jour est d'environ 18 heures et le plus court d'environ 6 est celle de Stockholm et des Iles Orcades, vers 60° de lat. nord. A Reims, comme à Paris, les plus longs jours sont d'environ 16 heures, les plus courts d'environ 8 heures.

1. Olleris, n° 176. — Vers février 989. — Cette lettre paraît être écrite par Adalbéron, fils du comte Godefroi, évêque de Verdun, au roi Hugues Capet ou aux deux rois Hugues et Robert.

2. Les Lorrains ; il y avait, à la date de cette lettre, quatre ans à peine que le roi de France Lothaire avait tenté de conquérir la Lorraine (p. 45, note 1).

3. Adalbéron, frère de Godefroi, archevêque de Reims.

a vestro solatio in animo est, nisi repulsam patiamur. Itaque ad custodiam vestrae salutis monemus vos super statu Remensis aecclesiae, quae caput regni Francorum est [1]. Nec putetis vile, infidum vobis [2] vel dolosum vel idiotam inibi praeficere, cum omnia membra caput sequantur. Sit satis crudelissimis hostibus vestris tot protractionibus [3] ac apertis calliditatibus vos delusisse. Nec eorum consilio salutem vestram velitis committere, qui nichil sine nutu vestrorum hostium decreverunt consulere. Pauca vobis suggessimus, ut quem haberemus affectum, quoquo modo significaremus.

155.

ELECTIO AR. REMORUM ARCHIEPISCOPI A GIR. EDITA [4].

Sanctae ac universali aecclesiae catholicae salutem dicunt filii [5] Remorum metropolis.

---

1. Le sacre des rois avait lieu à Reims et l'archevêque de cette ville était ordinairement grand chancelier (*primus* ou *summus cancellarius*) du royaume.
2. Allusion à Arnoul, qui fut, malgré cet avis, élu archevêque de Reims (lettre 155), avec l'assentiment de Hugues Capet (Richer, IV, 25-28). L'évêque de Verdun détourne le roi de ce choix, dans l'intérêt de Gerbert, qui aspirait à la succession de l'archevêque Adalbéron (lettre 152, p. 134). — Arnoul justifia deux ans plus tard, par sa trahison, les craintes exprimées ici par l'évêque de Verdun.
3. Voir la lettre suivante : « Elapsa sunt canonica tempora », etc.
4. Du Chesne, 2ᵉ série, n° 1; Olleris, n° 150. — Reims, fin de février ou commencement de mars 989. — *Ar.*, Arnulfe ou Arnoul, fils naturel du roi Lothaire (Richer, IV, 26), élu, encore tout jeune (ibid., 27), archevêque de Reims, après la mort d'Adalbéron (ibid., 24-31). Son élection eut lieu, d'après la présente lettre, plus de trente jours après la mort de son prédécesseur (23 janvier 989), et, d'après la lettre 160, quelque temps avant Pâques (31 mars) : elle est donc des derniers jours de février ou des premiers jours de mars 989. Il prêta, au moment de cette élection, aux rois Hugues et Robert, un serment de fidélité ainsi conçu : « Ego Arnulfus gratia Dei praeveniente Remorum archiepiscopus, promitto regibus Francorum, Hugoni et Roberto, me fidem purissimam servaturum, consilium et auxilium secundum meum scire et posse in omnibus negotiis praebiturum, inimicos eorum nec consilio, nec auxilio, ad eorum infidelitatem scienter adjuturum. Haec in conspectu divinae majestatis, et beatorum spirituum, et totius aecclesiae assistens, promitto, pro bene servatis laturus praemia aeternae benedictionis. Si vero, quod nolo et quod absit, ab his deviavero, omnis benedictio mea convertatur in maledictionem, et fiant dies mei pauci, et episcopatum meum accipiat alter. Recedant a me amici mei, siatque perpetuo inimici. Huic ego cyrographo a me edito in testimonium benedictionis vel maledictionis meae subscribo, fratresque et filios meos ut subscribant rogo. Ego Arnulfus archiepiscopus subscripsi. » (Gerbert, *concile de Verzy*, 8; Pertz, *Script.*, III, p. 661-662; Olleris, p. 180; Richer, IV, 60.)
5. C'est-à-dire les évêques suffragants de Reims; voir ci-dessous : « Nos qui dicimur episcopi dioeceseos Remorum metropolis. »

Divae memoriae patre nostro A. sensus corporeos relinquente, clarum lumen pastoris amisimus, praeda hostium facti sumus. Itaque dum molimur, conamur [1] tanti viri resarcire ruinas, elapsa sunt canonica tempora, violatae sunt leges quibus cavetur nullam sedem amplius XXX dierum spatio vacare licere [2]. Nunc quia tandem pulsantibus divina lux sese aperuit, et quo sequeremur ostendit, depulso antichristo, symoniaca heresi dampnata, nos qui dicimur episcopi dioceseos [3] Remorum metropolis, cum omni clero diversi ordinis, populo acclamante, ortodoxis regibus nostris consentientibus, eligimus nobis in praesulem virum pietate praestantem, fide insignem, constantia mirabilem, in consiliis providum, rebus gerendis aptum, in quo hae virtutes, quia sic clare relucent, inditio sunt caeteras abesse non posse, Ar. dicimus, regis Lotha. filium, quem etsi altus sanguis vitio temporis sub anathemate positi *a* aliquo infecit contagio [4], sed tamen hunc mater aecclesia purificans mysticis abluit sacramentis [5]. Hunc, inquam, dicimus Laudunensis aecclesiae filium, et ut verius fateamur Remensis. Ea quippe civitas, Remense territorium, Remensis parroechia [6] est. Nec sic a beato Remigio divisa, ut fieret aliena. Nimirum ille vir Deo plenus, unitatem appetens, non scis-

---

155. *L (et inde D).* — *a. sic L,* positus *D.*

---

1. Térence, *Heautontim.*, II, II, 11 (ci-dessus, p. 115, note 2).
2. On ne voit pas où Gerbert a pu trouver cette règle; on lit dans le *concilium Vernense* du 11 juillet 755, n° 17 : « Ex sinodo Calcidonense cap. xxv. Ut post mortem episcopi non liceat episcopatum esse sine pastore *super menses tres*, nisi talis necessitas grandis evenerit, ut nullo modo aliter fieri non possit » (Baretius, *Capitularia*, I, p. 36).
3. *Dioceseos*, « province ecclésiastique ».
4. Ceci semble vouloir dire qu'Arnoul avait été enveloppé dans une sentence d'anathème portée contre un de ses parents. Ailleurs, Gerbert s'exprime ainsi : « Arnulfus regis Lotharii, ut fama est, filius, postquam suum episcopum dolo et fraude circumventum cum propria urbe captivavit..... in conventu totius Galliae episcoporum dampnatus est » (lettre 217). Les mots *suum episcopum* ne peuvent désigner que l'évêque de Laon, puisque Arnoul, dans le présent acte, est appelé *Laudunensis aecclesiae filium*. Arnoul avait donc été condamné et excommunié comme complice du coup de main par lequel son oncle Charles s'était emparé de Laon et de l'évêque Adalbéron ou Ascelin (p. 103, note 1).
5. « Ac deinde post obitum beatae memoriae Adalberonis a solo Adalberone episcopo Laudunensi reconciliatus » (lettre 217).
6. *Parroechia*, « diocèse ».

sionem affectans, sic scidit, ut cohereret velut pars in toto. Et quis et quantus futurus esset intelligens, natale solum beavit sacerdotii dignitate [1]. Eligimus ergo hunc Ar., hinc ortum, hic educatum, symoniacae heresis expertem, a factione tirannica remotum, sua cuique debita jura reddentem, sanctuarium Dei non dissipantem. Sint procul ab electione [no]stra [b] dolus et fraus, nec putent eam ad se pertinere filii Belial. Filii pacis et concordiae stabilem et solidam in perpetuum faciant, confirmando, corroborando, subscribendo.

156.

[a] Etsi [2] adhuc neque in re publica, neque in privata, nulla merita nobis sint, his tamen animus minime deest, specialiusque quodammodo inardescimus ad comparandos ac retinendos vestros affectus. Ob id itaque Gerardum antiquum militem vestrum vim inferentem ac beneficium nostri fidelis Gueinrici pervadentem pacientia ferimus, utque cum quiescere jubeatis oramus. Et si forte dissimulaverit, utrumque monitorem experiatur sui justissimum hostem.

157.

R. EPISCOPO TREVERENSI EX PERSONA EJUSDEM [3].

Sciens benivolentiam vel potius pietatem vestram, qua semper usi estis circa beatae recordationis praedecessorem

155. — b. vestra L, nostra D.
156. L (et inde D). — a. D addit titulum Ex persona Arnulphi Remensis Episcopi.
157. L (et inde D).

1. « Et de his quae in Remensi provincia illi fuerant tradita non modicam partem ecclesiae sanctae Mariae in castro Lauduni Clavati, Remensis parrochiae, ubi nutritus fuerat, tradidit, ibique Genebaudum... episcopum ordinavit et parrochiam ipsius comitatus Laudunensis praefato castro subjecit » (Vita S. Remigii, 67; Acta sanctorum octobris, I, p. 149).
2. Du Chesne, 2e série, n° 2; Olleris, n° 153. — Mars 989. — Du Chesne a sans doute raison de dire que cette lettre, comme la suivante, est écrite au nom du nouvel archevêque de Reims, Arnoul; on ignore à qui elle est adressée et qui sont les personnages dont elle parle.
3. Du Chesne, 2e série, n° 3; Olleris, n° 151. — Mars 989.

meum A., feliciorem me judico, si eam sic capio uti acceptam terminus nesciat. Itaque ex habundanti karitate a vobis facto principio congaudemus, ac mutua dilectione frui indissolubiliter optamus, et quia tumultus dissidentium regnorum ac novitas nostrae ordinationis decernere ac perficere quae in animo sunt impediunt, actuum nostrorum moderamina consolidatae prudentiae vestrae delegamus, simul quoque oramus, si fieri potest, definite praescribi, ubi, et quando, post reditum vestrum a palatio [1], convenire possimus. Simusque ad praesens certi, si quid rerum novarum didiceritis, post planius instruendi, quod planius pernoscetis. Magnum argumentum est, in sanctissima amicitia, ac firma societate, nos in aeternum mansuros, cum eisdem utamur auctoribus quibus apud praedecessorem meum in otio et negotio semper usi estis interpretibus [2].

158.

Plurimum [3] intelligo vos intelligere motus animi mei, eoque amplius vos ac vestra diligo et amplector. Recordor quippe honestissimae ammonitionis, qua me satis diu a communione quorundam principum suspendistis [4], quid velletis significastis. Oro ergo per venerabile nomen patris

158. *L. (et inde D).*

---

1. L'archevêque Ecbert se trouva, à ce qu'il semble, à la cour d'Otton III, à Cologne, le 28 décembre 988 (Beyer, *Urkundenbuch*, I, p. 310; Stumpf, n° 920).

2. Allusion à Gerbert (?).

3. Du Chesne, 2° série, n° 4; Olleris, n° 172. — Mars 989. — Cette lettre et les deux suivantes sont adressées à un ou plusieurs personnages de Lorraine ou d'Allemagne, qui avaient de l'influence auprès de l'impératrice Théophano et qui, allant en Italie, devaient la rencontrer en route, à son retour de Rome (lettre 160), où elle avait célébré la Noël (25 décembre 988 : p. 83, note 7). Le destinataire de la lettre 159 est un prélat (*a vestra humanitate ac sacrosancto sacerdotio*). Les lettres 158 et 159 sont écrites par Gerbert en son propre nom. Frustré de l'espoir d'obtenir l'archevêché de Reims (p. 137, note 2), il sollicite, soit la restitution des biens de Bobbio, soit un autre bénéfice à la nomination d'Otton III.

4. Ceci semble faire allusion aux tentatives de Henri de Bavière pour supplanter Otton III et aux efforts de Gerbert pour le combattre (p. 18, note 5, et p. 36, note 1). On ignore qui, en dehors de l'archevêque Adalbéron, avait déterminé Gerbert à fuir le parti de Henri.

mei A.[1], per inviolatam fidem, qua se suosque semper colui, ne cogar eorum hominum oblivisci, quos ob ejus amorem, meis commodis neglectis, praecipve semper dilexi. Veniat in memoriam dominae meae Th. servata fides circa se suumque filium[2], nec sinat me fore gloriam suorum hostium, quos propter se, si quando valui, abduxi in obprobrium et contemptum. Iterum in commune oro, rogo, obsecro, ne ejus vobis displiceat servitus, cui vestrum imperium, honor, potestas, hactenus placuerunt. Facite vestra liberalitate, ne absentia honestatis, fuga obtimarum artium, efficiar sectator Catilinae, qui in otio et negotio praeceptorum M. Tullii diligens fui executor.

159.

Non[3] alienum est a vestra humanitate ac sacrosancto sacerdotio, quaerentibus consilium, consilium dare. Nulli mortalium aliquando jusjurandum praebui, nisi divae memoriae O. Cesari. Id ad dominam meam Th. ac filium ejus O. augustum permanasse ratus sum[4]. Quippe cum in tribus unum quiddam quodammodo intellexerim. Quousque ergo hanc fidem servandam censetis? Dico equidem quod spoliatus amplissimis rebus[5] imperiali dono collatis, apostolica benedictione confirmatis, nec una saltim villula[6] ob fidem retent[a]m *a* vel retinendam donatus sum. Dico quod inter

159. *L (et inde D)*. — *a*. retentem *L*.

1. Adalbéron, archevêque de Reims.
2. *Th.*, l'impératrice Théophano; *suum filium*, Otton III.
3. Du Chesne, 2ᵉ série, nᵒ 5; Olleris, nᵒ 62. — Mars 989. — Voir p. 140, note 3.
4. *O. Cesari*, Otton II; Gerbert lui avait juré fidélité en prenant possession de l'abbaye de Bobbio, au commencement de 983 (p. 1, note 1). — *Id permanasse*, « que ce serment s'étendait à ». — *Th.*, Théophano; *filium ejus O.*, Otton III.
5. L'abbaye de Bobbio; voir p. 9, note 7, et p. 12, note 7.
6. Huit ans plus tard, Otton III fit droit à ces plaintes en donnant à Gerbert le domaine de Sasbach (lettre 183).

gravissimos hostes vestros positus [1], nullis eorum beneficiis quamvis ingentibus oblatis inflexus sum. Quousque ergo id genus amicitiae [b] exercebo? Consulite, ac solatium imploranti praebete, etsi non ob mea merita, sed tamen vel propter vestra erga omnes homines semper laudata beneficia.

160.

Conceptam [2] leticiam Romani itineris, quam vester comitatus ac dominae Th. semper augustae futurum alloquium ampliorem fecerat, senioris mei [3] prohibitio conturbat. Vices ergo meas velut amicus amici obtinete, et ut pallium [4] a domino papa [5] per vos consequamur, et gratiam dominae nostrae per vos ceptam retineamus. Cujus in obsequio Deo annuente in Pascha [6] erimus, nec quisquam erit qui nos ab ejus ac filii sui fidelitate ac servitio prohibere possit [7].

159. — b. L addit supra lineam vel vite.
160. L (et inde D).

1. Voir lettre 52 (p. 48) : « Inter hostium cuneos solus repertus sum vestrarum partium », etc.
2. Du Chesne, 2º série, nº 6; Olleris, nº 152. — Mars 989. — Cette lettre et la précédente n'en font qu'une dans le manuscrit. Du Chesne a eu sans doute raison de les séparer; dans la lettre 159 Gerbert parle en son nom, ici il écrit au nom d'Arnoul, archevêque de Reims. Voir p. 140, note 3.
3. Le roi Hugues Capet; voir ci-dessous, note 7.
4. « Ornement fait de laine blanche, semé de croix noires, et béni par le pape, qui l'envoie aux archevêques, pour marque de leur dignité, et quelquefois l'accorde à des évêques comme faveur particulière » (Dictionnaire de l'Académie). — « Ab episcopis ergo Remorum dioeceseos ordinatus Arnulfus et sacerdotalibus infulis decenter insignitus est. Nec multo post a papa Romano missum apostolicae auctoritatis pallium sumpsit » (Richer, IV, 32).
5. Jean XV (985-996).
6. Le dimanche 31 mars 989.
7. M. Olleris a justement rapproché cette lettre d'un passage du concile de Verzy (31), où l'on accuse Arnoul de « imperatricis Th. ac hostium regis colloquia contra ipsius regis voluntatem et utilitatem... expetisse » (Pertz, Script., III, p. 679; Olleris, p. 218).

161.

RAINARDO MONACHO BOBIENSI [1].

Quidam Tetbaldus, ut ipse ferebat, monacus Bobiensis, praeterita aestatae *a* ad nos venit, per quem nostra scripta tibi direximus [2], quibus tuae litterae non satis respondent. Itaque et exemplar prioris epistolae [2] remittimus, et tuae petitioni hoc modo consulimus. Si sub regula patris B. [3] ac spirituali abbate [4] tibi militare delectat in alio monasterio, mea licentia utere, nec obsit tibi transitus causa religionis et imperio abbatis tui factus. Caeterum in dando et accipiendo [5], frena licentiae partim relaxamus, partim restringimus, hoc modo servata discretione, ut quod jure et sine offensione divinarum legum dandum ac recipiendum est, des ac recipias, nec putes ad meam licentiam pertinere, si quid tyranno [6] aut impio sponte attribueris, vel ab eis acceperis.

162.

REMIGIO MONACHO TREVERENSI [7].

Petitio tua, dulcissime frater, tociens repetita [8], quibus jactemur fluctibus satis ostendit. Nescis, nescis, quae nau-

161. *L (et inde D). — a. sic L.*
162. *L (et inde D).*

---

1. Du Chesne, 2° série, n° 7; Olleris, n° 75. — Printemps de 989. — Voir lettres 19 (p. 15, note 3) et 130 (p. 117).
2. La lettre 130 (p. 117), écrite en août ou septembre 988.
3. Saint Benoît, fondateur de l'ordre monastique auquel appartenait l'abbaye de Bobbio.
4. Un abbé régulier, légitime, non un usurpateur comme celui ou ceux qui étaient alors les maîtres de fait à Bobbio.
5. Voir lettre 15 (p. 12, note 4).
6. Gerbert donnait ce nom à ceux qui avaient usurpé, après son départ, le gouvernement de l'abbaye de Bobbio; voir lettre 18 (p. 14, 15).
7. Du Chesne, 2° série, n° 8; Olleris, n° 160. — Reims, derniers mois de 989. — Voir lettres 134 (p. 120), 148 (p. 131), 152 (p. 134).
8. Remi réclamait à Gerbert la sphère que celui-ci lui avait promise en échange d'une copie de l'Achilléide de Stace (lettre 148, p. 131, et 152, p. 134).

fragia pertulerimus, postquam a te digressi sumus. Gravissimis quippe laboribus aestivis et continuis, eos contraximus morbos, quibus pestilens autumnus [1] pene vitam extorsit. Accessit ad hoc violenta fortuna, cuncta quae dederat repetens, per eos praedones qui urbem Remorum depopulati sunt [2]. Nunc amicorum captivitatem deflemus, et an sedes nobis sint permutandae, pervigili cura deliberamus, eo in luctu, eoque in merore nostra patria est. Timor et tremor muros circumdant. Inopia cives premit. Clerus utriusque ordinis [3] propter futuram vastitatem ingemit. Ergo sit tui muneris, manus levare ad Omnipotentem pro nobis, et si divinitas paenam alleviaverit peccati, erimus non immemores tui per omnia beneficii.

163.

GIRBERTUS RAYMUNDO [4].

Domino et reverentissimo patri Raimundo, G. filius.

Quo in portu agam navim gubernatore [5] amisso, scire vis, dulcissime pater, et quinam sit status in Francorum re publica. Ego cum statuissem non discedere a clientela et consilio patris mei beati Ad. [5], repente sic eo privatus sum, ut me superesse expavescerem, quippe cum esset nobis cor unum et anima una [6], nec hostes ejus cum putarent translatum, cum me superesse viderent. Me ad invidiam K.,

163. *L (et inde D).*

---

1. L'automne de 988; voir lettre 123 (p. 112, note 3).
2. Pendant le sixième mois de l'épiscopat d'Arnoul, c'est-à-dire environ en août 989 (p. 137, note 4), Charles de Lorraine surprit de nuit la ville de Reims, dont les portes lui furent ouvertes par un prêtre nommé Adalger, et, tandis que ses troupes pillaient la ville, emmena prisonnier à Laon l'archevêque Arnoul; peu après, celui-ci se réconcilia avec Charles et recouvra sa liberté. Selon Gerbert et Richer, l'archevêque était dès l'origine complice de la trahison qui livra Reims à Charles (lettre 217; Richer, IV, 32-35, etc.). La présente lettre parait écrite peu de temps après la prise de Reims, avant qu'Arnoul se fût ouvertement déclaré pour le prétendant, peut-être quand il était son prisonnier à Laon (*amicorum captivitatem deflemus*).
3. Le clergé séculier et le clergé régulier.
4. Du Chesne, 2º série, nº 9; Olleris, nº 161. — Vers la même date que la précédente. — A Raimond, abbé d'Aurillac (p. 13, note 2, et p. 82, note 2).
5. Adalbéron, archevêque de Reims, mort le 23 janvier 989.
6. *Actes des apôtres*, IV, 32.

nostram patriam tunc et nunc vexantis [1], digito notabant, qui reges deponerem, regesque ordinarem [2]. Et qui rei publicae permixtus eram, cum re publica periclitabar, velut in proditione nostrae urbis pars praedae maxima fui. Eaque res iter meum in Italiam penitus distulit, ubi et organa [3] conservantur, et optima portio meae suppellectilis. Non enim potuimus obsistere praecipiti fortunae, nec divinitas declaravit adhuc, quonam in portu me sistere velit. Igitur de me ac de meis fortunis gavisuri expectent exitum instantis fortunae. Dabo operam pro viribus, nec quicquam eorum quae fieri oporteat intermittam, donec optatis perfruar sedibus, reddamque Deo vota mea in Sion.

Vale, amantissime pater. Valeat frater Ayrardus [4]. Valeat sanctissimum collegium tibi subjectum. Meique sitis memores in contemplativis, cum patre meo Adal. [5].

164.

Venerabili adhuc episcopo A., G. [6].

Itane te socordiae atque dubiis casibus tradidisti, ut gladios cervici imminentes non videas, arietes, ac vineas, ilia tua pulsantes non sentias? Recordare, queso, quid actum

164. *L (et inde D).*

1. Gerbert, au moment où il écrivait cette lettre, n'avait donc pas encore passé au parti de Charles; voir la note suivante.
2. L'élection de Hugues Capet au trône de France avait été due principalement à l'influence de l'archevêque Adalbéron (Richer, IV, 11). On voit ici (on pouvait le présumer) qu'Adalbéron avait agi entièrement d'accord avec Gerbert. On sera d'autant plus surpris de voir Gerbert, dans les lettres suivantes, déserter la cause du prince qui lui devait son trône et prendre parti pour le prétendant Charles de Lorraine.
3. Voir lettres 70 (p. 67) et 91 (p. 83).
4. Voir p. 5, note 6, et p. 14, note 3.
5. Adalbéron, archevêque de Reims.
6. Du Chesne, 2ᵉ série, n° 10; Olleris, n° 167. — Fin de 989 ou commencement de 990. — Cette lettre est sans doute adressée à Adalbéron ou Ascelin, évêque de Laon, qui, réfugié depuis l'automne de 988 (Richer, IV, 20; ci-dessus, p. 122, note 6) à la cour des rois Hugues et Robert (*in Ligeri et Sequana*, p. 148, note 8), avait mis en interdit son diocèse envahi par Charles de Lorraine. Gerbert se montre ici pour la première fois partisan de Charles et infidèle aux rois; il avait été entraîné dans cette défection par l'archevêque Arnoul et il ne tarda pas à en manifester ses regrets et ses remords (lettres 167, 172, 173, 178).

sit, o felix quondam et dulcis amice, sub imperio patris mei Ad.[1]. Divi augusti Loth. germanus frater, heres regni, regno expulsus est. Ejus emuli, ut opinio multorum est, interreges creati sunt [2]. Quo jure legitimus heres exheredatus est? quo jure regno privatus? et quia in paternam domum [3] rediit, quae decreta Romanorum pontificum infantes baptizari vetuerunt [4]? qui sacri canones innocentes presbiteros ab altaribus removerunt? Agit Habraham cum Deo causam, utrum in Sodomis debeat perdere justum cum impio [5], et tu pastor non dubitas addicere paenae noxium simul et innoxium? Sed quid ego haec minima, cum sciam accusationem tuam a sacerdotibus Dei descriptam, et plenam criminibus, gravidam sceleribus? Electi sunt judices, quorum judicio si defueris, de absentia nichil lucraberis [6]. Et si adfueris, episcopus esse cessabis. Inventus est qui tuas sortiatur vices [7]. Curre ergo, dum aliquid otii superest, neque spem tuam ponas in Ligeri, et Sequana [8], nichil profuturis. Ego quidem factionum, conspirationum, juris consulti, ac consulentium conscius, ob fidele silentium, haec tibi causa veteris amicitiae habui dicere, ut te letargo alleviarem. Tuum sit plenius remedium querere, qui etiam in comitialem morbum videris decidisse.

Vale.

---

1. Adalbéron, archevêque de Reims, mort le 23 janvier 989.
2. *Lotharii frater*, Charles de Lorraine. — *Ejus* (*fratris*) *emuli*, Hugues et Robert. — *Interreges*, expression empruntée aux antiquités romaines et ingénicusement appliquée au pouvoir des princes dont le règne avait déjà interrompu à diverses reprises, mais pour peu de temps chaque fois, la domination des Carolingiens en France : les rois Eudes, Robert et Raoul. A la date de cette lettre, on pouvait se figurer que la dynastie fondée par Hugues ne serait pas plus durable. Les éditeurs précédents ont imprimé *inter reges*, en deux mots, ce qui ne présente pas de sens.
3. La ville de Laon; voir p. 109, note 2.
4. On retrouvera le même sentiment dans la lettre 203. Il paraît avoir été inspiré à Gerbert par un passage d'Hincmar, archevêque de Reims (*Opusc. adv. Hincm. Laud.*, 31; Migne, CXXVI, 412).
5. *Genèse*, XVIII, 23-25.
6. La même expression se retrouve dans la lettre adressée par Gerbert, devenu pape sous le nom de Silvestre II, au même Adalbéron, évêque de Laon, vers 1001 (Appendice, n° V).
7. Peut-être Gerbert lui-même (?).
8. Parmi les résidences royales de Hugues Capet, on compte Orléans, où il couronner son fils Robert (Richer, IV, 13), et Paris, où il se trouvait dans iver de 988-989 (ibid., 24).

165.

Inmense[1] benivolentiae ac potius pietati vestrae circa nos inmensas rependimus grates. Quanti nos habeatis, conpassione vestra profecto declarastis. Declaramus ergo et nos, quid in futurum moliamur, non solum ex his quae cum paucissimis pertractamus, sed etiam ex anathemate[2] in praedo-

165. *L (et inde D).*

---

1. Du Chesne, 2ᵉ série, n° 11 ; Olleris, n° 166. — Fin de 989 ou commencement de 990. — Cette lettre est sans doute écrite au nom de l'archevêque Arnoul, désormais partisan du prétendant Charles de Lorraine. Quant au destinataire, les mots de l'avant-dernière phrase, *majora regni negotia* et *sinǝ metropolitani conscientia*, donnent lieu de croire que c'était un sujet français et un suffragant de Reims. C'est peut-être Gibuin, évêque de Châlons-sur-Marne (lettres 127, p. 115, 133, p. 120, et 181), qu'on peut soupçonner d'avoir incliné vers le parti de Charles et d'Arnoul, car il ne prit pas part au concile de Verzy, où fut condamné Arnoul, en juin 991. Voir aussi lettre 199.
2. Cet anathème nous a été conservé textuellement par Gerbert, dans la relation du concile de Verzy (12). Il est probable qu'il en est l'auteur; on y reconnaît son style :

« Arnulfus gratia Dei archiepiscopus, commonitorium praedonibus Remorum.

« Quid tibi vis, praedonum Remensium scelerata manus ? Nichilne te movent pupilli et viduae lacrimae ? Nec advocatus eorum, velis nolis, Dominus tuus, ipso testis, e, judex, et gravis ultor, cujus judicium non effugies ? Vide quid ante oculos ipsius egeris : sanctam pudicitiam virginum non erubuisti; matronas etiam barbaris verendas nudas reliquisti; orphanum et pupillum non respexisti. Parum tibi hoc; accessisti ad templum matris Dei, cunctis mortalibus reverendum. Ejus atrium perfregisti, polluisti, violasti. Quod oculi ibi viderunt, concupisti. Quod manus attrectare potuerunt, rapuisti. Et nos quidem contra divinum ac humanum jus misericordia abutentes, quod cibi et potus abstulisti, non indulgemus, sed propter impia tempora non exigimus. Exigimus autem reliqua omnia quae pollutis manibus pervasisti, ac retines. Redde ergo, aut sententiam dampnationis in pervasores rerum ecclesiasticarum a sacris canonibus promulgatam, eamque in te latam multotiensquo ferendam excipe :

« ANATHEMA IN PRAEDONES. Auctoritate omnipotentis Dei Patris, et Filii, et Spiritus sancti, interveniente et adjuvante beata Maria semper virgine, auctoritate quoque ac potestate apostolis tradita nobisque relicta, excommunicamus, anathematizamus, maledicimus, dampnamus, et a liminibus sanctae matris aecclesiae separamus vos Remensium praedonum auctores, factores, cooperatores, fautores, a propriis dominis rerum suarum sub nomine emptionis abalienatores. Obtenebrescant oculi vestri qui concupiverunt, arescant manus quae rapuerunt, debilitentur omnia membra quae adjuverunt. Semper laboretis, nec requiem inveniatis, fructumque (*sic*) laboris vestri privemini; formidetis et paveatis a facie persequentis, et non persequentis hostis, ut tabescendo deficiatis. Sit portio vestra cum Juda traditore Domini in terra mortis et tenebrarum, donec corda vestra ad plenam satisfactionem convertantur. Hic autem sit modus plenae satisfactionis, ut omnia injuste ablata praeter cibum et potum *propriis dominis ex integro restituatis*, coramque nes Remensis urbis [1] jam promulgato. Cujus exemplar vobis mittimus, ut ex eo pernoscatis, cujus animi simus, simulque nos majora aggressuros, quae suo tempori reservamus. Omnia enim tempus habent [2]. Dicimus tacenda, tacemus dicenda, agimus quod nolumus, quod volumus nequimus, ita sunt omnia plena perturbationis, ac potius confusionis. Nec se sic ingerunt expetenda, quemadmodum devitanda. Nam si oblata esset rationabilis facultas, jamdudum vestra colloquia expetissemus. Regium nomen [3] quod apud Francos pene emortuum est, magnis consiliis, magnis viribus resuscitassemus, sed propter impia tempora, propter perditissimorum hominum iniqua commenta, clam agimus, quod palam non possumus. Veniet, veniet, inquam, dies, et prope est, in qua uniuscujusque nostrum probentur et cogitata, et dicta, et facta. Imterim praescriptas vobis maetas recognoscite, nec majora regni negotia velitis definire, sine metropolitani conscientia, nec sententiam in his praecipitare, quae quo animo fiant, ignoratis. Prudentiam roburque vestrum reservate, tunc fortissima pectora hostibus pro nobis opposituri, cum videritis victricia signa nobis ductoribus anteferri.

Remensi ecclesia poenitendo humiliemini, qui sanctam Remensem ecclesiam reveriti non estis; nec cessent a vobis hae maledictiones scelorum vestrorum persecutrices, quamdiu permanebitis in peccato pervasionis. Amen. Fiat. Fiat. » (Pertz, *Script.*, III, p. 663; Olleris, p. 182, 183).

Cette pièce, produite au concile, fut, au rapport de Gerbert, appréciée dans les termes suivants par Gautier, évêque d'Autun : « Quidnam, inquit, hoc portentum est? Satisne sanae mentis est hic episcopus, qui pro jactura vilissimae suppellectilis reos dampnat, super sui autem et cleri et populi captivitate tacet? Pro pauperum tuguriis forte magis cario quam vi ruentibus anathematizat, et pro templo Dei per orbem terrarum famosissimo nichil dicit?
... Tamquam pietate usus praedonibus cibum et potum indulget, attamen ab auro et argento deterret. Quid hoc ad pauperes Christi? Certe ii aurum et argentum non perdiderunt, quia non habuerunt; sed cibum et potum, quem ad usum vitae non sine magno labore conquisiverunt... Intellexistis quia ad hoc voluit capi, ut sua simulata captivitas veram nobilium efficeret captivitatem. Ideo sacrilegos a communione non arcet, quia se auctorem sacrilegii esse cognoscit... » (Pertz, *Script.*, III, p. 663; Olleris, p. 184). Sur le *cibus et potus*, voir aussi lettre 176.

1. Les gens d'armes de Charles, qui avaient surpris Reims en août 989 et mis la ville au pillage (p. 144, note 2). Arnoul n'avouait pas sa complicité avec eux; voir les dernières lignes de la note précédente.
2. *Ecclésiaste*, III, 1.
3. La dynastie carolingienne.

166.

Mare [1] fluctuans ingressi, naufragamur, et ingemiscimus. Nusquam tuta littora, nusquam portus occurrit. In vobis quietem querimus. In vobis certe est, quod cum dederis non desit, accipienti supersit. Petimus ergo omni affectu caritatis vos affore Remis II kl. april. [2], si jure amititiae quicquam promeruimus, aut promereri posse putamur [a].

167.

ROMULFO ABBATI SENONENSI [3].

Officia dantis et accipientis [4] muneribus vestris executi estis. Nichil enim nobis antiquius in humanis rebus clarissimorum hominum scientia, quae utique multiplicibus librorum voluminibus explicatur. Agite ergo ut caepistis, et fluenta M. Tullii sicienti praebete. M. Tullius mediis se ingerat curis, quibus post urbis nostrae proditionem [5] sic inplicamur, ut ante oculos hominum felices, nostro juditio habeamur infelices. Quae mundi sunt, querimus, invenimus, perficimus, et, ut ita dicam, principes scelerum [6] facti

---

166. *L (et inde D).* — *a. ita L,* putamus *L²D*.
167. *L (et inde D).*

---

1. Du Chesne, 2ᵉ série, n° 12; Olleris, n° 162. — Reims, commencement de 990. — On ne peut dire à qui est adressée cette lettre, ni si elle est écrite par Gerbert au nom de l'archevêque Arnoul ou en son propre nom. Cette dernière hypothèse paraît cependant plus probable; comparez la lettre suivante.
2. Le lundi 31 mars 990.
3. Du Chesne, 2ᵉ série, n° 13; Olleris, n° 163. — 990 (lettres 166 et 177). — Voir ci-dessus, p. 106, note 2; ci-après, lettre 170; et le concile de Verzy (19), où *Romulfus abbas Senonensis* est nommé parmi les plus ardents défenseurs de l'archevêque Arnoul. On ignore de quel monastère il était abbé à Sens.
4. Obscur.
5. Voir p. 144, note 2.
6. Gerbert avoue ici pour la première fois les remords que lui cause sa trahison envers les rois Hugues et Robert (p. 145, notes 2 et 6). Ces remords ne tardèrent pas à le ramener au parti des rois (lettres 172, 173, 178).

sumus. Fer opem, pater, ut divinitas, quae multitudine peccatorum excluditur, tuis precibus inflexa redeat, nos visitet, nobiscum habitet, tuaque praesentia, si fieri potest, laetemur, qui beati patris Ad.[1] absentia tristamur.

168.

E. ARCHIEPISCOPO TREVERENSI [2].

Pervenit, beatissime pater, gladius usque ad animam, gladiis hostium undique perstringimur. Hinc fide promissa regibus Francorum urgemur. Hinc potestati principis K. regnum ad se revocantis addicti, permutare dominos, aut exules fieri cogimur. Hoc solum spei superest, quod vos praescia divinitas germanitate quadam [3] nobis devinxit, et ut invicem onera portemus effecit. Ad vos itaque confugimus, tanquam ad certum praesidium, tanquam ad aram prudentiae, tanquam ad divinarum atque humanarum legum interpretes. Eruntque prolata consulta filiis vestris caelestia oracula.

169.

G. salutem dicit R. sibi dilecto [4].

Grandia quidem poscis, dulcissime frater, sed tuis meritis non indebita [5]. Nam quid est tam optabile, quod benivo-

---

168. *L (et inde D)*.
169. *L (et inde D)*.

---

1. Adalbéron, archevêque de Reims, mort le 23 janvier 989.
2. Du Chesne, 2ᵉ série, n° 14; Olleris, n° 164. — 990. — Cette lettre, écrite à Ecbert, archevêque de Trèves, au nom d'Arnoul, archevêque de Reims (*querimoniam*, dit Gerbert, lettre 172, *quam ex persona Ar. archiepiscopi subornaveram*), provoqua, paraît-il, de la part d'Ecbert, une réponse nette et sévère (*subtili responso perstrinxistis*, ibid.), qui contribua à ramener Gerbert au parti des rois.
3. Obscur.
4. Du Chesne, 2ᵉ série, n° 15; Olleris, n° 116. — 990. — On ignore à qui cette lettre est adressée.
5. Pour répondre au sens de la suite, les deux termes de cette phrase devraient être intervertis : « Tu ne demandes rien que tu ne mérites d'obtenir, et cependant tu demandes encore trop. »

lentia tua non promereatur? quid tam humile, quod conferri amicis haec tempora sinant? Itaque cum tibi desit artifex medendi, nobis remediorum materia, supersedimus describere ea quae medicorum peritissimi utilia judicaverint viciato jecori. Quem morbum tu corrupte, postuma, nostri, apostema, Celsus Cornelius, a Grecis, ΥΠΑΤΙΚΟΝ, dicit appellari [1].

170.

ROMULFO ABBATI SENONENSI [2].

Magno curarum pondere in momento temporis alleviatum iri existimamur, deliberationibus nostris ad utile et honestum aeque inflexis. Quod utique puris affectibus vestris in divina speculatione, ut caeptum, ita consummandum est, sicque aptiori loco mutua perfruendum karitate.

171.

BRUNONI EPISCOPO LINGUONENSI [3].

Serenissimi augusti, domini nostri [4], desiderabilem praesentiam vestram, causa consultandi, jamdudum exoptant.

170. *L (et inde D).*
171. *L (et inde D).*

---

1. « Alterius quoque visceris morbus, id est jecinoris, aeque modo longus, modo acutus esse consuevit ; ἡπατικόν Graeci vocant » (A. Cornelius Celsus, *De medicina*, VIII, 15; édit. C. Daremberg, *Bibliotheca Teubneriana*, 1859, p. 140).
2. Du Chesne, 2ᵉ série, nᵒ 16; Olleris, nᵒ 173. — 990. — Voir p. 149, note 3. Le sens et le but de cette lettre ne sont pas clairs. Elle semble faire allusion à la résolution, déjà presque prise par Gerbert, de revenir au parti des rois, peut-être aussi au projet d'une entrevue avec l'évêque Brunon au château de Roucy ; voir la lettre suivante.
3. Du Chesne, 2ᵉ série, nᵒ 17; Olleris, nᵒ 174. — Senlis (?), 990. — Entre les lettres précédentes et celle-ci, il s'est passé un fait important : Gerbert, se séparant de l'archevêque Arnoul, a abandonné la cause du duc Charles et a quitté Reims pour se rendre à la cour de Hugues Capet (lettres 172, 173, 178). Il semble, d'après la présente lettre, qu'il ait été déterminé à ce parti par un entretien avec Brunon, au château de Roucy. Brunon, évêque de Langres (p. 130, notes 1 et 5), était fils de Renaud, comte de Roucy, et d'Albérade, fille de Louis d'Outremer, sœur du roi Lothaire et du duc Charles, cousine germaine de Hugues Capet.
4. Les rois Hugues et Robert.

Moneo ergo vos atque rogo causa salutis tocius rei publicae, quamprimum maturare iter. Et qui vos apud Roceium [1] audivi pro mea salute, merear nunc Silvanectis [2] audiri pro omnium bonorum liberatione.

172.

RCBERTO ARCHIEPISCOPO TREVERENSI [3].

Etsi prudentiam vestram in multis expertus sim, nuper tamen plurimum intellexi, cum querimoniam [4] quam ex persona Ar. archiepiscopi subornaveram subtili responso [5] perstrinxistis. Veritus itaque sum stimulante conscientia, ne in oculis vestris displicerem, qui michimet ipsi displicere jam caeperam, eo quod non socius vitiorum, sed princeps dijudicarer maximorum scelerum [6], ille ego qui sub imperio beatae memoriae patris mei Ad. [7] militaveram in scola omnium virtutum. Nunc ergo regiam incolo aulam, cum sacerdotibus Dei verba vitae conferens. Nec ob amorem K. vel Ar. [8] passus sum diutius fieri organum diaboli, pro mendatio contra veritatem declamitando [9]. Oro itaque antiqua benivolentia vestra dignus inveniri, qui pro existimatione vestra conscientiam meam detexi [10], ut ex me pernoscatis quid de proditione Remorum [11] intelligere debeatis.

172. *L (et inde D).*

---

1. Roucy (Aisne), entre Reims et Laon.
2. Peu après la date de cette lettre, les évêques suffragants de Reims, fidèles à Hugues Capet, tinrent un concile provincial à Senlis (lettre 176). Le roi Hugues résidait probablement alors en cette ville; cf. Richer, IV, 47, 48.
3. Du Chesne, 2ᵉ série, nº 18; Olleris, nº 169. — Senlis (?), 990.
4. La lettre 168 (p. 150, note 2).
5. Cette réponse ne nous est pas parvenue.
6. Voir p. 149, note 6.
7. Adalbéron, archevêque de Reims.
8. Charles, duc de Lorraine, et Arnoul, archevêque de Reims.
9. Lettres 164 et 165 (p. 145-148).
10. Les lettres 170-173 respirent en effet une entière franchise. C'est le langage d'un homme honnête, qui s'était laissé égarer de bonne foi par des sophismes et qui, mieux éclairé, avoue sincèrement son erreur.
11. Voir p. 144, note 2.

173.

ADALBERONI EPISCOPO VERDUNENSI [1].

Omnium meorum consiliorum participi ac conscio, non multa verba facturus sum. Scitis enim post patris mei beati Ad.[2] ad Deum discessum, cur tanto tempore Remis commoratus sim, quo [a] ante proditionem urbis et post proditionem abire contenderim [a]. Sepius quoque illud Terentianum recepistis : « Si non potest fieri quod vis, id velis quod possit [3]. » Et nunc quidem beneficiorum ac pietatis vestrae circa me non immemor, conceptum amorem erga vos vestrosque conservo, eoque me beatiorem fieri judico. Quomodo enim non diligam diligentes me? Sentio quippe vos condelectari, quod sceleratorum hominum conciliabula effugerim, quod communioni aecclesiasticae restitutus sim. Agite ergo causam amici, solito more, id est, ut Lelius ab Elveciis vel Suevis [4] redeat, Aquilae dilecto diligendus conquiratur par [5], ut operum nostrorum sit finis consummata karitas.

174.

Precipuam [6] ac singularem amicitiam [a] vestram dum artius amplectimur, multorum hominum invidiam tolera-

---

173. *L (et inde D).* — *a.* quo-contenderim *in margine scripta et nunc majore ex parte abscissa L.*
174. *L (et inde D).* — *a.* amicitiam *L.*

---

1. Du Chesne, 2ᵉ série, nº 19; Olleris, nº 171. — Senlis (?), 990.
2. Adalbéron, archevêque de Reims.
3. Térence, *Andria*, II, 1, 5-6; voir p. 53, note 1.
4. La région alémannique, Souabe et Alsace. Ailleurs, Gerbert appelle *Helvetia* le diocèse de Strasbourg, qui s'étendait autour de cette ville sur les deux rives du Rhin (lettre 217).
5. *Lelius, Aquila* : « Erant hæc adscititia nomina duorum Gerberti discipulorum » (Bouquet). Il n'est pas absolument certain que ce ne soient pas des noms véritables. On retrouvera celui d'Aquila plus loin (lettre 177).
6. Du Chesne, 2ᵉ série, nº 20; Olleris, nº 94. — Senlis (?), 990. — Cette lettre paraît être écrite au nom du roi Hugues Capet, ou au nom des deux rois

mus, maximeque eorum qui senioris vestri [1] contra nos consilia conturbant. Crescit malum in dies. Multiplicantur inimici nostri, majoremque sumunt audatiam, spe dissidentium regnorum. Si ergo ea in vobis est virtus quam credimus et optamus, sentiamus non nobis obesse, quod vestrum amorem amori regis O. praeposuimus [2]. Sentiant inimici nostri per vos stabilem esse regnorum concordiam, quam sine suo consultu posse fieri negant. Et quia credibilibus legatis inter hostes difficilis est via, vos legatorum nostrorum vices explete. Quod honestum judicabitis, pro nobis spondete. Sic de nobis absentibus praesumite, tanquam de praesentibus. Et si quid salutare repperietis, quamprimum vel litteris vel nuntiis significate, ut ignorantibus nostris emulis, per fidissimos internuntios utriusque partis coepta amicitia corroboretur. Hoc ideo dicimus, quia majoris auctoritatis legatos cum magno sui periculo, sine certa causa, mittere nolumus, et quia conventus regum laboriosus est, et hoc tempore per omnia inutilis, propter malivolos utriusque partis. Quod si pravorum hominum consilia convaluisse senseritis, nec honestam et utilem posse fieri amicitiam, inprimis, quod maximum est, consilium simul et auxilium a vobis imploramus, neque nos deludi vana expectatione sinatis, quos genere [3] amicitiarum et affinitatis dignos hactenus duxistis.

Hugues et Robert conjointement, à une personne qui occupe une situation élevée en Lorraine ou en Allemagne et qui est du nombre de leurs parents ou alliés (*genere affinitatis*). Il en est de même de la lettre suivante. Peut-être les deux lettres sont-elles adressées à la sœur de Hugues Capet, Béatrix, duchesse de Lorraine; peut-être à quelque parent de sa femme, la reine Adélaïde, dont l'origine n'est pas connue (p. 96, note 5). Dans cette dernière hypothèse, la lettre 174, qui parle d'alliance (*affinitas*), pourrait être écrite au nom de Hugues, et la lettre 175, qui parle de parenté (*una caro, unus sanguis*), au nom de Robert.
1. Otton III (?).
2. Obscur.
3. Du Chesne a imprimé *omni genere*; mais *genere amicitiarum*, sans *omni*, se retrouve plus loin (lettre 178).

175.

Felicitas¹ vestra gloriam simul nobis parit et solatium. Ubi enim est una caro, et unus sanguis, ibi et unus affectus. Abiit illa dies nec redeat umquam, in qua vester meror ineluctabilem nobis peperit dolorem². Et nunc quidem in pace, sicut et tunc in angustia, nos nostraque vestro condonamus obsequio, ut si quid magnarum *³ vestraque dignum memoria, vel vi, vel ingenio, aggredi conamini, nostra utamini opera, diligentia, consilio, ingenio, viribus. Quod si quieti et silentio studetis vel ad praesens, vel in aeternum, liceat nobis gaudere vobiscum pace et quiete. Nec glorientur emuli vestri nominis plus sese obesse, quam vos prodesse. Sit, si fieri potest, inter nos ac seniorem vestrum⁴ honestus habitus amicitiarum. Praescribite sequenda, et vitanda. Nec patiamini dolis et fraudibus nos circumscribi, qui nullorum hominum amicitiam contra vos decrevimus sequi.

176.

Episcopi⁵ Remorum dioceseos salutem dicunt reverentissimo patri R.,⁶.

Quoniam frater et coepiscopus noster A.⁷ infra⁸ suam

175. *L (et inde D).* — *a. sic L,* magnum *D.*
176. *L (et inde D).*

---

1. Du Chesne, 2ᵉ série, n° 21; Olleris, n° 102. — Senlis (?), 990. — Voir la lettre précédente.
2. On ignore le sens de cette allusion.
3. Suppléez *rerum* (?).
4. Otton III (?).
5. Du Chesne, 2ᵉ série, n° 22; Olleris, n° 159. — Senlis, 990. — Voir ci-après, p. 156, note 3.
6. R., sans doute Rotard, évêque de Cambrai, le seul des suffragants de Reims qui fût étranger, par la situation de sa ville épiscopale, au royaume de France et ainsi dispensé de prendre une part directe aux mesures requises par le roi Hugues contre Charles et ses partisans.
7. Arnoul, archevêque de Reims.
8. « Infra, passim pro Intra » (Du Cange).

ecclesiam captus, propter vim hostium, ut fertur, non satis quae sui juris sunt exequi valet, nos nostri officii non immemores, quod olim in famosissimos praedones suo consilio feceramus [1], repetivimus, hoc addito, quod in cibo et potu, contra divinum ac humanum jus, nulla misericordia abusi sumus, ut ipse [2], sed insuper duces, et comites, et conscios tocius factionis, anathemate dampnavimus, eamque ecclesiam a divino officio suspendimus, caeteras christianis fidelibus sufficere posse judicantes. Itaque decreti atque anathematis exemplar [3] vobis mittimus, nostraeque sententiae vos favere, atque idem facere, ortamur, monemus, oramus.

---

1. Voir p. 147, note 2.
2. Voir ci-dessus, p. 148, la fin de la note 2 de la p. 147.
3. On lit d ns 'a relation du concile de Verzy (14), à la suite des textes rapportés p' .eut (p. 147, note 2) :

« Guido episcopus : Si in propriis conscriptionibus, ubi cavere sibi potuit Arnulfus, ita lesus est, quomodo in proxima sinodo Silvanectis habita dampnatus non est? Conveneramus quippe in unum nos omnes qui hic adsumus Remorum diocesanei, conquestum sanctam Remensem aecclesiam, nostrarum omnium matrem, desolatum iri. Metropolitanus noster cum clero et populo teneri ab hostibus praedicabatur. Rumor tamen ab eo factae prodilionis frequens erat. Itaque nostrorum conprovincialium communi consultu, statuimus anathema in reos, quod nullus aliquo modo se occultans subterfugere posset. Ejus exemplar, si placet, proferatur. Prolatumque est in hunc modum :

« ORATIO INVECTIVA EPISCOPORUM REMENSIS DIOCESEOS VICE DECRETI HABITA SILVANECTIS. Quousque se extendet effrenata licentia vestra, alterius proditoris Judae satellites? Ad quem finem scelerum progredietur incoepta audacia vestri ducis? ducis dicimus Adalgeri presbiteri, qui nomen sacerdotalis dignitatis suo nomine polluit. Te igitur interpellamus, funeste presbiter. Quid tibi visum est post illa cruenta arma, quibus te Lauduni exercuisti, ut iterum villa apostata factus, Arnulfum Remorum archiepiscopum traderes, cum ante eum velut fidissimus custos cubares, conviva assiduus esses, consilia disponeres, sacrosancta administrares? Num rigorem aecclesiasticae severitatis, vel judicium omnipotentis Dei effugere te putasti? Urbis portas aperuisti, hostes introduxisti, venerabile templum matris Dei atque ipsis barbaris reverendum, velut hostium castra oppugnasti. Num etiam vos, praedonum maxima portio, qui aecclesiae ingentibus beneficiis eratis obligati, qui dicitis : Haereditate possideamus sanctuarium Dei, qui signa militaria, loricati et galeati, cum scutis et lanceis ante aram beatae Dei Genitricis intulistis, qui pollutis manibus pastorem cum clero et populo intra sancta sanctorum comprehendistis, custodiae distribuistis, carceri mancipastis, et adhuc retinetis; num, inquam, vos divina jura effugietis? Vos quoque, quorum dolo et fraude, consilio et auxilio, tantum scelus factum est, cum his qui principes tanti facinoris fuerunt consociandi estis, ut poenam peccati simul feratis, qui in causa peccati simul conspirastis, bonaque civium Remensium, praedones impiissimi, velut sub hasta distraxistis. Nec etiam vos abesse debetis, qui in Adalberonem Laudunensem episcopum non minus levia perfecistis; et ut pullulantem heresim rescindamus, quae dictitat omnia licere Karolo etiam in sacris locis, Remensem simul ac Laudunensem aecclesiam, utramque sacrilegio quamvis dissimili pollutam, a sacris removemus officiis, donec legitime reconcilietur utraque. Et ne quis nos talibus monstris hominum favere, tali-

177.

GAOZBERTO ABBATI [1].

Quod nostri curam geritis, nostrisque laetamini commodis, debitas rependimus grates. Nec sic locis disparamur remotis, nec ea utimur fortuna, divinitate propitia, ut antiquas non valeamus exercere amicitias. Procurabo igitur quod jussistis, et quoad potero persuasione vel gratia augustorum [2] uti, a vicinia Remorum procul dimovebo exer-

177. L (et inde D).

---

bus negotiis assensum praebituros putet, sed pro fide qua vivimus omnibus expositos periculis, sententiam nostram ita confirmamus, stabilimus, corroboramus :
« ANATHEMA IN REOS. Auctoritate omnipotentis Dei Patris et Filii et Spiritus sancti, interveniente et adjuvante beata Maria semper virgine cum omnibus sanctis, auctoritate quoque ac potestate apostolis tradita nobisque relicta, excommunicamus, anathematizamus, dampnamus, et a liminibus sanctae matris aecclesiae separamus, Adelgerum presbiterum, diaboli membrum, episcopi, cleri et totius populi Remensis traditorem; eos quoque qui hujus traditionis extiterunt inventores, auctores, factores, cooperatores, fautores, civiumque depopulatores et a propriis dominis rerum suarum sub nomine emptionis abalienatores. His adjungimus Laudunensis episcopli pervasores, ac ipsius episcopi gravissimos tortores. Fiat illis sicut Scriptura dicit : Qui dixerunt : Hereditate possideamus sanctuarium Dei, Deus meus, pone illos ut rotam, et sicut stipulam ante faciem venti. Sicut ignis qui comburit silvam, et sicut flamma comburens montes, ita persequeris eos in tempestate tua, et in ira tua turbabis eos. Imple facies eorum ignominia, et quaerent nomen tuum, Domine. Erubescant et conturbentur in saeculum saeculi, et confundantur et pereant; et cognoscant quia nomen tibi Dominus, tu solus altissimus in omni terra. Et quia pupillum et viduam non miserati sunt, neque templa Dei reveriti, dominiumque aecclesiarum sibi usurpaverunt, fiant filii eorum orphani et uxores viduae, scrutetur foenerator omnem substantiam ipsorum, et diripiant alieni labores illorum. Nutantes transferantur filii eorum, et mendicent, eiciantur de habitationibus suis. Fiant dies eorum pauci, et principatum eorum accipiat alius. Et duplici contritione contere eos, Domine Deus noster, nisi resipiscant et aecclesiae catholicae fructuosa poenitentia satisfaciant. Amen. Fiat. Fiat. » (Pertz, Script., III, p. 664, 665; Olleris, p. 184-186.)
On reconnaît encore ici la plume de Gerbert.
1. Du Chesne, 2e série, n° 23; Olleris, n° 175. — Senlis (?), 990. — Gausbert ou Josbert était abbé du monastère de Saint-Thierry, près Reims (Gallia christiana, IX, col. 184). Son frère Gérard, élève de Gerbert, fut évêque de Cambrai de 1012 (Pertz, Script., VII, p. 465) à 1048.
2. Les rois Hugues et Robert.

citum[1], donec in urbe recondatis, si quid residui habetis in agris. Procurate itaque et vos filium meum Aquilam[2], donec per fidissimos michi remittatis amicos. Et ne ignoretis quae sinodus episcoporum nostrae dioceseos decreverit, exemplar rerum gestarum[3] vobis [ve]strisque^a mitto sociis[4], ut exinde pernoscatis, quid sequi, quid vitare debeatis.

178.

LIBELLUS REPUDII GIR. ARNULFO ARCHIEPISCOPO[5].

Diu multumque michi in animo replicanti infelicem statum nostrae urbis, nec exitum malorum sine strage bonorum repperienti, ea tandem sententia placuit, quae et praesentibus mederetur incommodis, et in futurum praecaveret amicis. Permutamus itaque solum solo, dominium dominio, vestraque beneficia, emancipati, vobis nostrisque emulis ad invidiam relinquimus, ne fidelitatis promissae hinc arguamur, inde genere amicitiarum[6] ad patruum vestrum quodammodo se habentium perstringamur. Nichil enim alteri debetur, eo quo vivimus pacto, fide in alteram partem praetenta. Nam si vos salvos esse volumus, quomodo patruo

177. — a. nostrisque *l.D.*
178. L (*et inde D*).

---

1. Cette phrase et celle de la lettre 163 (p. 145), *qui reges deponerem, regesque ordinarem*, jettent un jour curieux sur l'importance politique de Gerbert en France. Sur la campagne entreprise par Hugues contre Charles et Arnoul, puis abandonnée, voir Richer, IV, 37-39. Cette campagne n'eut sans doute pas lieu en hiver, et elle est antérieure au 29 mars 991 (Richer, IV, 47); elle eut donc lieu probablement dans l'été ou l'automne de 990. Ainsi cette lettre et les précédentes sont de 990, avant l'hiver.
2. *Procurate*, « ayez soin de » (?). — *Aquilam*, voir p. 153, note 5; peut-être Gérard (p. 157, note 1), frère de Gausbert et futur évêque de Cambrai(?).
3. Voir p. 156, note 3.
4. Les moines de Saint-Thierry (?).
5. Du Chesne, 2° série, n° 24; Olleris, n° 168. — Senlis(?), 990. — Cette lettre ne doit pas être de beaucoup postérieure aux précédentes, notamment aux n°° 171 (p. 151) et 172 (p. 152). Elle est certainement antérieure aux faits mentionnés dans Richer, IV, 41-46 (ci-après, p. 159, note 3), lesquels sont eux-mêmes un peu antérieurs au 29 mars 991 (Richer, IV, 47).
6. Voir p. 154, note 3.

vestro [1] prosumus? item si patruo vestro prosumus, quomodo vos esse salvos volumus? hanc litem sic dirimimus ad alios demigrando, ut nec vobis, nec illi quicquam praeter benivolentiam debeamus gratuitam. Eam si amplectimini, domos quas proprio labore multisque sumptibus exedificavimus [2], michi meisque cum sua suppellectili reservate. Aecclesias quoque quas sollempnibus ac legitimis donationibus juxta morem provinciae consecuti sumus, nullis praejudiciis attingi oramus, de reliquo non multum deprecaturi. Hoc facto, me olim libera colla gerentem, ad obsequia vestra honeste invitabitis. Nec dubium erit, si hos terminos praetergrediemini, quin omnia quae possidebamus, ut a multis accepimus, emulis nostris sacramento contuleritis, tunc cum secundum affectum vestrum acutissima pro vobis dictaremus consilia. Nec praeteritorum malorum poterimus oblivisci, cum presentibus ammonebimur indiciis.

179.

ELECTIO GERB. REMORUM ARCHIEPISCOPI [3].

Semper quidem, dilectissimi fratres, judicia Dei justa sunt, sed interdum occulta. Ecce enim post dissolutionem

---

1. Le duc Charles. Son neveu Arnoul faisait toujours semblant de ne subir son joug que par force : « sese penitus non ignorare, Karolum ei vim intulisse, et summa id necessitate factum, ut ad tempus a se (Hugone) discederet et Karolo etiam nolens faveret » (Richer, IV, 45). Gerbert se prête ironiquement à cette fiction, qui ne trompait probablement personne.
2. Voir lettre 124 (p. 113, note 2).
3. Du Chesne, 2ᵉ série, nº 25; Olleris, nº 177. — Reims, 991, peu après le jeudi 17 juin. — Entre la lettre précédente et celle-ci se placent : 1º la double réconciliation (fictive) d'Adalbéron ou Ascelin, évêque de Laon, avec le duc Charles et de l'archevêque Arnoul avec le roi Hugues (Richer, IV, 41-46); 2º la trahison par laquelle Ascelin se saisit de Charles et d'Arnoul, à Laon, dans la nuit du dimanche 29 au lundi 30 mars 991, et les livra à Hugues, qui les emprisonna (ibid., 47-49); 3º le concile de Verzy, *concilium Remense ad sanctum Basolum*, 17 et 18 juin 991, qui condamna et déposa l'archevêque Arnoul (Pertz, *Script.*, III, p. 658-686; Olleris, p. 173-236). On ignore la date exacte de l'élection de Gerbert à l'archevêché de Reims; il est probable qu'elle suivit de près le concile de Verzy.]

beatae memoriae patris A.[1] quendam[2] *ex regio semine prodeuntem* nobis aecclesiaeque Remensi praefecimus, et clamore multitudinis inpulsi, Scriptura dicente : « Vox populi, vox Domini[3] », et sanctorum canonum institutis, desiderium ac vota cleri ac populi in electione episcopi perquirentium. Caligavit acies mentis nostrae litteram incaute sequendo, concordem sententiam divinarum scripturarum parum investigando. Non erat quippe vox Domini, vox populi clamantis : « Crucifige, crucifige[4]. » Ergo non omnis vox populi, vox Domini est. Nec omnis cleri et populi vota et desideria in electione episcopi perquirenda sunt, sed tantum simplicis et incorrupti, id est spe questus minime illecti. Sententiae patrum exponendae : « Non liceat, inquit [a], turbis electionem facere eorum qui ad sacerdotium provocantur, sed judicium sit episcoporum, ut ipsi eum qui ordinendus [a] est probent, si in sermone, et in fide, et in episcopali vita edoctus est[5]. » Nos igitur episcopi Remorum dioceseos, secundum has constitutiones patrum, favore et coniventia utriusque principis nostri domni Ugonis augusti, et excellentissimi regis Rotberti, assensu quoque eorum qui Dei sunt in clero et populo, eligimus nobis archiepiscopum, abbatem Gerbertum, aetate maturam, natura prudentem, docibilem, affabilem, misericordem. Nec praeferimus illi vagam adulescentiam[6], ambitionem se extollentem, omnia temere ministrantem. Immo nec talibus subjugari patienter auditu perferimus, quorum sapientia et consilio aeccle-

---

179. *L (et inde D)*. — *a. sic L.*

---

1. Adalbéron, archevêque de Reims, mort le 23 janvier 989.
2. Arnoul, fils naturel de Lothaire, élu archevêque de Reims en février ou mars 989 (p. 137, note 4).
3 « Vox populi de civitate, vox de templo, vox Domini reddentis retributionem inimicis suis » (Isaïe, LXVI, 6).
4. Luc, XXIII, 21 ; Jean, XIX, 6.
5. Dionysius Exiguus, *Codex canonum : Regulae apud Laodiciam expositae*, cxv : « Ut episcopi judicio metropolitanorum, et eorum episcoporum qui circumcirca sint, provehantur ad ecclesiasticam potestatem, hi videlicet qui plurimo tempore probantur tam verbo fidei, quam rectae conversationis exemplo » ; ibid., cxvi : « Quod non sit permittendum turbis electiones eorum facere, qui sunt ad sacerdotium provehendi » (Migne, LXVII, 166).
6. L'archevêque déposé, Arnoul, était un jeune homme (Richer, IV, 27).

siastica ac civilia jura amministrari non posse scimus. Cumque in unoquoque episcopo sit hoc speculandum, maxime tamen in eo qui caeteris preest metropolitano. Eligimus itaque hunc Gir. qui .... *b* fuit. Hujus vitam ac mores a puero novimus. Studium in divinis ac humanis rebus experti sumus. Hujus consiliis ac magisterio informari querimus, ejus electionem subscribendo confirmamus, stabilimus, corroboramus communi omnium bonorum consultu.

180.

PROFESSIO FIDEI GER. REMORUM ARCHIEPISCOPI [1].

Ego Gerbertus gratia Dei praeveniente mox futurus archiepiscopus Remorum, ante omnia fidei documenta verbis simplicibus assero. Id est Patrem et Filium et Spiritum sanctum, unum Deum esse confirmo, totamque in Trinitate deitatem coessentialem et consubstantialem, et coaeternalem, et coomnipotentem praedico. Singulam quamque in Trinitate personam verum Deum, et totas tres personas unum Deum profiteor. Incarnationem divinam, non in

179. — *b. spatium quindecim plus minus litterarum vacuum L.*
180. *L (et inde D).*

---

[1]. Du Chesne, 2ᵉ série, n° 26; Olleris, n° 178. — Vers la même date que la précédente, après l'élection de Gerbert et avant sa consécration. — Les principaux articles de cette profession de foi paraissent dirigés contre les doctrines de la secte des Cathares (plus tard appelés Albigeois), qui commençaient alors à se répandre en France et particulièrement en Champagne : « Gerbert veut se défendre de partager les opinions de ceux qui admettent l'existence d'un principe mauvais *par nature*, qui nient l'existence *réelle* de Jésus-Christ, qui rejettent l'Ancien Testament comme œuvre du démon et qui condamnent le mariage et la nourriture animale. Ce sont là, en résumé, les principales des doctrines cathares... Quand on songe aux Cathares de Montwimer, » — le Mont-Aimé (Marne, commune de Bergères-lez-Vertus), — « de Vertus, de Châlons, il nous paraît impossible de ne pas voir dans les paroles de Gerbert une allusion à cette hérésie » (C. Schmidt, *Histoire et Doctrine de la secte des Cathares ou Albigeois*, I, p. 33).

Patre, neque in Spiritu sancto, sed in Filio tantum credo, ut qui erat in divinitate Dei Patris Filius, ipse fieret in homine hominis matris filius, Deus verus ex Patre, homo verus ex matre. Carnem ex matris visceribus habentem, et animam humanam, rationalem, simul in eo utriusque naturae, id est hominem et Deum, unam personam, unum Filium, unum Christum, unum Dominum creaturarum omnium quae sunt et auctorem, et dominum, et rectorem cum Patre et Spiritu sancto confiteor. Passum esse vera carnis passione, mortuum vera corporis sui morte, rexurrexisse [a] vera carnis suae rexurrectione [a], et vera animae resurrectione, in qua veniet judicare vivos et mortuos assero. Novi et Veteris Testamenti unum eundemque credo auctorem, et Dominum et Deum. Diabolum non per conditionem, sed per arbitrium factum esse malum. Credo hujus quam gestamus, et non alterius carnis resurrectionem. Credo judicium futurum, et recepturos singulos pro his quae gesserunt vel paenas vel praemia. Nuptias non prohibeo, secunda matrimonia non dampno. Carnium perceptionem non culpo. Penitentibus reconciliatis communicari debere confiteor. In baptismo, omnia peccata, id est, tam illud originale contractum, quam ea quae voluntarie admissa sunt, dimitti credo, et extra aecclesiam catholicam nullum salvari confiteor. Sanctas sinodos VI [b] [1], quas universalis mater aecclesia confirmat, confirmo.

180. — *a. sic L.* — *b.* quatuor *D.*

Inter epist. 180 *et* 181 *haec habet L :*

1° *Gerberti* Concilium Mosonse [sic] (*Pertz, Script., III, p.* 690-691 ; *Olleris, p.* 245-250);

2° *Ejusdem* Oratio episcoporum habita in concilio Causeio, in praesentia Leonis abbatis legati papae Johannis (*Pertz, Script., III, p.* 691-693 ; *Olleris, p.* 251-256).

---

1. Les conciles de Nicée, en 325, de Constantinople, en 381, d'Éphèse, en 431, de Chalcédoine, en 451, et de Constantinople, en 553 et en 680 (Hincmar, dans Migne, CXXVI, 359).

181.

GERBERTUS [a] ADELAIDI REGINAE [1].

Domine et gloriose A. reginae semper augustae [2], G. gratia Dei [b] Remorum archiepiscopus [c], et omnibus suis confratribus [d] et [d] coepiscopis Remorum dioceseos, bene valere in Christo.

Epistola vestri nominis leta principia praetulit [e], monita salubria habuit, sed tristi fine conclusa est. Suavem quippe animi vestri affectum circa me ostendit [f], ad propriam sedem reditum maturare [g] ammonuit. Sed quid sibi voluit tam acerba conclusio? Ita enim se habet : « Cognoscite, quia si [h] hujusce monita parvi penderitis [i], utemur nostrorum [3] et rebus et consiliis [j] absque crimine vestri [k]. » Me urbi Remorum praesidenti, quando non licuit, licet vel

---

181. *LVMD (cf. adnot. 2).* — *a.* deest *VMD.* — *b.* Domini *VMD.* — *c.* episcopus *VMD.* — *d.* deest *L.* — *e.* pertulit *MD.* — *f.* *VM* addunt ut. — *g.* maturarem *VM.* — *h.* modo si *V,* si modo *MD.* — *i.* penditis *VM.* — *j.* conciliis *L.* — *k.* nostri *VM.*

---

1. Masson, n° 159 (jusqu'à *superaddit epistola*); Du Chesne, n° 159, et Olleris, n° 200 (jusqu'à *dolore tolero*); Du Chesne, n° 160, et Olleris, n° 212 (depuis *Occurrit*). — Cette lettre, écrite, comme l'indiquent les dernières phrases, de la cour d'Otton III en Allemagne, est postérieure : 1° au couronnement d'Otton III comme empereur, le 21 mai 996, car ce prince y est nommé César; 2° à la mort de Hugues Capet, le 24 octobre 996, et au second mariage de Robert, postérieur lui-même à cette mort (*novum conjugium*, p. 164; Richer, derniers paragraphes). Elle est antérieure : 1° à la nomination de Gerbert à l'archevêché de Ravenne, en avril 998 (Jaffé, n° 2971; Loewenfeld, n° 3883); 2° au voyage d'Otton III en Italie, à la fin de 997 (p. 166, note 3); 3° probablement, à l'expédition d'Otton III contre les Slaves, dans l'été de 997 (p. 166, note 1). Elle est donc du printemps ou du commencement de l'été de 997, et par conséquent postérieure de près de six ans à la précédente. — A partir d'ici, l'ordre chronologique des lettres est troublé. La série des lettres 181-187 est postérieure à celle des lettres 190-212. Les lettres 188, 189 et 213-220 sont en dehors du classement chronologique.
2. Adélaïde, veuve de Hugues Capet, mère du roi Robert (p. 96, note 5). Elle exerçait, semble-t-il, au début du gouvernement de son fils, une sorte de régence de fait. Robert était âgé, selon Richer (IV, 87), d'environ vingt-trois ans; voir p. 166, note 2.
3. Probablement les vassaux de l'archevêché de Reims, arrière-vassaux de la couronne : si l'archevêque désobéit, le roi s'emparera de la mouvance de leurs fiefs et exigera d'eux directement les devoirs féodaux, tels que le service dit de conseil.

licebit vestris *l* uti consiliis, et rebus michi conmissis? An melius licuit Ar. eam obtinente? Sed ille eam vobis dolo et fraude abstulit. Ego contra multorum dolos et fraudes vobis eam multis vigiliis, multoque labore, conservavi. Mirum nimis *m* est vestrorum hostium vos non sentire insidias. Qui enim Ar., ad vestri regni confusionem, suae sedi restituere querunt, non sibi hoc totum *n* fore putant, nisi me *o* prius qualibet occasione perdant. Quod multum verisimile esse duplici capimus argumento, quia Remis nuper me posito *p*, eum absolvere decrevistis, et quia Leo Romanus abba [1] ut absolvatur obtinuit [2], ob confirmandum senioris mei regis Rot. novum conjugium [3], ut michi a Remensibus per litteras significatum est. Accedit ad hoc discrimen fides a praesentibus [4], Corte Calmiciaca *q* [5] a Gibuino [6], Gibuini nepote, pervasa *r*. Infinitus, credo, villarum erat *s* numerus, nec ad possidendum sufficere poterant Remenses, nisi ad colonias optinendas invitarentur Catalaunenses. Quid ergo? Si Ar. absolvendus est, vel si G., vel alius quilibet *t* in sede mea intronizandus est, reditum meum sine capitis mei periculo non est intelligere *u*. Quod ita esse, si vos minus adverteritis *v*, [non debeo dubitare *w*]. Novi enim studia vestra omni-

181. — *l.* et licebit vobis *VM*. — *m.* nunc *VM*. — *n.* tutum *VMD*. — *o.* deest *L*. — *p.* me Remis nuper posito *VMD*. — *q.* ita *MD*, corte C. *L*, torta Almiciaca *V*. — *r.* a Gebuino pervasa *L*. — *s.* erat villarum *VMD*. — *t.* et si Gibuinus et quilibet alius *VM*. — *u.* intellegere non est *VMD*. — *v.* sed vos minus animaduertere *VMD*. — *w.* non debeo *et spatium octo litterarum L*, dubitare non debeo *VMD*.

1. Léon, abbé de Saint-Boniface de Rome, fut envoyé à plusieurs reprises comme légat, en Allemagne et en France, par les papes Jean XV et Grégoire V, pour reviser les actes du concile qui avait déposé l'archevêque Arnoul (Richer, IV, 95 et suiv.; Pertz, *Script.*, III, p. 690-693; Olleris, p. 237-256).

2. Gerbert veut dire seulement que l'abbé Léon a obtenu la promesse qu'Arnoul serait mis en liberté. Arnoul ne sortit de prison qu'après novembre 997 (Pfister, p. 54).

3. Le roi Robert, après avoir épousé, puis répudié Rozala ou Suzanne, veuve d'Arnoul, comte de Flandre, avait épousé en secondes noces, peu de temps après la mort de Hugues Capet, sa commère et sa parente, Berthe, fille du roi de Bourgogne Conrad et veuve d'Eudes, comte de Blois (Pfister, p. 47 et suivantes).

4. Obscur; *fides a praesentibus*, « une certitude tirée des faits actuels » (?).

5. Peut-être Chaumuzy (Marne), village dont la seigneurie a appartenu jusqu'aux temps modernes, aux archevêques de Reims (Varin, *Archives admin.*, II, p. 1052).

6. Gibuin II, neveu et plus tard successeur de Gibuin Ier, évêque de Châlons-sur-Marne.

bus mortalibus praedicanda, novi animi vestri dulcissimos affectus circa me, quibus si respondere nequeo meritis, respondebo votis. Quocirca ut mea vobis minus ingeram, deque me omnino taceam, quem divina gratia a periculorum inmensitate liberat, et, in quantum ad me solum attinet, in omni felicitate [1] disponit et conservat, per terribile nomen omnipotentis Dei oro et deprecor, ut Remensi ecclesiae desolatae et attritae, si quolibet modo valetis [x], subveniatis. Quae quoniam regni Francorum est capud [y][2], si deperierit, ut membra sequantur necesse est. At quomodo non deperit, quae sub nomine duorum quasi inter malleum et incudem disposita, dum eorum neutrum rectorem approbat, velut inter undas maris sine remige fluctuat? Quid porro fieri putatis, si tertius sine juditio aecclesiae ad numerum accesserit? Neque vero haec loquor, tanquam augur aut divinus. Memini etiam meos conspirasse non solum milites, sed et clericos, ut nemo mecum comederet, nemo sacris interesset [3]. Taceo de vilitate et contemptu, nichil dico de gravissimis injuriis sepe michi a pluribus illatis. Ad haec ut redeam provocatis, et ut graviora patiar, minas superaddit epistola [z]. Quid est, o divina majestas? adeone me infatuatum, vel a te abalienatum putant, ut vel gladios imminentes non videam, vel aecclesiam tuam scimate confundam? Ego vero inproborum versutias acute conspicio, et contra omnia scimata unitatem aecclesiae, si sic decretum est, morte mea defendo. Peto ergo, o domina mea semper augusta, item a fratribus meis coepiscopis qui pro causa traditoris Ar., sive juste, sive injuste sub anathematae [aa] positi sunt [3], ut me juditium aecclesiae expectantem patien-

181. — *x.* velitis *VM.* — *y.* caput est *VMD.* — *z. reliqua omittit M, e codice L sumpsit D; in V haec leguntur :* Plura non habuit v. c.; ex sequentium tamen fragmentis apparet hanc epistolam imperfectam esse. Et paulo post : Peto ergo — — dolore tolero. *Et in margine :* Haec non habentur in v. c. Ex historia Gallica Vignorii haec transcripta sunt. — *aa. sic L.*

1. Otton III lui fit don, vers cette date, du domaine de Sasbach, présent que Gerbert qualifie ailleurs de magnifique (lettre 183).
2. Voir p. 137, note 1.
3. Le pape avait suspendu de la communion du saint-siège Gerbert et tous les évêques qui avaient pris part à la condamnation de l'archevêque Arnoul (lettre 192; cf. Bouquet, X, p. 118, 220).

ter ferant. Neque enim ecclesiam quam episcoporum juditio regendam accepi, sine episcoporum juditio relinquere volo, nec rursus contra episcoporum juditium, ubi major auctoritas adsit, eam quasi per vim retinere dispono. Quae juditia dum expecto, exilium quod a multis felix putatur, non sine multo dolore tolero. Occurrit michi senioris mei regis Rot. clara facies, letus aspectus, usitata colloquia, sermones vestri, sapientia et gravitate pleni, tum principum et episcoporum grata affabilitas, quae dum michi eripitur, ipsa quodammodo vita honerosa est. Sola michi solatio est clari Cesaris Ot.[1] pietas, benivolentia, liberalitas, qui tanto amore vos vestraque diligit, ut dies noctesque mecum sermonem conferat, ubi et quando vos familiariter videre possit, coevum[2] sibi et studiis consimilem seniorem meum regem Rot. alloqui et complexari. Si ergo Romanum iter[3] quod causa plurimum synodi me detinet, hoc tempore dilatum fuerit, circa novenb. kal.[4] me expectabitis, et harum rerum interpretem fidissimum, et per omnia vobis obedientem.

182.

GERBERTUS OTTONI CAESARI [5].

Domino et glorioso Ot. Cesari semper augusto, Romanorum imperatori [6], G. episcopus, debitae servitutis obsequium [7].

---

182. *L (et inde D).*

1. Gerbert était auprès d'Otton III au commencement de l'été de 997, tandis que l'empereur préparait contre les Slaves l'expédition qu'il exécuta au mois de juillet de la même année (Appendice, n° II; Wilmans, p. 94). La lettre 182 fut écrite pendant cette expédition, la lettre 183 après l'expédition terminée; on peut présumer que celle-ci est du temps où elle se préparait.
2. Otton III était né en 980 (Giesebrecht, p. 63), Robert, s'il faut en croire Richer (IV, 87), vers 974.
3. Gerbert accompagna Otton III en Italie, à la fin de 997 et au commencement de 998 (Appendice, n° II; Stumpf, n°° 1122-1131; Jaffé-Loewenfeld, p. 492; Richer, derniers paragraphes).
4. Le lundi 1ᵉʳ novembre 997.
5. Du Chesne, 2ᵉ série, n° 27; Olleris, n° 204. — Allemagne, été de 997.
6. Otton III avait été couronné empereur, à Rome, le jour de l'Ascension, jeudi 21 mai 996, par son parent Brunon, pape, depuis le commencement du même mois, sous le nom de Grégoire V (Jaffé-Loewenfeld, p. 490).
7. La même formule de suscription se trouve en tête du *Libellus de rationali et ratione uti*, écrit par Gerbert dans l'hiver de 997-998 (Appendice, n° II).

Absentiam vestram, longitudine terrarum disjuncti, omnino moleste ferimus, et quod fama nimium devia rerum praeclare quidem a vobis gestarum¹, ut semper, nec ullam [n]obis *a* scintillam attulit. De vita et moribus Harmandi comitis², sicut hoc tempore a me alienum est, ita gemitus et suspiria fratris W.² significare mea vobis plurimum refert. Conqueritur quippe ille nobilis vir fratrem suum apud Gorgiam *b*³ fame necari, contra suam suorumque natalium dignitatem, ignominiaeque ducit hoc sempiternae. Quod si verum est, quid sibi volunt tam dira supplicia? quod genus mortis acerbius fame? Omnia paenarum genera sola fames exuperat. Mortem ipsam contempnit, ac eam contra naturae usum in se provocat. Removete, queso, tam immane nefas, et petenti fratri, fratrem adhuc, ut dicit, spirantem reddite. Eorum conditiones tantum mementote, qui capiunt, et capiuntur, ne capti post libertatem, aut per se, aut per suos, capientes vel amicos capientium pro causa captionis ledere valeant.

183.

GER. OTTONI⁴.

Domino excellentissimo Ot. Cesari semper augusto, suorum episcoporum minimus, semper et ubique debite servitutis obsequia.

Cum inter humanas res nichil dulcius vestro aspiciamus imperio, sollicitis pro vobis nichil dulcius significare potui-

---

182. — *a.* vobis *LD*, nobis *conjecit Olleris*. — *b.* Gorziam *D*.
183. *l.* (*et inde D*).

---

1. Pendant l'été de 997, Otton III combattit et vainquit les Slaves dans la contrée arrosée par la Havel, aujourd'hui province prussienne de Brandebourg.(Pertz, *Script.*, III, p. 73, 776; Wilmans, p. 94; Appendice, n° II).
2. Personnages inconnus.
3. Lieu inconnu.
4. Du Chesne, 2° série, n° 28; Olleris, n° 206. — Fin de septembre ou octobre 997. — Voir lettres 218, 219, 220.

stis, quam vestri imperii summam gloriam, summam cum dignitate constantiam. Et quaenam certe major in principe gloria, quae laudabilior in summo duce constantia, quam legiones cogere, in hostilem terram inrumpere, hostium impetum sua praesentia sustinere, seipsum pro patria, pro religione, pro suorum reique publice salute, maximis periculis opponere [1]? Quae facta quoniam felices exitus habuerunt, minori sumus affecti cura ob legationem Leonis abbatis vobis directam super illo Ar. [2]. Sed neque animo insedit ea legatio, quae [3] aut omnino falsa est, sed quae Leo abba a meis Gallis promissa exegit, vera fore putavit, aut si ita est, novi ingenitam vobis benivolentiam talibus ausis posse et velle obsistere. Et quoniam noster Leo [4] iter suum ad vos intenderat volando, ut ipse scripsit, VI id. sept. [5], quando primum allata venit epistola, iniquis, ut credo, [r]emorata *a* ventis, nichil super Ar. consultum est [6]. Sed fert secum alia ut magnis inventa ingeniis, ita magnis finienda consiliis.

Aeternum vale vobis vester G., et quia ut magnifice[r] *b*

---

189. — *a.* memorata *LD*, remorata *Bouquet*, X, p. 423. — *b.* magnifices *LD*.

---

1. Voir p. 167, note 1.
2. L'abbé Léon (p. 164, note 1) avait mandé à l'empereur qu'Arnoul, archevêque déposé de Reims, partait pour la cour de Rome (lettre 218), ce qui impliquait qu'il avait été mis en liberté. Gerbert se défiait avec raison de cette nouvelle : Arnoul ne sortit de prison qu'au retour en France d'Abbon, abbé de Saint-Benoît-sur-Loire, qui avait vu le pape en Italie en novembre 997 (Pfister, p. 54).
3. Pour comprendre cette phrase un peu embrouillée, il faut remplacer *quae* par *nam ea* : « je me soucie peu de ce message, car, ou il est faux et Léon a pris pour un fait certain ce que les Français lui ont *seulement* promis (la mise en liberté d'Arnoul), ou, si les choses sont comme il le dit, votre intervention me protégera. » Otton III lui promettait cette intervention (lettre 218).
4. Le personnage désigné par ces mots, *noster Leo*, n'est évidemment pas le même que l'abbé Léon, légat du pape, nommé quelques lignes plus haut : c'est un personnage qui avait la confiance d'Otton III et de Gerbert et qui leur servait de messager. Voir lettre 196.
5. Le mercredi 8 septembre 997.
6. On ne sait rien des faits auxquels fait allusion cette phrase. On ne sait par qui était écrite ni à qui était adressée la lettre dont il s'agit. Les mots *iniquis ventis* ne supposent pas nécessairement, semble-t-il, que cette lettre fût portée par mer; ils peuvent être pris au figuré et signifier simplement « la fortune contraire ».

magnifice magnificum Sasbach [1] contulistis, aeterno imperio vestro aeternum se dedicat vester G. Et quia R. s. v. d. *c* [2], aeterno obsequio vestro se mancipat G. vester. Huic *c* a vobis liberaliter collata, sed a quodam nescio cur ablata [3], restitui sibi petit vester G. Extremus numerorum abbaci vestrum definiat [4].

184.

Domino [5] et reverentissimo patri [H. *a* [6]], G. filius.

Sanctissimas amicitias firmissimasque societates, luculenta oratione, quam dulces quamve utiles essent, expressistis, meque tanto fructu divinitatis participem sociumque esse et fore dignati estis. Quid enim est aliud vera amititia, nisi divinitatis praecipuum munus? Hac igitur amicitia vestra fretus, deque ea bene praesumens, atque in posterum meliora sperans, Ar. reditum ad urbem Remorum [7] non expavesco. Sed si ita provenerit ut Hungerius, qui voluit, retulit, ob quam causam de Hur Caldeorum [8] libe-

---

183. — *c. sic L.D.*
184. *L (et inde D). — a. ill. L.*

---

1. Probablement Sasbach (Bade), au nord-est de Strasbourg, lieu fameux par la mort de Turenne, le 27 juillet 1675. Ce lieu faisait partie du diocèse de Strasbourg. Aux temps modernes, l'évêque de Strasbourg en était seigneur; antérieurement au XIV° siècle, il en partageait la seigneurie avec l'empereur (Schoepflin, *Alsatia illustrata*, II, p. 161): il est donc permis de supposer qu'au X° siècle c'était un domaine impérial et qu'Otton III avait pu en concéder la jouissance à Gerbert. Il y a un autre Sasbach dans l'ancien diocèse de Constance, sur la rive droite du Rhin, au nord de Vieux-Brisach. Deux diplômes d'Otton III, du 22 décembre 994, sont datés de l'une ou l'autre de ces deux localités (Stumpf, n°° 1028, 1029).
2. On ne sait pas ce que signifient ces quatre lettres.
3. Voir lettre 185.
4. « Que le plus élevé des nombres qu'on peut écrire sur l'*abacus* soit celui des jours de votre vie » (?). Ce nombre devait être 999, 999, 999, 999, 999, 999, 999, 999 : voir Richer, III, 54; Chasles, *Explication des traités de l'abacus*, dans les *Comptes rendus hebdomadaires de l'Académie des sciences*, XVI, 1843, p. 156-173; Nagl, dans les *Sitzungsberichte der phil.-hist. Classe der kais. Akademie*, CXVI (Vienne, 1888), p. 880-882.
5. Du Chesne, 2° série, n° 29; Olleris, n° 205. — Derniers mois de 997.
6. *Ill.* dans le manuscrit. On verra, lettres 199 et 200, la même abréviation employée (apparemment par suite d'une méprise du copiste) pour représenter le nom d'Hervé, évêque de Beauvais de 987 à 997 environ. C'est donc peut-être au même prélat (ou à un autre dont le nom commence aussi par la lettre H?) que cette lettre est adressée.
7. Voir p. 168, note 2.
8. Voir p. 74, note 7.

rari confido, vestrisque obsequiis non deesse, quodque semper volui, semper obtavi, haec causa comitem individuum efficiet, eique sollempne imperium appellamus [1]. Qua re quid dulcius? quid praestantius? Non ergo suspirandum pro causa amici vobis fuit vel erit, cum ex toto, cum ex communi voto et deliberatione cuncta provenerint, sintque proventura divinitate propitia, vobis consulentibus, amicis juvantibus, inperio nostro [b] omnia feliciter exequente et procurante.

Valete, et ob res nostri Caesaris bene gestas [2], bene se habentes mecum gaude[t]e [c].

Iterum et numerosius valete.

185.

OTTONI CESARI ET AUGUSTO, IMPERATORI QUOQUE ROMANO, GERBERTUS [3].

Domino et glorioso semper augusto Ot. C., G.

Scio me divinitatem in multis offendisse, et offendere. Sed vos vel vestros in quo offendisse redarguor, nescio, ut mea servitus sic repente displicuerit. Utinam a vestra munificentia cum gloria tanta collata, aut non licuisset suscipere, aut suscepta cum tanta confusione perdere [4]. Quid hoc esse putem? Quod utique dedistis, aut dare potuistis, aut non potuistis. Si non potuistis, cur posse simulastis? si autem potuistis, quis ignotus, et sine nomine imperator, imperatori nostro notissimo, et per orbem terrarum famosissimo imperat? In quibus tenebris ille furcifer latitat? in lucem veniat et crucifigatur, ut nostro Caesari libere imperare liceat. A multis creditum est me apud vestram pietatem posse opitulari multis, nunc opere precium est habere patronos, quos olim defendendos suscepi,

---

184. — *b. sic L*, imperio vestro *D*. — *c.* gaudere *L*, gaudete *D*.
185. *L (et inde D).*

---

1. Obscur. *Hungerius* n'est pas connu.
2. Voir p. 167, note 1.
3. Du Chesne, 2e série, n° 30; Olleris, n° 207. — Derniers mois de 997.
4. Fait inconnu; voir lettre 183 (p. 169, note 3).

majorque fides hostibus meis habenda quam amicis. Amici quippe salubria cuncta, prospera omnia docuerunt. Hostes nec praecepta, nec beneficia michi profutura, dulcia principia, amaros exitus habitura, seu prophetico, seu fanatico spiritu praedixerunt. Quae quidem michi plus quam velim experto tristia, sed imperiali persone minus convenientia. Tribus, ut ita dicam, seculi aetatibus, vobis[1], patri[2], avo[3], inter hostes et tela, fidem purissimam exhibui, meam quantulamcumque personam, regibus furentibus, populis insanientibus, pro vestra salute opposui. Per invia et solitudines, per incursus et occursus praedonum, fame et siti, vi frigoris et aestus, excruciatus, infractus, inter tot tempestates extiti ut mortem potius praeoptarem, quam filium Cesaris tunc captivum[4] imperantem non viderem. Vidi et gavisus sum, et utinam liceat usque in finem gaudere, et vobiscum dies meos in pace finire.

186.

IMPERATOR OTTO GER. MAGISTRO SUO [a][5].

Girberto dominorum[b] peritissimo atque tribus philosophiae partibus[6] laureato[c], O. quod sibi.

Amantissimae[c] vestrae dilectionis omnibus venerandam nobis adjungi volumus excellentiam, et tanti[d] patroni sempiternam nobiscum[e] stabilitatem adoptamus, quia vestrae doctrinae disciplinata proceritas nostrae simplicitati semper fuit haud fastidiens auctoritas. Attamen ut, omni ambage

186. *LVMD*. — *a. titulus deest VM*. — *b. ita LV*, Diuinorum *M*, Philosophorum *DB*. — *c.* laurento. O. quod sibi amantissimo *L.* — *d.* tanto *L.* — *e.* nobiscum sempiternam *L.*

1. Otton III; voir lettres 26 (p. 20), 27 (p. 21), 32 (p. 30), 34 (p. 33), etc.
2. Otton II; voir lettres 1 (p. 1), 11 (p. 9), 12 (p. 10).
3. Otton Ier; Gerbert avait été à son service comme professeur de mathématiques, vers les années 971 à 973 (Richer, III, 44, 45).
4. Voir p. 18, note 5, lettres 27 et 34 (p. 21, 33) et p. 35, note 3.
5. Masson et Du Chesne, n° 153; Olleris, n° 208. — Otton III à Gerbert, derniers mois de 997. — Voir p. 172, note 2, et la lettre suivante. Otton III avait alors dix-sept ans. On remarquera combien son style est différent de celui de Gerbert.
6. Les mathématiques, la physique et la théologie (Richer, III, 59, 60).

dimota, ad vos nude veritatis fruamur loquela, judicavimus et *f* firmum *f* disposuimus *f* ut hoc manifestet vobis haec *g* nostrae voluntatis epistola, quod in hac re summa nostrae adoptionis et singularitas *h* est petitionis, quatinus nobis indoctis, et male disciplinatis, vestra *i* sollers providentia in scriptis necnon et dictis non praeter solitum adhibeat studium correctionis, et in re publica consilium summae fidelitatis *j*. Hujus ergo nostrae voluntatis in non neganda insinuatione, volumus *k* vos Saxonicam rusticitatem abhorrere, sed Greciscam [1] nostram subtilitatem ad id studii magis vos provocare, quoniam si est qui suscitet illam, apud nos *l* invenietur Grecorum industriae aliqua scintilla. Cujus rei gratia, huic nostro igniculo vestrae scientiae flamma habundanter apposita, humili prece deposcimus, ut Grecorum vivax ingenium, Deo adjutore, suscitetis, et nos arithmeticae librum [2] edoceatis, ut pleniter ejus instructi documentis, aliquid priorum intelligamus subtilitatis. Quid *m* autem de hac re vobis agendum placeat, quidve displiceat, vestra paternitas litteris nobis nuntiare non differat.

Valete *m*.

> Versus [3] numquam conposui,
> Nec in *n* studio habui.
> Dum in usu habuero,
> Et in eis viguero *o*,
> Quot habet viros *p* Gallia,
> Tot vobis mittam *q* carmina.

186. — *f. deest L.* — *g. ita VM*, ut hoc manifestet vobis hoc *L*, vt vobis manifestet hoc *DB*. — *h.* singularitatis *VM*. — *i.* nostra *L.* — *j. D addit* al. felicitatis. — *k. ita LMD*, nolumus *V.* — *l.* vos *L.* — *m.* Quid-Valete *deest L.* — *n. deest L.* — *o.* floruero *L*, viguero al. floruero *D.* — *p.* viros habet *L.* — *q.* mittam vobis *L.*

---

1. On sait que la mère d'Otton III, l'impératrice Théophano, était Grecque (p. 18, note 1). Elle était morte le 15 juin 991 (Wilmans, p. 70).
2. Probablement le manuscrit H. J. IV. 12 de la bibliothèque de Bamberg. Ce volume, exécuté avec luxe, d'une écriture du xe siècle, contient l'Arithmétique de Boèce et trois pièces de vers qui paraissent adressées à Otton III par Gerbert (Boubnov, p. 326-328). La présente lettre est donc la réponse de l'empereur à l'envoi de ce livre. Voir la note suivante.
3. Allusion aux vers de Gerbert inscrits sur l'exemplaire de l'Arithmétique de Boèce offert à l'empereur; voir la note précédente. — Ce *post-scriptum* est en vers rythmiques et rimés, composés chacun de huit syllabes, dont la sixième est accentuée.

187.

GER. OTTONI CESARI [a] [1].

Domino et glorioso O. C. semper augusto, Gir. gratia Dei [b] Remorum episcopus, quicquid tanto imperatori [c] dignum.

Supereminenti benivolentiae vestrae qua in sempiternum digni vestro judicamur obsequio, fortasse votis, sed respondere non valemus meritis. Si quo enim tenui [d] scientiae igniculo accendimur, totum hoc gloria vestra peperit, patris virtus aluit, avi magnificentia comparavit [2]. Quid ergo? thesauris vestris [e] non inferimus proprios, sed resignamus acceptos, quos partim assecutos, partim vos quam proxime assecuturos, indicio est honesta et utilis ac vestra majestate digna petitio. Nisi enim firmum teneretis ac fixum, vim numerorum vel [f] in se omnium rerum continere primordia vel [f] ex sese profundere, non ad eorum [g] plenam perfectamque noticiam tanto festinaretis studio. Et nisi moralis philosophiae gravitatem amplecteremini, non ita verbis vestris custos omnium virtutum impressa esset humilitas. Non tamen animi bene sibi [h] conscii tacita [i] est subtilitas, cum ejus, ut ita dicam, oratoriam facultatem, et a se et a Grecorum fonte profluentem, oratorie docuistis. Ubi nescio quid divinum exprimitur, cum homo genere Grecus, imperio Romanus, quasi hereditario jure thesauros sibi Greciae [j], ac Romanae repetit sapientiae. Paremus ergo, Cesar, imperialibus edictis cum [k] in hoc, tum in omnibus quecumque divina majestas vestra decreverit. Non enim deesse

---

187. *LVMD. — a. titulus deest V*, Othoni Imperatori *M. — b.* Domini *VM. — c.* imperatore *VMD. — d.* tenuis *VM. — e.* nostris *L. — f.* et *VM. — g.* nam deorum *V*, non eorum *MD. — h.* sibi bene *MD. — i.* tacitas *L*, tanta *M. — j.* sic *LB*, Græcæ *VMD. — k.* tum *MD*.

---

1. Masson et Du Chesne, n° 154; Olleris, n° 209. — Réponse à la précédente.
2. Voir p. 171, notes 1, 2, 3.

possumus obsequio, qui nichil inter humanas res dulcius aspicimus vestro imperio.

188.

HUGO FRANCORUM REX PAPAE JOHANNI [1].

Beatitudini vestrae ego et episcopi mei per T. archidiaconem [a] Remensis [2] ecclesiae scripta direximus, in quibus Ar. [3] rationes vobis explanavimus. Sed hoc nunc, obsecro, super addimus, michi meisque juxta [4] decernatis, nec dubia pro certis recipiatis. Nichil nos contra apostolatum vestrum egisse scimus. Quod si absentibus non satis creditis, praesentes de praesentibus vera cognoscite. Gratianopolis [5] civitas in confinio Italiae et Galliae sita est, ad quam Romani pontifices Francorum regibus occurrere soliti fuerunt [6]. Hoc si vobis placet iterare, possibile est. At si nos et nostra invisere libet, summo cum honore descendentem de Alpibus excipiemus, morantem ac redeuntem debitis obsequiis prosequemur [7]. Hoc ex integro affectu dicimus, ut intelligatis et cognoscatis nos et nostros vestra nolle declinare judicia. Petimus itaque ut legationem T. archidiaconi [a] benigne suscipiatis, ut quod petit dum optinuerit, nos in suo adventu efficiat letos, et in vestro obsequio ferventissimos.

188. *l. (et inde D).* — *a. sic l..*

1. *Synodus ecclesiae Gallicanae*, etc. (Francfort, 1600), p. 149; Du Chesne, tome IV, p. 113; Olleris, n° 179. — 992-996. — Le pape Jean XV mourut en avril 996 (Jaffé-Loewenfeld, p. 489).
2. Personnage inconnu. Marlot, reproduisant cette lettre (*Metropolis Remensis historia*, II, p. 52), a mis en marge : « Tendo Remensis archidiaconus. » On ne sait où il a pris ce nom.
3. Arnoul, archevêque déposé de Reims.
4. C'est-à-dire *juxta*.
5. Grenoble; cette ville était comprise dans le royaume de Bourgogne.
6. *Occurrere*, « aller au devant, à la rencontre ». Cette phrase signifie donc que, si le roi de France va en Italie, le pape doit aller le recevoir à Grenoble. Aucun fait historique ne paraît justifier cette singulière prétention.
7. *At si*, « si au contraire », annonce une seconde hypothèse, opposée à la précédente. — Hugues Capet fait à Jean XV une politesse plus apparente que réelle. Il offre le choix entre un voyage du roi en Italie ou un voyage du pape en France : mais il entend que, dans l'un et l'autre cas, ce soit le pape qui se dérange et passe les Alpes le premier.

189.

ADALBERO ARCHIEPISCOPUS *a* ABBATI MAJORIS MONASTERII [1].

Servat natura vices [2], terraque bona, non suo [vi]tio *b* diu infecunda, mirandos flores fructusque parturit. Ecce enim beati Martini cellula monachorum agmina jamdudum emortua resuscitat. Martini virtus in discipulis dinoscitur, e quibus beatae conversationis alumpnum, tanquam exemplar vitae et morum accepisse, Osulfum [3] gaudemus. Hujus sanctissimos affectus vestris affectibus consociandos offerimus, ut qui se singulari certamine antiquo hosti opposuit, precum vestrarum clippeo victor evadat. Alleviemur quoque nos vestris meritis, qui nostris praegravamur offensis.

190.

GER. ARNULFO AURELIANENSI EPISCOPO [4].

Multum mortalibus divinitas largita est, o mei animi custos, quibus fidem contulit, et scientiam non negavit. Hinc Petrus Christum Dei filium agnoscit, et agnitum fide-

189. *L (et inde D)*. — *a*. Adalberto Archiepiscopo *D*. — *b*. uiditio *L*, iudicio *D*.
190. *L (et inde D)*.

1. Du Chesne, 2⁰ série, n° 31; Olleris, n° 141. — Vers 987. — Le monastère de Marmoutiers, près de Tours, était envahi depuis longtemps par des clercs séculiers, quand la vie monastique y fut rétablie vers l'époque de l'avènement de Hugues Capet. Le premier abbé fut saint Maïeul (p. 65, note 3), qui résigna bientôt ses fonctions et eut pour successeur Guilbert (Mabillon. *Annales ordinis S. Benedicti*. IV, p. 42). — Adalbero, Adalbéron, frère du comte Godefroi, archevêque de Reims de 969 à 989.
2. « Mutat terra vices » (Horace, *Od.*, IV, VII, 3).
3. Inconnu.
4. Du Chesne, 2⁰ série, n° 32; Olleris, n° 192. — Avril 992, 993, 994 ou 995 (p. 176, note 8). — Arnoul, évêque d'Orléans de 972 à 1003 (*Gallia christiana*, VIII, col. 1428-1430; E. de Certain, dans la *Bibliothèque de l'École des chartes*, 2⁰ série, IV, 1853, p. 425-463), s'était montré, au concile de Verzy, un des adversaires les plus véhéments de l'archevêque Arnoul et du droit d'appel à Rome. Cette circonstance devait, à ce qu'il semble, lui assurer la sympathie de Gerbert. Voir lettre 210.

liter confitetur[1]. Hinc est quod justus ex fide vivit[2]. Huic fidei ideo scientiam copulamus, quia stulti fidem non habere dicuntur. Hanc vos habere fidem illa generosi animi praeclara sententia indicat. Hoc vestrae orationis series manifestat, qua eam inter nos aeternari cupitis. Habeo igitur et rependo gratias tantorum munerum largitori, et quod michi in nullo a me dissentientem amicum reservaverit, et quod emulis nostris verisimilia, non tamen vera narrantibus minus credidit. Hoc tui muneris est, bone Jhesu, qui facis unanimes habitare in domo[3]. Hoc ego sacerdos tuus coram te confiteor venerabilem antistitem tuum A.[4] me colere, diligere, amare, cunctisque mei ordinis quos hodie noverim, corde, et ore pr[ae]ferre [a]. Procul ergo esto omnis[5] fraus, et dolus, pax et fraternitas huc adesto, ut qui alterum ledit, utrumque leserit. Me Christi potentia protegente, non vis tyrannica ab hoc deterrebit incepto, non minae regum[6] quas in hoc paschali festo[7] pertulimus graves. Accusabamur quippe monachos beati Dionisii injuste dampnasse[8]. Urgebamur coram dampnatis divina obsequia celebrare, nec privilegiis Romanae ecclesiae monasterio beati Dionisii factis contraire

190. — a. proferre *LD*, præferre *Olleris*.

---

1. Matthieu, xvi, 16; Jean, vi, 70.
2. Habacuc, ii, 4; Paul, *Romains*, i, 17; *Galates*, iii, 11; *Hébreux*, x, 38.
3. « Qui habitare facit sterilem in domo » (*Psaumes*, cxii, 9); « viri similiter cohabitantes... in fine autem omnes unanimes » (Pierre, *Ép.*, I, iii, 7-8).
4. Arnoul, évêque d'Orléans, à qui la lettre est adressée.
5. « Procul omnis esto Clamor et ira » (Horace, *Od.*, III, viii, 15-16).
6. Hugues et Robert. — « Non civium ardor prava jubentium, Non vultus instantis tyranni Mente quatit solida » (Horace, *Od.*, III, iii, 2-3).
7. Le dimanche 27 mars 992, 16 avril 993, 1er avril 994 ou 21 avril 995; voir la note suivante.
8. Gerbert, archevêque de Reims, n'avait pas en cette qualité d'autorité à exercer sur les religieux du monastère de Saint-Denis, au diocèse de Paris. Comment donc s'est-il trouvé dans le cas de les condamner? Ce ne peut être que dans un concile auquel il prenait part. Ce concile, d'après la phrase suivante, avait lieu à Saint-Denis même. C'est donc peut-être celui dont il est question dans la Vie d'Abbon, abbé de Saint-Benoît-sur-Loire : les évêques y prirent des décisions qui excitèrent la colère des religieux de Saint-Denis; ceux-ci soulevèrent une émeute et les prélats n'échappèrent qu'avec peine aux violences de la populace (Bouquet, X, p. 331). Abbon ne dit pas que ce concile se soit tenu le jour de Pâques; mais il parle d'un évêque qui s'était fait préparer un repas magnifique et qui se sauva sans prendre le temps de le

debere [1]. Ad haec opponebatur [a [b]] nobis, privilegiis canonum auctoritate promulgatis nos assensum praebituros, nec si quid contra leges ecclesiasticas decretum sit pro lege recepturos [2]. Sed cum in me spetialiter pondus causae retorqueretur, mei juris illum [c] [3] non esse aiebam, nec me in meorum dominorum prosilire injuriam, ut insimulabar, ipsorum interesse, cujus culpa eadem perferant videre. Cum sententia secularium obtinuisset monachorum parti.................... [d] Haec ita se habere, filius vestrae beatitudinis testis est Fulcho [4], qui mei animi amaritudinem, non sine lacrimarum effusione, cognovit. Dolebam quippe ac multum doleo.................. [e] Vos insuper nescio a quo delatore insimulatum esse quasi regii honoris insidiatorem, et qui................ [f] Non ergo, ut vobis relatum est, mea valentia in vos sevit, nec elocutio dura absenti amico detraxit, sed dum vos excusare nisus sum, me pene accusatum palatinis canibus objeci. Sit itaque inter nos, ut vultis, Est tantum, non autem Est et Non [5]. Sit auxilium in commune et consilium, quod etiam in sacris per data verba, si vestrae sublimitati placet, confirmandum fore censeo, ut

---

190. — *b. deest LD, supplevit Olleris. — c. sic LD. — d. spatium 20 litterarum L. — e. item spatium 20 litterarum L. — f. spatium 18 litterarum L.*

---

manger; ce détail est tout particulièrement à sa place au jour qui marque la fin du jeûne du carême. — Ce concile de Saint-Denis eut lieu avant le premier voyage d'Abbon à Rome (Bouquet, X, p. 331, 334), c'est-à-dire quelques années avant son second voyage à la même ville, qui est de 997 (Bouquet, X, p. 334, note *b*; Pfister, p. 54). Il est donc des années 992 à 995.

1. *Urgebamur*, « on me pressait de ». — Bulle de Léon III, pour Saint-Denis, 27 mai 798 : « Et hoc beati Petri apostolorum principis auctoritate fulcientes protestamur ut omnes causas vel necessitates tuas ac monasterii tui sanctissimi Dionisii martiris et ceterorum monasteriorum illi subditorum ad sedem apostolicam licentiam habeas, et omnes successores tui abbates, reclamandi » (J. Tardif, *Monuments historiques*, n° 98, p. 73; Jaffé, n° 1911; Ewald, n° 2499). L'authenticité de cette bulle est contestée.

2. Au concile national de Chelles, présidé par Gerbert, vers 995, « placuit quoque sanciri, si quid a papa Romano contra patrum decreta suggereretur, cassum et irritum fieri, juxta quod apostolus ait : Hereticum hominem et ab ecclesia dissentientem penitus devita » (Richer, IV, 89).

3. Inintelligible.

4. Ce Foulques paraît être quelque clerc du diocèse d'Orléans, que l'évêque Arnoul avait envoyé pour le représenter au concile de Saint-Denis. Peut-être est-ce le même qui fut évêque d'Orléans après Arnoul, vers 1003 (*Gallia christiana*, VIII, col. 1430).

5. « Dei enim filius Jesus Christus... non fuit Est et Non, sed Est in illo fuit » (Paul, *Corinthiens*, II, I, 19).

amoto motu omnium suspitionum, sit nobis cor unum et anima una [1].

191.

GER. CONSTANTINO MICIACENSI ABBATI [2].

Satis super venerabilis A. [3] legatione miratus sum. Referebat quippe........................ [a] Haec autem omnia non dolores, sed ini.. a dolorum sunt. Majus est quod queritur, et quod appetitur, quam ego humilis et parvus. Verumque proverbium est : « Tua res agitur, paries cum proximus ardet [4]. » Et divinus sermo : « A sanctuario meo incipite [5] », id est a regni fundamento, et ab arce [6]. Hoc factum qui doli comitentur in aperto est. Hoc enim concesso, dignitas vel potius gravitas confunditur sacerdotalis, status regni periclitatur. Quod si hoc inconsultis episcopis agitur, episcoporum potestas, gravitas, dignitas adnullatur, qui episcopum quamvis sceleratum sacerdotio privare nec potuerunt, nec debuerunt. Si vero consultis, ipsi suae dampnationis testes sunt, qui a se non judicandum judicaverunt, et qui contra

191. L (et nde D). — a. spatium 25 litterarum L.

1. « Multitudinis autem credentium erat cor unum et anima una » (Actes des apôtres, IV, 32). Au concile de Chelles, « inter nonnulla utilia constitui et roborari placuit, ut ab ea die idem sentirent, idem vellent, idem cooperarentur, secundum id quod scriptum est : Erat eis cor unum et anima una » (Richer, IV, 89).
2. Du Chesne, 2ᵉ série, n° 33; Olleris, n° 198. — 992-995. — Constantin, abbé de Saint-Mesmin (Loiret), Miciacensis, avait été auparavant écolâtre de Saint-Benoît-sur-Loire (p. 77, note 3). On ne sait quand il changea de monastère et devint abbé. D'après une lettre d'Abbon, il semble que Constantin disputa la qualité d'abbé de Saint-Mesmin à un autre religieux nommé Robert (p. 123, note 5) : Abbon, partisan de Robert, ne donnait à Constantin que le titre de doyen, decanus (Bouquet, X, p. 440).
3. Inconnu. Abbon, abbé de Saint-Benoît-sur-Loire, reçut du pape Grégoire V, qu'il était allé voir en Italie, la mission de rendre la liberté et la dignité d'archevêque à Arnoul, l'adversaire de Gerbert; mais cela n'eut lieu qu'à la fin de 997 (Pfister, p. 54), c'est-à-dire probablement deux ans au moins après cette lettre (p. 179, note 3). — La validité de la déposition d'Arnoul et de l'élection de Gerbert à l'archevêché de Reims fut mise en question pour la première fois en 992 (Wilmans, p. 58).
4. Horace, Epist., I, XVIII, 84.
5. Ézéchiel, IX, 6.
6. Reims, « quae caput regni Francorum est » (lettre 154, p. 137).

professionem suam et subscriptionem suam in libello abdicationis A. a seipsis factam venire praesumpserunt [1]. Reducetur ad memoriam ejus captio, carcer prolixus, alterius [2] in ejus sedem ordinatio. Ordinatores, ordinatus [2], atque ab eo ordinati, calumpniae subjacebunt. Ipsi quoque reges [3] in singulis peccatis peccatores apparebunt. Nec sibi quisquam blandiatur quolibet conquassato, se incolomi, nec falso nomine sponsionis decipiatur, cum res et facta non ex indulgentia judicum sed ex stabilitate pendeant causarum.

192.

GER. SIGUINO SENONENSI ARCHIEPISCOPO [4].

Oportuerit quidem prudentiam vestram callidorum hominum versutias devitasse, et vocem Domini audire dicentis : « Si dixerint vobis, ecce hic Christus, aut ecce illic, nolite sectari [5]. » Rome dicitur esse, qui ea quae dampnatis, justificet, et quae justa putatis, dampnet. Et nos dicimus, quia Dei tantum, et non hominis est, ea quae videntur

192. L.

1. *Contra venire*, « contrevenir à, enfreindre ». — Au concile de Verzy (chap. 54), l'archevêque Arnoul avait signé un acte, *libellus abdicationis*, par lequel il se dépouillait de la dignité archiépiscopale : « huic libello Arnulfi praesentes episcopi testes adfuerunt atque ab eo rogati subscribere subscripserunt, ac singillatim illi dixerunt : Secundum tuam professionem et subscriptionem cessa ab officio. »
2. Gerbert.
3. Hugues et Robert. — Ces mots suffiraient à faire présumer que la présente lettre a été écrite avant la mort de Hugues Capet, 24 octobre 996; d'ailleurs la place qu'elle occupe dans le recueil donne lieu de croire qu'elle est au plus tard de 995.
4. *Synodus ecclesiæ Gallicanæ* (Francfort, 1600), p. 146; Olleris, n° 196. — Vers 994-995. — On a vu le nom de l'archevêque Sigu..a dans la lettre 107 (p. 98). Quant à l'occasion de la présente lettre, c'est la décision par laquelle le pape avait suspendu de sa communion les évêques qui avaient condamné Arnoul (p. 165, note 3). On ignore la date exacte de cette décision. Deux auteurs du XII° siècle affirment qu'elle intervint trois ans après la condamnation d'Arnoul, par conséquent en 994; toutefois, tous deux se montrent trop mal informés des circonstances de l'affaire pour que leur témoignage inspire pleine confiance (Bouquet, X, p. 220, ou Pertz, *Script.*, IX, p. 368, et Bouquet, X. p. 118). — Du Chesne n'a pas admis cette lettre dans son recueil, sans doute parce qu'il l'a jugée trop offensante pour le saint-siège.
5. « Tunc si quis vobis dixerit : Ecce hic est Christus, aut illic, nolite credere » (Matthieu, XXIV, 23).

justa, dampnare, et quae mala putantur, justificare. « Deus, inquit apostolus, est qui justificat, quis est qui condempnet [1]? » Consequitur ergo, si Deus condempnat, ut non sit qui justificet. Deus dicit : « Si peccaverit in te frater tuus, corripe eum inter te et ipsum solum », et reliqua usque « sit tibi ut ethnicus et publicanus [2]. » Quomodo ergo nostri emuli dicunt quia in Ar. dejectione, Romani episcopi juditium expectandum fuit? Poteruntne docere, Romani episcopi judicium, Dei juditio majus esse? Sed primus Romanorum episcopus, inmo ipsorum apostolorum prinpceps [a] clamat : « Oportet oboedire Deo magis quam hominibus [3]. » Clamat et ipse orbis terrarum magister Paulus : « Si quis vobis adnuntiaverit praeter quod accepistis, etiam angelus de caelo, anathema sit [4]. » Nun [a] quia Marcellus papa Jovi tura incendit [5], ideo cunctis episcopis turificandum fuit? constanter dico, quia si ipse Romanus episcopus in fratrem peccaverit, sepiusque ammonitus, ecclesiam non audierit, his [6], inquam, Romanus episcopus, praecepto Dei, est habendus sicut ethnicus et publicanus. Quanto enim gradus altior, tanto ruina gravior. Quod si propterea sua communione nos indignos ducit, quia contra euuangelium sentienti nullus nostrum consentit, non ideo a communione Christi separare nos poterit, cum etiam presbiter, nisi confessus, aut convictus, ab officio removeri

192. — a. sic L.

---

1. « Deus qui justificat, quis est qui condemnet? » (Paul, *Romains*, VIII, 33, 34).
2. « Si autem peccaverit in te frater tuus, vade et corripe eum inter te et ipsum solum. Si te audierit, lucratus eris fratrem tuum. Si autem te non audierit, adhibe tecum adhuc unum vel duos, ut in ore duorum vel trium testium stet omne verbum. Quod si non audierit eos, dic ecclesiae. Si autem ecclesiam non audierit, sit tibi sicut ethnicus et publicanus » (Matthieu, XVIII, 15-17).
3. « Respondens autem Petrus et apostoli dixerunt : Obedire oportet Deo magis quam hominibus » (*Actes des apôtres*, V, 29).
4. Voir p. 103, note 8.
5. Selon une tradition aujourd'hui rejetée, saint Marcellin, évêque de Rome de 296 à 304, aurait sacrifié aux idoles pendant la persécution et s'en serait reconnu coupable dans un concile de trois cents évêques (Migne, VI, 11-20; saint Augustin, *De unico baptismo*, XVI, 27, dans Migne, XLIII, 610; Jaffé-Kaltenbrunner, p. 25).
6. C'est-à-dire *is*.

non debeat, praesertim cum apostolus dicat : « Quis nos separabit a caritate Christi [1] ? » et item : « Certus sum enim, quia neque mors neque vita [2] ». Et quaenam major separatio, quam a Filii Dei corpore et sanguine, qui cotidie pro nostra immolatur salute, quemlibet fidelium removere? quod si his qui vitam adimit temporalem, vel sibi, vel alteri, homicida est, his qui sibi vel alteri vitam adimit sempiternam, quo nomine appellandus est? Neque vero Gregorii sententia, in populum relata, in episcopos referri potest : « Sive, inquit, juste sive injuste obliget pastor, sententia pastoris gregi timenda est [3]. » Non enim episcopi grex dicitur, sed populus. Quantum namque vita pastoris distat a grege, tantum vita sacerdotis distare debet a plebe. Non igitur a sacra communione, quasi criminosi, confessi vel convicti, suspendi debuistis. Neque vero veluti rebellis ac refuga, qui sacrosancta concilia numquam devitastis [4], maxime cum actus et conscientia sit pura, nec legalis sententia dampnationis in vos adhuc sit lata, nec legibus inferri possit. Legalis ideo illata non est, quia Gregorius dicit : « Sententia sine scripto prolata, nec nomen sententiae habere mereatur [5]. » Legibus inferri non potest, quia magnus Leo papa dicit : « Non tenetur Petri privilegium, ubicumque non ex ejus equitate fertur judicium [6]. » Non est ergo danda occasio nostris emulis, ut sacerdotium quod ubique unum est, sicut ecclesia catholica una est, ita uni

---

1. « Quis ergo nos separabit a caritate Christi ? » (Paul, *Romains*, VIII, 35).
2. « Certus sum enim quia neque mors neque vita, neque angeli neque principatus neque virtutes, neque instantia neque futura, neque fortitudo neque altitudo neque profundum, neque creatura alia poterit nos separare a caritate Dei, quae est in Christo Jesu Domino nostro » (Paul, *Romains*, VIII, 38, 39).
3. « Sed utrum juste an injusto obliget pastor, pastoris tamen sententia gregi timenda est » (saint Grégoire le Grand, *Homiliae in Euangelia*, II, XXVI, 6; Migne, LXXVI, 1201).
4. Gerberl n'a pu écrire ceci après le concile de Mouzon (2 juin 995), où les évêques français furent appelés par le pape et ne vinrent pas (Richer, IV, 96).
5. « Sententia quae sine scripto dicta fuerit, nec nomen sententiae habere mereatur » (saint Grégoire le Grand, *Epistolae*, XIII, 45; Migne, LXXVII, 1300; Jaffé, n° 1530; Ewald, n° 1912).
6. « Manet ergo Petri privilegium, ubicumque ex ipsius fertur aequitate judicium » (saint Léon le Grand, *Sermones*, IV, III; Migne, LIV, 151).

subici vide[a]tur *b*, ut eo pecunia, gratia, metu, vel ignorantia corrupto, nemo sacerdos esse possit, nisi quem sibi hae virtutes commandaverint [1]. Sit lex communis ecclesiae catholicae euuangelium, apostoli, prophetae, canones spiritu Dei conditi, et tocius mundi reverentia consecrati, decreta sedis apostolicae ab his non discordantia. Et qui per contenptum ab his deviaverit, per haec judicetur, per haec abiciatur. Porro haec servanti, et pro viribus exequenti, sit pax continua, et continuo sempiterna.

Vos bene valere optamus............... *c* [2]

Iterum valete, et a sacrosanctis et misticis suspendere vos nolite. Qui enim accusatus ante judicem tacet, confitetur, et qui judice judicante paenae se addicit, confitetur. Confessio autem fit, aut salutis, aut perditionis causa. Salutis, cum quis de se vera confitetur. Perditionis, cum falsa de se confingit, vel in se patitur confingi. Tacere ergo [ante *d*] judicem, confiteri est. Confiteri porro falsa et mortalia crimina, homicidae est, quia omnis qui sibi mortis causa fuerit, major homicida est. Et Dominus dicit : « Ex ore tuo, te judico [3]. » Repellenda igitur falsa accusatio, et contempnenda inlegalis judicatio, ne dum volumus videri innocentes, coram ecclesia efficiamur nocentes.

182. — *b.* videtur *L.* — *c. spatium* 15 *litterarum L.* — *d. deest L.*

1. *Uni, eo,* le pape ; *hae virtutes,* ironiquement, l'avarice, la faveur, etc. (?).
2. En marge de ce passage, dans le manuscrit, on remarque quelques signes, comme il s'en trouve un bon nombre dans cette partie, qui ne paraissent pas avoir une signification déterminée; ils avaient seulement pour objet, semble-t-il, de signaler la présence, dans l'original aujourd'hui perdu, d'un passage en notes tachygraphiques, que le copiste n'a pas su reproduire et dont il a laissé la place en blanc. Les éditeurs de Francfort, qui ont publié les premiers cette lettre, ont pris ces signes pour des chiffres romains et ont imprimé : XXCCV (*Synodus ecclesiæ Gallicanæ,* p. 140). M. Olleris a reproduit cette leçon ; dans son introduction, il cite cette lettre, et il traduit : « Pour vous, adieu, cent quatre-vingt-cinq fois adieu ! » (p. CXLI).
3. « Dicit ei : De ore tuo te judico, serve nequam... » (Luc, XIX, 22).

193.

LEODICENSI EPISCOPO NOCHERIO [1].

Licet non ignoremus ex quo fonte motus animi vestri in nos profluxerint, tamen ex officio nostro praestare debemus, sine gravi lite, quantum vestra interest, ut hic fons arescat, et hic motus conquiescat. Igitur ad petitionem venerabilis W. Argentinae civitatis episcopi [2] nudius tercius [3] descripsi materiam malorum nostri temporis [4], et quid inter partes conveniret vel disconveniret aperui, vobis tanquam probatis judicibus direxi, et nunc ad votum meorum hostium, quia ex toto orbe fieri non potest, saltem ex toto principum nostrorum [5] regimine, ut universale cogatur concilium, modis quibus valeo elaboro. Eo conveniendi et disceptandi non solum curiosis sed etiam hostibus libera datur facultas. Tantum quippe a nobis abest maleficium, tantumque in innocentiam confidimus, ut regulare juditium non solum non devitemus, sed etiam quasi toto orbe fugiens persequamur. Ecce nunc tercio moniti, si praesentiam suam ex[hi-bjere [a] noluerint, et appellatio, et litis retractatio lege perhemptoria sopientur. In qua re vestrum est animadvertere, cui ira Domini comminatur dicentis : « Ve illi per quem scandalum venit [6]. » Cum enim Paulus apostolus dicat : « Nos quidem praedicamus Christum Jhesum, Judeis

---

193. *L (et inde D)*. — *a*. exuberere *L*.

---

1. Du Chesne, 2ᵉ série, n° 34; Olleris, n° 194. — 995 (ci-dessous, note 4). — Sur Notger, évêque de Liège, voir lettres 30, 39, 49 (p. 24, 37, 46), etc.
2. Wildérod, évêque de Strasbourg (lettre 217).
3. « Avant-hier. »
4. Lettre 217. — D'après la dernière phrase de la lettre 217 et la fin du prologue du Concile de Verzy, la lettre 217 fut écrite un peu après le Concile; ce dernier ouvrage, d'autre part, commença à se répandre dans le public vers le commencement de juin 995 (Pertz, *Script.*, III, p. 686; Olleris, p. 237). La lettre 217 et celle-ci furent donc écrites probablement vers l'été de 995.
5. Hugues et Robert, rois de France, et Otton III, roi de Germanie, de Lorraine et d'Italie; le siège archiépiscopal de Gerbert, Reims, était en France, le siège épiscopal de Notger, Liège, en Lorraine.
6. « Vae mundo a scandalis. Necesse est enim ut veniant scandala : verumtamen vae homini illi per quem scandalum venit » (Matthieu, XVIII, 7).

quidem scandalum, Grecis autem stulticiam [1] », non utique Paulo est ve, sed his, ut ait propheta, qui dicunt bonum malum, et malum bonum [2]. Novit Dominus, qui sunt ejus [3]. Novit, qui sui permoveantur zelo. Sed si Deus pro nobis, quis contra nos [4]? Oro ergo et deprecor per eam, si qua est in vobis pietas, ut non plus meis hostibus quam vobis de me credatis. Experimini an sim qui fuerim, scilicet vobis per omnia devotus et obsequens, in commune fidus amicis, aequi et veri amantissimus, sine dolo et superbia, vestra vestrorumque usus amicicia, quam non meo vitio perditam, a vestra virtute reposco, ea negata, multum doliturus, itemque recepta, multum gavisurus.

194.

G. ABBATI S. GERALDI ET FRATRIBUS [5].

Pro mei loci atque ordinis officio, magnorum negotiorum occupationibus ad plurima distractus, nec legatis, nec litteris quae circa me geruntur actenus vobis significare valui. Nunc quoniam frater............ [a] sicut per antiquiorem gerulum scripseram, dum urbem Remorum causa Dei fugio [6], urbi Remorum gratia Dei praelatus sum [7]. Quae res gentes et populos in mei excitavit invidiam, et quia viribus nequeunt, legibus ulcisci querunt. Estque tolerabilior armorum colluctatio, quam legum disceptatio. Et quamvis emulis meis

---

194. *L (et inde D).* — *a. spatium 15 litterarum L.*

---

1. « Nos autem praedicamus Christum crucifixum, Judaeis quidem scandalum, gentibus autem stultitiam, ipsis autem vocatis, Judaeis atque Graecis, Christum Dei virtutem et Dei sapientiam » (Paul, *Corinthiens*, I, 1, 23, 24).
2. « Vae qui dicitis malum bonum, et bonum malum » (Isaïe, v, 20).
3. « Cognovit Dominus qui sunt ejus » (Paul, *Timothée*, II, 11, 19).
4. « Quid ergo dicemus ad haec? Si Deus pro nobis, quis contra nos? » (Paul, *Romains*, viii, 31).
5. Du Chesne, 2ᵉ série, n° 35; Olleris, n° 109. — 935 (p. 183, note 4, et 185, note 1). — *G.,* Gerbert; *S. Geraldi,* le monastère de Saint-Géraud d'Aurillac (p. 12, note 5); *abbati,* Raimond (p. 13, note 2, et p. 82, note 2).
6. P. 151, note 3, et lettre 178 (p. 158).
7. Lettre 179 (p. 159).

dicendi arte legumque prolixa interpretatione [1] quantum mea interest satisfecerim, non tamen adhuc semel caepta deposuerunt odia. Adeste ergo, reverendi patres, vestroque alumno fusis ad Deum precibus opem ferte. Discipuli victoria, magistri est gloria. In commune quidem omnibus vobis pro mei institutione grates rependo, sed spetialius patri R. [2], cui si quid scientiae in me est, post Deum, inter omnes mortales gratias rependo. Nunc............ [b]

Valeat sanctum collegium vestrum...................... [c] Valeant quondam michi noti vel affinitate conjuncti, si qui supersunt, quorum tantum speciem, nec nomina satis novi [3], non eorum aliquo fastu oblitus, sed barbarorum feritate maceratus, totusque, ut ita dicam, alteratus, quae adulescens didici, juvenis amisi, et quae juvenis concupivi, senex contempsi. Tales fructus affers michi, o voluptas, talia mundi honores pariunt gaudia. Credite ergo michi experto. In quantum principes exterius attollit gloria, in tantum cruciatus angit interius.

195.

Consuluistis [4] utrum his qui sororem suae conjugis adulterio polluit, post peractam paenitentiam, ad priorem copulam redire debeat, an alteram sortiri. Et alterum quidem permittitur, alterum penitus inhibetur, in conciliis Africanis titulo XLVIIII : « Placuit ut secundum euuangelicam et apostolicam disciplinam, neque dimissus ab uxore, neque dimissa a marito, alteri conjungantur, sed ita maneant, ut sibimet reconcilientur. Quod si contempserint, ad paenitentiam redi-

---

194. — b. *spatium* 12 *litterarum L.* — c. *spatium* 20 *litterarum L.*
195. *L. (et inde D).*

---

1. La relation du concile de Verzy et la lettre 217 (p. 183, note 4).
2. Raimond, abbé d'Aurillac.
3. Des moines de Saint-Géraud, que Gerbert se rappelait avoir vus au monastère pendant son enfance, et dont quelques-uns étaient ses parents.
4. Du Chesne, 2ᵉ série, n° 36; Olleris, n° 185. — Vers 995. — Destinataire inconnu.

gantur [1]. Quod si mulier duxerit alterum, non prius accipiat communionem, quam his quem reliquid [2] de seculo exierit, nisi forte necessitas infirmitatis dare compulerit [3]. » Agat ergo hic adulter paenitentiam lege eorum qui se incesto polluerunt, sed decennalem. Femina quoque nichilominus cognata, et si fieri potest castitatem professa, quod [4] calore juventutis urgetur, timendumque ne a Satana temptetur, nichil inde melius novimus, quam quod Leo papa de similibus dicit : « Adulescens, inquit, si continens esse non potest, uxoris remedio potest sustineri [5]. » Ad hunc modum dici potest, ut si haec adultera se continere non potest, nubat, ut ait apostolus, tantum in Deo [6].

196.

GER. LEONI PONTIFICI [7].

Sciens magnam benivolentiam vestram erga me, tanti viri amicitia felicem me judico. Enimvero quia nostra servitus minus vobis obsecundata est, quam oportuerit, non

196. *L* (*et inde D*).

1. « Placuit ut secundum euangelicam et apostolicam disciplinam, neque dimissus ab uxore, neque dimissa a marito, alteri conjungantur, sed ita maneant, aut sibimet reconcilientur. Quod si contempserint, ad paenitentiam redigantur » (*Concilium Milevitanum II*, 17, et *Concilium Africanum*, 69, dans Mansi, IV, 331, 502; Réginon, II, 104, dans Migne, CXXXII, 304).
2. *Is quem reliquit.*
3. « Item femina fidelis quae adulterum maritum reliquerit... et alterum... duxerit, non prius accipiat communionem, nisi quem reliquerit prius de saeculo exierit, nisi forte necessitas infirmitatis dare compulerit » (*Concilium Eliberitanum*, 9, dans Mansi, II, 7; Réginon, II, 103, dans Migne, CXXXII, 304).
4. *Quod si* (?).
5. « Quod adolescens si urgente quacunque periculo paenitentiam gessit, et se non continet, uxoris potest remedio sustineri » (titre placé par Denys le Petit en tête d'une décision du pape Léon I**er**, Migne, LXVII, 290, n° 25).
6. « Mulier alligata est legi quanto tempore vir ejus vivit. Quod si dormierit vir ejus, liberata est : cui vult nubat, tantum in Domino » (Paul, *Corinthiens*, I, vii, 39).
7. Du Chesne, 2e série, n° 37; Olleris, n° 201. — Vers 995. — *Leoni*, voir lettre 183 (p. 169, note 4). On ne sait pas quelle est la dignité ecclésiastique qui est désignée par le mot *pontifex*. La dernière phrase de la présente lettre donne lieu de croire que Léon habitait la région subalpine. Un certain Léon, qui fut évêque de Verceil de 999 à 1021 environ, après avoir été moine,

malivolentiae asscribendum est, sed necessitati. Inter varios quippe tumultus quibus assidue quatimur, vix aliquis idoneus repperitur, cui tuto secreta pectoris re[s]erentur *a*, ita sibi virtutis arcem dolus et fraus, simulatio et dissimulatio vicissim occupaverunt. Hinc est quod postquam a me digressi estis, nulla litterarum mutua perfunctione usi sumus, nisi ea quam vobis sub triplicatae crucis signo direximus. Itaque nos et nostra sub vestra dispositione ita constituimus, ut qui forte nos leserit, domno Leoni pontifici injuriam inrogasse visus sit. Nec erit deinceps nostri juris, quid, quantum, quibus, et quando placitura parentur [1], sed domno Leoni diligens aderit obsequium ministri.

Saluto domnum Amicum *b* [2] episcopum per omnia reverendum, multum de ejus sapientia et eloquentia praesumens, et singulari morum probitate, ac per hoc obsequio ejus me obnoxium reddens.

197.

GER. JOHANNI PAPAE [3].

Sanctissimo vestro apostolatui potuisse subripi me, cujuspiam pervasionis reum videri, dolore vehementi afficior, et totis visceribus ingemisco. Eo quippe animo in ecclesia Dei actenus versatus sum, ut multis profuerim, neminem leserim. Non ego Ar. peccata prodidi, sed publice peccantem reliqui [4]. Non spe, ut mei emuli dicunt, capes-

---

196. — *a*, referentur *L*, reserentur *D*. — *b*. AMICVM *L*, amicum *D*.
197. *L*. (*et inde D*).

---

obtint d'Otton III et de Silvestre II, pour son évêché, des faveurs spéciales (Ughelli, *Italia sacra*); l'un et l'autre avaient donc envers lui, à ce qu'il semble, des obligations particulières. Serait-il le même que le *noster Leo* de la lettre 183 et le *Leo pontifex* de la lettre 196? — Cette lettre et la suivante, adressées en Italie, furent probablement confiées à un même porteur.

1. Il faudrait correctement *quae* et non *quid*. — Les mots *quid-parentur* forment un vers hexamètre.
2. Probablement Amizon, qui fut évêque de Turin depuis environ 966 et au moins jusqu'en 998 (*Historiae patriae monumenta*, XI, col. 1284, 1285, 1610).
3. Du Chesne, 2ᵉ série, nº 38; Olleris, nº 180. — Vers 995. — A Jean XV, pape de 985 à avril 996.
4. Lettre 178 (p. 158).

sandi ejus honoris, testis est Deus et qui me noverunt, sed ne communicarem peccatis alienis.

198.

Quia [1] vestris interdum non utimur alloquiis, non satis equo animo ferimus. Per haec enim mutua manet karitas, dissociata coeunt, aspera mitescunt, simultates intereunt, multaque praesentium comparantur commoda. At dum ista motu[s] [a] temporum minus assequitur, vel epistolaris brevitas inter nos affectus explicet, Petimus benivolentiam vestram pro fratre............ [b] [2] ut prosit ei apud vos nostra intercessio. Plusque sibi nostra obtineat epistola, quam fortuitu cujuspiam oblata munera. Temporum difficultatibus addicti, regulariter convenire, et quae Dei sunt querere hactenus non satis valuimus. Nunc quia Deo miserante respirare datur, censemus............... [c] vosque interesse, omni evitabili excusatione postposita, monemus et oramus [3]. Licet omnibus sacerdotibus disciplinae forma aequaliter proponatur, et cognoscendi et observandi sacros canones spiritu Dei conditos, et totius mundi reverentia consecratos, nobis tamen episcopis artius indicitur, quod in exemplar morum et vitae a pastoribus acceptum, in subditum gregem gratiosius propagetur. Cur ergo pecuniam justiciae anteponimus? cur sanctarum legum jura illicita cupiditate calcamus? et haec quidem d[icimu]s [d] ut clamores quos assidue patimur, non sicut tirannus tirannorum praejuditio, sed sicut sacerdos sacerdotum juditio pensetis, discernatis, dijudicetis.

198. *L (et inde D).* — *a. motu L D.* — *b. spatium 12 litterarum L.* — *c. spatium 15 litterarum L.* — *d. dominus L D.*

1. Du Chesne, 2ᵉ série, nº 39; Olleris, nº 186. — Vers 995. — Le ton de cette lettre (notamment l'expression *annorum teneritudinem*, p. 189) donne lieu de croire qu'elle a été adressée au même destinataire que le nº 208, c'est-à-dire à Foulque, évêque d'Amiens. On ignore la date exacte de l'entrée en charge de cet évêque : les plus anciennes mentions certaines qu'on ait de son épiscopat sont de 995 et 996 (*Gallia christiana*, X, col. 1162).
2. Inconnu.
3. Cette phrase incomplète semble annoncer la convocation d'un concile de la province de Reims. Voir la lettre suivante.

Illos motus compescite, has querelas sopite. Morum gravitate annorum teneritudinem [1] superate. Lectio continua, et interrogatio assidua, mentem vestram exacuat. Cur judicium............... [e] nos latuit? cur ad majorem audientiam provocans, suis rebus privatus est? quod si non provocans, sed tacens spoliatus, quare in eum prolatum judicium ad nos non est relatum [2]? Si haec itaque scienter egistis, lex in contumaces est. Si ignoranter, utique venia danda, hoc pacto, ut inlegaliter ablata presbitero restituantur legaliter, postque, si ita videbitur, judicium legibus innovetur. Ne si existimetis filium meum R. [3] suae diffidere causae, quia nunc ex condicto non occurrit. Pluribus enim occupati negotiis, eum examini vestro dirigere usque in XV kl. nequimus. Quas moras sibi non obfuturas pro summa benivolentia vestra circa nos omnibus modis deprecamur. Quod si haec mansuete feceritis, et in ejus juditio sine personarum acceptione judicaveritis, plurima nos debere obsequio vestro facietis.

199.

GER. ET OMNES EPISCOPI DIOCESEOS REMENSIUM PERVASORIBUS EJUSDEM [4].

Girbertus, gratia Dei Remorum episcopus, Gui. Suessonicus, Adalb. Laudunensis, R. Noviomensis, Rot. Camera-

---

198. — e. *spatium* 15 *litterarum L.*
199. *L (et inde D).*

---

1. Voir lettre 206.
2. Au concile de Chelles, tenu sous la présidence de Gerbert, au plus tard en 995, « decerni et illud voluere, ut si in qualibet ecclesia quaecumque tirannis emergeret, quae telo anathematis ferienda videretur, id inprimis ab omnibus consulendum et sic communi decreto agitandum. Et qui anathemate relaxandi forent, decreto communi similiter relaxandos, juxta quod scriptum est : Consilium a sapiente perquiro » (Richer, IV, 89).
3. Inconnu; voir lettre 212. Au lieu de *Ne si*, il faudrait, semble-t-il, *Neve*.
4. Du Chesne, 2ᵉ série, n° 40; Olleris, n° 182. — Vers 995. — Les noms qui suivent celui de Gerbert, archevêque de Reims, sont ceux des évêques de Soissons, *Guido*; de Laon, *Adalbero* (ou Ascelin); de Noyon, *Ratbadus*; de Cambrai, *Rothardus*; de Senlis, *Odo*; d'Amiens, *Fulco* (p. 188, note 1); de Thérouanne, *Balduinus*, et de Beauvais, *Herveus*. Gui, évêque de Soissons, mourut, dit-on, en 995 (*Gallia christiana*, IX, col. 347). Baudouin, évêque de

nensis *a*, O. Silvanectensis, F. Ambianensis, B. Morinensis, [H. *b*] Belvacensis, per gratiam sancti Spiritus episcopi, N., G. 1, et his qui subscripti sunt pervasoribus, carnificibus atque tirannis.

Diu modestia sacerdotum furoris vestri rabiem substinuit, et adhuc pacienter expectat *c*. Quousque ergo insania vestra sanis intellectibus nostris obsistet? Quousque dissimulatio pravorum, simplicium quietem turbabit? cedes clero infertis, a cleri, monachorum, et pauperum rapinis non cessatis. Convenimus ergo conscientiam vestram, omnes episcopi Remorum dioceseos 2, et ad satisfactionem invitamus, spaciumque paenitentiae usque in proximis klis. attribuimus, tunc vos aut in fertiles ecclesiae palmites recognituri, aut tanquam inutile lignum ab agro Dei gladio sancti Spiritus excisuri.

200.

BRVKO BELVAGORUM EPISCOPO 3.

Quod tanto tempore dilectum nobis D. 4 retinuimus, non malivolentiae causa, sed summae utilitatis vestrae, et vobis

199. — *a. sic L.* — *b.* III. *L, cf. epist.* 184 adnot. *a et epist.* 200 adnot. *a.* — *c.* cxexpectat *L.*
200. *L (et inde D).*

Thérouanne, succéda sur ce siège à Frameri, qui, selon la *Gallia christiana* (X, col. 1537), ne lui aurait fait place que le 15 mars 1004; c'est une erreur, comme le prouvent, outre la présente lettre, une bulle de Jean XV, adressée à Baudouin en même temps qu'à Foulque d'Amiens et à Gui de Soissons (Bouquet, X, p. 429; Jaffé, n° 2954; Loewenfeld, n° 3862), et un document de 998 cité par les auteurs de la *Gallia* eux-mêmes (ibid., art. *Balduinus*).
1. « A N., à G. », ou, peut-être, « à N. G. », personnage ou personnages inconnus. Voir lettre 201.
2. *Convenimus,* « nous appelons, nous citons par-devant nous »; *dioceseos,* « la province ecclésiastique », composée de la métropole de Reims et des diocèses suffragants. — *Omnes* n'est pas rigoureusement exact; il manque à la liste des suffragants de Reims le nom de l'évêque de Châlons-sur-Marne, Gibuin; voir p. 147, note 1.
3. Du Chesne, 2e série, n° 41; Olleris, n° 181. — 995-997. — Voir lettre 184 (p. 169).
4. Cet ami ou disciple de Gerbert n'est connu que par ce qui est dit de lui ici et ci-après, lettres 202 et 212.

honestum et utile parere possit[1]. Et nunc quidem illum, patriam parentesque, sed et omne amicorum genus, nostrum ob amorem, derelinquentem, vestrae caritati, ut petitis, dirigimus, quem velut thesaurum inestimabilem e sinu nostro in vestri jura transfundimus. Suscipite ergo illum in disciplinis liberalibus eruditum, in opificum magisterio edoctum, a multis multa mercede expetitum, sed a nobis[2] obtentum, quem sic tractari et custodiri volumus, ut dolorem ei partum ex nostra absentia vestra sublevet indulgentia, eaque munificentia et liberalitate illum habetote, quae deceat G. Remorum archiepiscopum dantem, et [H. *a*] Bellovagorum episcop[um] *b* accipientem.

201.

Oportuerit[3] te virginem spectabilem patris pacta et constituta laudare et corroborare. Sed quoniam ea dissolvisti, et quae insuper egisti pernegare contendis, invitamus te ad tui peccati recognitionem. Te quoque, R., a direptione rerum........................ *a* cessare jubemus, et male pervasa restituere. Nec te...................... *b* praetereundum existimes, te, inquam, tonsura clericum, sed vita et moribus tyrannum, cum tuo complice N.[4] Vos, inquam, omnes aut dignos paenitentiae fructus aecclesiae catholicae ostendetis, aut velud ethnici et publicani[5] ab aecclesia catholica gladio sancti Spiritus propulsabimini.

200. — *a.* ill. *L*, cf. *epist.* 184 adnot. a *et epist.* 199 adnot. b. — *b.* episcopo *L*.
201. *L (et inde D).* — *a. spatium* 25 *litterarum L.* — *b. spatium* 25 *litterarum L.*

1. Obscur : *vobis parere possit*, « Il pourrait vous paraître, vous devez trouver » (?).
2. M. Olleris pense qu'il faut lire a *vobis*. C'est probable, mais non certain.
3. Du Chesne, 2ᵉ série, n° 42 ; Olleris, n° 184. — 995-997. — Destinataires inconnus.
4. Voir lettre 199 (p. 190, note 1).
5. Voir p. 180, note 2.

202.

Suscepta[1] querimonia, reverende pater, scripsimus c[on]fratribus[a] et coepiscopis nostris pro eadem causa, contemptoribus quoque vestris commonitorias misimus litteras[2]. Erit ergo vestrae prudentiae, propter pacis caritatisque custodiam, si resipuerint, eos velud exorbitantes filios blande suscipere. Quod si, quod absit, in malitia perseveraverint, tunc in celebri ecclesiae loco nostrae vocationis scripta[3] ad legendum proponi jubemus, deinde excommunicationem rationabiliter conscriptam et a vobis sollempniter celebratam celebri alligi loco, ejusque exemplar nobis dirigi, ut idem in nostris fiat aecclesiis. Et quoniam eruditum vobis clericum mitti orastis, qui in his et aliis adjumento esse posset, cum redierit meus D.[4], dabimus operam ut vestris deserviat obsequiis.

203.

Quanto[5] moderamine salus animarum tractanda sit, et vestra fraternitas novit, et summopere pensandum est ut ne quid nimis[6]. Ecce enim dum judicii severitatem in ecclesiam S.[7] exercetis, modum a patribus constitutum transcendistis. Nam quae concilia vel decreta parvulos baptizari vel fideles

---

202. *l. (et inde D).* — *a. cum fratribus LD.*
203. *L (et inde D).*

---

1. Du Chesne, 2ᵉ série, n° 43; Olleris, n° 183. — 995-997. — Probablement à un évêque suffragant de Reims.
2. Peut-être la lettre précédente (?).
3. « Notre citation », les *commonitoriae litterae* mentionnées plus haut.
4. Voir p. 190, note 4.
5. Du Chesne, 2ᵉ série, n° 44; Olleris, n° 187. — 995-997. — Probablement à un évêque suffragant de Reims, peut-être à Foulque, évêque d'Amiens (lettre 206).
6. « Nam id arbitror Adprime in vita esse utile, ut ne quid nimis » (Térence, *Andria*, I, 1, 33, 34).
7. Lieu inconnu.

in cimiteriis sepeliri vetuerunt [1]? quod si his [2] locus interdicto vestro et, ut sollempniter dicamus, vestro banno jure ten[er]etur *a* astrictus, liceret innocentibus parroechianis ad alia demigrare loca, suisque legaliter uti sacris. Moneo igitur paternitatem vestram, modum judicii temperare, totumque negotium ita pertractare, ut ante oculos divinae majestatis placere possitis, et coepiscoporum judicio non displiceatis.

Varios [3] mali temporis diu jam sufferens motus, ad vestrum solatium, tanquam ad tutissimum confugio portum. Alioquin aut vestra solabimur ope, aut peregrina nobis erunt expetenda subsidia.

204.

GER. ADHELAIDI·IMPERATRICI [4].

Sepenumero mecum reputans ubinam fides, veritas, pietas, et justicia, domicilium sibi fecerint, vestra solum pietas, majestas occurrere potuit, quam virtus multiplex semper inhabitavit, atque possedit. Ad vos ergo tanquam speciale templum misericordiae supplex confugio, vestrumque semper salubre consilium et auxilium reposco. Quia enim............... *a* In me unum acerba fremunt [5], vitamque cum sanguine poscunt [6]. Additur ad malorum cumulum................ *b* Sevit et ipsa quae solatio debuit esse Roma [7]. Oro ergo et deprecor vestra vestro imperio

---

203. — *a.* tenetur *l.D.*
204. *L (et inde D).* — *a. spatium 15 litterarum L.* — *b. spatium 18 litterarum L.*

---

1. Voir p. 146, note 4.
2. C'est-à-dire *is.*
3. Cette phrase et la suivante ne se rattachent pas à ce qui précède. Font-elles bien partie de cette lettre, ou y ont-elles été jointes par une erreur du copiste ?
4. Du Chesne, 2ᵉ série, n° 45; Olleris, n° 195. — 995-997. — Théophano, mère du jeune roi Otton III, était morte le 15 juin 991 (Wilmans, p. 70). Adélaïde, grand'mère du roi, avait donc droit de prétendre à la régence, mais son petit-fils ne lui en laissa guère exercer le pouvoir (ibid., p. 71).
5. « Acerba fremens » (Virgile, *Énéide*, XII, 398).
6. « Poenas cum sanguine poscunt » (Virgile, *Énéide*, II, 72).
7. Voir p. 165, note 3.

mitescant regna. Ego quippe totus, ubique vester, vestrum expecto examen et levamen. Idque solum certum est, nos sequi velle, quod vobis constiterit placuisse.

205.

Humanas[1] res aeterno regi consilio, cum semper divinitas ostenderit, tum praecipue vestro tempore consiliorum suorum vos esse materiam voluit. Exaltavit enim vos et humiliavit, eamque humilitatem sua bonitate modificans, extenuans, atque cum summa [a] multorum populorum prosequente favore, vestrae sedi restituit, et tanquam aurum in fornace probatum, in sua domo clarius relucere jussit. Laudo igitur et glorifico misericordias et miserationes ejus, cum in vobis, tum in me quem peregrinum, totoque, ut ita dicam, orbe profugum, quandoque requiescere jussit, certaque consistere terra[2]. Dirigo vobis multum dilectum[3], quem a sacro fonte me suscipere voluistis. Sed utrum nobis erudiendum mittere debeatis, non est nostri judicii. Si enim recusamus, ingrati fortasse apparemus, et si laudamus, quoddam est sinistrum puero quod temporum difficultas intulerit, nostro imputabitur vitio[4].

206.

GER. FULCHONI EPISCOPO AMBIANENSI[5].

Inter varias magnarum rerum occupationes, nulla molestia magis afficimur, quam vestrorum excessuum crebra rela-

205. L.' * inde D). — a. sic LD.
206. L (et inde D).

---

1. Du Chesne, 2ᵉ série, nº 46; Olleris, nº 101. — 995-997. — La date précise, le destinataire et l'objet de cette lettre sont inconnus.
2. « Hac demum voluit consistere terra » (Virgile, Énéide, I, 629, etc.). — On ne voit pas à quoi Gerbert fait ici allusion.
3. Il semble qu'il manque ici un nom propre.
4. Phrase probablement corrompue. Le sens doit être : Si je consens et s'il arrive malheur à l'enfant, on dira que c'est ma faute.
5. Du Chesne, 2ᵉ série, nº 47; Olleris, nº 168. — 995-997. — Voir p. 188, note 1, et p. 192, note 5.

tione. Etsi enim totius metropolis Remorum cura nobis injuncta est, sed vestri potissimum, qui et annorum teneritudine, et morum levitate, pondus sacerdotale necdum ferre didicistis. Cur ergo contra pactum in commune statutum [1] usque ad tempus concilii pervasionem in propria parroechia fecistis [2]? Nec in hoc enim alleviamini, si res ecclesiae sunt quas diripuistis, cum hoc nisi legibus fieri non liceat. Adcessit ad hoc inlicitum, armorum praesumptio, aecclesiae violatio [2], quasi sacerdoti omnia in aecclesiis liceant. Sed ait apostolus : « Omnia michi licent, sed non omnia expediunt [3]. » Licent per liberum arbitrium, quo male usi estis, sed non expediunt per jura divina, quae contempsistis. Monemus itaque fraternitatem vestram errata corrigere, et nobis quos offendistis, si placet, satisfacere, ut horum excessuum recognitio, multorum peccatorum possit esse abolitio.

207.

GER. ARCHEMBALDO ARCHIEPISCOPO TURONENSI [4].

Querelam vestram non sine fraterna compassione suscepimus. Unde consilium et auxilium, quantum nostra interest, non differimus. Quia enim clerus, ut dicitis, beati Martini benedictionem vestram rennuit, fiat ut scriptum est : « Noluit benedictionem et elongabitur ab eo [5]. » Pro

207. *L (et inde D).*

1. Voir p. 189, note 2.
2. Faits inconnus. — *Usque ad tempus,* « avant le temps ».
3. Paul, *Corinthiens,* I, vi, 12, et x, 23.
4. Du Chesne, 2° série, n° 48; Olleris, n° 191. — Vers mars 997. — Archambaud fut archevêque de Tours depuis 980 jusqu'après l'an 1000 (*Gallia christiana,* XIV, col. 54-56). Sur le différend entre l'archevêque et les chanoines de Saint-Martin de Tours, qui fait l'objet de cette lettre et de la lettre 209, voir une lettre d'Abbon, abbé de Saint-Benoît-sur-Loire, dans Bouquet, X, p. 437. D'après cette lettre d'Abbon, ce différend éclata sous le pontificat de Grégoire V, par conséquent après mai 996; d'après la lettre 209 de Gerbert, ce fut vers mars, par conséquent en 997.
5. *Psaumes,* cviii, 18.

accepta vero injuria repulsionis, pulverem calciamenti excutiendum esse contra illos Dominus docet [1].

208.

ADELAIDI IMPERATRICI GBR. [2].

Incredibili pene et nimium scelerata relatione [3] tanto dolore affectus sum, ut lumen oculorum prope plorando amiserim, sed quia jubetis ut vos adeam, consolationemque inpendam, rem quidem bonam, sed impossibilem imperatis. Transierunt enim dies mei [4], o dulcis domina et gloriosa. Senectus mea [5] michi diem minatur ultimum. Latera pleuresis occupat, tinniunt aures, distillant oculi, totumque corpus continuis depungitur stimulis. Totus hic annus me in lecto a doloribus decumbentem vidit [6], et nunc vix resurgentem recidivi dolores alternis praecipitant diebus. Quod si quid requiei a doloribus dabitur, vestri beneficii immemor esse non potero. Licet sufficere posse videatur, quod synodus Nicena de communione privatis definit, ut hi qui abiciuntur ab aliis, [ab aliis [a]] non recipiantur [7], tamen jussioni vestre paremus, cum in his, tum in quibuslibet honestis et competentibus negotiis. Sed quia cum magno modera-

208. *L* (*et inde D*). — *a. deest LD.*

---

1. Matthieu, x, 14; Marc, vi, 11; Luc, ix, 5.
2. Du Chesne, 2ᵉ série, n° 49; Olleris, n° 214. — Vers mars 997.
3. On ignore de quel fait il s'agit. On verra plus bas qu'il est question d'un homme d'armes, d'un noble (*militarem virum*), qui avait été excommunié; Adélaïde demandait à Gerbert d'appliquer l'excommunication dans son diocèse. Peut-être s'agit-il du comte Baudri de Clèves, qui envahit vers cette époque le monastère d'Eltenberg ou Hoch-Elten (Prusse rhénane) et dont l'usurpation fut réprimée par l'intervention de l'empereur (Wilmans, p. 93). Mais quelle action l'archevêque de Reims pouvait-il avoir sur ce comte?
4. « Dies mei transierunt » (*Job*, xvii, 11).
5. On ne sait pas au juste la date de la naissance de Gerbert. Quelques années avant 970, il était encore *adolescens* (Richer, III, 43) ; il était donc né au plus tôt, à ce qu'il semble, un peu avant 940; à la date de la présente lettre, il pouvait avoir au plus une soixantaine d'années.
6. Comparez, dans l'Appendice, n° II : « Quod quidem tunc et languor corporis », etc.
7. « De his qui communione privantur... sententia regularis obtineat, ut hi qui abiciuntur ab aliis, ab aliis non recipiantur » (Denys le Petit, *Canones Nicaeni concilii*, 5; Migne, LXVII, 148).

mine salus animarum tractanda est, neque quisquam praepropere a corpore et sanguine Filii Dei summovendus, per quod misterium vera vivitur vita, et quo juste privatus vivens mortuus est, dignum ducimus militarem virum [1] nostra primum ammonitione conveniendum, si forte resipiscat, et vestrae reverentiae satisfaciat. Et nos quidem illum jamdudum pro his proque aliis excessibus a liminibus tantum aecclesiae cum aliis quibusdam summovimus, post separaturi a corpore Domini, ac deinde a fidelium omnium communione, ut his [2] quibusdam gradibus suae salutis ammoneatur, et unius contagio, pro hujus temporis [3] male necessaria sub nomine militari cohabitatione, populus Dei minus inficiatur, solusque suam interim portet malitiam, ignominiam, et ruinam.

209.

CANONICIS SANCTI M. EX PERSONA EPISCOPORUM [4].

Omnes episcopi qui ad concilium [5] venerunt in aecclesia sancti Pauli [6], omnibus clericis de monasterio sancti Martini.

Audita fama vestrae rebellionis contra fratrem nostrum Turonicae civitatis episcopum, has litteras direximus, in

L (et inde D)

---

1. Voir p. 196, note 3.
2. *Ia.*
3. Les hostilités entre les Allemands et les Slaves des bords de l'Elbe se renouvelèrent dans l'été de 997 (Wilmans, p. 94). On prévoyait, dès le printemps, la nécessité d'une campagne prochaine; voir lettres 219 et 220.
4. Du Chesne, 2e série, n° 56; Olleris, n° 190. — Saint-Denis (?), vers le 28 mars 997. — Aux chanoines de Saint-Martin de Tours. Voir p. 195, note 4, et ci-dessous, note 6.
5. Ce concile n'est connu que par cette lettre; voir la note suivante.
6. Il y avait dans la ville de Saint-Denis une église collégiale, consacrée à saint Paul, où le roi Robert, dit Suger, avait l'habitude de continuer ses prières, après qu'il avait assisté aux matines des religieux dans l'église abbatiale (Suger, *Œuvres*, publiées par A. Lecoy de la Marche, p. 348). C'est peut-être de cette église qu'il s'agit ici. Il a été parlé plus haut d'un autre concile tenu à Saint-Denis, quelques années avant celui-ci, le jour de Pâques (p. 176, note 8). En 997, Pâques tomba le 28 mars.

commune decernentes, quatinus aut cum vestro episcopo redeatis in gratiam, aut ad placitum Chele abendum veniatis, pro discordia diu retenta rationem reddituri, VII id. mai [1]. Quod si non feceritis, sciatis vos percelli censura canonicae districtionis.

210.

GER. ARNULFO AURELIANENSI EPISCOPO [2].

Nullo genere locutionis affectum animi nostri erga vos explicare valeo, quippe, qui omni simulatione mei capitis periclitarer, quae michi vitanda essent, quaeve sequenda, docuistis [3], monuistis, pr[ae]scripsistis [a]. Et nunc quidem omni conamine, omnique nisu, secundum meum scire et posse, grates quas valeo rependo, vestraeque clientelae et dispositioni me meaque omnia committo, non dubiam spem prae me gerens, praeclara principia felices [exitus [b]] habitura, et quoniam synodum................[c] Unde obnixe precor, ne ingentes curae, quae me ad praesens totum sibi vindicant, ecclesiae nostrae officiant. Dum enim post paululum divinitate propitia respirare licebit, et de his et de aliis in vestra praesentia vestram expectabimus sententiam.

210. *l. (et inde D). — a. proscripsistis L. — b. ita Bouquet, X, p. 420; deest L D. — c. spatium 18 litterarum L.*

---

1. A Chelles (Seine-et-Marne), le dimanche 9 mai 997. Voir p. 101, note 2.
2. Du Chesne, 2ᵉ série, nᵒ 51; Olleris, nᵒ 197. — Cette lettre et les deux suivantes paraissent avoir été écrites au printemps ou au commencement de l'été de 997, au moment où Gerbert, voyant le mauvais vouloir de son clergé, de ses vassaux et du roi même à son égard, prit le parti de quitter Reims et de chercher un asile à la cour d'Otton III (lettre 181, p. 163-166, Richer, derniers paragraphes).
3. Construisez : *quippe docuistis quae vitanda essent mihi, qui periclitarer.*
b. Voir la fin de la lettre 181 (p. 166).

211.

GBR. METTENSI EPISCOPO [1].

Licet ea quae in vobis est virtus multis ante innotuerit modis, nunc tamen ex superhabundanti, verbis et sententiis affectum sui explicans, velud super candelabrum [2] effulsit. Quia enim apostolus ait, « gaudere cum gaudentibus, flere cum flentibus [3] », me a fratrum meorum indebita persecutione Dei gratia liberatum [4] laeto animo accepistis, vosque meis periculis non interfuisse doluistis. Quapropter, et absens grates rependo, et praesens servitutis pensum, si libet, excipio. Caeterum......................... [a] alia memoratu digna non satis adhuc comperta habemus.

212.

GBR. VERDUNENSI EPISCOPO [5].

Communes filii R. et D. [6] laetificaverunt nos ex dulci rerum commutatione. Quia enim, ut ait apostolus, « corrumpunt mores bonos colloquia mala [7] », nec vos simplicitate gaudentes, quorundam Gallorum affectus varios et perplexos, dulces in ore, amaros [a] in corde, subito deprehen-

---

211. *L (et inde D).* — *a. spatium 25 litterarum L.*
212. *L (et inde D).* — *a. hic folium desinit L; quae sequuntur bis in L leguntur : 1° in margine laterali, manu quadam vetere, atramento pallido scripta, nunc partim abscisa; 2° in margine inferiore ab L¹ repetita.*

---

1. Du Chesne, 2ᵉ série, n° 52; Olleris, n° 202. — 997; voir la lettre précédente. — *Mettensi episcopo*, Adalbéron, fils du duc Frédéric et de la duchesse Béatrix, frère du duc Thierry de Lorraine et neveu, par sa mère, de Hugues Capet (p. 55, note 4).
2. Matthieu, v, 15; Marc, iv, 21; Luc, viii, 16, et xi, 33.
3. Paul, *Romains*, xii, 15.
4. *Persecutione*, voir lettre 181 (p. 165); *liberatum*, par sa fuite en Allemagne (p. 198, note 2).
5. Du Chesne, 2ᵉ série, n° 53; Olleris, n° 170. — 997. — *Verdunensi episcopo*, Aymon ou Haimon, dont la présence est mentionnée au concile de Mouzon, le 2 juin 995 (Pertz, *Script.*, III, p. 690; Olleris, p. 245; Richer, IV, 100). On ignore la date exacte de son élection et celle de la mort de son prédécesseur, Adalbéron, neveu de l'archevêque de Reims du même nom.
6. Voir p. 189, note 3, et p. 190, note 4.
7. Paul, *Corinthiens*, I, xv, 33.

dere potuistis, ad multa eorum commentitia stuporis plena non inmerito mutati estis. Sed quia ingenita vobis prudentia diutius inludi non potuit, eorum simulationem ac dissimulationem vos ad plenum intellexisse gaudemus. Unde filium nostrum D., quem in multa rerum scientia eruditum, interpretem fidum omnium quae in commune placeant, habere poterimus [1].

Valete [2].

213.

Reverentissimo [3] papae G. [4], O. Dei gratia imperator augustus [a].

Quia divinitate propitia non solum sanguinis linea [5], verum etiam inter cunctos mortales quadam sui generis eminentia connectimur, affectuum [b] qualitate circa Domini cultum non dispares esse debemus. Ideoque nostro animo vestrum metientes [b] ingenium, hunc abbatem Petrum [6] vestro commendamus apostolatui, ut quae honesta et utilia circa

213. *VMD*. — *a.* Otho Augustus Imperator reuerentissimo Papæ Gerberto *MD.* — *b. ita VB*, affectum *M*, affectu *D.* — *b. ita VB*, metuentes *MD.*

1. La phrase est incomplète.
2. Pour lire les lettres dans l'ordre chronologique, il faut passer, après celle-ci, aux lettres 218-220, puis aux lettres 181-187 (p. 163, note 1); les lettres 213-216 doivent être insérées parmi les précédentes, à une place indéterminée, après la lettre 199 et avant la lettre 207; la lettre 217 se place entre les lettres 192 et 193.
3. Masson et Du Chesne, n° 155; Olleris, n° 210. — Juin-août 996. — Cette lettre et les trois suivantes, qui se suivent dans les textes *V*, *M*, *D*, ont dû être écrites par Gerbert, au nom d'Otton III, pendant un même voyage de ce prince en Italie. La lettre 215 fait allusion au couronnement d'Otton en qualité d'empereur; ce couronnement eut lieu à Rome le jeudi 21 mai 996 (Jaffé-Loewenfeld, p. 493). Gerbert alla la même année à Rome (Richer, derniers paragraphes); il n'est donc pas étonnant qu'il se soit trouvé auprès de l'empereur et qu'il ait été chargé par lui de rédiger quelques-unes de ses lettres. Otton III quitta Rome au commencement de juin et l'Italie en août 996 (Stumpf, n°° 1091, 1093); la lettre 216 annonce son départ pour l'Allemagne.
4. Grégoire V, pape de mai 996 à février 999.
5. Grégoire V, appelé, avant son élévation au pontificat, Brunon, était fils d'Otton, duc de Carinthie et de Franconie; la mère de ce duc, Liudgarde, était fille de l'empereur Otton Ier et par conséquent sœur d'Otton II : ainsi Otton III était cousin germain du duc Otton et oncle « à la mode de Bretagne » du pape.
6. Inconnu. Son monastère, d'après la fin de la phrase (*martyrum memorias*), était placé sous l'invocation d'un ou plusieurs martyrs.

suum monasterium fore agenda, et a se, et a nostro legato agnoveritis ^{c}, cum omni diligentia exequi studeatis, ut dum martyrum memorias in commune honoramus, eorum beneficia in commune sentiamus.

Valete.

214.

O.[1] gratia Dei ^{a} imperator augustus, R. comiti[2] salutem. Diversa regni negotia interdum cogunt nos indicere ^{b} diversa imperia. Hinc est quod abbatiam sancti Vincentii Capuae sitam[3] ob quarumdam rerum necessitudines nuper Joanni monacho donaverimus ^{c}, Rotfrido abbate nec adjudicato[4], nec deposito[5]. Proinde respectu misericordiae eidem abbati Rotfrido concedimus cellam sanctae Mariae cum omnibus ad se pertinentibus in Marsi comitatu[6], in eo loco qui dicitur Apinianici $^{d\,7}$, cum reliquis rebus sancti Vin-

---

213. — c. cognoueritis *MD*.
214. *VMD*. — a. Domini *MD*. — b. ita *VB*, incidere *MD*. — c. donauimus *MD*. — d. ita *VB*, Apimanici *M*, Apininici *D*.

---

1. Masson et Du Chesne, n° 156; Olleris, n° 211. — Juin-août 996; voir la lettre précédente.
2. Rainald, comte des Marses; voir ci-dessous, notes 6, 7.
3. San-Vincenzo-al-Volturno (Italie, province de Campobasso).
4. Obscur; peut-être « mort » (?) : voir Du Cange, édit. Henschel, III, p. 916, col. 1.
5. Rotfrid ou Roffrid succéda, comme abbé de San-Vincenzo-al-Volturno, à Jean III, mort le 13 juillet 984 (Muratori, I, II, p. 478). Son nom figure dans les actes depuis octobre 984 (ibid., p. 485) jusqu'à juin 996 (ibid., p. 486-487); il mourut le 11 août 998 (ibid., p. 489). Son successeur Jean IV est mentionné pour la première fois dans un acte de juillet 997 (ibid., p. 473); il mourut le 28 avril 1007 ou 1008 (ibid., p. 493).
6. Le comté des Marses occupait la région voisine du lac Fucin et avait pour chef-lieu la *civitas Marsicana*, ville aujourd'hui ruinée, près de Pescina (Italie, province d'Aquila). Pescina est le siège d'un évêché dont le titulaire porte le titre d'évêque des Marses, *episcopus Marsorum*.
7. Lieu détruit, dans le voisinage immédiat de Pescina. La possession de cette église avait été confirmée au monastère de San-Vincenzo-al-Volturno, le 2 janvier 989, par l'impératrice Théophano (Muratori, I, II, p. 484-485). A la fin de 997 ou au commencement de 998 (assez probablement le 30 avril 998, à Rome), le comte Rainald, qui la possédait depuis deux ans (*jam per duobus annis invasit*), fut condamné à la rendre à l'abbé Jean IV (ibid., p. 466-468). Il n'avait donc pas exécuté l'ordre contenu dans la présente lettre, et l'empereur lui-même n'avait pas cru devoir maintenir le don qu'il faisait à l'ex-abbé Roffrid.

centii in eodem comitatu positis : cellam quoque sanctae Mariae in partibus Beneventi, ubi dicitur Sanus Locus [1], cum omnibus sancti Vincentii rebus in terra Beneventana sitis. Unde tibi et Beneventano principi [2] praecipimus, ut sicut res vobis vicinae sunt, ita ob nostram fidelitatem Rotfridum abbatem easdem ͨ res tenere juvetis sine ulla contradictione.

215.

Dominae [3] A. imperatrici semper augustae [4], O. gratia Dei ᵃ imperator augustus.

Quia secundum vota et desideria vestra divinitas nobis jura imperii contulit felici successu, divinitatem quidem adoramus, vobis vero grates rependimus. Scimus enim et intelligimus maternum affectum, studia, pietatem ᵇ, quibus rebus obsequio vestro deesse non possumus. Proinde quia dum promovemur, vester honor attollitur, rem publicam per vos promoveri, ac promotam feliciter in suo statu regi multum oramus et optamus.

Valete.

216.

Reverentissimo [5] papae G. ᵃ [6], O. gratia Dei imperator augustus.

Quia temporis difficultate adstrictus vestris votis satisfacere nequeo, vehementi m[oer]ore ᵇ afficior. Moveor enim

214. — *c. ita VR, eiusdem M, eius D.*
215. *VMD.* — *a. Domini MD.* — *b. et studia pietatis MD.*
216. *VMD.* — *a. Gerberto. MD.* — *b. memore (ita v. c.) V.*

1. Luogosano (Italie, province d'Avellino); voir Muratori, I, II, p. 413, etc.
2. Pandulfe II (982-1014).
3. Masson et Du Chesne, n° 157; Olleris, n° 203. — Juin-août 996. — Voir p. 200, note 3.
4. Adélaïde, grand'mère paternelle d'Otton III.
5. Masson et Du Chesne, n° 158; Olleris, n° 217. — Juillet-août 996. — Voir p. 200, note 3.
6. Grégoire V (p. 200, notes 4 et 5).

pietatis affectu circa vos, sed naturae necessitas suo jure omnia constringens, qualitates Italici aeris qualitatibus mei corporis quadam sui generis contrarietate opponit. Mutamur ergo solum corpore, vobiscum mansuri mente, vestroque solatio atque subsidio primores Italiae relinquimus, Hu. Tuscum[1] nobis[c] per omnia fidum, [Co.[d]] comitem Spoletinis et Camerinis praefectum[2], cui octo comitatus, qui sub lite sunt[3], vestrum ob amorem contulimus, nostrumque legatum eis ad praesens praefecimus, ut populi rectorem habeant, et vobis ejus opera debita servitia adhibeant.

217.

Wilderodo[4] Argentinae civitatis episcopo, Girbertus salutem.

EXORDIUM. Bene concepta meliusque retenta casta societas, sanctaque amicitia, quantorum sint causae bonorum, docti noverunt, indocti saepe stupuerunt. Et quia horum bonorum causa bonum est, et quod exinde gignitur bonum esse necesse est. Unde enim familiae, unde urbes et regna, nisi societate et amicitia stabiliuntur? Quidnam aliud ad heremi devia mortales attraxit, nisi ad Deum societas?

216. — c. ita VB, vobis MD. — d. nota ea (quam primus agnovit Houbnov) V, S. MD.
217. L. — In marginibus codicis L persaepe adscripta sunt manu vetere M., vel R., vel Nota, vel nomina scriptorum a Gerberto laudatorum, quae omnia et priores editores omiserunt et nos omittimus.

---

1. Hugues, marquis de Toscane; voir p. 76, note 1.
2. On a prétendu que la marche de Spolète et de Camerino appartenait alors au marquis Hugues de Toscane (Wilmans, p. 221, 234, note 5) : cette lettre prouve le contraire. Co. est probablement l'abréviation du nom d'un Conon ou Conrad, qui n'est pas connu d'ailleurs ; on ne peut dire si c'est le même à qui est adressée la lettre 84 (p. 76, note 4).
3. On ne sait pas au juste quels étaient ces huit comtés ni de quel différend ils étaient l'objet; voir le diplôme d'Otton III pour Silvestre II (29 avril 1001?), dans Masson, p. 79; Olleris, p. 551; Stumpf, n° 1256.
4. Synodus ecclesiae Gallicanae habita Durocortori Remorum (Francfort, 1600), p. 113; Varin, Archives admin., I, p. 170; Olleris, n° 103. — 995, vers l'été. — Wilderod fut évêque de Strasbourg (Argentina) de 991 à 999. Cette lettre, dans laquelle Gerbert plaide longuement sa cause contre les partisans d'Arnoul, archevêque déposé de Reims, fut écrite deux jours avant la lettre 193 (p. 183, notes 3 et 4).

Mundus ipse contraria sui potentia, aliter dissidens, aliter conciliatur amice. Corporeum hominis incorporeo eadem copula nectit. Quae cuncta bona a maximo bono, id est Deo, et magno bono societatis et amiticie aeterna lege sui conditoris ordinem servant. Hoc igitur amiticiarum bonum tam praeclarum tamque jocundum, meo quidem juditio propter se, non ut quibusdam videtur propter aliud, expetendum est. Ut enim Seneca ait in Moralibus : « Sapiens si contemtus est se, tamen habere amicum vult, si nihil aliud, ut exerceat amiticiam, nec tam magna virtus jaceat, non ad hoc quod dicebat Epicurus, ut habeat qui sibi aegro assideat, succurrat in vincula conjecto vel inopi, sed ut habeat aliquem cui ipse aegro assideat, quem ipse circumventum hostili custodia liberet [1]. » Haec generositas, haec animi vestri prudentia subtilius intellexisse visa est, cum me remotum, vixque solo nomine cognitum, fidi interpretis dulci alloquio recreastis, mea vel commoda vel incommoda exponi vobis curastis, eoque praestanti officio palam fecistis, cui et quanto Helvetia [2] pareat sacerdoti. Deponam igitur apud tanti judicis aures moderni temporis malorum materiam, quidve inter dissidentes conveniat, quidve in controversia sit, ut toto genere causae cognito, juditium diligens haberi possit, cui parti faveat aequitas.

NARRATIO. Arnulfus regis Hlotharii, ut fama est [3], filius, postquam suum episcopum dolo et fraude circumventum cum propria urbe captivavit, post multum cruorem humani sanguinis a se effusi, post praedas et incendia, in conventu episcoporum totius Gallie dampnatus est [4], ac deinde post obitum beatae memoriae Adalberonis a solo Adalberone episcopo Laudunensi reconciliatus [5], spe obtinendae pacis metropoli Remorum donatus est, acceptis ab eo terribilibus sacramentis et libellari professione pro fide suis regibus

---

1. Sénèque, *Epist. mor.*, I, IX, 8.
2. La région alémannique, Souabe et Alsace ; voir p. 153, note 4.
3. « Daedalus, ut fama est », etc. (Virgile, *Énéide*, VI, 14).
4. Voir p. 138, note 4.
5. P. 138, note 5.

conservanda, quam et viva voce in conventu aecclesiae recitavit, et propria manu subscribendo corroboravit [1]. Necdum a sua ordinatione sextus mensis elapsus erat, et ecce quasi tempestas urbem ab eo proditam hostis invasit, sanctuarium Dei polluit, spolia diripuit, clerum et populum captivavit [2]. Post haec vero Arnulfus suos praedones sub anathemate posuit, atque ut idem facerent Galliarum episcopis imperavit [3], praedia aecclesiae quae per sacramentum suis militibus [4] dederat abstulit, hostibus contulit. Conjuratorum manum contra suum regem ejusque exercitum in aciem sub signis Karoli produxit. Interea legatis et litteris synodicis Romanus pontifex ut aecclesiae turbatae subveniat ammonetur. Sed neque legatis neque litteris consulentibus consulit. Itaque gravium episcoporum facto consultu, legatis et litteris synodicis ac miti ammonitione Arnulfus conventu[s] [a], decem et octo continuis mensibus [5], ut a cepto furore desisteret, seque a scelere proditionis et rebellionis quo impetebatur regulariter purgaret, noluit. Sed cum a se maximos fautores nequitiae suae discedere sensit, territus regem adiit, novisque sacramentis ac novis rerum conditionibus regie mensae particeps factus es: [6]. Atque ita ira regis sedata, omni se crimine exutum credidit, indeque mox rediens fidem sacramentorum rupit, conditionibus non servatis. At ii quorum intererat, tociens se decipi, tociens bonis suis privari non ferentes, Lauduni arcem occupant. Arnulfus inter hostes regis invenitur [7]. Sinodo [8] repraesentatur, pro tot tantisque flagitiis rationem reddere deposcitur. Qui diu secum atque cum suis familiaribus multum deliberans, sua sponte in

217. — *a.* conuentu *L.*

1. P. 137, note 4.
2. P. 144, note 2.
3. P. 147, note 2.
4. « A ses vassaux » (Du Cange, édit. Henschel, IV, p. 397, col. 1).
5. D'août 989 (p. 144, note 2) au commencement de 991 (p. 159, note 3).
6. « Rex (Arnulfo) gratiam indulsit et ut plurimum coram se honorem haberet concessit. Unde et factum est, ut in prandio die eadem regi dexter, Adalbero reginae levus resideret » (Richer, IV, 45); la reine était évidemment placée à table à la gauche du roi.
7. Richer, IV, 47.
8. Le concile de Verzy, 17 et 18 juin 991 (p. 159, note 3).

confessionem peccatorum suorum erupit, suisque confessoribus [1] alios testes [2] adhibuit, crimina sua in libellum retulit, eique a se viva voce coram aecclesia recitato subscripsit [3]. Insignia sacerdotii deposuit, eoque se abdicavit, confessoribus suis ac testibus attestantibus et respondentibus : « Secundum professionem et subscriptionem tuam cessa ab officio [4]. »

Particio. Hic de flagitiis et sceleribus Arnulfi satis inter partes convenit. Sed defensorum studia bifariam se scindunt. Alii quippe regem sacerdoti Arnulfo omnium peccatorum veniam tribuisse dicunt, neque post veniam quicquam non veniabile commisisse. Alii Romano pontifici injuriam factam videri volunt, quasi sine ejus auctoritate, et sine suis viribus resumptis deponi non debuerit.

Ad haec, reverende frater, discutienda, quoniam res sub judiciali genere causarum posita, tum ratione, tum scripto tractatur, id est constitutionibus conjecturali, diffinitiva, translativa, qualitativa [5], itemque legalibus statibus, primum michi videtur breviter dicendum de ratione et veritate, consuetudine et lege, itemque de legum differentia, et quae quibus anteferantur in aecclesiasticis duntaxat causis. His enim praecognitis, facilius quesita patebunt.

« Plane, inquit Augustinus, verum est quia ratio et veritas consuetudini praeponenda est. Sed cum consuetu-

---

1. L'archevêque de Sens, Siguin, les évêques d'Orléans, Arnoul, de Langres, Brunon, d'Amiens, Goteaman, que l'archevêque Arnoul avait voulu entretenir en particulier au cours des délibérations du concile et à qui il avait avoué sa trahison (Concile de Verzy, 30, 40; Pertz, *Script.*, III, p. 679, 681; Olleris, p. 218, 226).
2. « Admissi ergo sunt ex omni abbatum vel clericorum collegio fere numero triginta, quibus per conditionem anathematis Arnulfi confessio ipso jubente in ipsius praesentia propalata est » (Concile de Verzy, 40; Pertz, *Script.*, III, p. 681; Olleris, p. 227).
3. P. 179, note 1.
4. Concile de Verzy, 54 (Pertz, *Script.*, III, p. 685; Olleris, p. 235).
5. « Constitutio est prima conflictio causarum ex depulsione intentionis profecta, hoc modo, Fecisti. — Non feci, aut : Jure feci. Cum facti controversia est... constitutio conjecturalis appellatur. Cum autem nominis... constitutio definitiva nominatur. Cum vero qualis res sit quaeritur... constitutio generalis vocatur. At cum causa ex eo pendet, quod non aut is agere videtur quem oportet, aut non cum eo quicum oportet... translativa dicitur constitutio » (Cicéron, *De inventione*, I, VIII).

dini veritas suffragatur, nichil oportet firmius retineri [1]. »
Item in libro de baptismo inter cetera : « Quod etsi consuetudo aecclesiae pristina non habebat, et postea catho-
licus orbis terrarum robustissima firmitate consensionis
exclusit, ut quod per disputationes ejusmodi in aliquorum
mentes inrepere caeperat, de salute veniens unitatis, poten-
tior veritas, et universalis medicina sanaret [2]. »

Legem partim natura, partim auctoritate firmari didici-
mus. Et lex quidem naturae manifesta est. Quae autem in
auctoritate consistit, partim divina, partim habetur humana.
Et in divinis vel in humanis facienda vel non facienda
praescribit. Post legem ergo naturae data est lex, tum litterae, tum gratiae, quae utraque auctoritate divina subnixa
tanto est utraque praestantior, quanto divinitas humanita-
tem supervenit. Et quoniam legem litterae lex gratiae
transcendit, haec eadem subtilis et multiplex, velud ab
ipso divinitatis fonte emanans, ab apostolo accepta, tum a
primae sedis pontificum decretis, tum ab innumerabilium
sacerdotum conciliis dilucidata, et quasi per quosdam
purissimos rivulos pene in infinitum dirivata est.

In hac itaque lege summopere, ut diximus, auctoritas
spectanda est. Multum enim interest, utrum Deus loquatur
an homo. Et si homo, utrum apostolus, an sinpliciter episcopus. Porro in episcopis item multa differentia est, quae
differentia eadem auctoritate fulcitur. Hanc autem auctoritatem, aut numerus, aut scientia, aut locus, ut quibusdam
videtur, attribuit. Et numerus quidem in conciliis, ubi
multorum catholicorum assensus. Idem est scientia in par-
ticularibus vel in divinis supereminens. Locus vero in
maximis consideratur urbibus. Rursum numerus, scientia,
et locus, tum a se, tum inter se differunt. Et numerus quidem a numero, vel pluralitate, vel rationis et veritatis pondere superatur. Pluralitate, cum inter aeque bonos et

---

[1]. Saint Augustin, *De baptismo contra Donatistas*, IV, v (Migne, XLIII, 157), cité par Hincmar, archevêque de Reims, *Opusculum adversus Hincmarum Laudunensem*, 25 (Migne, CXXVI, 387-388).
[2]. Voir p. 212, note 1.

doctos, pars a parte dissentit. Rationis et veritatis pondere, ut Ariminensis numero famosa sinodus, a parvo episcoporum numero cassata [1]. Idem in numerosis ad individua, itemque locorum ad alia, et inter se, collationem perspici licet.

Sit ergo in legibus maximum et praecipuum, quod per Christum, per apostolos, perque prophetas innotuit. Deinde Lis consona et consensu omnium catholicorum corroborata, secundum in legibus vigorem optineant. Tertio succedant loco, quaecumque a singularibus viris, scientia et eloquentia clarissimis, in lucem intelligentiae prolata sunt.

Et ne forte ad placitum loqui videar, injuriamque decretis pontificum Romane inferre aecclesiae, Gelasium Romane sedis pontificem sententiae meae primum afferam testem. Hic quippe in cathalogo divinorum librorum, autenticis praemissis scripturis, Nicenam, Constantinopolitanam, Ephesinam, Calcedonensem quoque sinodum subjungit, ita subinferens [2] : « Et si qua concilia a sanctis patribus instituta, post horum IIII^{or} auctoritatem, et custodienda, et recipienda decrevimus. » Deinde ab universalibus ad specialia seu individua transitum fecit, atque adjunxit : « Item opuscula, atque tractatus omnium patrum ortodoxorum qui in nullo a sanctae aecclesiae Romane consortio deviarunt, nec ab ejus fide vel praedicatione sejuncti sunt, sed ipsius communionis per gratiam Dei usque ad ultimum diem vitae suae fuere participes, legenda decernimus. » Deinde qualiter ipsius sedis decreta accipienda sint, hoc modo distinguit : « Item decretales epistolas quas beatissimi papae diversis temporibus ab urbe Roma pro diversorum patrum consolatione dederunt, venerabiliter suscipiendas », et sic nominatim quaedam specialia determinans

---

1. Le concile prétendu œcuménique de Rimini, en 359, pactisa avec les ariens. Il fut condamné par un concile des évêques de Gaule, assemblé à Paris, en 362 (Mansi, III, col. 313, 357).
2. Saint Gélase, lettre 42, dans Thiel, *Epistolae Romanorum pontificum genuinae*, p. 457, 458 et notes 14 et 15 (Jaffé, n° 398; Kaltenbrunner, n° 700). Gerbert a emprunté cette citation et les trois suivantes à Hincmar; voir p. 209, note 2.

legenda, sollertissime ac discretissime tam de epistolis quam de specialibus opusculis quid foret sentiendum, expressit : « Sed cum hoc, inquit, ad catholicorum manus advenerit, beati apostoli praecedat sententia : « Omnia pro-« bate, quod bonum est tenete [1] ». » Hinc locum differentiarum, etiam Hincmarus Remorum venerabilis antistes, nepoti suo aequivoco scribens ita interpretatus est [2] : « Animadvertenda igitur est discretio ex verbis beati Gelasii inter sinodalia concilia, et apostolicorum virorum epistolas quas ante concilia celebrata diversis temporibus pro diversorum patrum consolatione dederunt, quasque venerabiliter suscipiendas dicit. Si qua sant autem concilia a sanctis patribus instituta, post IIII^{or} c iliorum auctoritatem, custodienda et observanda decrevit. Unde item in decretis suis, idem dicit : « Patres, inquit, nostri catholici doctique pontifices « in unaquaque heresi quolibet tempore suscitata, quicquid « pro fide, pro veritate, pro communione catholica atque « apostolica, secundum scripturarum tramitem praedicatio-« nemque majorum facta, semel congregatione sanxerunt, « inconvulsum voluerunt deinceps firmumque constare, ne[c][b] « in hac eadem causa denuo quae praefixa fuerant retractari « qualibet recenti praesumptione permiserunt [3]. » Quantum enim distet inter illa scilicet concilia, quae custodienda et recipienda decrevit, et inconvulsa firmaque deinceps patres catholici manere voluerunt, et illas epistolas, quae diversis temporibus pro diversorum consolatione datae fuerunt, quas venerabiliter suscipiendas dicit, nemo in dogmatibus aecclesiasticis exercitatus ignorat. Si enim quaedam ex his quae in quibusdam illis epistolis continentur, tenere et custodire velle inceperimus, adversus ea quae antea servare voluimus, faciemus, et a conciliis sacris quae perpetuo nobis recipienda, tenenda, ac custodienda, atque

217. — *b.* ne *L.*

---

1. « Omnia autem probate, quod bonum est tenete » (Paul, *Thess.*, I, v, 21).
2. Tout ce qui suit jusqu'aux derniers mots de l'alinéa, « sed in temporibus suis », est tiré d'Hincmar, ibid. (Migne, CXXVI, 384-386).
3. Gélase, lettre 26 : Thiel, p. 393, 414; Jaffé, n° 395; Kaltenbrunner, n° 664.

sequenda sunt, deviabimus. Sed et a consuetudine quam catholica aecclesia habuit, ex quo in sacrum Nicenum concilium patres nostri convenerunt, qui adhuc, sicut Leo dicit, nobiscum in suis constitutionibus vivunt [1], pernitiosissime discedemus, et nichil certi tenentes, in sectam genehliacorum c[2] id est mathematicorum offendemus, qui diffinierunt omnia in incertum. Nam et beatus Gelasius easdem epistolas non solum sacris canonibus in quibusdam adversas, sed etiam sibi ipsis diversas ostendit, cum dicit illas diversis temporibus pro diversorum consolatione datas. Et hinc forte adversum me dices : « Ergo calumpniaris apostolicam « sedem in sanctis ejus pontificibus, eo quod male senserint, « et non tenenda decreverint. » Unde tibi respondebo, quod de lege non judaice d servanda contradicentibus sibi et dicentibus : « Lex ergo adversus promissa Dei », respondens apostolus : « Absit [3]. Lex quidem sancta, et mandatum « sanctum, et justum, et bonum [4] », sed personis et temporibus suis congrua, quae « propter transgressiones posita « est, donec veniret semen cui repromiserat Deus, ordinata « per angelos in manu mediatoris [5] ». Et illas epistolas sanctorum et apostolicorum virorum diversis temporibus pro diversorum consolatione, sicut et Gelasius dicit, a sede apostolica datas, et per eosdem Domini sacerdotes, qui et angeli secundum scripturam appellantur, ordinatas, cum beato Gelasio apostolico viro venerabiliter suscipiendas dico, qua[e] e suis temporibus congruentes fuerunt, donec per sacra concilia patres nostri in unum convenientes, sicut ejusdem apostolicae sedis pontifices protestantur, suggerente sibimet sancto Spiritu, quoniam aliter credendum non est, mansuras usque in finem seculi leges condiderunt. Et sicut dicit de lege apostolus : « Si enim esset quae posset vivifi-

217. — *c. sic L. — d.* Iudaicae *L. — e.* quam *L.*

---

1. Saint Léon le Grand, lettre 106, IV (Migne, LIV, 1005); ci-après, p. 216.
2. *Genethliacus*, tireur d'horoscope, astrologue.
3. « Lex ergo adversus promissa Dei ? Absit » (Paul, *Galates*, III, 21).
4. « Itaque lex quidem sancta et mandatum sanctum et justum et bonum » (Paul, *Romains*, VII, 12).
5. Paul, *Galates*, III, 19.

« care, vere ex lege esset justicia [1] », ita salva reverentia sedis apostolicae dico, quia si illa quae in eisdem epistolis continentur et suis temporibus congrua fuerunt, subsequentibus temporibus, ita ut in eis temporibus [2] continentur, omnia et simul custodiri valerent et servari ac teneri congruerent, patres nostri catholici doctique pontifices in conciliis sacris leges mansuras usque in seculi finem non conderent. Suscipiendas ergo illas epistolas venerabiliter cum beato Gelasio dico, et cum leguntur, sicut ipse praecepit G., apostolica illa praecedat sententia quae dicit : « Omnia probate, « quod bonum est tenete. » Et haec dico non ut in eis dicam quaedam non esse bona, sed non per omnia sacris canonibus patrumque conciliis consona. Sicut et apostolus dicit : « Lex quidem bona et sancta, et mandatum sanctum, et « justum et bonum », sed in temporibus suis. »

Item idem Hincmarus de sacrarum legum differentia loquens, inter caetera sic dicit [3] : « Quaedam denique, sicut in eisdem epistolis ab apostolis tradita leguntur, vel ex legibus Romanis assumpta inveniuntur, ita plenariorum conciliorum auctoritate firmata servantur, et quaedam ex his in conciliis inmutata fuerunt. Sed et quaedam de his quae in regionalibus fuere statuta conciliis, plenariorum conciliorum auctoritate inmutata vel in postmodum irrefragabiliter conservanda tenentur, sicut catholici doctores, et aecclesiae magistri demonstrant, et partim ex eorum dictis supra ostendi. Et praeter ea quae de verbis beati Augustini in hoc opusculo posui, in libris de baptismo dicit, primum quidem ostendens differentiam esse inter epistolare colloquium, quo istae epistolae apostolicorum de quibus agitur conditae sunt, et regionale ac plenarium concilium : « Video, inquit, quid adhuc a me possit inquiri, « videlicet ut respondeam verisimilibus illis rationibus qui-

---

1. « Si enim data esset lex quae posset vivificare, vere ex lege esset justitia » (Paul, *Galates*, III, 19).
2. Ce mot ne se trouve pas ici dans Hincmar; il paraît avoir été ajouté mal à propos par Gerbert ou par un copiste.
3. Tout cet alinéa, jusqu'à « subjaceret » (p. 214), est tiré d'Hincmar, ibid. (Migne, CXXVI, 388-389).

« bus vel ante Agripinus vel ipse Ciprianus, vel illi qui eis
« in Afric[a]ᶠ consenserunt, vel si forte aliqui ex transma-
« rinis terris longe discretis nullo quidem sive plenario,
« sive saltim regionali concilio, sed epistolari colloquio
« commoti sunt, ut esse faciendum putarent. Quod etsi con-
« suetudo aecclesiae pristina non habebat, et postea catholi-
« cus orbis terrarum robustissima firmitate consensionis
« exclusit, ut quod per disputationes ejusmodi in aliquorum
« mentes irrepereᵍ caeperat, de salute veniens unitatis poten-
« tior veritas et universalis medicina sanaret [1]. » Item differentiam inter regionalia et plenaria concilia ostendit hoc
modo : « Nobis, inquiens, tutum est in ea non protrahi
« aliqua temeritate sententiae, quae nullo in catholico
« regionali concilio cepta, nullo plenario terminata sunt.
« Id autem securum est sententia vocis asserere, quod in
« gubernatione Domini Dei nostri et Salvatoris Jhesu Christi
« universalis aecclesiae consensione roboratum est [2]. »
Item differentiam ostendit inter authenticas scripturas, et
regionalia, et plenaria concilia. Item inter priora, et posteriora, concilia. « Quis, inquit, nesciat sanctam scripturam
« catholicam tam Veteris quam Novi Testamenti certis suis
« terminis contineri? eamque omnibus posterioribus episco-
« porum litteris ita praeponi, ut de illa omnino dubitari
« et disceptari non possit, utrum verum, vel utrum rectum
« sit, quicquid in ea scriptum esse constiterit, episcopo-
« rum autem litteras, quae post confirmatum canonem vel
« scriptae sunt vel scribuntur, et per sermonem forte
« sapientiorem cujuslibet in ea re peritioris, et per aliorum
« episcoporum graviorem auctoritatem doctorumque pru-
« dentiam, et per concilia licere reprehendi, si quid forte in
« eis a veritate deviatum est, et ipsa concilia quae per sin-

217. — f. Africam L. — g. aic L.

---

1. Saint Augustin, *De baptismo contra Donatistas*, III, II (Migne, XLIII, 139); voir p. 207, note 2. Au lieu de « putarent. Quod etsi consuetudo », il faut lire : « putarent, quod et consuetudo ».
2. Les éditeurs qui ont annoté les œuvres d'Hincmar n'ont pas retrouvé dans saint Augustin la source de cette citation.

« gulas regiones vel provincias fiunt, plenariorum concilio-
« rum auctoritati quae fiunt ex universo orbe christiano sine
« ullis ambagibus cedere, ipsaque plenaria sepe priora
« posterioribus emendari, cum aliquo experimento rerum
« aperitur quod clausum erat, et cognoscitur quod latebat,
« sine ullo tipho sacrilegae superbiae, sine ulla inflata cer-
« vice*a* arrogantiae, sine ulla contentione lividae invidiae,
« cum sancta humilitate, cum pace catholica, cum caritate
« christiana [1]. » Et item : « Quapropter illud unum isti
« considerent, quod omnibus patet, si auctoritas Cipriani
« consequenda est, magis eam sequendam esse in unitate
« servanda, quam in aecclesiae consuetudine commutanda,
« si autem concilium ejus attendimus, huic esse universae
« aecclesiae posterius concilium praeponendum, cujus se
« membrum esse gaudebat, et ut se in tocius corporis con-
« page retinenda ceteri imitarentur saepius ammonebat.
« Nam et concilia posteriora prioribus apud posteros
« praeponuntur, et universum partibus semper optimo
« jure praeponitur [2]. » Ciprianus enim sanctae ecclesiae
catholicae universitas non fuit, sed in ejus universitate
permansit. Cujus radicem numquam deseruit [3], sed in cujus
radice fecundus, ut esset fecundior, ab agricola caelesti
purgatus est. Haec de aliis conciliis a beato Augustino sunt
dicta. Caeterum de sacra et mistica Nicena sinodo, sicut
supra ex verbis Leonis et aliorum ostendi, nichil umquam a
quoquam vel apostolicae sedis pontifice, vel a plenario concilio, minime at ex a regionali est inmutatum, quod non
sit penitus irritum. Sicut et Gelasius in decretis suis dicit :
« Non, inquiens, nos latet in tempestate persecutionis
« Arrianae plurimos pontifices de exiliis pace reddita
« respirantes, per certas provincias congregatis secum fra-
« tribus aecclesias turbatas composuisse, non tamen ut illius
« sinodi Nicenae quicquid de fide et communione catholica

217. — *a.* ceruicae *L.*

---

1. Augustin, *De baptismo*, II, III (Migne, XLIII, 128-129).
2. Augustin, Ibid., II, IX (Migne, XLIII, 135).
3. Augustin, lettre XCIII, x, 40 (Migne, XXXIII, 341).

« diffiniverat inmutarent, nec nova quemquam pro lapsu
« dampnatione percellerent, sed illius decreti tenore, nisi
« resipuisset, judicare dampnatum, essetque consequens ut
« nisi corrigeret, dampnationi procul dubio subjaceret [1]. »

Item idem Hincmarus ad eundem [2] : « Repetam tibi quod de sacris conciliis ad Januarium dicit beatus Augustinus :
« Omnia itaque talia quae neque sanctarum scripturarum
« auctoritatibus continentur, nec in conciliis episcoporum
« statuta inveniuntur, nec consuetudine universalis aeccle-
« siae roborata sunt, sed diversorum locorum diversis moti-
« bus innumerabiliter variantur, ita ut vix aut omnino non [i]
« numquam inveniri causae possint quas in eis constitutis
« homines secuti sunt [i], ubi facultas tribuitur, sine ulla dubi-
« tatione resecanda existimo [3]. » Quae verba beati Augustini quomodo placeant tibi, tu videris. Exiguitati autem meae, tucius et salubrius videtur cum illo sacra sequi concilia, et omnibus qui me audire voluerint inculcare, non sequi relictis sacris conciliis illa quae ipse existimat resecanda, quam illa quae tu resecata et dissecata proponis sectanda, quoniam sibi ipsis diversa ostendunt se non posse esse in omnibus servanda atque sequenda. « Oportet igitur, inquit
« Innocentius ad Decentium Egubinum episcopum, eos qui
« in [j] Domini sacerdotes hoc sequi quod aecclesia Romana
« custodit, a qua eos principium accepisse non dubium est,
« ne dum peregrinis assertionibus student, caput institucio-
« num videantur omittere [4]. » Quid sit autem quod aecclesia Romana custodit, et Domini sacerdotes oportet sequi, demonstrat Gelasius : « Confidimus, inquiens, quia nullus
« jam christianus veraciter ignoret, uniuscujusque sinodi
« constitutum, quod universalis aecclesiae probavit assensus,
« nullam magis exsequi sedem prae ceteris oportere quam
« primam, quae unamquamque sinodum et sua auctoritate

217. — i. sic L. — j. sic L, eos quin Hincmarus, eos hoc sequi Innocentius.

1. Gélase, lettre 26 (Thiel, p. 394, 395, notes 18, 19, et p. 415).
2. Hincmar, ibid. (Migne, CXXVI, 390-391).
3. Augustin, lettre LV, xix, 35 (Migne, XXXIII, 221).
4. Migne, LXVII, 237.

« confirmat, et continuata moderatione custodit, pro suo
« scilicet principatu quem beatus Petrus apostolus Domini
« voce perceptum, aecclesi[a]*ᴬ* nichilominus subsequente, et
« tenuit semper et retinet[1]. » Ecce habes secundum legem et
euuangelium plenitudinem testium testificantium de sequendis inconvulse conciliis, et de non studendis peregrinis
assertionibus, apostolo etiam praecipiente : « Doctrinis
« variis et peregrinis, nolite abduci[2]. » Peregrinas autem eas
assertiones ideo cum Innocentio dico, quia ex quo sacra
concilia in aecclesia catholica celebrari ceperunt, illa quae
suo tempore parum viguerunt, in quantum ex eis sacra concilia assumenda viderunt, ab usu aecclesiastico effluxerunt,
usque quae nuper a te, quantum ex te est, recrudescere
ceperunt, ut ad ea quae aspiras libenter transire possis in
affectum cordis licenter, et a nullo coerceri vel judicari
valeas regulariter. Sed non sentiunt tecum, neque tibi consentiunt doctores et magistri ecclesiae. »

Haec quidem Hincmarus. Porro Nicena sinodus, quem
locum optineat in divinis legibus quibusve nitatur testibus,
breviter audi[3]. « Leo papa ad Anatholium : « Illa, inquit,
« Nicenorum canonum per sanctum vere Spiritum ordinata
« conditio, nulla umquam est parte solubilis. Nulla sibimet
« de multiplicatione congregationis sinodalia concilia blan-
« diantur, neque trecentis illis decem atque octo episcopis
« quantumlibet copiosior numerus sacerdotum vel conparare
« se audeat vel praeferre, cum tanto divinitus privilegi[o]*ᴵ*
« Nicena sit sinodus consecrata, ut sive per pauciores, sive
« per plures aecclesiastica judicia celebrentur, omni penitus auctoritate sit vacuum, quicquid ab illorum fuerit
« constitutione diversum[4]. » De cujus privilegio, et beatus
Ambrosius dicit : « Non humana industria, non conpositione

217. — *A.* aecclesiam *L.* — *I.* priuilegia *L.*

---

1. Gélase, ibid. (p. 393, 415).
2. Paul, *Hébreux*, xiii, 9.
3. Ce qui suit jusqu'à la fin de l'alinéa est encore pris d'Hincmar, ibid., 26 (Migne, CXXVI, 392-393).
4. Saint Léon le Grand, lettre 106, ii (Migne, LIV, 1005).

« aliqua, CCC^d X^{em} et VIII^{to} episcopi ad concilium conve-
« nerunt. Sed ut in numero eorum per signum suae passio-
« nis et nominis, Dominus Jhesus suo probaret se adesse
« concilio, crux in CCC^{tis}, Jhesu nomen in X^{cem} et VIII^{to} est
« sacerdotibus [1]. » « Et michi, inquit Ilarius, ipse ille
« numerus hic sanctus est, in quo Habraam victor regum
« impiorum, ab eo qui aeterni sacerdotii est forma, benedi-
« citur [2]. » Et item beatus Leo papa : « Sancti illi et vene-
« rabiles patres, qui in urbe Nicena, sacrilego Arrio cum
« sua impietate dampnato, mansuras usque in finem mundi
« leges aecclesiasticorum canonum condiderunt, et adhuc
« in toto orbe terrarum in suis institutionibus vivunt, et si
« quid usquam aliter quam illi statuerunt praesumitur,
« sine cunctatione cassatur [3]. » Et hinc sanctus Leo ad
Pulcheriam augustam : « Contra statuta, inquit, canonum
« paternorum, quae ante longissimae aetatis annos in urbe
« Nicena spiritalibus sunt fundata decretis, nichil cuiquam
« audere conceditur, ita ut si quis diversum aliquid decer-
« nere velit, se potius minuat, quam illa corrumpat. Quae
« si, ut oportet, a cunctis pontificibus intemerata serven-
« tur, per universas ecclesias tranquilla erit pax et firma
« concordia, nullae de mensura honorum dissensiones,
« nullae de ordinationibus lites, nullae de privilegiis
« ambiguitates, nulla erunt de alieni usurpatione certa-
« mina, sed, aequo jure karitatis, rationabilis morum offi-
« ciorumque ordo servabitur, et ille vere erit magnus, qui
« fuerit tocius ambitionis alienus [4]. »

Haec de legum divinarum differentia, et quae quibus
anteferantur, breviter dicta sufficiant. Nunc quibus earum

---

1. Saint Ambroise, *De fide*, I, xviii (ou ix), 121 (Migne, XVI, 556). Le nombre 300 s'exprime, dans la numération grecque, par la lettre T, laquelle, par sa forme, représente la croix des anciens. Le nombre 18 s'exprime par les lettres IH, qui sont les deux premières du nom grec de Jésus, Ἰησοῦς.
2. Saint Hilaire, *De synodis*, 86 (Migne, X, 538-539). — « Quod cum audisset Abram, captum videlicet Lot fratrem suum, numeravit expeditos vernaculos suos trecentos decem et octo, et persecutus est usque Dan... At vero Melchisedech... sacerdos Dei altissimi, benedixit ei... » (*Genèse*, xiv, 14, 18, 19).
3. Léon le Grand, lettre 106, iv (Migne, LIV, 1005); cf. p. 210, note 1.
4. Ibid., 105, iii (Migne, LIV, 999).

Arnulfus sacerdotio in aeternum defunctus sit, expediendum est, prius de peccatorum generibus, de judiciis, deque ordine judiciario paucis premissis.

Sunt igitur peccata in Deum, sunt in hominem. Eorum autem peccatorum, quaedam sunt occulta, quaedam manifesta. Unde manifestum est, judicia et judiciorum ordinem, juxta peccatorum distribui qualitatem. Hinc scriptum est : « Qui occulte peccat, occulte peniteat. Et qui publice, publice peniteat [1]. » Hinc judiciarius ordo duplex. « Unus [2], de quo dicit apostolus : « Si quis nominatur fornicator [3] », eam nominationem intellegi volens, ut dicit Augustinus in libro de paenitentia [4], quae fit in quemquam cum sententia ordine judiciario et cum integritate profertur. Noluit enim hominem ab homine judicari ex arbitrio suspitionis, vel etiam extraordinario usurpato judicio, sed potius ex lege Dei secundum ordinem ecclesiae, sive ultro confessum, sive accusatum, atque convictum. Nam si nominat[i]o ^{m} sufficit, multi dampnandi sunt innocentes, quia sepe falso ^{n} in quemquam crimen nominatur. Qui ordo judiciarius qualiter exequi debeat, beatus Gregorius in commonitorio ad Johannem defensorem euntem in Hispanias dicit, videlicet ut alii sint accusatores et alii testes, deinde causarum qualitas ^{o}, et ut praesente accusato, sub jurejurando, dicatur testimonium scriptis alligatum, et accusatus respondendi et defendendi se locum habeat, et examinatio personarum accusantium ac testificantium regulariter fiat [5]. Quem judiciarii ordinis modum etiam Dominus innuit, cum in

---

217. — *m.* nominato *L.* — *n. L addit* nominatur. — *o. sic L,* qualitas est examinanda *Gregorius et Hincmarus.*

---

1. Je ne sais d'où est tirée cette citation.
2. On lit dans Hincmar : « Et quia sicut duo sunt peccata et duo genera peccatorum (aut enim in Deum peccat homo, aut in hominem), et duo sunt adventus Domini... Ita duo sunt judicia... et duo judiciarii ordines, unus de quo dicit apostolus », et tout ce qui suit ici jusqu'à « prolinus excludatur », p. 219 (Hincmar, ibid.; Migne, CXXVI, 400-402).
3. « Nunc autem scripsi vobis... si is, qui frater nominatur, est fornicator aut avarus... cum ejusmodi nec cibum sumere » (Paul, *Corinthiens,* I, v. 11). Hincmar avait évidemment sous les yeux un texte différent de celui-ci.
4. Je n'ai pas retrouvé ce passage dans saint Augustin.
5. Saint Grégoire le Grand, livre XIII, lettre XLV (Migne, LXXVII, 1295).

resustitatione puellae in domo jacentis mortuae, acsi in revelatione non omnibus causae notae, quosdam discipulorum suorum testes, sed et patrem et matrem puellae secum adhibuit [1]. Alter vero judiciarii ordinis modus est, eorum quae non sub paucorum noticia, quasi adhuc in cubiculo contecta, ut patrata credantur, testibus indigent, sed quasi jam extra portam civitatis multa turba comitante elatus [2], ad multorum cognitionem delata esse noscuntur. De quo judiciarii ordinis modo, dicit apostolus : « Ego quidem « absens corpore, praesens autem spiritu, jam judicavi, ut « praesens, eum qui sic operatus est, in nomine Domini « nostri Jhesu Christi, congregatis vobis et meo spiritu, « cum virtute Domini Jhesu, tradere hujusmodi homi- « nem Satanae in interitum carnis. » Et paulo superius : « Ut tollatur de medio vestrum, qui hoc opus fecit [3]. » Unde Ambrosius « cognito opere pellendum peccantem « fuisse de caetu fraternitatis [4] », dicit. Omnes enim crimen ejus sciebant, in qua re neque testibus opus, neque tergiversatione aliqua poterat tergi crimen. De patratore autem manifestorum, etsi ad judicium adduci non potest, Bonefatius papa ad VII provintias decernens, dicit de Maximo qui conventus etiam devitabat, et adesse minime volebat : « Nullus, inquit, dubitat, quod ita judicium nocens subter- « fugit, quemadmodum ut absolvatur qui est innocens que- « rit. Sed astuta cavillatio eorum qui versutias agendi cre- « dunt esse consilia, numquam innocentiae nomen accipiet. « Confitetur enim de omnibus, quisquis se subterfugere « juditium dilationibus putat. Nichil enim interest utrum in « praesenti examine omnia quae dicta sunt conprobentur, « cum ipsa quoque pro confessione procurata tociens « constet absentia. Quod si adesse neglexerit, dilationem

---

1. « Et cum venisset domum, non permisit intrare secum quemquam, nisi Petrum et Jacobum et Joannem et patrem et matrem puellae » (Luc, VIII, 51).
2. « Cum autem appropinquaret portae civitatis, ecce defunctus efferebatur filius unicus matris suae... et turba civitatis multa cum illa » (Luc, VII, 12).
3. Paul, *Corinthiens*, I, v, 2-5.
4. Les éditeurs d'Hincmar ont mis ces mots entre guillemets, sans indiquer de quelle partie des œuvres de saint Ambroise ils ont été tirés. Je n'ai pas su les y retrouver.

« sententiae de absentia non lucretur [1]. » Sic et Caelestinus de Daniele Galliarum quondam episcopo [2] judicavit. Et quia nemo praepropere vel praepostere, scilicet non commonitus neque conventus, est judicandus, de conventione hujusmodi patratoris manifestorum criminum lex dicit : « Quicumque tribus auctoritatibus judicis conventus, vel
« tribus edictis ad judicem fuerit provocatus, aut uno pro
« omnibus peremptorio, id est quod causam extinguit, fuerit
« evocatus, et praesentiam suam apud eum judicem a quo
« ei denuntiatum est exhibere noluerit, adversus eum quasi
« in contumacem judicari potest. Quin imo ne retractari
« per appellationem negotia possunt, quotiens in contuma-
« cem fuerit judicatum [3]. » Et hanc sententiam de tribus auctoritatibus conventis, ex euuangelica veritate, Celestinus ad Nestorium scribens [4], et Ephesina sinodus de eodem decernens [5], et beatus Gregorius ad Johannem scribens [6], conprobat. De peremptorio autem scripto, Africanum concilium monstrat de Cresconio, ut si conventus resipiscere detrectaverit, suo contemptu et contumacia faciente, « aucto-
« ritate judiciaria protinus excludatur [7] ». » Et idem concilium de sacerdotibus qui conspirant, et suis plebibus incubant, et ad concilium venire detrectant, sua forte ne prodantur flagitia metuentes, hoc statuit, ut non tantum dioceses non retineant, « verum etiam de propria necclesia quae illis male fa[v]erit *p* omnimodo adnitendum, ut etiam auctoritate publica reiciantur, atque ab ipsis principalibus cathredris *q* removeantur, et etiam propriis publica careant auctoritate ut rebelles [8]. »

217. — *p.* faerit *L.* — *q. sic L.*

---

1. Denys le Petit, *Decreta Bonifacii*, 3 (Migne, LXVII, 266-267).
2. Migne, L, 435; Denys le Petit, Migne, LXVII, 277.
3. Je ne connais pas la source de cette citation.
4. Migne, L, 475.
5. Migne, L, 515.
6. Je ne sais à quelle lettre de saint Grégoire ceci fait allusion.
7. Denys le Petit, *Codex canonum*, concile de Carthage, 48 (Migne, LXVII, 196).
8. Denys le Petit, ibid., 53 (Migne, LXVII, 197); cité par Hincmar, ibid., 27 (Migne, CXXVI, 396).

CONFIRMATIO ET REPREHENSIO ALTERNATIM DIGESTAE. Animadvertit prudentia sacerdotalis, Arnulfi peccata, non inter occulta, sed inter manifesta connumerari, episcopos quoque Galliarum novas leges in Arnulfum non condidisse, sed legum conditarum diligentes exequutores fuisse. Et quia legibus parere noluerit, lege peremptoria, id est episcoporum tocius Galliae litteris conventus, suo contemptu et contumacia faciente, auctoritate judiciaria, [ut *r*] a sua aecclesia exclusus sit, et ut vox ejus audiri non possit, contemptus et contumacia unius anni effecit. Neque vero obici potest, aut eum extra suam provintiam evocatum, quasi ad externa concilia, quo testes producere difficile sibi fuerit, cum obsides et sacramenta oblata sibi abunde fuerint, aut extra provintiam dijudicatum ab his qui ejus causam ignorarent. Sed neque primati Romano injuriam illatam, cum per X^{cem} VIII^{to} menses, litteris et legatis commonitus, respondere noluerit. Non enim ejus silentium, aut dissimulatio, vel nova constitutio, jam constitutis praejudicat legibus.

Sed o improborum hominum astuta cavillatio. Deus dicit, peccantem fratrem usque ad aures aecclesiae corripiendum et commonendum, monitaque non audientem, habendum sicut hetnicum et publicanum [1], et sinodus Africana potestate principis coercendum, et ab aecclesia expellendum [2]. Et tu dicis Arnulfum incendia, seditiones, tradiciones, flagitia, captivitates, suorumque direptiones exercentem, suorum regum interitus molientem, patriam hostibus prodentem, divina humanaque jura contempnentem, ne[c] communione debuiss[e] privari, ne[c] *s* potestate principis abdici sine episcopi Romani jussione, cum apostolus dicat, quia princeps « non sine causa gladium portat [3] », sed « ad vindictam malefactorum, laudem vero bonorum [4] »? Favete

217. — *r. deest L.* — *s.* ne communione debuisset priuari ne *L.*

---

1. Voir p. 180, note 2.
2. P. 219, note 8.
3. Paul, *Romains*, XIII, 4.
4. Pierre, I, II, 14.

omnes qui regibus vestris fidem promisistis, promissamque servare vultis, qui clerum vobis commissum et populum, nec tradidistis, nec tradere disponitis. Vos, inquam, qui tantorum scelerum facta perhorrescitis, favete his qui obediunt Deo jubenti, peccantem et ecclesiam non obaudientem, habendum sicut hetnicum et publicanum [1], qui iterum dicit : « Ve vobis, scribae et pharisei [2] », qui « transgredimini mandatum Dei, ut tradicionem vestram statuatis [3] ». Iterum oro et deprecor, favete iis qui principi apostolorum obtemperant dicenti : « Oportet Deo obaedire magis quam hominibus [4] », et apostolo contionanti : « Si quis vobis adnuntiaverit praeter quod accepistis, etiam angelus de caelo, anathema sit [5]. » Et propheta his consonat : « Ve, inquit, his qui dicunt bonum malum, et malum bonum [6]. » Et ne quis nos in invidiam adducat, quasi privilegiis Romanae aecclesiae derogantes, audiat Ieronimum dicentem : « Si auctoritas queritur, orbis major est urbe [7]. » Quod si persona major presbitero [8] queritur, ille sacerdos magnus Leo papa testis accedat : « Non tenetur, inquit, Petri privilegium, ubi non ex ejus aequitate fertur judicium [9]. » Sed esto. In non judicatis novum, et ex equitate Petri ponatur judicium, indeque ad sedem apostolicam, tanquam ad divinum recurratur oraculum. At quid judicata, si judicanda exinde non informantur? Aut quomodo mansuras in aeternum leges CCC^{ti} X^{cem} et VIII^{to} patres constituerunt, si horum constituta ad unius libitum permutantur aut perimuntur? Apiarius presbiter ab Afris dampnatus, a Romanis communioni restitutus est. Scribunt Africani episcopi Celestino papae

---

1. Voir p. 180, note 2.
2. Matthieu, XXIII, 13-29.
3. « Quare et vos transgredimini mandatum Dei propter traditionem vestram? » (Matthieu, xv, 3).
4. *Actes des apôtres*, v, 29.
5. Paul, *Galates*, I, 8-9 (p. 103, note 8, et p. 180, note 4).
6. Isaïe, v, 20 (p. 184, note 2).
7. C'est encore une citation dont je n'ai pas su retrouver la source.
8. Une autorité plus grande que celle de saint Jérôme, qui n'était que prêtre.
9. Voir p. 181, note 6.

contra Nicenam sinodum factum videri[1]. Aiunt calumpniatores nostri summum sacerdotem Arnulfum a summo sacerdote Romano debuisse tantum dijudicari. Ait beatus Augustinus, si Cecilianum tocius Africae primatem ejus accusatores, quod in vita non potuerunt, post mortem convincant a sacrorum proditoribus voluminum ordinatum, vel ipsum proditorem fuisse, etiam post mortem sine retractatione se ei anathema dicturum[2]. Licuit ergo episcopis Galliarum viventi Arnulfo, confesso, et convicto, tanquam hetnico et publicano dixisse anathema. Licuit, inquam, sequi euuangelia, apostolos, prophetas, sacra concilia, virorum apostolicorum decreta ab his IIII^{or} non discordantia, semper in usu habita, semper habenda. « Si oculus tuus, inquit Christus, scandalizat te, erue eum et proice abs te[3]. » Et apostolus : « Corde creditur ad justiciam, confessio fit ad salutem[4] », et item : « Si nosmetipsos judicaremus, non utique judicaremur[5]. » Et sinodus Nicena : « Si qui sine examinatione promoti sunt presbiteri, aut episcopi, vel cum discuterentur confessi sunt quae peccaverunt, vel si ab aliis evincantur, et confitentibus contra canonem homines commoti manus eis inposuerunt, tales canon non suscipit, sed abicit. Hoc enim quod inreprehensibile est, defendit catholica aecclesia[6]. » Confessus ergo Arnulfus est, sua sponte, se contra suam professionem et subscriptionem suis regibus factam venisse. Confessus est ea quae sui novere confessores, et hoc post indultam sibi vitam, membra, supplicia, postque inpositum sibi anathema ab episcopis, ne quid falsi de se proferret. Dijudicavit semetipsum, ut Judas[7], ut Achar[8], ut Achitofel[9], crimina sua in libellum retu-

---

1. Denys le Petit, concile de Carthage, 138 (Migne, LXVII, 227-230).
2. Augustin, lettre CLXXXV, *De correctione Donat.*, 5 (Migne, XXXIII, 794).
3. Matthieu, v, 29, et xviii, 9.
4. « Corde enim creditur ad justitiam, ore autem confessio fit ad salutem » (Paul, *Romains*, x, 10).
5. Paul, *Corinthiens*, I, xi, 31.
6. Denys le Petit, canons de Nicée, 9 (Migne, LXVII, 149).
7. Matthieu, xxvii, 3-5.
8. Josué, vii, 1, 20-26; cf. *Paralip.*, I, ii, 7.
9. *Rois*, II, xvii, 23.

lit, ut Potamius Bracharensis aecclesiae archiepiscopus [1], et hoc juxta sedis apostolicae traditionem, juxtaque sui facti qualitatem. Scribit Zosimus papa Aurelio et provinciis VII[tem], inter alia dicens : « Lazarus dudum in Tauriuensi concilio gravissimorum episcoporum sententiis pro calumpniatore dampnatus, cum Briccii innocentis episcopi vitam falsis objectionibus appetisset, post vero indebite ab eodem Proculo qui inter caeteros in sinodo dampnationi ejus assenserat sacerdotium consecutus est, a quo ipse vitae suae conscius datis litteris in abdicationem sui se sponte submovit [2]. » Et Johannes papa de Contumelioso quondam episcopo ad universos episcopos per Gallias constitutos scribit : « Predictum, inquiens, Contumeliosum episcopum, ut habeat penitendi licentiam, petitorium dare vobis censemus, ubi errorem suum evidenter alligans, sub die profiteatur et consule [3]. » Et sanctus Gregorius ad Johannem Primae Justinianae archiepiscopum : « Dilectissimus, inquit, later praesentium Nemesion ad nos veniens indicavit, sicut et gestorum exemplaria, quae huc detulit, continebant, Paulum Diadinae civitatis episcopum », et post pauca, « etiam libellum, in quo ea, de quibus accusatus fuerat, vera esse confessus est, obtulisse, qua de re sententia illo episcopali deposito se ejus loco cum fraternitatis vestrae consensu esse episcopum ordinatum [4]. » De moderatione autem ac temperantia hujusmodi libelli, Leo ad universos episcopos per Canpaniam, et Sannium, ac Picenum, ceterasque provincias scribit dicens : « Magna indignatione conmoveor et multo dolore contristor, quod quosdam ex vobis conperi esse apostolicae traditionis oblitos, et studiosi erroris interritos », et post aliquanta, de poenitentia quae a fidelibus postulatur : « Nec de singulorum peccatorum genere libello scripta professio publicetur, conscientia peccatorum

---

1. Concile de Tolède, en 656 (Mansi, XI, 40).
2. Migne, XX, 662-663; Jaffé, n° 126; Kaltenbrunner, n° 331 (22 septembre 417); cité par Hincmar, ibid., 20 (Migne, CXXVI, 361).
3. Migne, LXVI, 24; Jaffé, n° 873; Kaltenbrunner, n° 886 (7 avril 534). — *Sub die et consule*, avec la date du jour et de l'an.
4. Migne, LXXVII, 1241; cf. Hincmar, ibid., 5 (Migne, CXXVI, 307).

sufficiat solis sacerdotibus indicari confessione secreta. Quamvis enim plenitudo fidei videatur esse laudabilis, quae propter Dei timorem apud homines erubescere non veretur, tamen quia non omnium hujusmodi sunt peccata, ut ea qui paenitentiam poscunt non timeant publicari, removeatur improbabilis consuetudo, ne multi a poenitentiae remediis arceantur, dum aut erubescunt, aut metuunt inimicis suis sua facta reserari, quibus possint legum constitutione percelli [1]. » Et beatus Gregorius sicut in ejus epistolis multociens invenitur, quia etiam pro infirmitate corporis dato libello ab episcopatu se valeat episcopus, si [v]oluerit [t], removere, et in loco ejus alius subrogari demonstrat, ut de pluribus unum ponamus, de Johanne archiepiscopo : « Si, inquit ad Anatholium diaconem, isdem reverentissimus Johannes fortasse pro molestia sua petierit ut ab episcopatus honore debeat vacare, eo peticionem scripto dante concedendum est [2]. » Quod si ex sententia Gregorii episcopus corpore languens, dato libello, successorem accipere potest, quaenam invidia est, si Arnulfus in anima Deo et ecclesiae defunctus, dato libello successorem ex sinodi sententia accepit? Sed forte inquies : « Falsa de se dicit. » Decernit Africanum concilium de illo episcopo qui se Donatistis communicasse mentitus est, ut episcopatum amittat, ejusque professioni et subscriptioni credi debere judicatum est [3]. Secundum sententiam sinodi cui sanctus Cesarius Arelatensis episcopus sedis apostolicae vicarius, sicut in ipsius sedis invenitur epistolis, presedit [4], docente Antiochena regula, « perfectum esse concilium ubi interfuerit metropolitanus antistes [5] », quod juxta Nicenos et aliorum conciliorum canones Romanae sedis auctoritate firmatos, et continua

217. — t. noluerit L.

---

1. Migne, LIV, 1209; Jaffé, n° 321; Loewenfeld, n° 545 (6 mars 459).
2. Migne, LXXVII, 1167.
3. Denys le Petit, concile de Carthage, 124 (Migne, LXVII, 221); cité par Hincmar (Migne, CXXVI, 620).
4. Je n'ai pas retrouvé ce concile. Il est cité aussi par Hincmar (Migne, CXXVI, 620).
5. Migne, LXVII, 162, n° 94; cité par Hincmar (Migne, CXXVI, 361).

moderatione servatos, bis in anno omnibus simul episcopis congregatis provintiae celebrari, et in eis praecipiuntur singula, quae fortassis emerserint, corrigi, quatenus, ut dicit Gregorius, et praeterita corrigantur, et regulam futura suscipiant : « Nec illud », inquid praefata sinodus plurimorum metropolitanorum cum suffraganeis suis cui praesedit Cesarius, « fratres, alienum ab aecclesiae utilitate censuimus, ut sciretis, quicumque sub ordinatione, vel diaconatus, vel presbiterii, seu episcopatus mortali crimine dixerint se esse pollutos, a supradictis ordinationibus submovendos, reos scilicet [vel v]eri^a confessione, vel mendatio falsitatis. Neque enim absolvi potest, is qui in seipso dixerit mortis causam, quae dicta in alium puniretur, cum omnis qui sibi fuerit mortis causa, major homicida sit, Domino dicente in euuangelio : « Ex verbis tuis justificaberis, et ex verbis « tuis condempnaberis ^{1} », et item : « Ex ore tuo, te judico ^{2} », et David propheta ad eum qui etiam mendaciter se ait interfecisse Saul Christum Domini : « Sanguis tuus super « capud tuum, os enim tuum locutum est adversum te ^{3} ». » Et sanctus Gregorius ad Maximum Solitanum episcopum de Andrea dixit, quia « flagitari judicium non debet de causa quam ipse judicavit ^{4} ». Si enim Arnulfus, ut tunc dixerunt episcopi, de se verum confessus fuit, quod pro reatibus suis ab officio et ministerio pontificali se reddidit alienum, criminosus. Si falsum, tanquam falsus contra semetipsum testis abiciendus fuit, quoniam cum non liceat dicere contra proximum falsum testimonium, Domino dicente in decalogo, quod et in euuangelio conprobat : « Non loqueris contra proximum falsum testimonium ^{5} », multo minus licuit contra semetipsum. Et sacri canones, etiam publicae leges, ad accusationem majoris natu, neque ad testificationem

---

217. — *a.* scilicet tueri *L*.

1. Matthieu, XII, 37.
2. Luc, XIX, 22.
3. Rois, II, 1, 16.
4. Migne, LXXVIII, 1059.
5. *Exode*, XX, 16; *Deutéronome*, V, 20; Matthieu, XIX, 18; Marc, X, 19; Luc, XVIII, 20; Paul, *Romains*, XIII, 9.

contra eum criminosos admittunt, multo minus autem ad gradum ecclesiasticum accedere, vel in gradu aecclesiastico manere permittunt, sicut Zosimus de Lazaro qui in Taurinensi concilio gravissimorum episcoporum sententiis pro calumpniatore dampnatus est, scribit. « Unde, sicut Leo dicit ad Rusticum, hujusmodi lapsis ad promerendum misericordiam Dei privata est expetenda secessio, ubi illis satisfactio, si fuerit digna, sit etiam fructuosa [1]. » Toletana porro concilia pro regum robore proprias leges condentia, Arnulfum spoliari proprio honore confessum vel convictum sine mora jusserunt, eumque usque ad diem mortis sine communione in perpetuo ergastulo retruserunt. Celestinus autem papa eundem tociens juste dampnatum frustra in examen deductum demonstrat, sciens, ut ait Prosper contra Cassianum, dampnatis non examen judicii sed solum sententiae remedium esse prestandum, Caelestium, quasi non discussi negotii audientiam postulantem, tocius Italiae finibus jussit extrudi [2], adeo et praedecessorum suorum statuta et decreta sinodalia inviolabiliter servare censebat, ut quod semel meruerat abscidi, nequaquam admitteret retractari.

Monstratum est, ut arbitror, nullam Romano pontifici jure factam videri posse injuriam, nec sine Romanorum pontificum auctoritate Arnulfum dampnatum, nec suas legibus vires *v* recipere debuisse. De quibus omnibus in Remensi concilio plenius exposuimus.

Prior vero pars Arnulfi causam defendentium per seipsam infirma est, scilicet quod reges Arnulfo peccatorum suorum veniam attribuerint, et quod post nichil [non veniabile *w*] commiserit. Sacerdotibus quippe animarum pontificium [3], non regibus commissum est. Neque vero ipsis pontificibus ligandi et solv[e]ndi *x* potestas ad placitum concessa est. Quem enim in peccatis mortuum Christus ad vitam eri-

217. — *v. ita L,* vices *Varin; cf. p.* 206 *l.* 14. — *w.* ueniabile non *L.* — *x.* soluandi *L.*

---

1. Migne, LXVII, 288, n° 16.
2. Cet acte de Célestin I*er* (422-432) ne paraît pas mentionné dans les *Regesta* de Jaffé-Kaltenbrunner.
3. *Pontificium*, « l'autorité, la juridiction ».

git, sacerdos absolvit, et quem proprius reatus inplicat, sacerdos ligat. Ostendit Christus hoc in Lazaro resuscitato. Ostendit Petrus in Simone mago dampnato. Jam vero aliter conantibus, clamat propheta : « Mortificabant animas quae non moriuntur, et vivificabant animas quae non vivunt [1]. » Quod Gregorius exponens, ait : « Sepe in ligandis ac solvendis subditis pastor suae voluntatis motus, non autem causarum merita sequitur. Unde fit ut ipsa hac ligandi et solv[e]ndi *y* potestate se privet, qui hanc pro suis voluntatibus et non pro subjectorum moribus exercet. Unde recte per prophetam dicitur : « Mortificabant ani-
« mas », ut superius. Non morientem quippe mortificat, qui justum dampnat? et non victurum [viv]ificare *z* nititur, qui reum supplicio absolvere conatur? Ac sepe agitur ut vel dampnet inmeritos, vel alios ipse ligatus solvat [2]. » « Et [3] Justiniani catholici imperatoris lex quam probat et servat aecclesia catholica, capitulo CCCC⁰ XL^mo I^mo, decrevit
« ut nemo episcopus, nemo presbiter excommunicet ali-
« quem, antequam causa probetur, propter quam aeccle-
« siastici canones hoc fieri jubent. Si quis autem adversus
« ea excommunicaverit aliquem, ille quidem qui excommu-
« nicatus est majoris sacerdotis auctoritate ad gratiam
« sanctae communionis redeat, is autem qui legitime non
« excommunicavit in tantum a sacra communione absti-
« neat *aa*, quantum majori sacerdoti visum fuerit, ut id quod
« injuste fecit, ipse juste paciatur [4]. » Et hinc sanctus Gregorius ad Johannem episcopum injuste excommunicantem, inter cetera scripsit dicens : « Cassatis prius
« atque ad nichilum redactis praedictae sententiae tuae
« decretis, ex beati Petri apostolorum principis auctoritate
« decernimus in triginta dierum spatio sacra te commu-

227. — *y.* soluandi *L.* — *z.* mortificare *L.* — *aa. L.* ² *addit* episcopus.

---

1. Ézéchiel, XIII, 19.
2. Saint Grégoire, *Homil. in Euangelia*, II, xxvi, 5 (Migne, LXXVI, 1200); cité par Hincmar (Migne, CXXVI, 410).
3. Ce qui suit jusqu'à « dignus altaribus » (p. 228) est encore pris d'Hincmar (Migne, CXXVI, 411-412).
4. Justinien, Novelle 123, xi.

« nione privatum ab omnipotente Deo nostro tanti exces-
« sus veniam cum summa paenitentia ac lacrimis exorare.
« Quod si hanc sententiam nostram te cognoverimus
« implesse remissius, non tantum injusticiam, sed et con-
« tumatiam fraternitatis tuae cognoscas juvante Domino
« severius puniendam 1. » Et item alibi : « Quod si contra
« haec quae statuimus quolibet tempore, qualibet occasione,
« vel subreptione venire temptaveris, sacra te communione
» privatum, nec eam te, excepto ultimo vitae *bb* tempore,
« nisi cum concessa Romani pontificis decernimus jussione
« recipere. Haec enim consona sanctis patribus diffinitione
« sancimus, ut qui sacris nescit oboedire canonibus, nec
« sacris administrare, vel communionem capere sit dignus
« altaribus 2. » Stulte ergo Arnulfus a regibus peccatorum
absolutionem accepisse putatur, cum episcopis tanto sui
periculo concessum esse videatur.

Illud quoque irrisione potius dignum quam admiratione,
quod post eum nichil [non veniabile *cc*] commisisse dicunt.
Cum enim scriptum sit, « verba sacerdotis aut vera, aut sacri-
lega 3 », quonam modo purgandus est, qui os suum postea
perjurio polluit, qui sacrosancta sacrilegio profanavit? ea
nimirum dextera quam tot perjuriis addictam, tot sceleribus
inplicitam, a sacrosanctis et misticis numquam retraxit,
quam impiis et dampnatis a se et tocius Galliae episcopis
cum sacra eucaristia osculandam praebere non erubuit?

EPILOGUS PER ENUMERATIONEM, ET CONQUESTIONEM. Erudito
antistiti satisfactum esse arbitror, Arnulfum jure videri
dampnatum, legibus euuangeliorum, apostolorum, prophetarum, sacrorum conciliorum, decretorum quoque Romanae
aecclesiae praesulum, viris doctissimis atque eloquentissimis
consona his sentientibus atque attestantibus. At nunc te
convenio, meaque tibi seria suggero, magne Dei sacerdos,

---

217. — *bb. L 9 addit* tuae. — *cc. ita L 9,* ueniabile non *L.*

---

1. Migne, LXXVII, 603.
2. Ibid., 611.
3. Je ne sais d'où sont tirés ces mots.

ego parvus [loco non meritis *dd*] sacerdos. Ego ille multum jactatus terris et alto [1], dum philosophorum inventa persequor, dum gentes indisciplinatas fugio, et non evado, ego, inquam, qui magnae urbis Remorum proditae, captivi et spoliati populi pars non parva fui [2], ad te quasi ad tutissimum confugio portum. Ergo fluctuanti salutarem porrige manum, fessum alleva, paria, si fors dederit, repensurum. Nam et Amalechites recreatus dux David factus est [3]. Non aurum poscimus [4], non predia requirimus, sola caritas est, quam interceptam reposcimus. Edax livor, cupiditas caeca, sinistrorum ore disseminaverunt, me alterius invasisse sedem, meo instinctu pastorem captum, accusatum, atque dejectum. Quod ita non esse, sacerdotalis dignitas, Gallia testis est, testes reges, et proceres. Neque vero me inportunum injecisse huic officio, quisquam probare potest. Noverunt hoc qui me inscio super hac re plurimum elaboraverunt. Noverunt fratres et coepiscopi mei, qui post Arnulfi dejectionem, sub divini nominis attestatione, hoc officium me suscipere coegerunt. Cur ita factum sit si forte requiras, nescire me fateor, fateor, inquam, me nescire, cur egenus, et exul, nec genere, nec divitiis adjutus, multis locupletibus et nobilitate parentum conspicuis praelatus sit, nisi quod tui est muneris, bone Jhesu, qui de stercore erigis pauperem [5] ut sedeat cum principibus, et solium gloriae teneat. Tu omnium horum dator, et distributor, tu pacis et caritatis auctor, tu scis me Germaniam et Belgicam [6] semper honorasse ut dominam, coluisse ut matrem, pro earum adversis palluisse, pro secundis laetam mentem tulisse, et

217. — *dd.* meritis, non loco *L.*

1. « Multum ille et terris jactatus et alto » (Virgile, *Énéide*, I, 3).
2. « Et quorum pars magna fui » (Virgile, *Énéide*, II, 6); voir lettre 163 (p. 145, ligne 4).
3. *Rois*, I, xxxi, 11-16. — *Amalechites*, lisez *serons Amalecitae*. — *Dux David*, « guide de David ».
4. Voir lettre 143 (p. 128, ligne 1).
5. « De stercore erigens pauperem » (*Psaumes*, cxii, 7).
6. Le royaume de Germanie ou d'Allemagne et celui de Lorraine, séparés par le Rhin. Le diocèse de Strasbourg s'étendait sur l'un et l'autre. Gerbert était jadis devenu en quelque sorte sujet de ces royaumes par le serment qu'il avait prêté à leur souverain Otton II (p. 1, note 1, et p. 141, note 4).

nunc quidem a te dulces affectus quos perdidi reposco, tuumque antistitem Wil.¹ gratiae indebite amissae reconciliatorem fieri oro, meaeque interpretem innocentiae coram praesulibus, coram rege suo, cui favendo tempore regis Hlotharii gladiis hostium addictus sum. Et nunc quidem mala pro bonis retribuuntur nobis ab his quos pacis amatores, innocentium protectores, impiorum propugnatores existimabamus. Pressa jacet tirannide omnis aecclesia Gallorum. Atqui non a Gallis, sed ab his, sperabatur salus. Sed una salus *ee* hominis, tu es. Ipsa Roma omnium aecclesiarum hactenus habita mater, bonis maledicere, malis benedicere fertur, et quibus nec Ave dicendum est², communicare, tuamque legem zelantes dampnare, abutens ligandi et solvendi potestate a te accepta, cum apud te non sententia sacerdotum, sed reorum vita quaeratur, nec possit hominis esse, impium justificare, justumque dampnare.

Haec sunt, dulcissime frater, quae rethorum nugis complexus sum, amicitiarum pariendae societatis, retinendae benivolentiae causa. Insuper vobis et vestris me meaque inpensurus, perinde vestrum diligens expecto judicium, cum in his, tum in Remensi concilio, a me utcumque interpretato. In quo opere, res, genusque dicendi, doctis auribus si placuerint, erit michi tutissima merces id effecisse, quod summis viris potuerit placuisse.

218.

Gi[r]berto *a* ³ prae omnibus dilecto magistro, necnon et archiepiscopo amantissimo, Ot[t]o *b* discipulorum *c* fidissimus perseverantiam et stabilitatem.

217. — *ee. L² addit supra lineam : a. ō xpa (id est* scilicet o Christo).
218. *Nic. Vignier (et inde V; item inde, ut reor, Bzovius).* — *a.* Gilberto *Vignier,* Gerberto *V et Bzovius.* — *b.* Otho *Vignier et Bzovius.* — *c.* discipulus *Bzovius.*

---

1. Wildérod, évêque de Strasbourg à qui cette lettre est adressée.
2. « Si quis venit ad vos et hanc doctrinam non affert, nolite recipere eum in domum, nec Ave ei dixeritis » (Jean, *Epîtres*, II, 10).
3. « Ie croy semblablement que ce fut au mesme temps [996] que le mesme Gerbert escriuit vne autre lettre à l'Empereur Othon, qui se commence :

Si rerum eventus vestro voto obsecundat, nemo est mortalium qui plus nobis gaudeat. Si autem, quod nolumus *d*, vestris bonis meritis *e* discordat, simili vobis tristitia affectamur. No[vimu]s *f* ergo et cautae *g* vestrae providentiae industriam de nostrarum habitu rerum non minimam curam habere *h*. Idcirco volumus *i* vobis quoquomodo *j* vestra sint insinuare, et realiter usque dicemus, siquidem etsi coacti, quod adversarius vester Arnulfus filius deceptionis jam dirigit iter suum *k* ad papam, quod Leone abbate renunciante cognovimus [1]. Cujus rei gratia haec est consilii nostri ratio, ut nuntius noster cum ipso Leone ad papam dirigatur, qui pro vobis fidei intercessor habeatur [2].

Vivas, valeas, et in aeternum foelix permaneas.

219.

Domino [3] et glorioso Ot[t]oni *a* Caes. semper aug., Gerb. Singuli dies singulos mihi annos efficiunt. Dum legati non redeunt, nec novi a vestra majestate superveniunt,

218. — *d.* nollemus *Bzovius.* — *e.* monitis *V, deest apud Bzovium.* — *f.* Nominis *Vignier et Bzovius*, Nouimus *V.* — *g.* causae *Bzovius.* — *h.* prouidam curam, non minorem in Austria, quam de nostrarum statu rerum habetote *Bzovius.* — *i.* Nam et id voluimus *Bzovius.* — *j.* quoquomodo-sint *et* et-coacti *desunt apud Bzovium.* — *k.* iter suum dirigit *Bzovius.*
219. *Nic. Vignier* (*et inde V*). — *a.* Othoni *Vignier.*

Domino et glorioso ... [ci-dessus, lettre 182, p. 166] et que l'Empereur luy respondit par ceste-cy, *Gilberto*... » (Nicolas Vignier, *Bibliothèque historiale*, II, p. 636); Bzovius, *Silvester II*, p. 85; Olleris, p. 543. — 997, avant la lettre 183 (p. 168, notes 2 et 3), probablement vers juin (cf. lettres 207, 209, 219 et 220). — On ne sait d'où Nicolas Vignier a tiré cette lettre et les deux suivantes. Comme il cite dans son ouvrage plusieurs autres lettres qui ne se lisent que dans le manuscrit *L*, il est probable qu'il a vu ce manuscrit et que ces trois lettres s'y trouvaient alors, sur quelque fouillet aujourd'hui arraché. En ce cas, il est permis de présumer qu'elles sont toutes trois à peu près de la même date. Elles peuvent se placer, dans la série chronologique, après les lettres 190-212 et avant les lettres 181-187 (p. 163, note 1).
1. Voir p. 168, note 2.
2. Voir p. 168, note 3.
3. « Les affaires d'Allemagne detenoient l'Empereur, à qui Gerbert escriuit au mesme temps la lettre qui s'ensuit, soit d'Italie ou d'ailleurs, *Domino*... » (Nicolas Vignier, *Bibliothèque historiale*, II, p. 637); Olleris, p. 546. — Vers juin 997 (voir p. 230, note 3). Dans cette lettre, comme dans la suivante, Gerbert parle en serviteur d'Otton III, attaché à sa cour et à sa personne; elles sont donc, comme les lettres 181-187, du temps où il s'était décidé à

plenus curarum, plenus sollicitudinum dies noctesque perfero. Auget curas Scythicus axis [1], Italia multiplicat. Si Scythas relinquimus, metuo. Si Italos non adimus [2], reformido. Quia Italis *b* [3]. Ecce enim eorum legati, dum proprias injurias nunciant [4], vestras praedicant. Quid hoc, oro per nostram *c* gratiam, est, quod imperialis majestas tam pertinaciter despicitur? At *d* a quibus? Mirabor abusos impune patientia vestra [5], qui virtutem putant ignaviam, cum sint, quod omnes novimus, et dicere non est necesse [6]. Porro ad harum evidentiam rerum, missam *e* mihi vobis [7] epistolam, etsi meae describuntur injuriae, magis tamen vestrae sunt, nec omnino meas accipio, in quantum vestras puto... *f*.

220.

Te [8] non potuisse ad nos hactenus venire, impossibilitati ascribimus, tuaeque erga me benevolentiae gratias habe-

---

219. — *b. sic Vignier,* Itali *V.* — *c.* vestram *V.* — *d.* ac *V.* — *e.* per missam *V.* — *f.* puto, et cætera *Vignier et V.*
220. *Nic. Vignier (et inde V).*

---

quitter définitivement la France pour se fixer en Allemagne (p. 198, note 2), c'est-à-dire de 997, après mai (lettres 207 et 209, p. 195-198). De plus, dans l'une et l'autre, on voit que l'empereur hésite s'il portera les armes contre les Slaves de l'Allemagne du Nord ou s'il ira en Italie ; elles sont donc antérieures à la campagne contre les Slaves, qui eut lieu vers juillet 997 (p. 166, note 1).
1. Les Slaves (p. 166, note 1, et 167, note 1).
2. Otton III ne partit pour l'Italie qu'à la fin de 997 (p. 166, note 3).
3. Inintelligible. Il y avait probablement ici dans le manuscrit un blanc de plusieurs mots.
4. *Proprias* est ici synonyme de *meas*; comparez la fin de la lettre. S'agit-il de l'affaire de l'archevêché de Reims, ou de quelque nouvelle usurpation des biens de l'abbaye de Bobbio ?
5. Voir p. 97, note 5.
6. Sur le mépris de Gerbert pour les Italiens, comparez les lettres 5 (p. 4), 16 (p. 13) et 91 (p. 83, note 6); voir aussi p. 237, note 5.
7. Il faut probablement suppléer *remitto*.
8. « Durant lequel temps [997] l'Antipape Iean pensant se garentir de la nuee qui venoit tomber sur ses bras, fit tenir propos de composition à l'Empereur, ainsi que nous entendons d'vne Epistre d'vn quidam, qui est entre celles de Gerbert, qui contient : *Te non potuisse...* » (Nicolas Vignier, *Bibliothèque historiale,* II, p. 638); Olleris, p. 547. — Vers juin 997 (voir les deux lettres précédentes). — On ignore à qui est adressée cette lettre ; on ne sait pas pourquoi Nicolas Vignier ne voulait pas qu'elle fût écrite par Gerbert en son propre nom.

mus. Quando vero id facere possis, praescribere nescimus. Quia enim plurimae Scytharum [1] gentes imperio nostri Caesaris subdere se gestiunt, et ille Joannes Graecus [2] quod nobis placuerit, se facturum pollicetur, adhuc dubium est quonam vertere expeditos exercitus debeamus.

1. Les Slaves; voir p. 166, note 1, p. 167, note 1, et la lettre précédente.
2. L'antipape Jean XVI (Jean Philagathe, évêque de Plaisance), qui avait chassé de Rome le pape Grégoire V (Jaffé-Loewenfeld, p. 491, 492, 495). Il était natif de la Calabre, qui appartenait à l'empire byzantin.

APPENDICE.

Les cinq pièces suivantes ont été probablement toutes rédigées par Gerbert, mais elles n'appartiennent pas au recueil de ses lettres. Elles ne se trouvent pas dans les manuscrits qui nous ont conservé ce recueil. La première n'est attribuée à Gerbert que par une conjecture, vraisemblable d'ailleurs; la seconde et la troisième ne sont pas des lettres, mais les préambules de deux traités scientifiques; la quatrième et la cinquième sont des actes pontificaux de Silvestre II. Toutefois, comme quelques-unes ont trouvé place parmi les lettres de Gerbert, — la troisième dans l'édition de Masson, la troisième, la quatrième et la cinquième dans celle de Du Chesne, la première, la quatrième et la cinquième dans celle de M. Olleris, — quelques lecteurs pourraient s'étonner de ne pas les retrouver ici. Quant à la seconde, il a paru utile de la donner à cause des allusions qu'elle contient à des faits mentionnés dans les lettres.

I.

Inveterate[1] dierum et malorum, Thetbalde[2], quid lucri tua tibi contulit absentia? Nostrane ut abutaris patien-

---

1. Olleris, n° 1. — Juillet-septembre 976 (? p. 235, note 6). — « La lettre à l'évêque Thibault », dit M. Olleris (p. 483), « publiée sans nom d'auteur dans Labbe et dans la plupart des collections des conciles, est de Gerbert, d'après M. Pertz, *Archiv*, t. VI [VII], p. 137. M. Pluygers, conservateur de la bibliothèque de l'Université de Leyde, a eu l'obligeance de collationner le texte imprimé avec le manuscrit, fonds Vossius, Q, 17. Elle se trouve sur le 1ᵉʳ feuillet d'un recueil qui contient en partie la correspondance du pape Grégoire. Il suffit de comparer ce texte avec les lettres de notre auteur, surtout avec celles qui ont les numéros 7, 167, 186 », — dans la présent·édition n°ˢ 105 (p. 97), 164 (p. 145), 198 (p. 188), — « pour partager l'opinion de M. Pertz. Gerbert avait la confiance d'Adalbéron; ce prélat l'aurait-il gardé auprès de sa personne, pendant dix années, sans se servir de sa plume? » M. le Dʳ W.-N. du Rieu, directeur actuel de la bibliothèque de l'Université de Leyde, a bien voulu à son tour, avec son obligeance habituelle, vérifier pour moi ce texte sur le manuscrit (Voss. lat. 4° n° 17, du xᵉ siècle, fol. 1).

2. « Thibault », dit encore M. Olleris (ibid.), « nommé à l'évêché d'Amiens, en 947, par l'archevêque intrus de Reims, Hugues, fils d'Héribert, comte de Ver-

tia[1], contemptor legum divinarum et humanarum, sedem apostolicam appellasti nec adiisti? Litteras pecunia et mendacio tuo Romae aeditas a te accepimus XIIII kal. aug.[2], plusculum in te quam pro te continentes. Cui sinodo nec interfuisses, nisi interposita conditione reservandi honoris, quod abesse fuit, non adesse. Cur latitas? cur sanctam synodum fugis? Ei, quae acta est V non. jul.[3], exhibere te noluisti et praesenti, quae denuntiata est agi VIII kal. octob.[4], interesse recusas. Convenerunt............[5] pro te reverendi medici, qui morbos tuos optime noverint, tyrannicam scilicet vim qua infulatus es contra regium velle, ac illum tuum pseudoarchiepiscopum cum episcopis excommunicatis, qui suarum manuum impositione velut quodam contagio te infecerunt. Et quoniam judicio domini Benedicti septimi papae in synodo, qua Bonefacius damnatus est[6], incurabilis repertus es, nec ejus filius Stephanus sanctae Romanae ecclesiae diaconus mederi tibi praevalet, velut morbidum et morbosum hyrcum separamus te a grege dominico, et ex auctoritate Omnipotentis et sanctae Marine sanctique Petri principis apostolorum dampnamus te et excommunicamus sacrisque liminibus ecclesiae arcemus usque ad veram tui recognitionem et dignam satisfactionem.

---

mandois, fut excommunié, au concile de Trèves, par le légat du Saint-Siège, Marin, en 948, et chassé en 949. Il revint, en 972, après la mort de l'évêque Raimbaut. En 975, le pape Benoît VII l'excommunia ; et, la même année, fut prononcée, au mois de septembre, cette condamnation dans la ville de Reims. Gerbert connut sans doute, dans ce synode, le diacre Étienne, avec lequel il conserva des relations assez intimes. Voir les lettres 77 et 89 », — ici nos 40 (p. 38) et 71 (p. 67).

1. Voir p. 97, note 5.
2. Le mercredi 19 juillet 976 (?).
3. Le lundi 3 juillet 976 (?).
4. Le dimanche 24 septembre 976 (?).
5. Il y a ici dans le manuscrit, m'écrit M. du Rieu, « une rature de douze lettres environ ».
6. L'antipape Boniface VII. On a supposé que ce concile avait eu lieu à la fin de l'année 974 (Jaffé-Loewenfeld, p. 480), ce qui placerait la présente lettre, comme le veut M. Olleris, vers juillet-septembre 975. Mais, en ce cas, les deux conciles mentionnés un peu plus haut auraient eu lieu, le premier un samedi (3 juillet 975), le second un vendredi (24 septembre 975). Or, on a vu que les conciles se réunissaient souvent le dimanche (p. 24, note 2, p. 101, note 2, et p. 198, note 1). Il vaut donc peut-être mieux admettre que cette lettre est de 976. Le concile du 3 juillet tombe ainsi un lundi (il avait pu se réunir le dimanche 2 et durer deux jours) et celui du 24 septembre est bien convoqué pour un dimanche.

Ego Stephanus sanctae Romanae ecclesiae diaconus ad vicem domini Benedicti papae septimi huic statuto praefui et praescripsi.

Ego Adalbero sanctae Remensis ecclesiae archiepiscopus interfui et firmavi cum reliquis.

II.

Préface du Libellus de rationali et ratione uti [1].

Domino et glorioso O. C. semper augusto Romanorum imperatori [2], G. episcopus, debitae servitutis obsequium.

Cum in Germania ferventioris anni tempore [3] demoraremur, imperialibus adstricti obsequiis, ut semper sumus semperque erimus, nescio quid archani divina mens vestra secum tacite retractans, motus animi in verba resolvit, et quae ab Aristotile summisque viris difficillimis erant descripta sententiis, in medium protulit, ut mirum foret inter bellorum discrimina, quae contra Sarmatas [4] parabantur, aliquem mortalium hos mentis recessus habere potuisse, a quibus tam subtilia, tam praeclara, velut quidam rivi a purissimo fonte, profluerent. Meministis enim et meminisse possumus affuisse tum multos nobiles scolasticos et eruditos, inter quos nonnulli aderant episcopi sapientia praeclari, et eloquentia insignes. Eorum tamen vidimus neminem, qui earum quaestionum ullam digne explicuerit, quod quaedam nimis ab usu remotae nec dubitationem ante habuerint, et quaedam saepenumero ventilatae dissolvi non potuerint. Vestra itaque divina prudentia ignorantiam sacro palatio indignam judicans, ea quae de

---

1. Bibliothèque nationale, manuscrit lat. 14193, fol. 109 (sur les autres manuscrits, voir Boubnov, p. 9); Olleris, p. 297-299. — Hiver 997-998.
2. *O. C., Ottoni Caesari,* Otton III. — Le manuscrit 14193 porte *Romano* au lieu de *Romanorum* et omet *imperatori.* Cf. Olleris, p. 297, et Boubnov, p. 9.
3. Au commencement de l'été de 997 (p. 166, note 1).
4. Les Slaves (p. 166, note 1, et 167, note 1).

Rationali et Ratione uti[1] diverso modo a diversis objectabantur me disoutere imperavit. Quod quidem tunc et languor corporis[2] et graviora distulerunt negotia. Nunc secunda valitudine reddita, inter rei publicae ac privatae curas, in hoc ipso itinere Italico[3] positus, comesque individuus, quoad vita superfuerit, in omni obsequio futurus, quae de hac quaestione concepi, breviter describo, ne sacrum palatium torpuisse putet Italia, et ne se solam jactet Grecia in imperiali philosophia et Romana potentia. Nostrum, nostrum est Romanum imperium[4]. Dant vires ferax frugum Italia, ferax militum[5] Gallia et Germania, nec Scithae desunt nobis fortissima regna[6]. Noster es, C., Romanorum imperator et auguste, qui summo Grecorum sanguine ortus, Grecos imperio superas, Romanis hereditario jure imperas, utrosque ingenio et eloquentia praevenis. Dicemus ergo in praesentia tanti judicis primum quaedam scolasticorum proludia vel potius sophistica, tunc philosophorum in his inventa persequemur, deinde finem propositae quaestionis multiplex et spinosa complebit dialectica.

(*Suit le texte du traité philosophique* De rationali et ratione uti. *Ce texte se termine par l'épilogue suivant :*)

Descripsi[7], C.[8], etsi a gravitate sacerdotali remota, non tamen ab imperiali studio aliena, maluique aliis displicere quam vobis non placere, cum in hoc, tum in omnibus negotiis imperio vestro dignis. Legetis ergo et hoc inter matheseos

---

1. « Du Raisonnable et d'User de raison » ou « Du Raisonnable et du Raisonner ». Sur l'objet de ce traité, voir *Histoire littéraire de la France*, VI, p. 584; Migne, CXXXIX, 69; Olleris, p. CLXI.
2. Sur cette maladie, voir lettre 208 (p. 196, note 6).
3. Voir p. 166, note 3.
4. Ces mots sont évidemment une réponse aux prétentions des Byzantins, qui refusaient aux Ottons le titre d'empereur et à leur empire le nom de romain (Liudprand, *Relatio de legatione Constantinopolitana*, 2, 12).
5. « Magna parens frugum, Saturnia tellus, Magna virum » (Virgile, *Géorgiques*, II, 172-173). Gerbert n'accorde à l'Italie qu'une moitié de l'éloge qu'en faisait Virgile; on sait son mépris pour les Italiens (p. 232, note 6).
6. *Gallia*, le royaume de Lorraine (de la Meuse au Rhin); *Germania*, celui de Germanie ou d'Allemagne (du Rhin à l'Elbe); *Scithae* (génitif singulier) *regna*, le pays des Slaves (à l'est de l'Elbe).
7. Ms. lat. 14193, fol. 116; Olleris, p. 310.
8. *Caesar*.

vestrae exercitia. An digna sacro palatio contulerim nobilium respondebunt studia, consulta non tacebit logica, nec vere culpari metuam, si allaboraverim effecisse quod sacris auribus potuerit placuisse.

III.

Préface du Libellus de numerorum divisione [1].

[2] Vis amicitiae poene inpossibilia redigit ad possibilia. Nam quomodo rationes numerorum abaci explicare contenderemus, nisi te adhortante, o mi dulce solamen laborum, Cons. [3]? Itaque cum aliquot lustra jam transierint ex quo nec librum, nec exercitium harum rerum habuerimus, quaedam repetita memoria eisdem verbis proferimus, quaedam eisdem sententiis. Ne putet phylosophus sine litteris haec alicui arti vel sibi esse contraria. Quid enim dicet esse digitos, articulos, minuta [4], qui auditor majorum fore dedignatur, vult tamen videri solus scire quod mecum ignorat, ut ait Flaccus [5]? Quid cum idem numerus, modo simplex, modo compositus [6], nunc ut digitus, nunc constituatur ut articulus? Habes ergo, talium diligens investigator, viam rationis, brevem quidem verbis, sed prolixam sententiis, et ad collectionem intervallorum et distributionem in actualibus geometrici radii secundum inclinationem et erectionem, et in

---

1. Bibliothèque nationale, manuscrits lat. 6620, fol. 57, lat. 8663, fol. 47, et Baluze 129, fol. 128 (sur les autres manuscrits, voir Bubnov, p. 21); Masson, n° 160; Du Chesne, n° 161; Olleris, p. 349. — Date incertaine.

2. Masson et Du Chesne ajoutent en titre : *Constantino suo Gerbertus scholasticus.*

3. Constantin, écolâtre de Saint-Benoît-sur-Loire, puis abbé de Saint-Mesmin (p. 77, note 3).

4. *Articulos*, les dizaines; *digitos*, les unités (*Boetii quae fertur Geometria*, dans Friedlein, *Boetii de institutione arithmetica*, etc., *Bibliotheca Teubneriana*, 1867, p. 395). — Sur le sens du terme *minuta*, qu'on ne peut expliquer en peu de mots, voir Chasles, dans les *Comptes rendus hebdomadaires des séances de l'Académie des sciences*, XVI, 1843, p. 292.

5. « Illud Quod mecum ignorat, solus vult scire videri » (Horace, *Epist.*, II, 1, 87).

6. *Simplex*, nombre qui ne comprend que des unités sans dizaines ou des dizaines sans unités; *compositus*, nombre qui comprend à la fois des dizaines et des unités (Friedlein, ibid.)

speculationibus et in actualibus simul dimensionis caeli ac terrae plena fide comparatam [1].

Vale.

(*Suit le traité* De numerorum divisione [2].)

IV.

Silvester [3] episcopus, servus servorum Dei, dilecto in Christo filio Arnulfo sanctae Remensis ecclesiae archiepiscopo [4].

Apostolici culminis est non solum peccantibus consulere, verum etiam lapsos erigere, et propriis privatos gradibus reparatae dignitatis insignibus informare, ut et Petro solvendi libera sit potestas, et Romanae gloriae ubique fulgeat dignitas. Quapropter tibi Arnulfo Remensi archiepiscopo quibusdam excessibus [5] pontificali honore privato [6] subvenire

---

1. *Intervallorum*, les intervalles musicaux ; *geometrici radii*, probablement l'astrolabe, instrument employé par les géomètres pour mesurer les hauteurs, par le moyen d'une alidade plus ou moins inclinée ou relevée (*secundum inclinationem et erectionem*) sur un cadran gradué (Olleris, p. 429); *in actualibus*, dans la pratique ; *in speculationibus*, dans la théorie. — On divisait alors les mathématiques en quatre parties, l'arithmétique, la musique, l'astronomie et la géométrie (Richer, III, 49-54). Par ces périphrases, Gerbert désigne la musique, la géométrie et l'astronomie : il veut donc dire que la connaissance de l'arithmétique est un préliminaire indispensable pour l'étude des trois autres sciences mathématiques.

2. Le texte, la traduction et le commentaire de ce traité ont été donnés par M. Chasles, *Comptes rendus*, XVI, p. 281-299. D'après les matières qu'il contient, il serait mieux intitulé, comme le livre de l'Espagnol Joseph le Sage mentionné dans les lettres 17 et 25 (p. 14 et 20), *De multiplicatione et divisione numerorum*.

3. Du Chesne, 2° série, n° 55 ; Olleris, n° 215 ; Jaffé, n° 2993 ; Loewenfeld, n° 3908. — Décembre 999 (?). — Du Chesne a publié cette pièce d'après un manuscrit de Saint-Remi de Reims, qui paraît perdu (Boubnov, p. 12). Gerbert devint pape, sous le nom de Silvestre II, en avril 999 (Jaffé-Loewenfeld, p. 496). « Non est », dit M. Loewenfeld, « cur hae litterae Silvestro abiudicentur. Arnulfum mense Decembr. a. 999 apud papam fuisse, liquet ex tabula ap. Galletti Del primic. p. 229, Muratori R. Ital. SS. II. u. 499 not. 7, Mabillon Ann. ord. Ben. IV. 129, ubi subscriptio haec legitur : « Arnulfus... « ecclesiae interfui et subscripsi »; quibus verbis significari Arnulfum Remensem, iure colligit Giesebrecht » (Jaffé-Loewenfeld, p. 497). On reconnaît, si je ne me trompe, dans cette bulle et dans la suivante, la plume de Gerbert.

4. Voir p. 241, note 3.
5. P. 144, note 2.
6. P. 159, note 3.

dignum duximus, ut quia tua abdicatio [1] Romano assensu caruit, Romanae pietatis munere credaris posse reparari. Est enim Petro ea summa facultas, ad quam nulla mortalium aequiparari valeat felicitas. Concedimus ergo per hujus privilegii nostri statuta, tibi baculo et anulo redditis, archiepiscopali officio fungi, et omnibus insignibus quaecumque ad sanctam metropolim Remensis ecclesiae pertinent, solito more perfrui. Pallio [2] solemnitatibus statutis utaris, benedictionem regum Francorum et tibi subjectorum episcoporum obtineas, et omne magisterium quod tui antecessores habuisse visi sunt, nostra auctoritate apostolica geras. Praecipimus etiam ut nullus mortalium in synodo, aut in quacumque parte, abdicationis tuae crimen tibi quoquomodo opponere praesumat, vel hac occasione in improperii contra te verba exardescat, sed nostra te ubique auctoritas muniat, etiamsi conscientiae reatus accurrat. Confirmamus insuper tibi et concedimus archiepiscopatum Remensem in integrum, cum omnibus episcopatibus sibi subjectis [3], seu cum omnibus monasteriis, plebibus, titulis et capellis, atque cortibus, castellis, villis, casalibus [4], et cum omnibus rebus ad ecclesiam Remensem pertinentibus, salvo et inviolabili testamento beati Remigii Francorum apostoli [5]. Statuentes apostolica censura sub divini judicii obtestatione, et anathematis interdictione, ut nulli unquam nostrorum successorum pontificum, vel aliae quaelibet magnae parvaeque personae hoc nostrum privilegium infringere liceat. Si quis vero, quod absit, hoc Romanum decretum violare tentaverit, anathema sit.

---

1. P. 179, note 1.
2. Sur cet ornement, voir p. 142, note 4.
3. Les évêchés de Soissons, Châlons-sur-Marne, Laon, Noyon, Cambrai, Senlis, Beauvais, Amiens et Thérouanne.
4. *Plebibus*, etc., « paroisses, cures, chapelles, manoirs, châteaux forts, villages, fermes ».
5. Bréquigny et Pardessus, *Diplomata, chartae*, etc., I, p. 81-91; Varin, *Arch. admin.*, I, p. 2-23, etc.

V.

Silvester[1] episcopus, servus servorum Dei, Azolino Laudunensi[2].

Super salute et apostolica benedictione[3] nichil est quod admirari possis, quoniam sub pontificali nomine homo etiam moribus esse desiisti. Si fides mortalem Deo sotiat, perfidia nichilominus rationabilem brutis animalibus aequat. Cum hoc totum se[4] sapere[5] constet, vehementer admirantur[6] nativam te conditionem reliquisse et nova et inaudita scelera inhumanius perpetrasse. Epistola regis Rotberti et suorum pontificum apostolicis et imperialibus oblata est manibus, quae te coram universo clero ac populo his publicis accusat criminibus. Ad synodum habitam Compendio[7] cum a Remensi[8] et Turonensi[9] archiepiscopis ceterisque cum fratribus invitatus fueris, acceptis a quibusdam eorum et aliorum sacramentis pro vitae et membrorum atque captionis securitate tandem venisse diceris. Synodalem severitatem cum tibimet ipsi conscius merito perhorresceres, ad misericordiae preces eadem epistola teste venisti. Legibus te non posse objectis

---

1. Masson, avant la p. 1; Du Chesne, 2ᵉ série, n° 54; Olleris, n° 221; Jaffé, n° 2998; Loewenfeld, n° 3914. — M. Loewenfeld pense que cette lettre est de l'an 1001. — M. l'abbé Pierre Batiffol a bien voulu collationner pour moi cette pièce sur le manuscrit de Rome, bibliothèque du Vatican, Regin. 733, du xiᵉ siècle (Boubnov, p. 11), fol. 49 de la 2ᵉ partie. Les faits mentionnés dans ce texte ne sont pas connus d'ailleurs. On lit dans une chronique de Saint-Amand-les-Eaux (Nord), à l'année 998 : « Robertus rex et comes Balduinus Laudunum obsederunt » (Bouquet, X, p. 280); ce *comes Balduinus* est Baudouin le Barbu, comte de Flandre (p. 104, note 3). Voir Pfister, p. 58, 59.
2. Adalbéron ou Ascelin, évêque de Laon de 977 (?) à 1030 (p. 26, note 5; p. 159, note 3, etc.).
3. C'est-à-dire sur l'*omission* de la formule « salutem et apostolicam benedictionem », qui suivait ordinairement, dans certaines catégories de lettres pontificales, le nom du destinataire. Cette formule manque également dans la lettre précédente, mais là on peut supposer que l'omission doit être mise au compte du copiste.
4. *Sic* dans le manuscrit, et en marge *te*. Voir ci-dessous, note 6.
5. *Sapere*, « à savoir » (Bouquet, X, p. 76-77).
6. *Sic* dans le manuscrit. Masson et Du Chesne ont imprimé : *te sapere... admiramur*. De toute façon, la phrase est obscure.
7. Ce concile n'est pas connu.
8. Arnoul, archevêque de Reims de 989 à 991 et de 999 à 1021.
9. Archambaud, archevêque de Tours depuis 980 environ jusque vers 1006.

respondere manifes[tas]ti [1]. Dominum tuum regem offendisse te non negasti. Indulgentiam tantummodo postulans per universam synodum regis gratiam innovatis perjuriis optinuisti. Datis obsidibus, archidiacono scilicet tuo et altero milite [2], turres Lauduni te redditurum promisisti. Magistrum tuum Remensem archiepiscopum pro accipiendis turribus sub Judae spetie tecum ducens capere voluisti. Carcer quippe ceterorum fraudis in eum conceptae detegit dolum. O Juda magistri proditionem innovans, et pontificalem gloriam nostris temporibus deturpans, cum magistrum archiepiscopum tradere velis, domino regi non parceres, si posses. In carcere tenes traditos milites et fefellisse non vereris regem. Exorationum epistolis quotiens te monuimus, et ab his periculis eruere te desudamus. Sed quoniam irruentibus peccatorum cumulis te coercere nequivimus, in hac proxima pascali epdomada Romae te adesse praecipimus, et generaliter ibi habendae synodo repraesentare te monemus. Hujus ergo invitationis nostrae nulla occasione sis transgressor vel suspensor, quoniam nisi adfueris synodicae austeritati [3] in eodem concilio subjacebis et de absentia nichil lucraberis [4]. Viarum excusatio nulla te premat, quoniam in Lothariensi regno [5] nullae te manent insidiae, Italia vero nullam praetendit formidinem. Nisi corporis molestia occupatus fueris, aliter excusatio nulla esse poterit. Sed testes mittendi sunt qui et tuum langorem confirment, et accusatoribus tuis respondeant, legibus te expurgent.

---

1. Le manuscrit porte : *manifesti*.
2. Personnages inconnus.
3. « La sévérité du concile »; Masson a imprimé : *synodicæ autharitati*.
4. Voir la même expression, ou à peu près, lettres 164 (p. 146, note 4), 217 (p. 219, ligne 2), et Appendice, n° 1 (p. 234).
5. Le royaume de Lorraine ; Silvestre II suppose apparemment que l'évêque de Laon se rendra en Italie par Verdun, Metz, Strasbourg et le bord du Rhin (p. 98, note 3).

TABLE

DES NOMS PROPRES, DES CITATIONS

ET DES PRINCIPAUX TERMES TECHNIQUES

QUI SE RENCONTRENT DANS LES LETTRES DE GERBERT.

Les chiffres renvoient aux pages; les chiffres entre parenthèses ( ), aux numéros des lettres; les chiffres supérieurs (^{1}), (^{2}), aux notes; les lettrines (a), (b), aux variantes. — Les chiffres entre crochets [ ] indiquent la date probable des lettres.

A

A. architectus, 113 (124).
A. episcopus N., 126 (142).
A. (venerabilis), 178.
abacus, abbacus, 169 (183), 238.
abbicomes, 14 (17); v. Hugo.
Abraham, v. Habraam.
Achar, 222.
achilleis, 121 (134), 131 (148).
Achitofel, Achitophel, 29 (31), 222.
Ad. procurator rerum Hemmae, 130.
Ada (frater), 135.
Adalais, v. Adelais.
Adalbero archiepiscopus Remorum : [984], 13 (17), 20 (25), 26, 33, 34 (35), 36 (37), 38 (40), 41 (43); [985], 44 (45), 47 (49), 49 (52), 57 (59), 58, 61 (63); [986], 75 (81), 82, 84 (91), 87; [987], 92-94; defunctus, 133-136, 138-141, 144-146, 150 (167), 152, 153, 160, 204. — Ad A. : [983], 6; [985], 59; [986], 85, 86; [987], 94, 113 (?), 125 [5], 126 [4]; [989], 131 [4]. — Ex persona A. : [978], 234; [984], 20, 24, 23, 24, 35, 36, 40; [985], 49, 51-55, 60, 63; [986], 68, 77, 78, 80; [987], 91, 95, 97-100, 175; [988], 103, 104, 107 [2], 108 [1], 110, 113, 114, 116, 118-123, 126 [3], 128 [3], 128 [5], 129 [3].
Adalbero episcopus Laudunensis : [984], 26-28; [985], 56; [986], 80 (84), 89 (97); [988], 106 (115), 109 (120), 111, LIX [2], 119 (132), 122 (135); [995], 189 (199), 204. — Adalberoni, 122 [3], 145 (164); Axolino, 241. — Ex persona A., 98, 125 [5].
[Adalbero] episcopus Metensis, 55 (58), 199 (211).
Adalbero episcopus Verdunensis : [984], 41 (43); [985], 51, 54 (57), 58, 62 (63); [986], 72 (79), 81; [987], 96; [988], 112 (122), LIX [2], 118 (131); [989], 133 (151), 136 [1]. — Adalberoni, 39, 45, 153.
Adalbertus archiepiscopus, 175 a.
Adalbertus sc[h]olasticus, 71 (77).
Adelais, Adalais, Adhelais imperatrix, 17 (21), 33, 91; mater regnorum, 70 (74), 115 (128) a, 116 (128). — Ad A., 5 (6), 16, 69, 89, 115 (128), 193, 196, 202.
Adelais regina Francorum, 96, 109 (120), 163.
Adso, Adzo, Azo abbas Dervensis, 6 (8), 74 (81).
adulterium, 185 (195).
advocatio, 18 (22) [8], 55.
Afri, 39 (40), 221; v. Hismahelitae.
Africa, 212, 222.
Africana concilia, 185 (195), 219, 220, 224. — Africani episcopi, 221.
Agripinus, 212.
Airardus, v. Ayrardus.
Albero, 6 a.
Almiciaca, 164 q.
Alpes, 174.
Allovillare, *Hautvilliers*, 86 (94).
Amalechites, 229.
Ambianensis, *Amiens*, v. Fulcho, Thetbaldus.
Ambrosius (S.), 215, 218.
Amicus episcopus, 187 (198).
Anatholius, 215, 224.
Andervensis, 35 a.
Andreas, 225.
[Andreas] episcopus Laudensis, 8 (10).
Anselmus, 123 (136), 126 [1], 132 (149).
antelongior numerus, 85 (92).
Antiochena regula, 224.

Apiarius presb[y]ter, 221.
Apinianici, *près Pescina*, 201 (214).
Apollo, Ph[o]ebus, 71 (76, 77).
apostema, 151 (169).
Aquila, 159 (173), 158 (177).
Aquitania, 103 (112).
Archembaldus archiepiscopus Turonensis, 195 (207), 197 (209), 241.
architectus, 113 (124).
Arelatensis, *Arles*, v. Caesarius.
Argentina, *Strasbourg*, v. Wilderodus.
Ariminensis synodus, 208.
Aristotiles, 236.
arithmetica, 172; v. abacus, numeri.
Arnulfus archiepiscopus Remorum :
 [989], 137-139; [990], 152 (172), 155 (176); [991], 160; [994], 174; [995], 179, 180, 187 (197), 204-206, 217-231; [997], 164, 165, 168, 169; [1001], 241, 242. — Arnulfo, 158, 239. — Ex persona A., 139², 139 (157), 147¹, 150², 152 (172).
[Arnulfus comes] frater Echerti, 104 (114).
Ar[nu]fus comes Flandrensis], 104 (114).
Arnulfus episcopus Aurelianensis, 175 (190), 176, 198.

Arrius, 216. — Arriana persecutio, 213.
Asinetum, 123 *b*.
astrologia, 6 (8), 19 (24), 117-118, 135.
Atinctum, 123 (137).
Augustinus (S.), 206, 207, 211-214, 217, 222.
aula, v. palatium.
aulaea, 128 (143).
Aureliacense coenobium, S. Geraldus, *Aurillac*, 44 (45), 66 (70), 84 (91), 145 (163), 184; monachi, 185 (194). — V. Ayrardus, Bernardus, Geraldus, Raimundus.
Aurelianensis, *Orléans*, v. Arnulfus; cf. 146³, 177⁴.
Aurelii (Quinti), 38 (40).
Aurelius, 223.
Austria, 231 *b*.
Aymo, v. Haimo.
Ayrardus abbas [S. Theoderici], 33, 59.
Ayrardus, Airardus monachus [Aureliacensis], 5 (7), 14 (17), 44 (45), 84 (91), 145 (163).
Azo abbas, v. Adso.
Azolinus Laudunensis, 241; v. Adalbero.

B

B. nepos Adalberonis, 114 (125); v. Bardo.
[Baiowariorum] dux, v. Heinricus.
Bal., 103 (113).
[Balduinus comes Flandrensis], 104 (114).
B[alduinus] episcopus Morinensis, 190 (199).
bannus, 193 (203).
Barchinonensis, *Barcelone*, 19 (24).
Bard[o], 56, 114¹, 118⁴, 122 (135).
Baroche (la), 77².
Basilius II imperator, 101 (111).
Basolus (S.), *Verzy*, 6 (7). — Concilium Remense, 226, 230.
Beatrix dux [Lotharlensium], 28, 30, 53 (55), 93. — Beatrici, 60, 61.
Beauvais, v. Bellovacensis.
Belgica, 42, 71 (77), 229.
Belial, Belihal, 125 (139), 139 (155).
Bellovacensis, *Beauvais*, 91 (99); v. Erveus.
Benedictus (S.), 14 (18), 65 (69), 88, 143 (161).
Benedictus VII papa, 235, 236.
beneficium, 5 (6), 139 (156).
Beneventum, Beneventana terra, Beneventanus princeps, 202 (214).

Ber., 110.
Bernardus monachus [Aureliacensis], 84.
[biblia] : [genesis], 74⁷, 146³, 169³, 216²; v. Noe; — [Josue], 222⁸; — [reges], 29⁴, 222⁶, 225⁵, 229³; — [paralipom.], 14⁹, 222⁸; — [Tobias], 60⁴; — Job, 122, 196⁴; — [psalmi], 37³, 53², 92⁷, 125², 125⁴, 176³, 195⁶, 229⁵; — [ecclesiastes], 40², 148⁹; — [Isaias], 23⁴, 29³, 31⁵, 125⁹, 160³, 184⁹, 221⁶; — [Jeremias], 73⁴; — [Ezechiel], 178⁸, 227⁴; — [Habacuc], 176² ; — [Zacharias], 28⁵ ; — [euangelia], 28⁴, 28⁶, 29², 31³, 31⁴, 51⁷, 73⁴, 124⁶, 125⁴, 160⁴, 176¹, 179⁵, 180⁹, 182⁵, 183⁶, 191⁵, 196⁴, 199³, 218¹,³, 220-222, 225¹,³; v. Judas, Lazarus ; — [act. apost.], 37⁵, 78⁷, 144⁶, 180³, 221⁴ ; v. Simon ; — [epist. Pauli], 20⁸, 53³, 73⁴, 103⁸, 127⁷, 176², 177⁸, 180¹, 180⁴, 181⁴, 181⁹, 184, 186⁶, 195⁵, 199⁵, 199⁷, 209-211, 215², 217³, 218⁵, 220-222; v. Paulus (S.); — [epist. Petri], 176³, 220⁴; v. Petrus (S.); — [epist. Johannis], 230²; v. Johannes (S.).
bibliotheca, v. libri.

TABLE DES NOMS PROPRES, ETC.

Bladinienses, Blandiniacenses, *Saint-Pierre de Gand*, 35 (36), 88 (96), 97 (105).
Bobiense, Ebobiense coenobium, S. Columbanus, *Bobbio*, 4 (4, 5), 9 (12), 11, 76 (83), 117 (130), 141[b]. — Bobiensibus, 14 (18), 75 (82). — V. Gerbertus, Petroaldus, Ruinardus, Thetbaldus.
Boetius, 6 (8), 112 (123), 118[1], 172[2].
Bonefatius I papa, 218.
Bonefatius VII, 235; cf. 38 (40)[3].
Bonifilius episcopus Gerundensis, 19 (25).

Borellus marchio, 67 (70), 102.
Boso, 3 (4).
Bouillon, Bullio, 116 (129).
Bracharensis, *Braga*, 223.
Briccius, 223.
Brisaca (Germanum), *Vieux-Brisach*, 37 (39).
Broningus, 1.
Bruno episcopus Linguonensis, 130[1], 151 (171).
Bullio, Bublio, *Bouillon*, 116 (129).
Burgundia, 124 (138). — Conr. rex, 69 (74). — Henricus dux, 130.

C

C[a]ecilianus, 222.
Caelestinus I papa, 219, 221, 226.
Caelestius, 226.
Caesar, Caesares, 32, 51, 57 (59), 70 (75), 124 (139); Julius, 6 (8); Lotharius, 70 (75); v. Otto. — Caesaris, Caesariana castra, 10 (12), 36 (37), 37 (39).
C[a]esarius episcopus Arelatensis, 224, 225.
Cala, Chola, *Chelles*, 132 (149), 198 (209).
calculi morbus, 133 (151).
calix, 82 (90).
Calmiciaca (Cortis), *Chaumuzy* (?), 164.
Cameracensis, Cameranensis, *Cambrai*, v. Rothardus.
Camerini, *Camerino*, 203 (216).
Campania, 223.
canones, 15 (18), 51[a], 138, 146, 160[b], 177, etc.
capella, 119.
Caprimons, *Chèvremont*, 26[2], 30[4], 95 (102), 96.
Capua, *Capoue*. — Abbatia S. Vincentii, *San-Vincenzo-al-Volturno*, 201 (214), 202 (214).
Carnotis, *Chartres*, 126 (141).
Carolus, v. Karolus.
Cassianus, 226.
Castriluclus, *Mons*, 58.
Catalaunenses, *Châlons-sur-Marne*, 164; v. Gibuinus.
[cathari], 23[3], 161[1].
Catilina, 141 (158); v. Cicero, Sallustius.
Celsus Cornelius, 151 (169).
C[h]alcedonensis synodus, 162[1], 208.
Chaldeorum (Ur), v. Ur.
Châlons, v. Catalaunenses.
Chartres, Carnotis, 126 (141).
Chaumuzy, v. Cortis Calmiciaca.

Chola, *Chelles*, v. Cala.
Chèvremont, v. Caprimons.
chrisma, 90 (98).
Cicero (M. Tullius), 7[2], 7 (9), 9[3], 21 (27), 42, 73[6], 78, 97[5], 141 (158), 149 (167), 232[6], 235[1]; — [in Sallustium], 12[9]; — v. Sallustius.
Claudianus [Gandavensis (?)], 89 (96).
[Claudianus poeta], 66[8].
claves librorum, 6 (8).
clepsydrae, 135.
Cluniacensis, *Cluny*, v. Maiolus.
codices, v. libri.
Colonia, *Cologne*, 81, 92; v. Ebrardus.
Columbanus (S.), v. Bobiense.
comitatus octo, 203 (216).
Compendiacum, Compendium, *Compiègne*, 56, 93, 126 (141), 241.
Cono comes, 203 (216); dux, 86 (94), 94[2]; marchio Italicus, 76 (84).
Conr. rex, 69 (74).
Constantinopolitana synodus, 162[1], 208.
Constantinus VIII imperator, 101 (111).
Constantinus sc[h]olasticus Floriacensis, 85 (92), 127 (143); abbas Miclacensis, 178 (191). — Constantino, 77, 126, 178, 238.
Constantinus, 85 *j.*
constitutiones, 208.
controversia, 25 (31), 32.
Contumeliosus, 223.
Corbeia, *Corbie*, 60 (61).
Cornelius Celsus, 151 (169).
Cortis Calmiciaca, *Chaumuzy* (?), 164.
Cresconius, 219.
crux, 97 (105), 98 (106), 114 (126), 121[6], 216.
Cusel (Bavière), 22[1-3].
[Cuxanensis] abbas, v. Guarinus.
C[y]prianus, 212, 213.

D

D., 190 (200), 192 (202), 199 (212), 200 (212).
Daniel episcopus, 219.
David, 225, 229.
decalogus, 225.
Decentius episcopus Egubinus, 214.
Dejotaro (pro), 7 (9).
Demost[h]enis op[h]thalmicus, 7 (9), 118 (130).
Deodericus, Diedericus episcopus Mettensis, 25 (31), 29 (32), 32, 55 *a*.
Dervensis, *Montiérender*, v. Adso.
deus, LXX [1].

Diadina, 223.
Dijon, Divio, 130.
Dionisii (S.) festum, 123 (136). — B. Dionisius Remensis, 14 (17); — *Saint-Denis-sur-Seine*, 129 (145), 176, 197 [6].
Divio, *Dijon*, 130.
Diusburch, *Duisburg*, 53 (55).
dominus, LXX [1].
donatistae, 224.
Dordingum, *Dourdan*, 87.
Dudo, 92, 123 (137).
Duisburg, Diusburch, 53 (55).

E

Ebobiense coenobium, v. Bobiense.
Ebrardus, Ewrardus abbas Turonensis, 41, 74, 79, 87.
Ebrardus [immo Euergerus] archiepiscopus Coloniensis, 91 (100), 93, 123 [6].
Ecberdus, 20 (26) *a*, 74 (80) *a*, etc.; v. Ebrardus, Ecbertus.
Ecbertus abbas, 41 (44) *a*, etc.; v. Ebrardus.
Ecbertus archiepiscopus Treverensis : [984], 40 (42), 41 (43); [985], 61 (63), 62 (63). — Ecberto : [983], 10; [984], 20, 36; [985], 51-53, 65; [986], 68; [987], 91 (100) *a*, 93 *a*, 97-100; [988], 104, 110, 113, 114, 121 [5]; [989], 139; [990], 150, 152.
Ecemannus, 17 (21).
Ecerbdus, 41 (44) *a*; v. Ebrardus.
Egubinus, *Gubbio*, 214.

emissarius equus, 9 (11).
Emma, v. Hemma.
Engueleheim, *Ingelheim*, 106 (115).
Ephesina synodus, 162 [1], 208, 219.
Epicurus, 204.
epita[ph]ia, 70-72.
Epitho, 5 *f*.
Erveus, Herveus episcopus Belvacensis, Belvagorum, Bellovagorum, 91 [1], 169 [d], 190 (199, 200), 191 (200). — Ildricus, LIX [2].
est et non, 177.
Eucharius (S.), 21 (26).
[Eudocia] filia imperii, 102 (111).
[Euergerus] archiepiscopus Coloniensis, v. Ebrardus.
Eugraphius, 6 (7).
Ewrardus, Ewarardus, 79, 79 [b], v. Ebrardus.

F

Flaccus, v. Horatius.
Flandre, 104 [3].
Floriacense coenobium, *Saint-Benoît-sur-Loire*, 65 (69). — Floriacenses, 87, 127 (142). — V. Constantinus, Oilboldus.
foenum, 4 (4), 125 (139).
Folmarus, 93.
forum, 64 (66) [2], 115 (127).
Franci, 39 (41), 45, 47 (50), 57 (58), 61 (63), 71 (76), 90 (97), 111, 148. — Francorum apostolus, v. Remigius; — colloquium, conventus, 56, 80, 91 (99), 94; — exercitus, 66 (70); — impetus, 38 (39), 48 (51); — lumen, 69; — palatium, 57 (59); — principes, 70 (74); — reges, 174, 240; [Lotharius et Ludovicus], 18 (22), 21 (27), 30, 37 (39), 46 (48), 47 (50), 49 (52), 51, 58, 88; [Hugo et Rotbertus], 138, 146, 150 (168), 151 (171), 157, 177, 179 (191), 204, 226, 229; v. Hugo, Lotharius, Ludovicus, Rotbertus; — regina, v. Adelais, Hemma; — regnum, 39 *f*, 102 (112), 137 (154), 165; — res publica, 144 (163).
Francia, Frantia, 9 (11), 36 (37), 39 *o*, 82 (91), 124 (138).
Francigena, 2 (2); v. Rainerius.
Frankevurt, *Francfort-sur-le-Mein*, 58.
Fredericus dux [Lotharicnsium], 71.
Fridericus filius Godefridi, 46 (47), 47 (50).
Fulcho [Aurelianensis], 177.
Fulcho episcopus Ambianensis, 188 [1], 190, 192 [5], 194 (206).

G

G., 36 (38), 190 (199).
Gallia, Galliae, 30, 34 (35), 36 (37), 38 (40), 172, 174, 204, 205, 219-223, 228-230, 237. — Gallus, 101; Galli, 2 (2), 17 (22), 33, 168, 199 (212), 230.
Gandavensis, *Gand*, v. Bladinienses, Guido.
Gaozbertus abbas [S. Theoderici], 157.
Gauzbertus monachus [Medelacensis], 53 (56), 62 (64), 65 (68).
Gebuinus, v. Gibuinus.
Gelasius papa, 208-211, 213-215.
g[e]ometriae figurae, 7 (8).
Geraldus (S.), *Aurillac*, v. Aureliacense coenobium.
Geraldus abbas Aureliacensis, 44 (45), 82 (91). — Geraldo, 12, 13, 34, 44, 66.
Gerardus, 2 (1).
Gerardus miles, 139 (156).
Gerberdus, 3 (3) a, 35 a.
Gerbertus, Girbertus abbas Bobiensis, sc[h]olasticus Remensis, 1-160; archiepiscopus Remorum, 159-233, 236; papa (Silvester II), 1, 239, 241. — Ad G., 127, 171, 200 a, 202 (216) a, 230 (218). — Gerberti familia, 9 (11), 185 (194).
Gerbertus episcopus Terdonensis, 1², 3 (3), cf. 8².
Gerebertus episcopus, 1 d, 3 (3) a.
Gerebertus monachus, 53 a; v. Gauzbertus.
Germania, 42, 83, 229, 236, 237. — Germanus, 101. — Germanum Brisaca, *Vieux-Brisach*, 37 (39).
Gerundensis, *Gerona*. — Bonifilius episcopus, 19 (25).
Gesilbertus, 92 d, e.
Gibuinus, Gibeuuinus, Gibemminus episcopus Catalaunensis, 56, 164. — Gibuino, 115, 120, 147¹, LIX⁹.
Gibuinus, Gebuinus nepos Gibuini, 164.
Girbertus, v. Gerbertus.
Gisalbertus abbas, 7 (9).
[Gislebertus comes Roceii], 130⁵.
Giufridus, 95 d.

Goötherus, 59.
Gocilo, 56, 118⁴, 122 (135).
Godefridus comes: [984], 24 (30), 39 (41), 40 (42); [985], 45-48, 55, 57-59, 63; [986], 67 (71), 81, 86; [987], 95, 96, 99 (108); [988], 122 (136), 129 (146). — Godefrido, 116. — Ex persona Gotafridi, 41.
Gofridus, 95 d.
Gorgia, 167.
Goraia, *Gorze, près Metz*, 167 b.
Gotafridus, v. Godefridus.
Gozberdus, Gozbertus, 53 a.
Gozilo, v. Gocilo.
Gr[a]ecia, 173, 237. — Gr[a]ecus, 20 (26), 173, 233; Gr[a]eci, 20 (26), 39 (40), 151 (169), 172, 173, 184 (193), 237. — Gr[a]ecisca subtilitas, 172.
Gratianopolis, *Grenoble*, 174.
Gregorius I papa, 181, 217, 219, 223-225, 227.
Gregorius V papa, 200 (213), 202 (216), 231.
Grenoble, Gratianopolis, 174.
Grifo, Gripho, 5 (6).
Gualdonis Cortis, *Vaudancourt*, 24 (29).
Gualo, Walo, 23 (29).
Gualte. abbas, 59.
Gualteri miles, 63 (65).
Guarinus abbas [Cuxanensis, *Saint-Michel*], 22³, 43.
Guarnerius abbas, 14 c.
Gubbio, Egubinus, 214.
Gueinricus, 139 (156).
Guido, Wido abbas Gandavensis, 35 (36), 88-89.
Guido comes Suessonicus, 38 (40).
Guido episcopus Suessonicus, 92, 189 (199).
Guifridus episcopus Verdunensis, 95 (102).
[Guilbertus] abbas Majoris Monasterii, 175 (189).
Guilligisus archiepiscopus Maguntinus, 21 (27), 33.
Guinidi, 83; v. Sclavi.
[Gunzo], 30².
Guodefridus, v. Godefridus.

H

H., v. Erveus.
Habraam, Habraham, 146, 216.
Haecbertus, 10 a; v. Ecbertus.
Haidonis Castellum, *Hattonchâtel*, 45.

[Haimo, Aymo] episcopus Verdunensis, 199 (212).
Hainaus, *Hainaut*, 58; v. Reinbarius.
Harmandus comes, 167.

Hattonchâtel, Haidonis Castellum, 45.
Hautvilliers, Altovillare, 86 (94).
Hecilo, 86 *c*; v. Herimannus.
Heinricus, Henricus dux [Baiowariorum] : [984], 18 (22), 19 (26), 21 (27), 26, 30, 33, 34 (35), 36-38; [985], 52 (55), 56, 61, 62; [987], 94 *f*.
He[i]nricus dux [Burgundiae], 130.
[H]ellespontus, 135, 136.
Helvetia, 204. — [H]elvecii, 153 (173).
Hemma, Emma regina Francorum : [984], 26; [985], 58; [986], 69 (73); [987], 94; [988], 106 (115), 109 (120), 111, 115 (128), 119 (132). — Ex persona H., 69, 89, 108³, 130.
Henricus, v. Heinricus.
[ἡ]πατικόν, 151 (169).
Heribertus, Herbertus comes Trecassinus : [984], 13 (17); [985], 48 (51), 56, 58; [986], 81, 86', 87 (94), 90 (97); [987], 94 (102), 95 (103); [988], 115, 116 (129); [989], 132 (149).
Herimannus, Hermannus, Herilo filius Godefridi, 45, 86 (94).
hermenias (peri), 112 (123).
Herveus, v. Erveus.
Hiberia, v. Hispania.
Hidilo presb[y]ter Godefridi, 99 (108).

[H]ieronimus (S.), 221.
Hierosolimae, v. Jherusalem.
[H]ilarius (S.), 216.
Hincmarus archiepiscopus Remorum, 146 ⁴, 207-227.
Hismahelitae, 103 (112); v. Afri.
Hispania, Hispaniae, 43, 217. — Hiberia, 68 (72). — V. Borellus, Joseph Hispanus.
Hlotharius, 204, 230; v. Lotharius.
[Horatius] Flaccus, 7 ², 12 ⁶, 52 ⁴, 175 ², 176 ⁵, 176 ⁶, 178 ⁴, 238.
horologia, 135, 136.
Hugo, Ugo, 9 (12).
Hugo abbicomes, Raimundi, 14 (17), 34 (35).
Hugo, Ugo dux, 39 (41) ⁴, 46 (48), 48 (51), 56, 58-60, 87 (94), 94; rex Francorum, 111, 126 ⁵, 128 (144), 129 (146), 132 (149), 133 (150), 142 (160), 160, 205, 206, LIX²; v. Franci. — Ad H., 128 ⁵, 136 ¹. — Ex persona H., 98, 101, 102, 109, 153 ⁶, 174.
Hugo marchio,,Tuscus, 76 (83), 203 (216).
[Hugo] pseudoarchiepiscopus, 235.
Hungerius, 169 (184).
Hur, v. Ur.

I J

Januarius, 214.
jecur vitiatum, 151 (169).
Jherusalem, Hierosolimae, *Jérusalem*, 22 (28); caelestis, 29 (31).
Jhesus, 176, 183, 212, 216, 218, 229, LXXX⁵; — dominus, LXX¹.
ill., 169 *a*, 190 *b*, 191 (200) *a* ; Ildricus, LIX²; v. Erveus.
Imiza, 11, 17 (22).
Ingelheim, Enguelehcim, 106 (115).
Innocentius papa, 214.
interreges, 146.
Joannes, v. Johannes.
Job, 122 (136), 196 ⁴.
Johannes, 219.
Johannes (S.), 26, 30; v. biblia.
Johannes archiepiscopus Primae Justinianae, 223, 224.
Johannes defensor, 217.
Johannes episcopus, 227.
Jo[h]annes Graecus, 233.
Jo[h]annes monachus S. Vincentii, 201 (214).
Johannes II papa, 223.
Johannes XIV papa, 11, 17 (22), 18 (23), 38 ⁴; v. Petrus episcopus.

Johannes XV papa, 79 (87), 99 (107), 103 (113), 142 (160), 179 (192), 205. — Johanni, 174, 187.
Johannes XVI, 233 ⁹.
Joseph [H]ispanus, sapiens, 14 (17), 20 (25); v. Hispania.
Isimbardus, 2 (1).
Ismaelitae, v. Hismahelitae.
Israel (domus), 32.
Italia, 4 (5), 9 (12), 10 (12, 13), 11 (14), 38 (40), 42-44, 67 (70), 83, 84 (92), 107 (117), 117 (130), 145 (163), 174, 203 (216), 226, 232, 237, 242.—Itali, 2 (2), 4 (5), 13 (16), 33, 39 (40), 83, 232. — Italicus aer, 203 (216); marchio, v. Cono. — Italicum iter, 237.
Judas, 30, 222, 242.
Jud[a]ei, 183.
Julius Caesar, 6 (8).
Jupiter, 180.
Justiniana Prima, *Ouskoub*, 223.
Justinianus imperator, 227.
Juveniacum, *Juvigny-sur-Loison*, 96.

K

Karolus, Carolus, Carlus dux [Lothariensium] : [985], 56; [987], 94 e; [988], 108 (119), 109, 112 (123), 116 (128), 119 (132); [989], 144 (163), 146; [990], 150 (168), 152 (172), 158 (178), 159; [995], 205. — In K., Karolo, 25, 105, 110 a 3. — Ex persona K., 29.

L

L[a]elias, 153 (173).
Langres, Linguonensis, v. Bruno.
Laon, v. Laudunum.
Latium, 9 (11). — Latini, 43.
Laudensis, Lodi-Vecchio, 8 (10).
Laudunum, Laon, 26, 106 (115), 109 (119), 110 (121), 113 (124), 122 (135), 138, 146 3, 205, 242. — Laudunensis archidiaconus, 242; ecclesia, 90 (98), 138; episcopus, v. Adalbero.
Lazarus calumniator, 223, 226.
Lazarus resuscitatus, 227.
Leo abba Romanus, 164, 168, 231.
Leo noster, 168.
Leo I papa, 181, 186, 210, 213, 215, 216, 221, 223, 226.
Leo pontifex, 186.
Leodicensis, Liège, v. Notkerus.
Libanus, 125 (139).
libelli, libellarii, 2 (2), 3 (3), 5 (6), 9 3, 10 (12).
libri, bibliotheca, codices, volumina, 6-7, 14 (17), 19 (24), 20 (25), 38 (40), 42, 68 (71), 75 (81), 89 (96), 97 (105), 99 (108), 107 (116), 112 (123), 117 (130), 119, 121 (134), 131 (148), 149 (167), 172, 208.

Liège, Leodicensis, v. Notkerus.
Ligeris, la Loire, 146.
limax in suo conclavi, 30.
Linguonensis, Langres, v. Bruno.
Litefredus, 2 (1).
Locus Sanus, Luogosano, 202 (214).
Lodi-Vecchio, Laudensis, 8 (10).
Loire, v. Ligeris.
Lotharienses, 30, 67 (71). — Lothariense, Lothariensium regnum, 28, 34 (35), 54 (57), 61 (63), 124 (138), 125 9, 242; duces, v. Beatrix, Fredericus, Karolus, Theodericus.
Lotharius, Hlotharius rex Francorum : [984], 24 (30), 26, 34 (35); [985], 46 (48), 47 (49), 49, 51, 54, 55, 58; [986], 67 (71), 69, 70, 89 (97); [995], 204, 230; v. Franci. — Ejus filii, v. Arnulfus archiepiscopus, Ludovicus; frater, v. Karolus.
Luciliburgus, Luxembourg, 95 (102).
Ludovicus V rex Francorum, 66 (70), 70 (74), 80, 83, 89, 94; v. Franci.
Luogosano, Sanus Locus, 202 (214).
Lupitus Barchinonensis, 19 (24).
Luxembourg, Luciliburgus, 95 (102).

M

Macerine, Mézières, 80 5, 86 (94).
Magundinus, Maguntinus, Moguntinus, Mayence, v. Guilligisus, Thietmarus.
Maiolus abbas Cluniacensis, 74 (80), 77 (86), 79 (88), 87. — Maiolo, 65, 78.
Majus Monasterium, B. Martini cellula, Marmoutiers, 175 (189).
Manac., Manuc., 117 (129) e.
Manilius, 71 4, 117 h, 118 1.
Manlius (M.), 117 (130), 118 1; v. Boetius.
Mannasses comes, 117 (129).
Mantua, Mantoue, 6 (8).
Marcell[in]us papa, 180.
Maria (S.) virgo, 82 (90), 235.— S. Mariae cellae (Italie), 201, 202; — Mons, Mont-Notre-Dame, 101 (110).
Marsi comitatus, 201 (214).
Martianus in astrologia, 135.

Martinus (B.), 175 (189); — Marmoutiers, 175 (189); — Saint-Martin de Tours, 195 (207), 197 (209).
Mathilda, Mathildis comitissa, 47 (50).
Matrona, la Marne, 47 (50), 48 (51).
Maximus, 218.
Maximus episcopus Solitanus, 225.
Mayence, v. Magundinus.
Medolacensis, Medelecensis, Mettlach, 62 a, 68, 68 a; v. Gauzbertus, Nithardus.
Meerssen, 77 2.
Meing., Menigus monachus, 60 (61), 64 (67).
membrana, parchemin, 42.
Mercurius, 71 (76).
Metis, Mettensis, Metensis urbs, Metz, 31, 64 (66); v. Adalbero, Deodericus.
Mettlach, v. Medolacensis.

Mézières, Maceriae, 80 [5], 86 (94).
Miciacensis, *Saint-Mesmin*, v. Constantinus. — Robertus, 123 (136).
miles, milites, 104 (114), 114 (125), 122 (135), 139 (156), 205 [4], 242; — abbatis Bobiensis, 13 (16), 83; archiepiscopi Remens., 50, 86, 119, 123 (137), 134 (152), 165, 205; Christi, 23 (28); episcopi Laudunensis, 242; episcopi Papiensis, 4 (5); Gualteri, 63; Hugonis ducis, 56; Karoli, 105; Odonis et Heriberti, 96; Ottonis III, 57 (59), 84 (94); regii, 110 (121); — militaris vir, 197 (208).

Moab, 31.
Moguntinus, v. Magundinus.
Mons, Castrilucius, 58.
Mons Falconis, *Montfaucon-d'Argonne*, 93; — (Romaricus), *Remiremont*, 69; — S. Mariae, *Mont-Notre-Dame*, 101 (110).
Montiérender, Dervensis, v. Adso.
Morinensis, *Thérouanne*. — B. episcopus, 190 (199).
Mosomum, *Mouzon*, 54 (56), 80 [5], 86 (94).
musica, 85 (92), 238 (III); v. organa.

N

N., 190 (199), 191 (201).
N. (episcopus), 126 (142).
Nemesion, 223.
Neophitus abbas Principiani, 8 (10).
Nestorius, 219.
Nicena synodus, urbs, Nicenum concilium, Niceni canones, 162 [1], 196, 208, 210, 213, 215, 216, 221, 222, 224.
Nimègue, Noviomagus, 81.
Nithardus abbas Medelacensis, 62, 68.

Nocherius, v. Notkerus.
Noe (arca), 100 (109).
Notkerus episcopus Leodicensis, 25 (31). — Notegario, Notgero, Nocherio, 24, 37, 40, 41, 46, 63, 183.
Noviomagus, *Nimègue*, 81.
Noviomensis, *Noyon*, v. Ratbodus.
numeri, 14 (17), 20 (25), 120 (134), 173, 238; v. arithmetica.

O

obsides, 34 (35), 55, 56, 58, 81, 92, 109 (120), 116 (129).
Odo, Oddo, Otto comes filius Tedbaldi: [984], 13 (17); [985], 48 (51), 56, 58, 59; [986], 81, 86, 90 (97); [987], 94 (102), 95 (103); [988], 116 (129), 126 (140); [989], 132 (149).
Odo episcopus Silvanectensis, 120 (133), 190 (199).
[Oilboldus] pervasor coenobii Floriacensis, 65 (69), 74 [2], 77-79, 126 (142), 127 (143).
op[h]thalmicus, 7 (9), 118 (130).
Orbacis, *Orbais-l'Abbaye*, 6 (7).
organa, 67 (70), 83, 85 (92), 145 (164).
Orléans, v. Aurelianensis.
Osulfus, 165 (189).
O[tmarus] (B.), *Saint-Gall*, 98 (106), 100 (109).
Ottaris, 13 [a].

Otto, 86 (94).
Otto (B.), 98 [b], 100 [f]; v. Otmarus.
Otto: Ottones, 20 (26), 21 (27), 30.
Otto I, 171 (185).
Otto II Caesar, 3-5, 9, 10, 32-37, 39-40, 72 (78), 77 (85), 80, 141 (159), 171 (185). — Ad C., 1, 2, 8.
Otto III rex: [984], 18-21, 24 (30), 30, 33-37, 40 (44); [985], 45-49, 54-57; [986], 72 (79), 77 (85), 83, 84 (92), 89 (97); [988], 109 (120); [989], 132 [7], 141; [990], 154, 155; Caesar, 166 (181), 170 (184), 230, 233. — Ad O., 80, 166, 167, 170, 173, 231, 236. — Ex persona O., 200-202; O. ad Gerbertum, 171, 230.
Otto comes, v. Odo.
Otto tutor rerum S. Remigii, 22, 33.
Oushoub, Justiniana Prima, 223.

P

paenitentia, 16, 186.
palatinus: monachus, 17 (21); Rotbertus, 35 (37); — palatini canes, 177.
palatium, 113 (124); — Francorum, 57 (59); Ottonis III, 54 (57), 140 (157), 238 (II); — Compendiacum, 56, 93; Engueleheim, 105-106; Papiae, 8 (11), 9 (11), 36 (37); — aula imperialis, 68 (72); regia, 152 (172).
pallium, 142 (160), 240.
[Pandulfus] princeps Beneventanus, 202 (214).

Pan[a]etius, 42.
papa, Romanus episcopus, pontifex, 79 (87), 146, 174, 180, 206-226; v. Benedictus, Bonefatius, Caelestinus, Gelasius, Gerbertus, Gregorius, Innocentius, Johannes, Leo, Marcellinus, Petrus, Zosimus.
Papia, *Pavie*, 8 ⁶, 36 (37); v. Petrus episcopus.
Parisius, *Paris*, 123 (136), 146 ⁸.—Parisiensis episcopus, 59, 128 (145) *a*.
Paulus (S.), 103 (113), 180, 183; v. biblia.— S. Paulus Verdunensis, 50. — S. Pauli ecclesia, 197 (209).
Paulus episcopus Diadinae, 223.
Pescina, 201 ⁶, 201 ⁷.
Petroaldus monachus [Bobiensis], 3 (3), 12 (15).
Petrus (S.), 175 (190), 180, 181, 215, 221, 227, 235, 239, 240; v. biblia.—
B. Petrus Trevirensis, 100 (109).
Petrus abbas, 200 (213).
Petrus episcopus Papiensis, 4 (5); v. Johannes XIV.
philoant[h]ropos, 133 (151).
Ph[o]ebus, 71 (76).
phr[y]gium opus, 34 (35).
Picenum, 223.
pleuresis, 196.
Plinius, 6 (7).
pontifex (Leo), 186 (196); v. papa.
postuma, 151 (169).
Potamius archiepiscopus Bracharensis, 223.
Principianum, *Precipiano*, 8 (10).
Prosper, 226.
Proculus, 223.
provintiae VII, 218, 223.
Pulcheria augusta, 216.

Q

quadragesimae in paenitentia, 16. | Quinti Aurelii, 38 (40).

R

R., 150 (169), 189 (198), 191 (201), 199 (212).
r. s. v. d., 169.
Raimundi (H.), v. Hugo abbicomes.
Raimundus, Raymundus monachus Aureliacensis, 13 (16); abbas, 82 (91), 85 (92), 185 (194). — Raimundo, 43, 82, 144, 184.
R[ainaldus] comes, 201 (214).
Rainardus abbas, 61 (60), 64.
Rainardus monachus Bobiensis, 15, 117, 143.
Rainerius *Francigena*, Renierus, Reinherius, 2 (2), 81, 86 (94), 115, 126.
Rainherius, 59; v. Reinharius.
Ramondus, 15 *a*.
Ramnulfus abbas, 106 (116).
R[atbodus] episcopus Noviomensis, 132 ¹, 189 (199).
rationali (de) et ratione uti, 236, 237.
Raymundus, v. Raimundus.
[Regino], 186 ¹, 186 ².
Reinharius, Renierus comes [de Hainao], 56, 58, v. Rainerius, Rainherius.
Remi, Rhemi, Remensis urbs, ecclesia, metropolis, *Reims* : [984], 20 (25), 21 (26), 34 (35); [985], 59; [986], 77 (85), 86; [988], 117-120, 129 (146); [989-990], 133 (150), 137, 138, 144-149, 152, 153, 157-159; [991], 159, 160; [995], 184, 204, 205,
229; [997], 195, 163, 165, 169; [999], 240; archiepiscopatus, 240; dio[e]cesis, 155 (176), 160, 163, 189 (199), 190. — Remenses, 164. — Remense concilium, 226, 230. — Remenses abbates, 87; archidiaconus, 174; archiepiscopi, v. Adalhero, Arnulfus, Gerbertus, Hincmarus, Hugo; episcopi, v. Remigius, Sixtus. — V. Basolus (S.), Dionisius (B.), Remigius (B.), Theodericus (S.).
Remigius (B.), 67 (70), 138, 240; ejus festum, 127 (143). — B. Remigius Remensis, 14 (17), 22 (27), 77 (85); v. Otto tutor.
Remigius monachus Treverensis, 120 (134), 131 (148), 134 (152), 143 (162).
Remiremont, Romaricus Mons, 69.
remotio in personam, 31.
Renierus, v. Rainerius, Reinharius, repudium, 158 (178).
Revisarius, 56 *c*.
revocatio regni, 54, 55, 150 (168).
Rhemi, 44 *h*, etc.; v. Remi.
Rhenanum litus, 37 *c*.
Rhenus, 37 (39), 58 *l*, 98 (106).
rhetorica, 85 (92), 118 (130); — rhetorum nugae, 230.
Ri. [a]equivocus patri, 129 (146).
Rimini, v. Ariminensis.
Robertus, v. Rotbertus.

Roceium, *Roucy*, 152 (171); v. Gislebertus.
Rodericus, 132 (150), 133 (150).
Rodulfus, 2 (1).
Roma, 13 (16), 20 (25), 38 (40), 42, 103 (113), 179 (192), 193 (204), 208, 230, 235, 242. — Romanus, 78 (86), 173, 211, 237, 239, 240; Romanum iter, 142 (160), 166 (181). — Romani, 38 (40), 221, 237; Romenorum imperator, v. Otto; Romanum imperium, 32, 101, 237. — Romana ecclesia, sedes, 18 (23), 176, 208, 214, 221, 224, 228; diaconus, v. Stephanus; episcopus, pontifex, v. papa.
Romaricus Mons, *Remiremont*, 69.
Romulfus, Romulphus abbas Senonensis, 106 a, 149, 151 (171).
Rotb[ertus] abbas [S. Dionisii], 129 (145).
Rotbertus filius Hugonis, 39 (41)[7], 46 (48); rex Francorum, 101, 153[6], 160, 164, 166, 241, 242; v. Franci.
Ro[t]bertus Miciacensis, 123 (136).
Rotbertus palatinus, 35 (37).
Rotfridus abbas S. Vincentii, 201, 202.
Rothardus episcopus Cameracensis, 103 (113), 155 (176), 189-190.
Rothomagus, *Rouen*, 60 (61).
Roucy, Rocelum, 152 (171).
Rouen, v. Rothomagus.
Rusticus, 226.

S

S. (ecclesia), 192 (203).
sacrae imperiales, 102 (111).
sacramentale, 99 (108).
sagum lineum, 14 (17).
Saint-Benoît-sur-Loire, v. Floriacense.
Saint-Denis, v. Dionisius (S.).
Saint-Gall, v. Otmarus (B.).
Saint-Mesmin, v. Miciacensis.
Saint-Michel (*Pyrénées-Orientales*), v. Guarinus.
Sa[l]lustius, 67 (70), 112[5]; — [in Tullium], 18[6], 26[2], 29[6], 30[4], 122[7]; — v. Cicero.
Sa[m]nium, 223.
Sanus Locus, *Luogosano*, 202 (214).
San-Vincenzo, v. Capua.
Sarmatae, 83, 236; v. Sclavi.
Sasbach (*grand-duché de Bade*), 169 (183).
Satanacum, *Stenay*, 96, 109 (120).
Satanas, 186, 218.
Saul, 225.
Saxonia, 83. — Saxones, 92. — Saxonica rusticitas, 172.
Scarponnem, *Scarponne*, 45.
[Sclavi], 92[3], 167[1], 168[1]; v. Sarmatae, Scythae.
sc[h]olastici, 10 (13), 84 (92); v. Adalbertus, Constantinus, Gerbertus.
scriptores, *copistes*, 42, 117 (130).
Scythae, Scythicus axis, 232, 233, 237; v. Sclavi.
Seine, v. Sequana.
Seneca, 204.
Senlis, v. Silvanectis.

Senonensis, *Sens*, v. Romulfus, Siguinus.
Sequana, *la Seine*, 146.
Sigefridus comes, 48 (52), 57 (58), 58.
Sigefridus, Sigiffridus filius Sigefridi comitis, 40 (41), 48 (51).
Sigilbertus, Sigibertus comes, 92, 123 (137).
Siguinus archiepiscopus Senonensis, 98 (107), 179.
Silvanectis, *Senlis*, 126 (141), 152 (171); v. Odo.
Silvester II papa, v. Gerbertus.
Simon magus, 227.
Sion, 145 (163).
Sixtus (S.), 21 (26).
Socraticae disputationes, 33.
Sodomi, 146.
Soissons, v. Suessonicus.
solidi, 107 (116).
Solitanus episcopus, 225.
sp[ha]era, 121 (134), 131 (148), 134[5], 143[6].
Spoletini, *Spolète*, 203 (216).
Statii achilleis, 121 (134), 131 (148).
Stenay, Satanacum, 96, 109 (120).
Stephanus diaconus ecclesiae Romanae, 38 (40), 67 (71), 235, 236.
stola, 34 (35).
Strasbourg, Argentina, v. Wilderodus.
Suessonicus, *Soissons* : comes, 38 (40); episcopus, 92, 189 (199).
Suetonii Tranquilli, 38 (40).
Suevi, 153 (173).
[Symmachus], 38 (40)[5].

T

T. archidiaconus Remensis, 174.
tapetia, 128 (143).

Taurinense concilium, *Turin*, 223, 226. — Episcopus, v. Amicus.

Tedbaldus, v. Thetbaldus.
Tendo archidiaconus Remensis, 174 [3].
Teodericus, v. Theodericus.
Terdonensis, *Tardenois*, 101 (110).
Terdonensis, *Tortona*, 1 [2], 3 (3), 8 [2].
[Terentius], 53 [1], 78 [3], 115 [2], 138 [1], 153 [8], 192 [6]. — Terentianum, 153 (173).
Tetbaldus, v. Thetbaldus.
Tetmarus, v. Thietmarus.
Teuphanu, v. Theophanu.
[Theodericus (S.) Remensis], v. Ayrarcus, Gaozbertus.
[Theodericus comes] nepos Ecberti, 104 (114).
Theodericus, Teodericus dux [Lothariensium], 28, 30, 58, 96.
Theophanu, Theuphanu, Teuphanu, Thephanu, Theophane imperatrix: [984], 18 (22), 33, 35 (37), 44 (45); [985], 47, 48 (51), 53 (55); [986], 83, 89 (97); [987], 92, 94; [988], 116 (128); [989], 141, 142 (160). — Ad Th., 48, 57, 77, 80, 95, 107, 108 (119) a, 109.
Thérouanne, Morinensis, v. Balduinus.
T[h]e[t]baldi filius, 13 (17); v. Odo.

Thetbaldus episcopus Ambianensis, 234.
T[h]etbaldus monachus Bobiensis, 143.
Thietmarus, Tetmarus Moguntinus, 112.
Toletana concilia, *Tolède*, 226.
Torta Almiciaca, 164 q.
Tortona, v. Terdonensis.
Tours, v. Turonus.
Tranquilli (Suetonii), 38 (40).
transmarina, 64 (67).
Trecassinus, Trecasinus, *Troyes*, 13 (17), 56; v. Heribertus.
Tredonensis, 101 (110) b.
Treveris, urbs Treverorum, *Trèves*, 21 (26), 100 (109); v. Ecbertus, Eucharius, Remigius monachus.
Troyes, v. Trecassinus.
Tullius, Tulliana, v. Cicero.
Turin, v. Taurinense.
Turonus, Turonica civitas, *Tours*, 59, 197 (209); v. Archembaldus, Ebrardus, Martinus (B.).
turres Laudani, 242.
Tuscus (Hugo marchio), 76 (83), 203 (216).

U V W

Vaudancourt, Gualdonis Cortis, 24 (29).
Verdunum, Verdunensis, Virdunensium civitas, *Verdun-sur-Meuse*, 50, 57 (58), 65 (68), 72 (79), 92, 98 (108); comitatus, episcopatus, 58; episcopium, 96; v. Adalbero, Guifridus, Haimo.
[Vergilius], 4 [5], 12 [3], 33 [5], 37 [3], 58 [3], 70 [5], 111 [4], 122 [1], 193 [5], 193 [6], 194 [2], 229 [1], 229 [2], 237 [5].
Verrem (in), 78 (86).
versus, 33 [4], 70-72, 82, 172, 187 [1].
Verzy, v. Basolus (S.).
vestis auro texta, 34 (35).
Ugo, v. Hugo.
Victorius de rhetorica, 118 (130).
Vieux-Brisach, v. Brisaca.
villae, 164, 240; villula, 141 (159).
Villegisus, 21 a.

Vincentius (S.), v. Capua.
Virdunenses, v. Verdunum.
[Virgilius], v. Vergilius.
virginem (ad) spectabilem, 191.
vitrum, 97 (106).
Unc. miles, 119.
Volturno, v. Capua.
volumina, v. libri.
Ur Chaldeorum, Hur Caldeorum, 74 (81), 169 (184).
W. frater Harmandi, 167.
Walo, 23 a.
Warnerius abbas, 14 (17).
Waxo, 63 (65).
We., Wt., 119 f.
Welleglsinus, 21 a.
Wido, v. Guido abbas.
Wilderodus episcopus Argentinae, 183, 203, 230.
Willigisus, 33 a; v. Guilligisus.

Z

Zell, 77 [2].

Zosimus papa, 223, 226.

ERRATA

P. 6, note 4, *au lieu de* Varin, *Archives admin.*, *lisez :* Varin, *Archives législatives.*

P. 57, note *b*, *au lieu de* titulum, *lisez :* titulum.

P. 58 — 10 — Voir p. 55, note 4, — Voir p. 53, note 4.

P. 71 — 2 — ci-après, n° 78, — ci-après, n° 77.

P. 123 — 5 — Paragraphe secret ⎫
P. 123 — 6 — Lettre secrète ⎭ — Voir p. LXIV, n. 1.

P. 151 — 3, *supprimez les mots :* fille de Louis d'Outremer.

TABLE DES MATIÈRES

	Pages
INTRODUCTION. Gerbert et ses lettres.	
I. Vie de Gerbert................................	V
II. Les lettres de Gerbert	XXXIX
III. Les manuscrits et les éditions............	XLII
IV. Les deux rédactions du recueil; les parties secrètes.................................	LVI
V. L'ordre et la date des lettres..............	LXX
VI. La présente édition........................	LXXIX
Titres des ouvrages cités en abrégé dans les notes....	LXXXII
Concordance des éditions anciennes avec la présente ..	LXXXV
Concordance de l'édition Olleris avec la présente......	LXXXVI
Tableau des manuscrits et des principales éditions.....	LXXXVIII
Incipit exemplar epistolarum Girberti papae, quas ad diversos composuit...........................	1
Appendice......................................	234
Table des noms propres, etc....................	243
Errata...	254

MACON, IMPRIMERIE PROTAT FRÈRES

www.ingramcontent.com/pod-product-compliance
Lightning Source LLC
Chambersburg PA
CBHW060459170426
43199CB00011B/1257